Fundamentals of Economathematics

经济数学基础

第二版

■ 主编 彭文学 李少斌

武汉大学出版社

图书在版编目(CIP)数据

经济数学基础/彭文学,李少斌主编.—第二版.—武汉:武汉大学出版社,2007.12(2018.7重印)
　ISBN 978-7-307-05910-8

　Ⅰ.经… Ⅱ.①彭… ②李… Ⅲ.经济数学—高等学校—教材 Ⅳ.F224.0

中国版本图书馆 CIP 数据核字(2007)第 164646 号

责任编辑:范绪泉　　责任校对:王　建　　版式设计:詹锦玲

出版发行:**武汉大学出版社**　(430072　武昌　珞珈山)
　　　　　(电子邮件:cbs22@whu.edu.cn　网址:www.wdp.whu.edu.cn)
印刷:湖北睿智印务有限公司
开本:720×1000　1/16　印张:23　字数:423 千字　插页:1
版次:1996 年 10 月第 1 版　　2007 年 12 月第 2 版
　　2018 年 7 月第 2 版第 12 次印刷
ISBN 978-7-307-05910-8/F·1089　　定价:39.00 元

版权所有,不得翻印;凡购我社的图书,如有质量问题,请与当地图书销售部门联系调换。

前　言

科学思维有两种方法：一种是演绎法，它从基本的定义与公理出发，按照一定的规则，推导出公式、定理和结论；另一种是归纳法，它从客观存在的现实与人们熟知的事实出发，总结归纳出合乎逻辑发展规律的一般结论。这两种方法在数学研究与学习中非常普遍，也特别重要。学习数学绝不能靠死记硬背，最重要的是要运用科学思维方法学习理解、掌握数学中的概念、性质、定理与方法。只有掌握了方法，学习数学才能左右逢源，游刃有余。我们编写的这部教材力求使学生在学习中掌握这些方法，为此在编写中我们注意了以下几个方面的问题：

第一，经济数学是高等院校各经济管理类专业的一门基础课，因此，按照教学大纲的要求，适当注意了知识的完整性，比较系统地介绍了微积分和线性代数的基本知识。其主要目的是使学生掌握所需知识的基本概念和方法，而不是刻意于知识体系的严谨性。

第二，实用性。随着社会主义市场经济体制的不断完善，管理的科学化和规范化日益受到重视，数学应用于经济管理的各个部门也日趋广泛，数学无论是作为经济工作的计算工具，还是作为经济工作分析研究的工具，都具有十分重要的作用。因此，在介绍抽象的数学概念时，我们尽可能地赋予这些概念以经济意义；在介绍数学运算时，尽可能结合经济工作中的实例加以说明，以便为数学作为工具应用于经济工作铺平道路，便于学生加深理解，扩展视野，激发学习兴趣，提高实际应用能力。

第三，化难为易，通俗易学。对于不少学生来说，学习本课程有一定的难度。本书编写坚持从实际出发，删去了不少内容坚深而又与实际应用关系不大的内容。同时，在编写方法上力求循序渐进、深入浅出，便于理解和自学，基本概念尽可能用几何意义来说明，基本方法的叙述尽可能详尽且突出重点。在内容叙述上，采取由特殊到一般的方法，在对具体实例分析的基础上再介绍一般方法，尔后又通过一定数量的例题叙述解题的基本方法。学习数学没有什么捷径可走，其中很重要的一环就是要多做多练，因此，本书编写加大了习题的分量，在各节之后都附有练习题。练习（A）作为客观性习题，主要是为消化本节基本概念之用,练习(B)主要是计算、应用等传统题型,为学生掌握本节基本计算和基本方法之用。各章之后都配有复习题,以便全面复习和巩固本章所学内容。

本书第一、二、三章由李少斌执笔,第四、五章由彭文学执笔。限于作者水平,缺点和错误等不妥之处在所难免,祈望读者不吝指正。

编 者

2008年1月

目 录

第一章　函数与极限 ……………………………………………… (1)
　§1.1　函数的概念与性质 ……………………………………… (1)
　§1.2　反函数　复合函数　初等函数 ………………………… (6)
　§1.3　数列的极限 ……………………………………………… (11)
　§1.4　函数的极限 ……………………………………………… (17)
　§1.5　极限的四则运算 ………………………………………… (29)
　§1.6　函数的连续性 …………………………………………… (37)
　§1.7　几种常用的经济函数 …………………………………… (43)
　§1.8　经济应用Ⅰ ……………………………………………… (48)
　复习题一 ………………………………………………………… (54)

第二章　导数及其应用 …………………………………………… (57)
　§2.1　导数的概念 ……………………………………………… (57)
　§2.2　导数的基本公式 ………………………………………… (66)
　§2.3　求导法则 ………………………………………………… (69)
　§2.4　高阶导数 ………………………………………………… (80)
　§2.5　微分 ……………………………………………………… (82)
　§2.6　中值定理　洛必达法则 ………………………………… (89)
　§2.7　函数的单调性与凹向 …………………………………… (97)
　§2.8　函数的极值与最值 ……………………………………… (105)
　§2.9　经济应用Ⅱ ……………………………………………… (115)
　复习题二 ………………………………………………………… (125)

第三章　不定积分与定积分 ……………………………………… (129)
　§3.1　不定积分的概念与性质 ………………………………… (129)
　§3.2　不定积分的基本公式 …………………………………… (137)
　§3.3　不定积分的计算 ………………………………………… (141)

§3.4　定积分的概念与性质 ………………………………… (162)
§3.5　定积分的计算 ………………………………………… (172)
§3.6　无穷限积分 …………………………………………… (185)
§3.7　经济应用Ⅲ …………………………………………… (188)
复习题三 ……………………………………………………… (197)

第四章　多元函数微分学 ……………………………………… (199)
§4.1　多元函数的基本概念 ………………………………… (199)
§4.2　偏导数与全微分 ……………………………………… (207)
§4.3　复合函数与隐函数求导法 …………………………… (213)
§4.4　二元函数的极值 ……………………………………… (219)
§4.5　二元函数的极值（续） ………………………………… (226)
§4.6　经济应用Ⅳ …………………………………………… (230)
复习题四 ……………………………………………………… (244)

第五章　线性代数 ……………………………………………… (245)
§5.1　矩阵概念 ……………………………………………… (245)
§5.2　矩阵代数运算 ………………………………………… (249)
§5.3　常用的几种特殊方阵 ………………………………… (261)
§5.4　方阵的行列式 ………………………………………… (267)
§5.5　逆矩阵 ………………………………………………… (276)
§5.6　矩阵的初等行变换 …………………………………… (284)
§5.7　n 元线性方程组 ……………………………………… (292)
§5.8　高斯消元法 …………………………………………… (296)
§5.9　经济应用Ⅴ …………………………………………… (303)
复习题五 ……………………………………………………… (333)

习题参考答案 ………………………………………………… (338)

第一章 函数与极限

函数是微积分研究的主要对象,极限方法是微积分研究所采用的基本方法,微积分学中的一些基本概念都是在极限概念的基础上建立起来的.用微积分研究经济问题离不开函数关系,离不开极限方法.因此,本章作为全书的一个引论,简要地介绍了与函数有关的问题,在引入极限概念的基础上,着重介绍了求极限的方法,为便于理解和掌握它在经济领域中的应用,引入了在以后各章要经常用到的经济函数.

§1.1 函数的概念与性质

一、函数的定义

数学中讨论的量分为两类:常量与变量.在给定的问题中,不变的、保持一定值的量叫做常量;由于某种缘故变化着的、取不同值的量叫变量.在同一个问题中,还往往同时出现好几个变量,而这些变量又往往是相互联系的和相互依赖的.

例1 我们熟知圆的面积公式:

$$S = \pi r^2.$$

式中 r 是圆的半径.圆的半径不同,圆的面积也就不同,而 π 在圆的面积计算中总是不变的.所以我们说,在这个给定的问题中,π 是常量,圆的半径 r 和圆的面积 S 都是变量,它们之间的相互关系是由上述公式确定的.

例2 某种牌号的收音机,当单价为120元时,每月可销售2 000台,如果单价每降低5元,则可多销售20台.单价不得低于90元.销量 Q 与单价 P 有如下关系:

P	120	115	110	105	100	95	90
Q	2 000	2 020	2 040	2 060	2 080	2 100	2 120

当 P 在允许的降价范围内变化时,销售量 Q 也随之有一个确定的值与之对应.

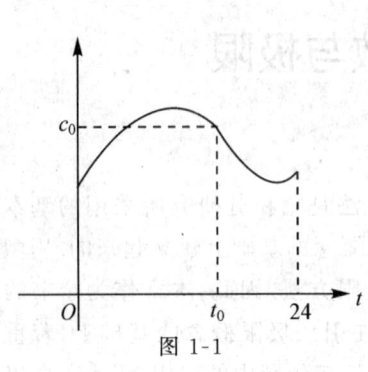

图 1-1

例 3 气象台为了掌握某地气温的变化,使用自动记录器将每天的气温记录下来,直接画出一条如图 1-1 所示的曲线.图中有两个变量:时间 t 和气温 c.对从 0 到 24 小时内的任意一个确定的时刻 t,都有一个确定的气温 c 与之对应,它们之间的对应关系就是图 1-1 的曲线.当时间为 t_0 时,通过图中曲线可以找到 c_0,且 c_0 是唯一的值.

上述各例,就其所包含的具体含义而言,有几何的、经营的、气象的.撇开各自的具体含义,其共同本质是参与给定问题的变量之间相互依赖的关系.当其中一个变量取定了一个数值时,按照某种确定的对应关系,就可以求得另一个变量的一个相应值.函数的一般概念正是这样抽象出来的.

定义 1.1 设在某一问题中有两个变量 x 和 y,变量 x 的变化范围为 D.如果对 D 中的每一个值 x,按照某种确定的对应关系,都可确定变量 y 的一个相应值,则称变量 y 是变量 x 的一个函数,记为

$$y=f(x), \quad x\in D.$$

x 称为自变量,y 称为因变量.x 的变化范围 D 称为函数的定义域.相应地,y 值的集合称为函数 $f(x)$ 的值域.

对于函数 $y=f(x)$ 的定义域 D 中的每一个 x_0,按对应规则 f,就得到一个 y_0 值,y_0 就是函数 $y=f(x)$ 在点 x_0 处的函数值,记为

$$y_0=f(x_0).$$

例 4 设 $y=f(x)=2x^2-x+1$.

$x=0$ 时, $f(0)=2\times 0^2-0+1=1$;

$x=1$ 时, $f(1)=2\times 1^2-1+1=2$;

$x=x_0$ 时, $f(x_0)=2x_0^2-x_0+1$.

例 5 单利计算公式.设初始本金为 A_0 元,年利率为 R,则第 m 年末的本利和 A_m 是时间 m 的函数,它们之间的关系为

$$A_m=A_0+mRA_0=A_0(1+mR).$$

若本金 A_0 为 2 万元,年利率为 10%,则第三年末的本利和为

$$A_3=2(1+3\times 0.1)=2.6(万元).$$

例 6 复利计算公式. 设初始本金为 A_0 元, 年利率为 R, 则第一年末的本利和

$$A_1 = A_0 + RA_0 = A_0(1+R).$$

将 A_1 存入银行, 则第二年末的本利和

$$A_2 = A_0(1+R) + A_0(1+R)R = A_0(1+R)^2.$$

再将 A_2 存入银行, 如此反复, 则第 m 年末的本利和 A_m 是时间 m 的函数, 其函数关系为

$$A_m = A_0(1+R)^m.$$

这就是以年为期的复利计算公式.

在例 5 中, 对同样的本金和年利率, 若按复利计算公式计算, 则第三年末的本利和是

$$A_3 = 2(1+0.1)^3 = 2.662(万元).$$

在函数定义中, 自变量 x 的取值范围 D 称为函数的定义域. 在实际问题中, 函数的定义域根据实际意义来确定. 在例 1 中, 圆的半径不可能是负数和零, 所以定义域是由大于零的数组成的集合. 当我们只是在数学上一般地研究某一由具体解析式所规定的函数关系时, 函数的定义域是由解析式本身确定的.

例 7 试确定函数 $f(x) = \lg(1-x^2) + \sqrt{x}$ 的定义域.

解 函数第一项 $\lg(1-x^2)$ 的定义域是满足不等式

$$1 - x^2 > 0$$

的值. 解此不等式得 $-1 < x < 1$.

第二项 $\sqrt{x}$ 的定义域是 $x \geqslant 0$.

两者的公共部分 $0 \leqslant x < 1$ 为所求函数的定义域.

确定一个函数, 主要是对应关系和定义域. 它们是函数的二要素. 至于自变量和因变量用什么记号来表示, 那是无关紧要的. 例如在例 5 中, 自变量时间用 m 表示, 因变量本利和用 A_m 表示, 表示 A_m 是 m 的函数.

在函数定义 1.1 中, 规定对每一个 $x \in D$, 有且仅有 y 的一个值与之对应. 符合这样的定义的函数称为单值函数. 若对于每个 $x \in D$, 有多个 y 的值与之对应, 符合这种情形的函数称为多值函数. 以后我们所涉及和讨论的函数一般都是指单值函数.

二、函数的性质

1. 函数的奇偶性

设函数 $y = f(x), x \in (-a, a)$. 对任意 $x \in (-a, a)$, 若 $f(-x) = f(x)$, 则

称函数 $f(x)$ 是偶函数；若 $f(-x)=-f(x)$，则称函数 $f(x)$ 为奇函数。

例如，我们熟悉的函数 $f(x)=x^2$，$f(x)=\cos x$ 等都是偶函数，函数 $f(x)=x^3$，$f(x)=\sin x$ 都是奇函数。

偶函数的图形关于 Oy 轴对称；奇函数的图形关于坐标原点对称。

例 8 讨论下列函数的奇偶性：

(1) $f(x)=a^x-a^{-x}$；

(2) $f(x)=\dfrac{\sin x}{x^3+x}$。

解 (1) $f(-x)=a^{-x}-a^{-(-x)}=a^{-x}-a^x$
$$=-(a^x-a^{-x})=-f(x).$$

故 $f(x)$ 是奇函数。

(2) $f(-x)=\dfrac{\sin(-x)}{(-x)^3+(-x)}=\dfrac{-\sin x}{-(x^3+x)}=f(x).$

故 $f(x)$ 是偶函数。

2. 函数的单调性

设函数 $y=f(x)$，$x\in(a,b)$，若对任意 $x_1,x_2\in(a,b)$，当 $x_1<x_2$ 时，有 $f(x_1)<f(x_2)$，则称函数 $f(x)$ 在区间 (a,b) 内是单调增加的；当 $x_1<x_2$ 时，有 $f(x_1)>f(x_2)$，则称函数 $f(x)$ 在区间 (a,b) 内是单调减少的。

单调增加或单调减少的函数都称为单调函数，(a,b) 称为这个函数的单调区间。

例 9 设函数 $f(x)=-3x+1$，讨论其单调性。

解 该函数定义域是 $(-\infty,+\infty)$，对于任意 $x_1,x_2\in(-\infty,+\infty)$。
$$f(x_1)-f(x_2)=-3x_1+1-(-3x_2+1)=-3(x_1-x_2).$$
因此，当 $x_1<x_2$ 时，$f(x_1)-f(x_2)>0$，即
$$f(x_1)>f(x_2).$$
故该函数在 $(-\infty,+\infty)$ 内是单调减少的。

3. 函数的周期性

对于函数 $y=f(x)$，$x\in D$，若存在常数 $l>0$，对于任意 $x\in D$，有 $f(x+l)=f(x)$，则称函数 $y=f(x)$ 是周期函数，满足上面等式的最小正数 l 叫做函数 $f(x)$ 的周期。

函数 $y=\sin x$，$y=\cos x$ 是以 2π 为周期的周期函数，$y=\tan x$，$y=\cot x$ 是以 π 为周期的周期函数。

有很多自然现象，像季节、气候等都是年复一年的呈周期变化的；有很多经济活动，小到商品销售，大到经济宏观运行，其变化也具有周期规律性。

4. 函数的有界性

设函数 $y=f(x), x\in D$,若存在常数 $M>0$,对任意 $x\in D$,都有:
$$|f(x)|\leqslant M,$$
则称函数 $f(x)$ 在 D 内是有界的,否则称 $f(x)$ 在 D 内无界.

例如函数 $y=\sin x, \cos x$ 在 $(-\infty,+\infty)$ 内是有界的,因为对于任意 $x\in(-\infty,+\infty)$,存在 $M=1$,使得
$$|\sin x|\leqslant 1, \qquad |\cos x|\leqslant 1.$$

练 习 1.1

(A)

(一)填空题

1. 设 $f(x)=x^3-1$, $f(0)=($), $f(-x)=($).

2. 设 $f(x)=\begin{cases} x, & x>0, \\ 1, & x=0, \\ -x, & x<0, \end{cases}$

$f(0)=($), $f(-1)=($), $f(1)=($).

3. 函数 $f(x)=\lg(2x-1)$ 的定义域是( ).

4. 在 $x\in($), $f(x)=x^2$ 是单调减少的函数.

5. 函数 $f(x)=\tan 2x$ 的周期是( ).

(二)选择题

1. 下列函数对中,表示相同的函数是( ).

  (A) $f(x)=|x|, g(t)=\sqrt{t^2}$
  (B) $y_1=\lg x^2, y_2=2\lg x$
  (C) $y_1=\lg x^2, y_2=2\lg|x|$
  (D) $y_1=\dfrac{x^2-1}{x+1}, y_2=x-1$

2. 设函数 $f(x)$ 的定义域是 $[0,1]$,那么 $f(x+1)$ 的定义域是( ).

  (A) $[0,1]$ (B) $[-1,0]$
  (C) $[1,2]$ (D) $[0,2]$

3. 函数 $f(x)=1+2\sin x$ 的值域是( ).

  (A) $[-1,3]$ (B) $[-1,1]$
  (C) $[0,2]$ (D) $[0,3]$

4. 下列函数中是奇函数的有(　　).

(A) $x^2-\cos x$ (B) $\sin x^3-4x$

(C) $10^{-x}+10^x$ (D) $\dfrac{\sin x}{x}$

5. 下列函数中,(　　)是单调函数.

(A) $y=2^x$ (B) $y=2-3x$

(C) $y=(x-1)^2-1$ ($1\leqslant x<+\infty$)

(D) $y=(x-1)^2-1$ ($-\infty<x<+\infty$)

(B)

1. 求下列函数的定义域:

(1) $f(x)=\sqrt{2x+1}$; (2) $f(x)=\sqrt{\lg(4-x)}$;

(3) $f(t)=\dfrac{t}{\sqrt{t^2-1}}$; (4) $g(x)=\dfrac{x}{x^2-4x+3}$;

(5) $f(x)=\dfrac{1}{\lg(2-x)}$; (6) $f(x)=\dfrac{1}{4-x^2}+\sqrt{1-x}$.

2. 设 $f(x)=2x^2+3x-4$,求 $f(0),f(-2),f(3),f(-x),f(c+1),f\left(\dfrac{1}{x}\right)$.

3. 如果 $f(x)=2^x$,判断下列式子的正确性:

(1) $2[f(x+3)-f(x-1)]=15f(x)$;

(2) $\dfrac{f(x+3)}{f(x-1)}=f(4)$.

4. 判别下列函数的奇偶性:

(1) $f(x)=x^5-2x^3-4x$; (2) $f(x)=\cos x-\sin x$;

(3) $y=\dfrac{a^x+1}{a^x-1}$; (4) $y=\lg(x+\sqrt{x^2+1})$.

5. 判别下列函数的单调性:

(1) $y=2x-1$; (2) $y=\log_a(x+1)$.

§1.2 反函数 复合函数 初等函数

一、反函数

在函数的定义中有两个变量:一个叫自变量;一个叫因变量,一主一从,地位不同.然而在实际问题中,谁是自变量,谁是因变量,并不是绝对的,它们是可以依所研究的具体问题不同而转化的.

例如,设某种商品的单价是 P,每日销售量为 Q,每日的销售收入为 R,则
$$R=PQ.$$
销售收入 R 是销售量 Q 的函数.

若制定计划要求每日的收入为 R,问每日要销售量 Q 为多少时,则应把 Q 表示成 R 的函数
$$Q=\frac{R}{P}.$$

我们将 $Q=\frac{R}{P}$ 称为 $R=PQ$ 的反函数. 一般地,有如下定义:

定义 1.2 设给定函数 $y=f(x)$,其值域是 Y,如果对 Y 中的每一个 y 值,都可以从关系式 $y=f(x)$ 确定唯一的一个 x 值,则得到一个定义在 Y 上的以 y 为自变量,x 为因变量的新函数:$x=\varphi(y)$,它称为函数 $y=f(x)$ 的反函数.

函数 $y=f(x)$ 的反函数记为 $x=f^{-1}(y)$.

因为函数对于用什么字母来表示自变量和因变量是没有限制的,因此对于字母没有特定意义的函数,习惯上总用 x 表示自变量,y 表示因变量,故 $y=f(x)$ 的反函数可以记为 $y=f^{-1}(x)$.

例 1 求 $y=f(x)=2^{x-1}$ 的反函数.

解 由 $y=2^{x-1}$ 解得 x,得
$$x=\log_2 y+1.$$
将 x,y 的位置互换,得
$$y=\log_2 x+1.$$
这就是函数 $y=2^{x-1}$ 的反函数.

函数 $y=f(x)$ 与反函数 $x=f^{-1}(y)$ 代表同一方程,因此它们的图形是一条相同的曲线,但若按习惯,在反函数 $x=f^{-1}(y)$ 中,x 与 y 互换,即 $y=f^{-1}(x)$,则反函数 $y=f^{-1}(x)$ 与函数 $y=f(x)$ 的图形是对称于直线 $y=x$ 的(图 1-2).

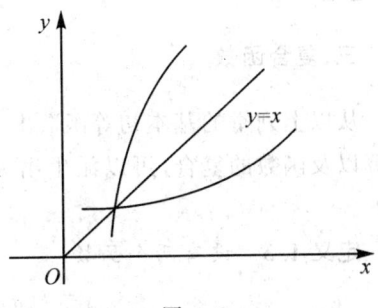

图 1-2

二、基本初等函数

我们把下列六类函数统称为基本初等函数:

1.常数函数
$$y=f(x)=C\ (C\text{ 是常数}).$$
2.幂函数
$$y=f(x)=x^\alpha\ (\alpha\text{ 为实数}).$$
常见的幂函数有 $f(x)=x,x^2,x^3,\sqrt{x},\dfrac{1}{x},\dfrac{1}{\sqrt{x}}$ 等.

3.指数函数
$$y=f(x)=a^x\ (a>0,a\neq 1).$$
最重要的指数函数是 $f(x)=e^x$,e 的由来见 §1.3.

4.对数函数
$$y=f(x)=\log_a x\ (a>0,a\neq 1).$$
最重要的对数函数是 $f(x)=\log_e x$,简记为 $\ln x$.

5.三角函数

(1)正弦函数　$y=f(x)=\sin x$;

(2)余弦函数　$y=f(x)=\cos x$;

(3)正切函数　$y=f(x)=\tan x$;

(4)余切函数　$y=f(x)=\cot x$.

6.反三角函数

(1)反正弦函数　$y=f(x)=\arcsin x$;

(2)反余弦函数　$y=f(x)=\arccos x$;

(3)反正切函数　$y=f(x)=\arctan x$;

(4)反余切函数　$y=f(x)=\operatorname{arccot} x$.

有关上述六类基本初等函数的图形、性质在中学数学中都作过详尽的讨论,这里从略.

三、复合函数

从以上列举的基本初等函数出发,经过加、减、乘、除(分母不为零)的四则运算以及函数的复合,可以派生出大量的较复杂的函数.什么是函数的复合呢?

定义 1.3　设有两个函数
$$y=f(u),\quad u=\varphi(x).$$
前者的自变量是 u,因变量是 y;后者的自变量是 x,因变量是 u;如果将 $u=\varphi(x)$ 代入 $y=f(u)$ 中,就得到
$$y=f(\varphi(x)).$$

这个以 x 为自变量,以 y 为因变量的函数称为复合函数. u 称为中间变量.

例 2 设 $y=f(u)=\ln u, u=\varphi(x)=\sin x$.

将后者代入前者就得到复合函数
$$y=f(\varphi(x))=\ln\varphi(x)=\ln\sin x.$$

例 3 设 $y=f(u)=\sin u, u=\varphi(x)=\ln x$.

将 $u=\ln x$ 代入 $y=\sin u$ 中,得
$$y=f(\varphi(x))=\sin\varphi(x)=\sin\ln x.$$

函数的复合还可以推广到两个以上函数的情形.

设 $y=f(u), u=\varphi(v), v=\psi(x)$.

将 $v=\psi(x)$ 代入 $u=\varphi(v)$ 得
$$u=\varphi(\psi(x)).$$

再将 u 代入 $y=f(u)$ 中,这样依次代入得复合函数
$$y=f(\varphi(\psi(x))).$$

这里有两个中间变量 u、v.

例 4 设 $y=\cos u, u=e^v, v=\tan x$.

将后者依次代入前者,得复合函数
$$y=\cos e^v=\cos e^{\tan x}.$$

基本初等函数可以复合成复合函数,与此相对应,复合函数也可以分解成若干个基本初等函数.

例 5 设 $y=\cos\sqrt{\ln x}$,该函数可以分解成如下三个基本初等函数
$$y=\cos u,\quad u=\sqrt{v},\quad v=\ln x.$$

四、初等函数

基本初等函数经有限次四则运算以及函数的复合而得到的函数,叫做初等函数.

例如 线性函数 $y=ax+b$,

二次函数 $y=ax^2+bx+c$,

以及
$$y=\frac{x^2-1}{\ln(x+1)},$$

$$y=\sin(1+\cos 2x)-\sqrt{x-1},$$

等都是初等函数,显然基本初等函数属于初等函数.

我们遇到的函数绝大多数都是初等函数,初等函数是微积分研究的主要对象.

由初等函数的定义可知,初等函数是用一个表达式表示的函数,不能用一

个表达式表达的分段函数一般不是初等函数.

例 6 设符号函数

$$y = \mathrm{sgn}\,x = \begin{cases} -1, & x<0, \\ 0, & x=0, \\ 1, & x>0. \end{cases}$$

显然上述表达式按照函数的定义是一个函数,准确地说是一个分段函数但不是初等函数.

例 7 某水果店以 0.5 元的单价购进西瓜,以 0.8 元的单价卖出,当天以此价卖不完的西瓜又必须以 0.4 元的单价处理掉.设该店每天西瓜的进货量为 1 500 公斤,试将该店每天的利润 L 表成销售量 Q 的函数.

解 由于每天的进货量是确定的,对于两种不同的销售情况,其利润情况也不同.

(1) 供大于求,即 $Q<1\,500$ 公斤时,以 0.8 元的单价卖西瓜所获收入为 $0.8Q$,余下的 $1\,500-Q$ 公斤西瓜按照 0.4 元的处理价所获收入为 $0.4(1\,500-Q)$,购进西瓜的总费用是 750 元,故

$$L = L(Q) = 0.8Q + 0.4(1\,500-Q) - 750$$
$$= 0.4Q - 150.$$

(2) 供不应求,即所进 1 500 公斤西瓜按单价 0.8 元全部售出,则

$$L = L(Q) = 1\,500 \times 0.8 - 750 = 450(元).$$

综合以上两种情况,得

$$L = L(Q) = \begin{cases} 0.4Q - 150, & 0 \leqslant Q \leqslant 1\,500, \\ 450, & Q > 1\,500. \end{cases}$$

这是一个分段函数,函数曲线如图 1-3 所示.

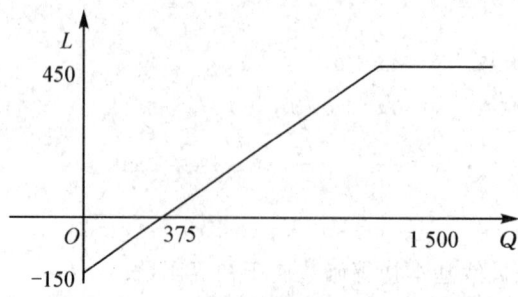

图 1-3

练 习 1.2

(A)

(一)填空题

1. 函数 $y=f(x)=2x-1$ 的反函数是( ).
2. 函数 $y=f(x)=\log_2(x+1)$ 的反函数是( ).
3. 设 $y=\sin u, u=\cos x$，则将 y 表示成 x 的复合函数为 $y=($).

(二)选择题

1. 下列函数中,( )是初等函数.

   (A) $f(x)=x^2-1$ (B) $f(x)=\dfrac{x-1}{x+1}$

   (C) $f(x)=10^{2x}$ (D) $f(x)=\begin{cases} x, & x>0 \\ -x, & x<0 \end{cases}$

2. 下列式子中成立的有( ).

   (A) $x=f^{-1}(f(x))$ (B) $y=f^{-1}(f(x))$
   (C) $x=f(f^{-1}(y))$ (D) 以上都不对

3. 设 $f(x)=\cos(x-1), \varphi(x)=x+1$，则 $f(\varphi(x))=($).
   (A) $\cos(x+1)$ (B) $\cos x$ (C) $\cos(x+2)$ (D) $\cos(x-2)$

(B)

1. 写出由下列各组函数复合而成的复合函数：

   (1) $y=u^2, u=\sin x$; (2) $y=\sin u, u=x^2$;

   (3) $y=\ln u, u=v^2-1, v=\tan x$; (4) $y=e^u, u=v^2, v=\dfrac{x-1}{x+1}$.

2. 下列初等函数是由哪几个基本初等函数复合而成的?

   (1) $y=(1+x)^n$; (2) $y=\sin e^x$;

   (3) $y=\tan\ln\sqrt{x}$; (4) $y=\sqrt{\arctan x^2}$.

§1.3 数列的极限

一、数列的极限

设 $y=f(n)$ 是以全体正整数为定义域的函数,其函数值依次是 $y_1=$

$f(1), y_2 = f(2), \cdots, y_n = f(n), \cdots$，则

$$y_1, y_2, \cdots, y_n, \cdots$$

或

$$f(1), f(2), \cdots, f(n), \cdots$$

称为一个无穷数列，简称数列，记为$\{y_n\}$或$\{f(n)\}$，数列中的每一个数称为数列的项，y_n 或 $f(n)$ 称为数列的一般项或通项.

例 1

$$1, \frac{1}{2}, \frac{1}{3}, \cdots, \frac{1}{n}, \cdots, \text{即} \left\{\frac{1}{n}\right\}; \tag{1}$$

$$\frac{1}{2}, \frac{2}{3}, \frac{3}{4}, \cdots, \frac{n}{n+1}, \cdots, \text{即} \left\{\frac{n}{n+1}\right\}; \tag{2}$$

$$2^1, 2^2, 2^3, \cdots, 2^n, \cdots, \text{即} \{2^n\}; \tag{3}$$

$$1, -\frac{1}{2}, \frac{1}{3}, -\frac{1}{4}, \cdots, (-1)^{n-1}\frac{1}{n}, \cdots, \text{即} \left\{(-1)^{n-1}\frac{1}{n}\right\}; \tag{4}$$

等等都是数列的例子.

为直观起见，我们把这四个数列的前几项分别在数轴上表示出来（图 1-4）.

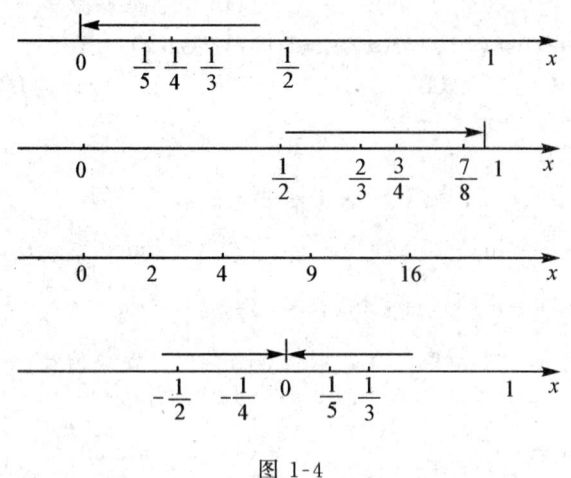

图 1-4

数列 $\{y_n\}$ 称为单调增加的，若

$$y_1 \leqslant y_2 \leqslant \cdots \leqslant y_{n-1} \leqslant y_n \leqslant \cdots;$$

称为单调减少的，若

$$y_1 \geqslant y_2 \geqslant \cdots \geqslant y_{n-1} \geqslant y_n \geqslant \cdots.$$

例如数列(1)是单调减少的，数列(2)、(3)是单调增加的.

单调增加或单调减少的数列都称为单调数列,数轴上对应于单调数列的项 y_n 向一个方向移动;如果数列是单调增大的,就向右方移动;如果是单调减少的,就向左方移动.

对于数列 $\{y_n\}$,如果存在正数 M,使得一切 y_n 满足不等式
$$|y_n| \leq M,$$
则称数列 $\{y_n\}$ 是有界的;如果这样的正数 M 不存在,就说数列 $\{y_n\}$ 是无界的. 例如,数列(1)、(2)、(4)都是有界的,而数列(3)是无界的.

数轴上对应于有界数列的点 y_n 都落在区间 $[-M, M]$ 内.

二、数列的极限

考察一下上面几个数列,当 n 变化时,y_n 的变化情况,我们容易看到,当 n 无限增大(记为 $n \to \infty$)时,它们的变化情况是有所不同的. 数列(1)是单调减少的有界数列,随着 n 的增大,数列中的项一个比一个小,越来越靠近 0,但无论 n 多么大,数列中的项不会小于 0. 数列(2)是单调增加的有界数列,随着 n 的增大,数列中的项一个比一个大,越来越靠近 1,但无论 n 多么大,数列中的所有的项不会大于 1. 数列(4)虽然不是单调数列,但随着 n 的增大,数列中的项从原点的左右两边越来越靠近 0. 数列(3)就不同了,随着 n 的增大,数列中的项一个比一个大,n 越大,数列中的项也越大,不会靠近一个确定的常数. 数(1)、(2)、(4)的一个共同特点就是随着 n 的无限增大,数列 $\{y_n\}$ 无限趋近一个确定的数. 把这种特点推而广之就是数列极限的概念.

定义 1.4 设数列 $\{y_n\}$. 如果 n 无限增大时,数列 $\{y_n\}$ 无限趋近于一个确定的常数 A,则称当 n 趋于无穷大时,数列 $\{y_n\}$ 的极限是 A. 记为
$$\lim_{n \to \infty} y_n = A,$$
或者 当 $n \to \infty$ 时,$y_n \to A$.

这时也称数列 $\{y_n\}$ 收敛于 A. 如果当 $n \to \infty$ 时,y_n 并不趋近于一个确定的常数,则称数列 $\{y_n\}$ 的极限不存在,或者称数列 $\{y_n\}$ 是发散的.

根据上述定义,表示例 1 中数列(1)、(2)、(4)的极限分别为:
$$\lim_{n \to \infty} \frac{1}{n} = 0,$$
$$\lim_{n \to \infty} \frac{n}{n+1} = 1,$$
$$\lim_{n \to \infty} (-1)^{n-1} \frac{1}{n} = 0.$$

数列(3)的极限不存在. 当 $n \to \infty$ 时,y_n 越来越趋于 ∞. 这种数列通常也形

式地记作
$$\lim_{n\to\infty} y_n = \lim_{n\to\infty} 2^n = +\infty.$$

"$+\infty$"称为正无穷大,"$-\infty$"称为负无穷大,"∞"称为无穷大.

三、重要极限 $\lim\limits_{n\to\infty}\left(1+\dfrac{1}{n}\right)^n = e$

在§1.1的例6中,我们曾得到以本金为 A_0,年利率为 R,按复利计息的第 m 年末本利和计算公式,若不按年计息,而改为半年计息一次,则半年利率为 $R/2$,m 年共计利息 $2m$ 次,则第 m 年末的本利和为

$$A = A_0\left(1+\frac{R}{2}\right)^{2m}.$$

若按月计息,则月息为 $R/12$,m 年共计利息 $12m$ 次,则第 m 年末的本利和为

$$A = A_0\left(1+\frac{R}{12}\right)^{12m}.$$

若每年计利息 n 次,每次利率为 R/n,m 年共计利息 nm 次,则第 m 年末的本利和为

$$A = A_0\left(1+\frac{R}{n}\right)^{nm}.$$

若设 A_0, R, m 均为1,则得到一个重要数列 $\left\{\left(1+\dfrac{1}{n}\right)^n\right\}$.

用下面的定理,可以解决这个数列的极限问题.

定理 1.1 如果单调数列(单调增加或单调减少)是有界的,则必定有极限.

这从几何上看是很明显的,因为我们在前面说过,数轴上对应于单调数列的点 y_n 向一个方向(正向或负向)移动,所以只有两种可能,或者点 y_n 沿数轴移向无穷远($y_n \to +\infty$ 或 $y_n \to -\infty$);或者点 y_n 限无趋近于某一个定点 A(图 1-5),即数列趋向一个极限. 但现在假定数列又是有界的,而有界数列的点都落在数轴上某一个区间 $[-M, M]$ 内,这样上述第一种情形就不可能了,于是可以知道这个数列趋向一个极限,而且这个极限的绝对值不会大于 M.

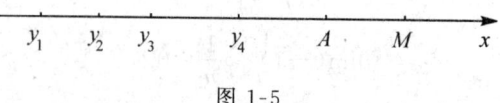

图 1-5

下面我们来证明数列 $\left\{\left(1+\dfrac{1}{n}\right)^n\right\}$ 是单调增加的有界数列.

$$y_n = \left(1+\dfrac{1}{n}\right)^n = 1 + \dfrac{n}{1!}\dfrac{1}{n} + \dfrac{n(n-1)}{2!}\dfrac{1}{n^2} + \dfrac{n(n-1)(n-2)}{3!}\dfrac{1}{n^3} + $$
$$\cdots + \dfrac{n(n-1)\cdots(n-k+1)}{k!}\dfrac{1}{n^k} + \cdots + \dfrac{n(n-1)\cdots(n-n+1)}{n!}\dfrac{1}{n^n}$$
$$= 1 + 1 + \dfrac{1}{2!}\left(1-\dfrac{1}{n}\right) + \dfrac{1}{3!}\left(1-\dfrac{1}{n}\right)\left(1-\dfrac{2}{n}\right) + \cdots$$
$$+ \dfrac{1}{k!}\left(1-\dfrac{1}{n}\right)\left(1-\dfrac{2}{n}\right)\cdots\left(1-\dfrac{k-1}{n}\right) + \cdots$$
$$+ \dfrac{1}{n!}\left(1-\dfrac{1}{n}\right)\left(1-\dfrac{2}{n}\right)\cdots\left(1-\dfrac{n-1}{n}\right),$$

从此有

$$y_{n+1} = 1 + 1 + \dfrac{1}{2!}\left(1-\dfrac{1}{n+1}\right) + \dfrac{1}{3!}\left(1-\dfrac{1}{n+1}\right)\left(1-\dfrac{2}{n+1}\right) + \cdots$$
$$+ \dfrac{1}{k!}\left(1-\dfrac{1}{n+1}\right)\left(1-\dfrac{2}{n+1}\right)\cdots\left(1-\dfrac{k-1}{n+1}\right) + \cdots$$
$$+ \dfrac{1}{n!}\left(1-\dfrac{1}{n+1}\right)\left(1-\dfrac{2}{n+1}\right)\cdots\left(1-\dfrac{n-1}{n+1}\right)$$
$$+ \dfrac{1}{(n+1)!}\left(1-\dfrac{1}{n+1}\right)\left(1-\dfrac{2}{n+1}\right)\cdots\left(1-\dfrac{n}{n+1}\right).$$

比较 y_n, y_{n+1} 右边的各项,可以看到除前面两项相等外,y_n 的每一项都小于 y_{n+1} 的对应项,且 y_{n+1} 还多了最后为正的一项,于是

$$y_n < y_{n+1}.$$

所以数列 $\{y_n\}$ 是单调增加的,另外,以较大的数 1 代替 y_n 的右边各项括号内的数,得

$$y_n < 1 + 1 + \dfrac{1}{2!} + \dfrac{1}{3!} + \cdots + \dfrac{1}{n!}$$
$$< 1 + 1 + \dfrac{1}{2} + \dfrac{1}{2^2} + \cdots + \dfrac{1}{2^{n-1}}$$
$$= 1 + \dfrac{1-\dfrac{1}{2^n}}{1-\dfrac{1}{2}} = 3 - \dfrac{1}{2^{n-1}} < 3,$$

即不论 n 如何,数列 y_n 总是小于数 3,故该数列又是有界的.于是由定理 1.1,断定此数列有极限,用字母 e 来表示这个极限的值,即

$$\lim_{n\to\infty}\left(1+\dfrac{1}{n}\right)^n = e.$$

这个数 e 是个无理数,其值是
$$e = 2.718281828459045\cdots.$$
这是一个重要的极限,在经济分析和科学技术的许多方面都起着重要的作用.

在计算中,采用数 e 作为指数函数和对数函数的底,特别方便. 以 e 为底的对数称为自然对数,用符号 $\ln x$ 表示 x 的自然对数.

练 习 1.3

(A)

(一)填空题

1. $\lim\limits_{n\to\infty}\dfrac{1}{n+1} = ($ $).$

2. $\lim\limits_{m\to\infty}\left(1+\dfrac{1}{m}\right)^m = ($ $).$

3. 常数数列 $\{C\}$ 的极限是(   ).

4. 单调有界是数列有极限的(   )条件.

5. $\lim\limits_{n\to\infty} y_n = A$ 的含义是(   ).

(二)选择题

1. 下列数列极限存在的有(   ).

(A) $0.9, 0.99, 0.999, 0.9999, \cdots$

(B) $1, \dfrac{1}{2}, 1+\dfrac{1}{2}, \dfrac{1}{3}, 1+\dfrac{1}{3}, \dfrac{1}{4}, 1+\dfrac{1}{4}, \cdots$

(C) $\left\{(-1)^n \dfrac{n}{n+1}\right\}$

(D) $f(n) = \begin{cases} \dfrac{1-2^n}{2^n}, & n \text{ 为奇数} \\ \dfrac{1+2^n}{2^n}, & n \text{ 为偶数} \end{cases}$

2. 下列数列收敛于 0 的有(   ).

(A) $\dfrac{1}{2}, 0, \dfrac{1}{4}, 0, \dfrac{1}{8}, 0, \cdots$

(B) $1, -\dfrac{1}{3}, \dfrac{1}{5}, -\dfrac{1}{7}, \dfrac{1}{9}, -\dfrac{1}{11}, \cdots$

(C) $f(n) = \dfrac{n}{2n-1}$

(D) $f(n) = \begin{cases} \dfrac{n}{n+1}, n \text{ 为奇数} \\ \dfrac{1}{n+1}, n \text{ 为偶数} \end{cases}$

3. 设数列 $\{X_n\}$、$\{Y_n\}$ 的极限分别为 a, b，且 $a \neq b$，则数列 $x_1, y_1, x_2, y_2, x_3, y_3, \cdots$ 的极限为（　　）.

(A) a　　　　　　　　　　(B) b

(C) $a+b$　　　　　　　　(D) 不存在

4. 数列 $\{(-1)^{n-1}\}$（　　）.

(A) 收敛于 1　　　　　　　(B) 收敛于 -1

(C) 收敛于 0　　　　　　　(D) 不存在

（B）

写出下列数列的前几项，用观察的方法判断它们是否有极限？如有极限，指出其极限.

(1) $\left\{\dfrac{1-n}{n}\right\}$;　　　　　(2) $\left\{\dfrac{n^2}{n+1}\right\}$;

(3) $\{(-1)^{n-1}4\}$;　　　　(4) $\left\{(-1)^{n-1}\dfrac{n}{2n+1}\right\}$.

§1.4　函数的极限

一、函数的极限

在一上节我们讨论了数列的极限，现在进一步来讨论一般的函数 $y = f(x)$ 的极限. 对于函数 $f(x)$ 的极限问题，有两种情形需要讨论：第一，自变量 x 的绝对值 $|x|$ 无限增大（记作 $x \to \infty$）时对应的函数值的变化情况；第二，自变量 x 任意接近或趋向 x_0（记作 $x \to x_0$）时对应的函数值的变化情况. 下面分别讨论这两种情形下函数 $f(x)$ 的极限.

1. $x \to \infty$ 时函数 $f(x)$ 的极限

$x \to \infty$ 可分为 $x \to +\infty$ 和 $x \to -\infty$ 两种，先看下面三个我们所熟悉的函数.

例 1　设函数 $y = f(x) = 2^{-x}$. 从图 1-6 中可看到，当 x 趋于正无穷大时，

函数的曲线越来越靠近 x 轴,即函数值无限趋近于 0,这时我们说函数 $f(x)=2^{-x}$ 当 $x\to +\infty$ 时以 0 为极限. 记为 $\lim\limits_{x\to +\infty}2^{-x}=0.$

一般地,有如下定义:

定义 1.5 设函数 $y=f(x)$. 如果当 x 无限增大时,函数 $f(x)$ 无限趋于一个确定的常数 A,则称当 x 趋于正无穷大时,$f(x)$ 以 A 为极限. 记为

$$\lim\limits_{x\to +\infty}f(x)=A.$$

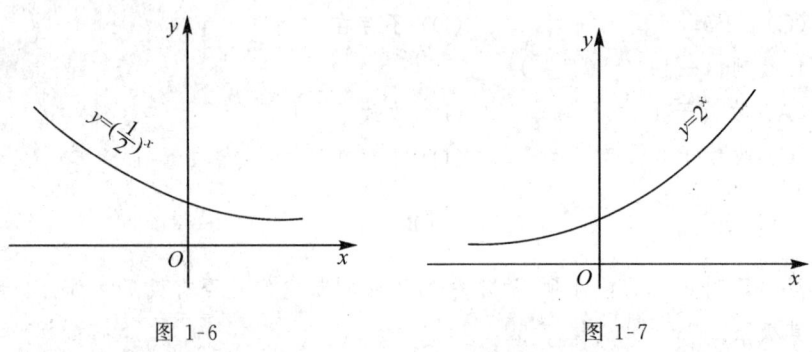

图 1-6   图 1-7

例 2 设函数 $y=f(x)=2^x$. 从图 1-7 中可以看到,当 x 从 x 轴的反方向趋于负无穷大时,函数曲线越来越靠近 x 轴,即函数值无限趋于数 0,这时我们说,函数 $f(x)=2^x$ 当 $x\to -\infty$ 时以 0 为极限. 记为

$$\lim\limits_{x\to -\infty}2^x=0.$$

一般地,有如下定义:

定义 1.6 设函数 $y=f(x)$. 如当 $x<0$ 而 $|x|$ 无限增大时,函数 $f(x)$ 无限趋于一个确定的常数 A,则称当 x 趋于负无穷大时,$f(x)$ 以 A 为极限. 记为

$$\lim\limits_{x\to -\infty}f(x)=A.$$

例 3 设函数 $y=f(x)=\dfrac{1}{x}$. 为了考察当 x 趋于无穷大时的变化趋势,列下表并作出其图像(图 1-8).

x	± 1	± 10	± 100	$\pm 1\,000$	$\pm 10\,000$	$\pm 100\,000$	$\cdots$
y	± 1	± 0.1	± 0.01	± 0.001	$\pm 0.000\,1$	$\pm 0.000\,01$	$\cdots$

从上表及图 1-8 可知,当自变量 x 取正值并无限增大时,函数曲线越来越靠近 x 轴,其函数值无限趋于零. 于是我们说,函数

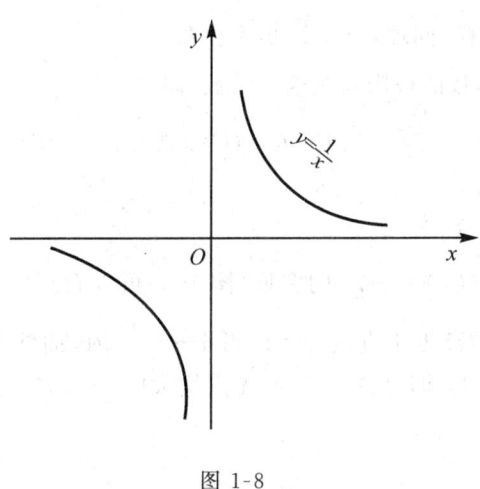

图 1-8

$f(x) = \dfrac{1}{x}$ 当 $x \to +\infty$ 时以 0 为极限. 记为

$$\lim_{x \to +\infty} \dfrac{1}{x} = 0.$$

同时,当 x 取负值而其绝对值无限增大时,函数曲线越来越靠近 x 轴,其函数值也无限趋于零.则称函数 $f(x) = \dfrac{1}{x}$ 当 $x \to -\infty$ 时以 0 为极限. 记为

$$\lim_{x \to -\infty} \dfrac{1}{x} = 0.$$

综合以上两种情况,即是,当 x 的绝对值无限增大(即 x 趋于无穷大)时,函数 $f(x) = \dfrac{1}{x}$ 的极限是 0. 记作

$$\lim_{x \to \infty} \dfrac{1}{x} = 0.$$

一般地,有如下定义:

定义 1.7 设函数 $y = f(x)$. 如果当 x 的绝对值无限增大时,函数 $f(x)$ 无限趋于一个确定的常数 A,则称当 x 趋于无穷大时,函数 $f(x)$ 以 A 为极限. 记作

$$\lim_{x \to \infty} f(x) = A.$$

注 1 由上述几个定义均可以看出,一个函数有没有极限,除了与函数本

身有关外,还与自变量的变化趋势有关.

例 1 中,函数 $f(x)=2^{-x}$ 当 $x\to +\infty$ 时的极限是 0,但当 $x\to -\infty$ 时,从图 1-6 可知,其曲线并不趋近于一条确定的直线,$f(x)=2^{-x}$ 的值是趋于无穷大,所以 $\lim\limits_{x\to -\infty}2^{-x}$ 不存在.同理,$\lim\limits_{x\to +\infty}2^{x}$ 也不存在.

注 2 常数函数的极限就是这个常数,即
$$\lim_{x\to\infty}C=C \quad (C\text{ 是常数}).$$

例 4 求 $\lim\limits_{x\to\infty}\dfrac{x+1}{x}$.

解 从函数 $f(x)=\dfrac{x+1}{x}$ 的图形(图 1-9)可以看到,当 $x\to +\infty$ 时,曲线的右边一支越来越渐近于直线 $y=1$,当 $x\to -\infty$ 时,曲线的左边一支也越来越渐近于直线 $y=1$,即是说,当 $|x|$ 无限增大时,$f(x)$ 无限趋于 1,所以由定义 1.7,有
$$\lim_{x\to\infty}\frac{x+1}{x}=1.$$

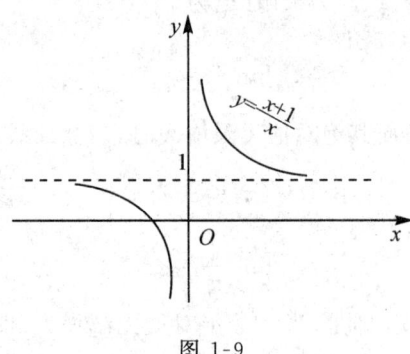

图 1-9

直线 $y=1$ 是函数 $f(x)=\dfrac{x+1}{x}$ 的图形的水平渐近线.

一般地,如果 $\lim\limits_{x\to\infty}f(x)=C$,则直线 $y=C$ 是函数 $f(x)$ 图形的水平渐近线.

2. 当 $x\to x_0$ 时函数 $f(x)$ 的极限

例 5 讨论函数 $y=f(x)=\dfrac{x^2-1}{x-1}$ 与 x 无限趋近于 1(但不等于 1)时的变化趋势.

先列出下表,并作出该函数的图像(图 1-10).

x	0.5	0.6	0.7	0.8	0.9	0.95	...
$f(x)$	1.5	1.6	1.7	1.8	1.9	1.95	...
x	1.2	1.1	1.03	1.02	1.01	1.001	...
$f(x)$	2.2	2.1	2.03	2.02	2.01	2.001	...

如图 1-10 所示,函数的图像是直线 $y=x+1$ 上除去点 $(1,2)$ 以外的部分.从上表及图像上均可以看到,虽然此函数在 $x=1$ 处没有定义,但是当 x 从 $x=1$ 处的左右两边分别越来越趋近于 1 时,函数 $f(x)=\dfrac{x^2-1}{x-1}$ 的值越来越趋近于 2.这时,我们就说,当 x 无限趋近于 1(但不等于 1)时,函数 $f(x)=\dfrac{x^2-1}{x-1}$ 以 2 为极限.记为

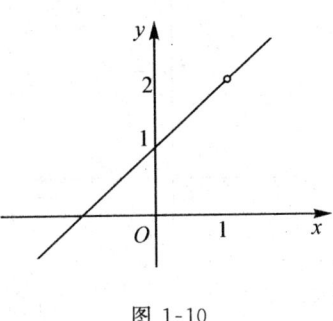

图 1-10

$$\lim_{x\to 1}\dfrac{x^2-1}{x-1}=2.$$

一般地,有如下定义:

定义 1.8 设函数 $y=f(x)$ 在点 x_0 附近有定义(但在 x_0 处可以没有定义).如果当 x 无限趋近于 x_0(但 x 可以不等于 x_0)时,函数 $f(x)$ 无限趋近于一个确定的常数 A,则称当 x 趋于 x_0 时,函数 $f(x)$ 以 A 为极限.记为

$$\lim_{x\to x_0}f(x)=A.$$

或者

当 $x\to x_0$ 时, $f(x)\to A$.

由此定义可以得出:

注 3 当 x 趋于任何数 x_0 时,常数函数的极限就是这个常数,即

$$\lim_{x\to x_0}C=C \quad (C\text{ 是常数}).$$

注 4 当 $x\to x_0$ 时,函数 $f(x)=x$ 的极限是 x_0,即

$$\lim_{x\to x_0}x=x_0.$$

在极限 $\lim\limits_{x\to 1}\dfrac{x^2-1}{x-1}=2$ 的讨论中,$x\to 1$ 是从点 $x_0=1$ 的左、右两侧趋向 1 的.正如同 x 趋向无穷可分成趋向正无穷大和负无穷大两种情形一样,$x\to x_0$

的情形可以从 x 从 x_0 的左侧或从 x_0 的右侧趋于 x_0 两种情形考察函数 $f(x)$ 的变化趋势. 这种情况称为单侧极限.

例 6 设函数 $f(x)=\begin{cases}-x, & x\leqslant 0,\\ 1, & x>0.\end{cases}$

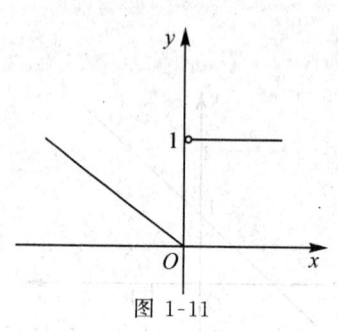

图 1-11

这是一个分段函数,如图 1-11 所示. 讨论当 $x\to 0$ 函数 $f(x)$ 的变化趋势时,由于 $x<0$ 和 $x>0$,$f(x)$ 的表达式不同,所以要分别讨论当 x 从 0 点的左端趋于 0 和从 0 点的右端趋于 0 时 $f(x)$ 的变化趋势.

当 $x<0$ 时,$f(x)=-x$. 从图 1-11 可直观看到,当 x 从 0 的左端越来越趋于 0 时,$f(x)$ 越来越趋于 0. 这时我们称当 $x<0$ 且 $x\to 0$ 时,$f(x)$ 以 0 为左极限. 记为

$$\lim_{x\to 0^-}f(x)=\lim_{x\to 0^-}(-x)=0.$$

当 $x>0$ 时,由于 $f(x)$ 的函数值总取 1,当 x 从 0 的右端越来越趋于 0 时,$f(x)$ 也无限趋近于 1,这时我们称当 $x>0$ 且 $x\to 0$ 时,$f(x)$ 以 1 为右极限. 记为

$$\lim_{x\to 0^+}f(x)=\lim_{x\to 0^+}1=1.$$

一般地,关于单侧极限,有如下的定义:

定义 1.9 设函数 $f(x)$ 在点 x_0 的附近有定义(但在 x_0 处可以没有定义). 如果当 $x<x_0$,且 x 无限趋于 x_0(即 x 从 x_0 的左侧趋于 x_0)时,函数 $f(x)$ 无限趋于常数 A,则称当 x 趋于 x_0 时,$f(x)$ 以 A 为左极限. 记为

$$\lim_{x\to x_0^-}f(x)=A.$$

如果当 $x>x_0$,且 x 无限趋于 x_0(即 x 从 x_0 的右侧趋于 x_0)时,函数 $f(x)$ 无限趋于常数 B,则称当 x 趋于 x_0 时,$f(x)$ 以 B 为右极限. 记为

$$\lim_{x\to x_0^+}f(x)=B.$$

二、极限的性质

由定义 1.8,函数 $y=f(x)$ 当 x 无限趋近于 x_0(这时 x 是从 x_0 的左右两旁无限趋近于 x_0)时,无限趋近于一个确定的数 A,则称当 $x\to x_0$ 时,$f(x)$ 以

A 为极限.

在例 6 中,
$$\lim_{x\to 0^-}f(x)=0,\quad \lim_{x\to 0^+}f(x)=1.$$

这表明当 $x\to 0$ 时,$f(x)$ 不是无限趋近于一个确定的常数,所以由定义 1.8,$\lim_{x\to 0}f(x)$ 不存在.

在例 5 中 $\lim_{x\to 1}\dfrac{x^2-1}{x-1}=2$. 这表明当 x 从 1 的左、右两边趋于 1 时,$f(x)$ 的左、右极限相等且均等于 2.

由此不难得出如下的定理:

定理 1.2 当 $x\to x_0$ 时,函数 $f(x)$ 极限存在的充分必要条件是函数 $f(x)$ 的左、右极限都存在而且相等,即

$$\lim_{x\to x_0}f(x)=A \Leftrightarrow \lim_{x\to x_0^-}f(x)=\lim_{x\to x_0^+}f(x)=A.$$

例 7 设 $f(x)=\begin{cases}1+x, & x>0,\\ 0, & x=0,\\ x-1, & x<0.\end{cases}$

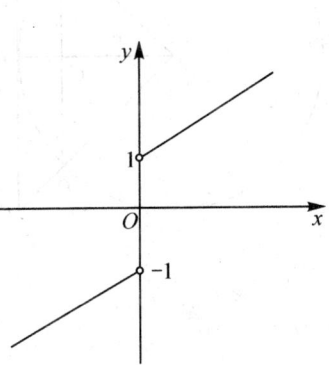

图 1-12

如图 1-12 所示.

当 $x\to 0^-$ 时,$x<0$,$f(x)=x-1$.

$|f(x)-(-1)|=|x-1+1|$
$=|x|=-x\to 0.$

故 $\lim_{x\to 0^-}f(x)=-1.$

当 $x\to 0^+$ 时,$x>0$,$f(x)=1+x$.

$|f(x)-1|=|1+x-1|$
$=|x|=x\to 0.$

故 $\lim_{x\to 0^+}f(x)=1.$

因 $\lim_{x\to 0^-}f(x)\neq \lim_{x\to 0^+}f(x),$

故 $\lim_{x\to 0}f(x)$ 不存在.

定理 1.3 设有三个函数 $g(x),f(x),h(x)$,如果在 $x=x_0$ 附近,$g(x)\leqslant f(x)\leqslant h(x)$,且 $\lim_{x\to x_0}g(x)=\lim_{x\to x_0}h(x)=A,$

则 $\lim_{x\to x_0}f(x)=A.$

这个定理直观上是明显的。函数 $g(x)$ 与 $h(x)$ 在 $x \to x_0$ 时都趋于 A，夹在其中的函数 $f(x)$ 也只有趋向于 A. 因此通常称这个极限存在定理为"两边夹"法则.

对于函数的自变量 $x \to \infty$ 与数列的极限也有类似的两边夹法则，请读者作为练习写出.

利用定理 1.3 可求得如下的重要极限：

$$\lim_{x \to 0} \frac{\sin x}{x} = 1.$$

首先我们注意到函数 $f(x) = \dfrac{\sin x}{x}$ 除在 $x = 0$ 外，对于其他 x 的值都是有定义的.

又当 x 变符号时，函数值的符号不变，所以只需对于 x 由正值趋向零的情形（在第一象限）来讨论.

作半径为 1 的单位圆（图 1-13），

圆心角 $x = \angle AOB (0 < x < \dfrac{\pi}{2})$，

则 $\sin x = |AC|$，$x = \overset{\frown}{AB}$，
$\tan x = |BF|$.

因为

$\triangle AOB$ 的面积 $<$ 圆扇形 AOB 的面积
$< \triangle OBF$ 的面积，

所以 $\dfrac{1}{2} \sin x < \dfrac{1}{2} x < \dfrac{1}{2} \tan x$，

即 $\sin x < x < \tan x$.

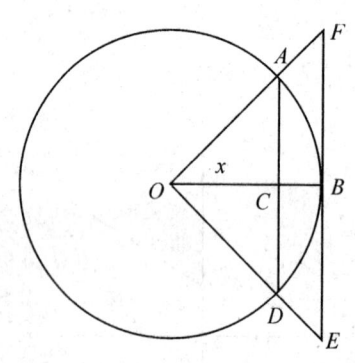

图 1-13

除以 $\sin x$，有

$$1 < \frac{x}{\sin x} < \frac{1}{\cos x},$$

或

$$1 > \frac{\sin x}{x} > \cos x.$$

由于 $\cos x = |OC|$ 是随 $x \to 0$ 而趋近于 $|OB| = 1$ 的，

即 $\lim_{x \to 0} \cos x = 1$.

所以由定理 1.3 可知：

$$\lim_{x \to 0} \frac{\sin x}{x} = 1.$$

三、无穷大量与无穷小量

我们讨论函数 $f(x)=\dfrac{1}{x-1}$ 当 $x\to 1$ 时的变化趋势.

如图 1-14 所示,当 x 从 1 的右端越来越接近 1 时,函数的图形以向上的方向越来越靠近直线 $x=1$,函数值越来越大;当 x 从 1 的左端越来越接近 1 时,函数的图形以向下的方向越来越靠近直线 $x=1$,函数值越来越小.把这两种情况综合起来,就是当 x 越来越接近 1 时,$\left|\dfrac{1}{x-1}\right|$ 就越来越大,并称函数 $f(x)=\dfrac{1}{x-1}$ 当 $x\to 1$ 时是无穷大量.

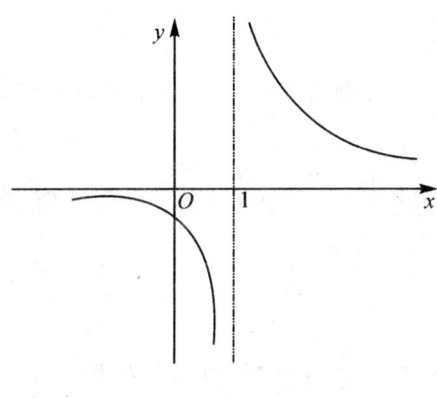

图 1-14

一般地,如果 $x\to x_0$(或 $x\to\infty$)时,函数 $f(x)$ 的绝对值越来越大,则称函数 $f(x)$ 当 $x\to x_0$(或 $x\to\infty$)时是无穷大量.

当 $x\to x_0$(或 $x\to\infty$)时为无穷大量的函数 $f(x)$,按通常的意义来说,极限是不存在的,但为了便于叙述函数的这一情态起见,我们也说"函数 $f(x)$ 的极限是无穷大",并记作

$$\lim_{\substack{x\to x_0\\(x\to\infty)}}f(x)=\infty.$$

如果对于 x 值所对应的函数值是正的(或是负的),则记作

$$\lim_{\substack{x\to x_0\\(x\to\infty)}}f(x)=+\infty$$

或

$$\left(\lim_{\substack{x\to x_0\\(x\to\infty)}}f(x)=-\infty\right).$$

函数 $f(x)=\dfrac{1}{x}$,当 $x\to 0$ 时是无穷大量,可记为

$$\lim_{x\to 0}\frac{1}{x}=\infty.$$

函数 $f(x)=2^x$,当 $x\to +\infty$ 时是无穷大量,可记为

$$\lim_{x\to +\infty}2^x=+\infty.$$

函数 $f(x)=\ln x$,当 $x\to 0^+$ 时是负无穷大量,可记为

$$\lim_{x\to 0^+}\ln x=-\infty.$$

应该注意:无穷大(∞)不是数,不可与很大很大的数混为一谈.

同时,我们从图 1-13 也可看到,直线 $x=1$ 是函数 $y=\dfrac{1}{x-1}$ 图形的垂直渐近线.

一般地,如果 $\lim\limits_{x\to x_0}=\infty$,则直线 $x=x_0$ 是函数 $y=f(x)$ 图形的垂直渐近线.

定义 1.10 如果 $\lim\limits_{\substack{x\to x_0 \\ (x\to\infty)}}f(x)=0$,则称函数 $y=f(x)$,当 $x\to x_0$(或 $x\to\infty$)时是无穷小量.

按这个定义:

因 $\lim\limits_{x\to\infty}\dfrac{1}{x}=0$,故 $f(x)=\dfrac{1}{x}$ 当 $x\to\infty$ 时是无穷小量;

因 $\lim\limits_{x\to -\infty}2^x=0$,故 $f(x)=2^x$ 当 $x\to -\infty$ 时是无穷小量;

因 $\lim\limits_{n\to\infty}(-1)^{n+1}\dfrac{1}{n}=0$,故 $f(n)=(-1)^{n+1}\dfrac{1}{n}$ 当 $n\to\infty$ 时是无穷小量.

我们已经知道 $\lim\limits_{x\to\infty}\dfrac{x+1}{x}=1$,

而 $\lim\limits_{x\to\infty}\left(\dfrac{x+1}{x}-1\right)=\lim\limits_{x\to\infty}\dfrac{1}{x}=0$,

故 函数 $f(x)=\dfrac{x+1}{x}$ 当 $x\to\infty$ 时以 1 为极限可说为 $\left(\dfrac{x+1}{x}-1\right)$ 是无穷小量;

反之,$x\to\infty$ 时,$\left(\dfrac{x+1}{x}-1\right)$ 为无穷小量也可说为 $\dfrac{x+1}{x}$ 以 1 为极限,这样,不难得到下面的定理:

定理 1.4 函数 $y=f(x)$ 以 A 为极限的充分必要条件是 $f(x)=A+\alpha$,其中 α 是无穷小量,即

$$\lim_{\substack{x\to x_0\\(x\to\infty)}} f(x)=A \Leftrightarrow \lim_{\substack{x\to x_0\\(x\to\infty)}} \alpha=0, \alpha=f(x)-A.$$

无穷小量与无穷大量有如下密切的关系：

定理 1.5

（1）如果 $f(x)$ 是无穷大量，则 $\dfrac{1}{f(x)}$ 是无穷小量；

（2）如果 $f(x)(\neq 0)$ 是无穷小量，则 $\dfrac{1}{f(x)}$ 是无穷大量.

例如，当 $x\to 1$ 时 $\dfrac{1}{x-1}$ 是无穷大量，则 $x-1$ 是无穷小量；

当 $x\to +\infty$ 时 e^{-x} 是无穷小量，则 e^x 是无穷大量.

例 8 求 $\lim\limits_{x\to 0}(1+x)^{\frac{1}{x}}$.

解 令 $t=\dfrac{1}{x}$，由定理 1.5，当 $x\to 0$ 时，$t\to \infty$，

故
$$\lim_{x\to 0}(1+x)^{\frac{1}{x}}=\lim_{t\to\infty}\left(1+\frac{1}{t}\right)^t=e.$$

这是重要极限 $\lim\limits_{x\to\infty}\left(1+\dfrac{1}{x}\right)^x$ 的一种等价形式.

无穷小量具有如下性质：

性质 1 有限个无穷小量的代数和是无穷小量.

性质 2 有限个无穷小量的积是无穷小量.

设 $f(x)$、$g(x)$ 是两个无穷小量，即

$$\lim_{x\to x_0}f(x)=0, \lim_{x\to x_0}g(x)=0,$$

则
$$\lim_{x\to x_0}(f(x)\pm g(x))=0, \lim_{x\to x_0}f(x)g(x)=0$$

性质 3 无穷小量与有界函数的积是无穷小量.

设 $f(x)$ 是无穷小量，$g(x)$ 是有界函数，即

$$\lim_{x\to x_0}f(x)=0, |g(x)|\leqslant M,$$

则
$$\lim_{x\to x_0}f(x)g(x)=0.$$

例 9 求 $\lim\limits_{x\to 0}x\sin\dfrac{1}{x}$.

解 因 $\lim\limits_{x\to 0}x=0$，$\left|\sin\dfrac{1}{x}\right|\leqslant 1$.

故由性质 3， $\lim\limits_{x\to 0}x\sin\dfrac{1}{x}=0.$

练 习 1.4

(A)

(一)填空题

1. $\lim\limits_{x \to 1} x^2 = 1$ 的含义是(　　　).

2. $\lim\limits_{x \to \infty} \dfrac{x}{2x+1} = \dfrac{1}{2}$ 的含义是(　　　).

3. $\lim\limits_{x \to x_0^+} f(x) = A$, $\lim\limits_{x \to x_0^+} f(x) = B$, 在(　　)时, $\lim\limits_{x \to x_0} f(x)$ 存在.

4. $\lim\limits_{x \to 0} \dfrac{\sin x}{x} = 1$, 则 $\lim\limits_{x \to 0^-} \dfrac{\sin x}{x} = ($　　$)$, $\lim\limits_{x \to 0^+} \dfrac{\sin x}{x} = ($　　$)$.

5. 设 $f(x) = \begin{cases} |x|, & x \neq 0, \\ 1, & x = 0, \end{cases}$ $\lim\limits_{x \to 0} f(x) = ($　　$)$.

6. 设 $\lim\limits_{x \to x_0} f(x) = 0$, $|g(x)| \leqslant M$, 则 $\lim\limits_{x \to x_0} f(x) g(x) = ($　　$)$.

7. 函数 $f(x) = \dfrac{1}{x+1}$, 当 $x \to ($　　$)$ 时是无穷大量, 当 $x \to ($　　$)$ 时是无穷小量.

8. $\lim\limits_{x \to x_0} f(x) = A$ 的充要条件是(　　).

(二)选择题

1. 当 $x \to \infty$ 时, 函数 $f(x) = x \sin \dfrac{1}{x}$ 的极限(　　).

(A) 不存在　　(B) 0　　(C) 1　　(D) ∞

2. 下列函数在给定变化过程中是无穷小量的有(　　).

(A) $\dfrac{\sin x}{x} (x \to 0)$　　　　(B) $\dfrac{\sin x}{x} (x \to \infty)$

(C) $e^x (x \to 0)$　　　　(D) $e^x (x \to \infty)$

3. 下列说法不正确的有(　　).

(A) 函数 $y = f(x)$ 在 x_0 处有定义, 则 $f(x)$ 在 x_0 处一定有极限

(B) 若 $f(x)$ 在 x_0 处无极限, 则 $f(x)$ 在 x_0 处无定义

(C) 无穷大量是一个非常大的数

(D) 无穷小量是一个非常小的数

(B)

1. 利用列表(或图像)法求下列极限(如果极限存在):

(1) $\lim\limits_{x \to 0} \dfrac{1}{x^2}$;

(2) $\lim\limits_{x \to \infty} \dfrac{3}{x}$;

(3) $\lim\limits_{x \to 2} \dfrac{x^2-4}{x-2}$;

(4) $\lim\limits_{x \to 2} \dfrac{1}{x-2}$.

2. 利用无穷小量的性质求下列极限:

(1) $\lim\limits_{x \to \infty} \left(\dfrac{1}{x} - \dfrac{4}{x-1} \right)$;

(2) $\lim\limits_{x \to -\infty} (2^x + e^x)$;

(3) $\lim\limits_{x \to \infty} \dfrac{\cos x}{x}$;

(4) $\lim\limits_{x \to 0} x \cos \dfrac{1}{x}$.

§1.5 极限的四则运算

上述二节,我们利用极限的定义讨论了一些较简单的数列与函数的极限,例如 $\lim\limits_{n \to \infty} \dfrac{1}{n} = 0$, $\lim\limits_{x \to \infty} \dfrac{1}{x} = 0$, $\lim\limits_{\substack{x \to x_0 \\ (x \to \infty)}} C = C$, $\lim\limits_{x \to x_0} x = x_0$ 等. 为了在此基础上,解决较复杂的函数的计算问题,需要讨论极限的四则运算法则.

在下面的讨论中, u、v、α、β 都是 x 的函数, A、B 是常数. 函数的极限用 lim 表示, 而没有标明 $x \to x_0$ 或 $x \to \infty$, 因为事实上下面的定理对这两种情形都成立. 当然, 在同一问题中应属于同一情形, 即或者都是 $x \to x_0$, 或者都是 $x \to \infty$.

定理 1.6 (代数和的极限) 两个具有极限的函数的和(差)的极限, 等于这两个函数的极限的和(差). 即

如果 $\lim u = A, \lim v = B,$

则 $\lim(u \pm v) = \lim u \pm \lim v = A \pm B.$

证明 因为

$$\lim u = A, \quad \lim v = B.$$

由定理 1.4

$$u = A + \alpha, \quad v = B + \beta.$$

其中 α、β 是无穷小量, 于是

$$u \pm v = A + \alpha \pm (B + \beta) = (A \pm B) + (\alpha \pm \beta).$$

由 §1.4 性质 1, $\alpha \pm \beta$ 是无穷小量.

再由定理 1.4

$$\lim(u\pm v)=A\pm B=\lim u\pm\lim v.$$

如果 $u_1,u_2,\cdots,u_n$ 是 n 个有极限的函数,其极限分别是 $A_1,A_2,\cdots,A_n$,则反复应用定理 1.6,有

$$\lim(u_1\pm u_2\pm\cdots\pm u_n)=\lim u_1\pm\lim u_2\pm\cdots\pm\lim u_n$$
$$=A_1\pm A_2\pm\cdots\pm A_n.$$

例 1 求 $\lim\limits_{x\to1}(x-4)$.

解 由上节的注 3,注 4,知 $\lim\limits_{x\to1}x=1,\lim\limits_{x\to1}4=4$ 及定理 1.6,有

$$\lim_{x\to1}(x-4)=\lim_{x\to1}x-\lim_{x\to1}4=1-4=-3.$$

定理 1.7 (乘积的极限) 两个具有极限的函数之乘积的极限等于它们的极限的乘积. 即

如果 $\lim u=A,\lim v=B$.

则 $\lim uv=\lim u\cdot\lim v=AB.$

证明

因为 $\lim u=A,\qquad \lim v=B.$

所以由定理 1.4

$$u=A+\alpha,\quad v=B+\beta.$$

其中 α、β 是无穷小量,于是

$$uv=(A+\alpha)(B+\beta)$$
$$=AB+(A\beta+B\alpha+\alpha\beta).$$

由 §1.4 性质 1,2,3,右边括号内是无穷小量.

再由定理 1.4

$$\lim uv=AB=\lim u\lim v.$$

同代数和的极限的情况一样,反复运用定理 1.7,可得

$$\lim(u_1\cdot u_2\cdot\cdots\cdot u_n)=\lim u_1\cdot\lim u_2\cdot\cdots\cdot\lim u_n$$
$$=A_1A_2\cdots A_n.$$

推论 1 常数因子可以提到极限符号的外面,即

$$\lim Cu=C\lim u.$$

这是因为 $\lim C=C$ 的缘故.

推论 2 具有极限的函数的正整数幂的极限等于函数极限的乘幂,即

$$\lim u^n=\lim u\cdot u\cdot\cdots\cdot u=\lim u\lim u\cdots\lim u=(\lim u)^n.$$

1.5 极限的四则运算

令
$$v = \sqrt[n]{u},$$
则
$$v^n = u, \lim v^n = (\lim v)^n.$$

将 $v = \sqrt[n]{u}$ 代入上式,有
$$\lim(\sqrt[n]{u})^n = (\lim \sqrt[n]{u})^n,$$
即
$$\lim u^{\frac{1}{n}} = (\lim u)^{\frac{1}{n}}.$$

综合以上说明,有 $\lim u^{\frac{m}{n}} = (\lim u)^{\frac{m}{n}}$.

例 2 求 $\lim\limits_{x \to x_0}(a_0 x^n + a_1 x^{n-1} + \cdots + a_{n-1} x + a_n)$.

解 原式 $= \lim\limits_{x \to x_0} a_0 x^n + \lim\limits_{x \to x_0} a_1 x^{n-1} + \cdots + \lim\limits_{x \to x_0} a_{n-1} x + \lim\limits_{x \to x_0} a_n$ (定理 1.6)

$= a_0 (\lim\limits_{x \to x_0} x)^n + a_1 (\lim\limits_{x \to x_0} x)^{n-1} + \cdots + a_{n-1} \lim\limits_{x \to x_0} x + \lim\limits_{x \to x_0} a_n$ (定理 1.7)

$= a_0 x_0^n + a_1 x_0^{n-1} + \cdots + a_{n-1} x_0 + a_n = f(x_0).$

例如 $\lim\limits_{x \to 2}(3x^2 + 2x - 1) = \lim\limits_{x \to 2} 3 \cdot (\lim\limits_{x \to 2} x)^2 + 2 \lim\limits_{x \to 2} x - 1$

$= 3 \times 2^2 + 2 \times 2 - 1 = 15.$

例 3 求 $\lim\limits_{x \to -1} \sqrt{4x^2 - x + 4}$.

解 原式 $= \sqrt{\lim\limits_{x \to -1}(4x^2 - x + 4)}$ （定理 1.7）

$= \sqrt{4 \lim\limits_{x \to -1} x^2 - \lim\limits_{x \to -1} x + 4}$ （定理 1.6）

$= \sqrt{4(-1)^2 - (-1) + 4} = 3$

定理 1.8 （商的极限） 两个具有极限的函数之商的极限,在其分母不是零时,等于它们极限的商. 即

如果 $\lim u = A, \quad \lim v = B \neq 0,$

则
$$\lim \frac{u}{v} = \frac{\lim u}{\lim v} = \frac{A}{B}.$$

（证明略）

例 4 设 $f(x) = a_0 x^n + a_1 x^{n-1} + \cdots + a_{n-1} x + a_n,$

$g(x) = b_0 x^m + b_1 x^{m-1} + \cdots + b_{m-1} x + b_m,$

则 $\lim\limits_{x \to x_0} \frac{f(x)}{g(x)} = \lim\limits_{x \to x_0} \frac{a_0 x^n + a_1 x^{n-1} + \cdots + a_n}{b_0 x^m + b_1 x^{m-1} + \cdots + b_m}$

$= \frac{\lim\limits_{x \to x_0}(a_0 x^n + a_1 x^{n-1} + \cdots + a_n)}{\lim\limits_{x \to x_0}(b_0 x^m + b_1 x^{m-1} + \cdots + b_m)}$ （定理 1.8）

$$= \frac{a_0 x_0^n + a_1 x_0^{n-1} + \cdots + a_n}{b_0 x_0^m + b_1 x_0^{m-1} + \cdots + b_m}$$

$$= \frac{f(x_0)}{g(x_0)} \quad (g(x_0) \neq 0).$$

例如 $\lim\limits_{x \to 1} \dfrac{x^2 - 4}{x^3 + x + 1} = \dfrac{\lim\limits_{x \to 1}(x^2 - 4)}{\lim\limits_{x \to 1}(x^3 + x + 1)} = \dfrac{-3}{3} = -1.$

由此可以看到,利用极限的四则运算法则便可计算出一些较复杂的函数的极限,下面的例题每一步所依据的定理我们大多略去了,请读者在阅读时仔细对照.

例 5 求 $\lim\limits_{x \to 2} \dfrac{x(x^2 - 4)}{x - 2}$.

解 当 $x \to 2$ 时,$\lim\limits_{x \to 2}(x - 2) = 0$,所以商的极限定理不能用,但根据函数极限的定义,$x \to 2$ 时只是 x 越来越趋近于 2,但 $x \neq 2$,故 $x - 2 \neq 0$,因此 $\dfrac{x(x^2 - 4)}{x - 2}$ 中的分子分母可同时除以不为零的公因子 $(x - 2)$,然后求极限,因此有

$$原式 = \lim\limits_{x \to 2} \frac{x(x+2)(x-2)}{x-2} = \lim\limits_{x \to 2} x(x+2)$$
$$= 2(2+2) = 8.$$

例 6 求 $\lim\limits_{x \to \infty} \dfrac{x^3 - 2x^2 + 3}{2x^3 + x^2 - 5x}$.

解 因为当 $x \to \infty$ 时,极限函数式的分子分母都没有极限,故商的极限定理不能用,我们先用 x^3 去同时除分子分母,然后再利用极限的四则运算法则,有

$$原式 = \lim\limits_{x \to \infty} \frac{\dfrac{x^3}{x^3} - \dfrac{2x^2}{x^3} + \dfrac{3}{x^3}}{\dfrac{2x^3}{x^3} + \dfrac{x^2}{x^3} - \dfrac{5x}{x^3}} = \frac{\lim\limits_{x \to \infty}\left(1 - \dfrac{2}{x} + \dfrac{3}{x^3}\right)}{\lim\limits_{x \to \infty}\left(2 + \dfrac{1}{x} - \dfrac{5}{x^2}\right)}$$

$$= \frac{1 - 2\lim\limits_{x \to \infty}\dfrac{1}{x} + 3\left(\lim\limits_{x \to \infty}\dfrac{1}{x}\right)^3}{2 + \lim\limits_{x \to \infty}\dfrac{1}{x} - 5\left(\lim\limits_{x \to \infty}\dfrac{1}{x}\right)^2}$$

$$= \frac{1 - 2 \times 0 + 3 \times 0^3}{2 + 0 - 5 \times 0^2} = \frac{1}{2}.$$

例 7 求 $\lim\limits_{n \to \infty} \dfrac{4n^2 - n}{n^2 + 3n}$.

解 原式 $=\lim_{n\to\infty}\dfrac{\dfrac{4n^2-n}{n^2}}{\dfrac{n^2+3n}{n^2}}=\dfrac{\lim_{n\to\infty}\left(4-\dfrac{1}{n}\right)}{\lim_{n\to\infty}\left(1+\dfrac{3}{n}\right)}$

$=\dfrac{4-0}{1+0}=4.$

例 8 求 $\lim\limits_{x\to 0}\dfrac{\sqrt{1+x}-1}{x}$.

解 当 $x\to 0$ 时,分母的极限是 0,故商的极限定理不能用,将分子分母同时乘以 $\sqrt{1+x}+1$,得

$$\dfrac{(\sqrt{1+x}-1)(\sqrt{1+x}+1)}{x(\sqrt{1+x}+1)}=\dfrac{1+x-1}{x(\sqrt{1+x}+1)}$$

$$=\dfrac{1}{\sqrt{1+x}+1}.$$

故 原式 $=\lim\limits_{x\to 0}\dfrac{1}{\sqrt{1+x}+1}=\dfrac{1}{\lim\limits_{x\to 0}(\sqrt{1+x}+1)}$

$=\dfrac{1}{\sqrt{1+0}+1}=\dfrac{1}{2}.$

例 9 求 $\lim\limits_{x\to 1}\left(\dfrac{1}{x-1}-\dfrac{2}{x^2-1}\right).$

解 当 $x\to 1$ 时,$\dfrac{1}{x-1}$ 与 $\dfrac{2}{x^2-1}$ 的极限均不存在,故不能直接利用定理 1.6,通分化简后有

原式 $=\lim\limits_{x\to 1}\dfrac{x+1-2}{x^2-1}=\lim\limits_{x\to 1}\dfrac{1}{x+1}=\dfrac{1}{2}.$

在上一节数列极限的讨论中,我们得到过一个重要极限:$\lim\limits_{n\to\infty}\left(1+\dfrac{1}{n}\right)^n=\mathrm{e}.$ 若将数列 $\left\{\left(1+\dfrac{1}{n}\right)^n\right\}$ 换成一般的函数 $f(x)=\left(1+\dfrac{1}{x}\right)^x$,我们也可得到相同的结果.

$$\lim_{x\to\infty}\left(1+\dfrac{1}{x}\right)^x=\mathrm{e}.$$

****证明** 对于任意 $x\in(0,+\infty)$,存在自然数 n,使得 $n+1>x\geqslant n$,故

$$\dfrac{1}{n+1}<\dfrac{1}{x}\leqslant\dfrac{1}{n},$$

$$1+\dfrac{1}{n+1}<1+\dfrac{1}{x}\leqslant 1+\dfrac{1}{n}.$$

由于
$$n \leqslant x < n+1,$$
还有
$$\left(1+\frac{1}{n+1}\right)^n < \left(1+\frac{1}{x}\right)^x \leqslant \left(1+\frac{1}{n}\right)^{n+1}.$$
因为
$$\lim_{n\to\infty}\left(1+\frac{1}{n+1}\right)^n = \lim_{n\to\infty}\left(1+\frac{1}{n+1}\right)^{n+1}\left(1+\frac{1}{n+1}\right)^{-1}$$
$$= \frac{\lim_{n\to\infty}\left(1+\frac{1}{n+1}\right)^{n+1}}{\lim_{n\to\infty}\left(1+\frac{1}{n+1}\right)} = \frac{e}{1} = e,$$
$$\lim_{n\to\infty}\left(1+\frac{1}{n}\right)^{n+1} = \lim_{n\to\infty}\left(1+\frac{1}{n}\right)^n \cdot \left(1+\frac{1}{n}\right)$$
$$= \lim_{n\to\infty}\left(1+\frac{1}{n}\right)^n \cdot \lim_{n\to\infty}\left(1+\frac{1}{n}\right) = e \cdot 1 = e,$$

故由两边夹法则,当 $n\to\infty$ 时, $x\to+\infty$,有
$$\lim_{x\to+\infty}\left(1+\frac{1}{x}\right)^x = e.$$

当 $x\to-\infty$ 时,令 $x=-t$, $t\to+\infty$,
$$\lim_{x\to-\infty}\left(1+\frac{1}{x}\right)^x = \lim_{t\to+\infty}\left(1-\frac{1}{t}\right)^{-t} = \lim_{t\to+\infty}\left(\frac{t}{t-1}\right)^t$$
$$= \lim_{t\to+\infty}\left(1+\frac{1}{t-1}\right)^t$$
$$= \lim_{t\to+\infty}\left(1+\frac{1}{t-1}\right)^{t-1}\left(1+\frac{1}{t-1}\right)$$
$$= \lim_{t\to+\infty}\left(1+\frac{1}{t-1}\right)^{t-1} \lim_{t\to+\infty}\left(1+\frac{1}{t-1}\right)$$
$$= e \cdot 1 = e.$$

这样我们就证明了对于函数 $f(x)=\left(1+\frac{1}{x}\right)^x$,
$$\lim_{x\to\infty}\left(1+\frac{1}{x}\right)^x = e.$$

利用这个重要极限,可求相关函数的极限.

例 10 求 $\lim\limits_{x\to\infty}\left(1-\frac{2}{x}\right)^x$.

解 令 $-\frac{2}{x}=\frac{1}{t}$,当 $x\to\infty$ 时 $t\to\infty$.

原式 $= \lim\limits_{t\to\infty}\left(1+\frac{1}{t}\right)^{-2t} = \left[\lim\limits_{t\to\infty}\left(1+\frac{1}{t}\right)^t\right]^{-2} = e^{-2}.$

$\lim\limits_{x\to 0}\frac{\sin x}{x}=1$ 也是一个重要极限,利用这个极限,可以求出一些其他函数的

1.5 极限的四则运算

极限.

例 11 求下列极限：

(1) $\lim\limits_{x\to 0}\dfrac{\sin 2x}{x}$；　(2) $\lim\limits_{x\to 0}\dfrac{x}{\tan x}$；　(3) $\lim\limits_{x\to 0}\dfrac{1-\cos x}{x^2}$.

解 (1) 原式 $=\lim\limits_{x\to 0}2\dfrac{\sin 2x}{2x}=2\lim\limits_{x\to 0}\dfrac{\sin 2x}{2x}=2\cdot 1=2.$

(2) 原式 $=\lim\limits_{x\to 0}\dfrac{x}{\dfrac{\sin x}{\cos x}}=\lim\limits_{x\to 0}\dfrac{1}{\dfrac{\sin x}{x}}\cdot\cos x$

$=\dfrac{1}{\lim\limits_{x\to 0}\dfrac{\sin x}{x}}\lim\limits_{x\to 0}\cos x$

$=\dfrac{1}{1}\cdot 1=1.$

(3) $\dfrac{1-\cos x}{x^2}=\dfrac{2\sin^2\dfrac{x}{2}}{x^2}=2\left(\dfrac{\sin\dfrac{x}{2}}{x}\right)^2$

$=2\left(\dfrac{\sin\dfrac{x}{2}}{2\dfrac{x}{2}}\right)^2=\dfrac{1}{2}\left(\dfrac{\sin\dfrac{x}{2}}{\dfrac{x}{2}}\right)^2,$

故　　原式 $=\lim\limits_{x\to 0}\dfrac{1}{2}\left(\dfrac{\sin\dfrac{x}{2}}{\dfrac{x}{2}}\right)^2=\dfrac{1}{2}\left(\lim\limits_{x\to 0}\dfrac{\sin\dfrac{x}{2}}{\dfrac{x}{2}}\right)^2=\dfrac{1}{2}\cdot 1^2=\dfrac{1}{2}.$

练　习　1.5

(A)

(一)填空题

1. $\lim\limits_{x\to 1}(3x^2-2)=($ 　　　$).$

2. $\lim\limits_{x\to\infty}\dfrac{1-2x+x^2}{x+3x^2}=($ 　　　$).$

3. $\lim\limits_{x\to\infty}\left(1+\dfrac{1}{x}\right)^{x-1}=($ 　　　$).$

4. $\lim\limits_{x\to 0}(1+3x)^{-\frac{3}{x}}=($ 　　　$).$

5. $\lim\limits_{n\to\infty} n\sin\dfrac{2}{n} = ($ 　　　$)$, $\lim\limits_{x\to\infty}\dfrac{\sin x}{x} = ($ 　　　$)$.

6. 把下列计算所依据的定理填在每一步后面的括号内.

$$\lim_{x\to 1}\dfrac{\sqrt{4x^2-3}}{x+1} = \dfrac{\lim\limits_{x\to 1}\sqrt{4x^2-3}}{\lim\limits_{x\to 1}(x+1)} \qquad (\qquad)$$

$$= \dfrac{\sqrt{\lim\limits_{x\to 1}(4x^2-3)}}{\lim\limits_{x\to 1}x+1} \qquad (\qquad)$$

$$= \dfrac{\sqrt{4(\lim\limits_{x\to 1}x)^2-3}}{1+1} \qquad (\qquad)$$

$$= \dfrac{\sqrt{4\times 1^2-3}}{2} = \dfrac{1}{2}.$$

(二)选择题

1. 下列计算中不正确的是(　　　).

(A) $\lim\limits_{x\to\infty}\dfrac{x^2-1}{2x^2+x} = \lim\limits_{x\to\infty}\dfrac{1-\dfrac{1}{x^2}}{2+\dfrac{1}{x}} = \dfrac{\lim\limits_{x\to\infty}\left(1-\dfrac{1}{x^2}\right)}{\lim\limits_{x\to\infty}\left(2+\dfrac{1}{x}\right)} = \dfrac{1-0}{2+0} = \dfrac{1}{2}$

(B) $\lim\limits_{x\to\infty}\dfrac{\sin x}{x} = \lim\limits_{x\to\infty}\dfrac{1}{x}\lim\limits_{x\to\infty}\sin x = 0$

(C) $\lim\limits_{x\to 1}\dfrac{x^2-1}{x^2+x-2} = \dfrac{\lim\limits_{x\to 1}(x^2-1)}{\lim\limits_{x\to 1}(x^2+x-2)} = \dfrac{1-1}{1+1-2} = 0$

(D) $\lim\limits_{x\to 1}\left(\dfrac{1}{x-1}-\dfrac{3}{x^3-1}\right) = \lim\limits_{x\to 1}\dfrac{1}{x-1} - \lim\limits_{x\to 1}\dfrac{2}{x^3-1} = \infty - \infty = 0$

2. 变量(　　　)是无穷小量.

(A) $x\cot x$ 　$(x\to 0)$ 　　　　(B) $\ln x$ 　$(x\to 1)$

(C) $\dfrac{x-2}{x^2-4}$ 　$(x\to 2)$ 　　　(D) $\left(\dfrac{1}{2}\right)^x$ 　$(x\to\infty)$

3. 下列计算中正确的是(　　　).

(A) $\lim\limits_{m\to\infty}\left(1+\dfrac{1}{m}\right)^{\frac{m}{n}} = \left(\lim\limits_{m\to\infty}\left(1+\dfrac{1}{m}\right)\right)^{\frac{m}{n}} = (1+0)^{\frac{m}{n}} = 1$

(B) $\lim\limits_{x\to\infty}\left(1+\dfrac{1}{x}\right)^n = \left(\lim\limits_{x\to\infty}\left(1+\dfrac{1}{x}\right)\right)^n = (1+0)^n = 1$

(C) $\lim\limits_{x\to\infty}\dfrac{\sin x}{x} = 1$

(D) $\lim\limits_{x\to 0}\dfrac{\sin x}{x}=1$

4. 在（　　）时，函数 $f(x)=\dfrac{x-1}{x(x^2-1)}$ 是无穷大量.

(A) $x\to 1$ (B) $x\to -1$

(C) $x\to\infty$ (D) $x\to 0$

(B)

1. 求下列极限：

(1) $\lim\limits_{x\to 1}(5x^3-1)$；   (2) $\lim\limits_{x\to -1}(7-2x^2)$；

(3) $\lim\limits_{x\to 0}\dfrac{3x-2}{x^3-1}$；   (4) $\lim\limits_{x\to 1}\dfrac{x^4}{x^2-1}$.

2. 求下列极限：

(1) $\lim\limits_{x\to 3}\dfrac{x^2-9}{x-3}$；   (2) $\lim\limits_{x\to 0}\dfrac{3x}{x^3-x}$；

(3) $\lim\limits_{x\to\infty}\dfrac{x^2+x-1}{3x^2-2x}$；   (4) $\lim\limits_{x\to\infty}\dfrac{4x^2+x}{x^3-2x+3}$；

(5) $\lim\limits_{x\to 2}\dfrac{\sqrt{2+x}-2}{x-2}$；   (6) $\lim\limits_{x\to 2}\left(\dfrac{1}{x-2}-\dfrac{4}{x^2-4}\right)$；

(7) $\lim\limits_{n\to\infty}\dfrac{\sin 3x}{1+4x^2}$；   (8) $\lim\limits_{x\to 0}\dfrac{\sin 3x}{\sin 4x}$；

(9) $\lim\limits_{x\to 1}\dfrac{\sin(x-1)}{x^2-1}$；   (10) $\lim\limits_{n\to\infty}\left(1-\dfrac{3}{n}\right)^n$；

(11) $\lim\limits_{x\to\infty}\left(\dfrac{x}{1+x}\right)^x$；   (12) $\lim\limits_{x\to\infty}\left(1-\dfrac{1}{x^2}\right)^x$.

§1.6　函数的连续性

一、连续与间断的概念

作为日常用语，所谓连续就是不间断，它的对立面就是间断，这是大家都明白的.

现实世界中，有很多量的变化是连续进行的，如气温的连续变化，生物的连续生长，股票价格的连续波动，生产的连续进行等等，这些现象反映在数学中就是函数的连续性.但也有很多量的变化是不连续的,如某些季节性商品的销售,随时间的变化就是不连续的,这种现象反映在数学上就是函数的间断.

函数的连续性,从函数图形直观来看,函数的曲线是不断开的(图1-15),在连续点 x_0 处,当自变量从 x_0 处向左或向右作微小改变时,对应的函数值也只作微小改变,这就是说,当自变量 x 靠近 x_0 时,函数值 $f(x)$ 就靠近 $f(x_0)$,而当 x 趋于 x_0 时,$f(x)$ 就趋于 $f(x_0)$,即

当 $x \to x_0$ 时,$f(x) \to f(x_0)$.

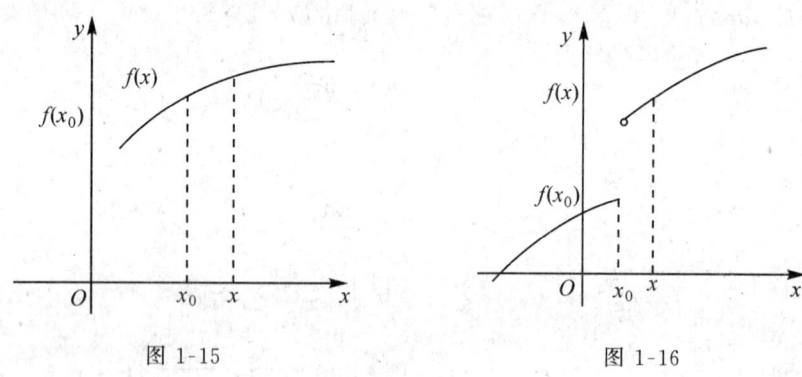

图 1-15　　　　　　　　　　图 1-16

在间断点 x_0 处,当自变量 x 从 x_0 右侧的近旁变到 x_0 左侧的近旁时,对应的函数值发生显著的变化,如图 1-16 所示,即

当 $x \to x_0$ 时,$f(x)$ 不趋于 $f(x_0)$.

根据以上分析,引入下面的定义:

定义 1.11　如果函数 $y = f(x)$ 在点 x_0 的附近包括 x_0 本身有定义,当 $x \to x_0$ 时,$f(x)$ 的极限存在且等于它在点 x_0 处的函数值,即

$$\lim_{x \to x_0} f(x) = f(x_0),$$

则称函数 $f(x)$ 在点 x_0 处是连续的,否则称函数 $f(x)$ 在点 x_0 处是间断的.

如果函数 $f(x)$ 在区间 (a,b) 内或在 $[a,b]$ 上的每一点都连续,则称 $f(x)$ 在 (a,b) 内或 $[a,b]$ 上连续.

如果函数 $f(x)$ 在其定义域内的每一点均连续,则称 $f(x)$ 在其定义域内是连续的.

例 1　试证 $f(x) = x^2$ 在区间 $(-\infty, +\infty)$ 连续.

证明 设 x_0 是 $(-\infty,+\infty)$ 内的任意一点. 由定理 1.7

$$\lim_{x\to x_0} f(x) = \lim_{x\to x_0} x^2 = (\lim_{x\to x_0} x)^2 = x_0^2 = f(x_0),$$

故由定义 1.11 可知, $f(x) = x^2$ 是 $(-\infty,+\infty)$ 上的连续函数.

根据定义 1.11,函数 $y = f(x)$ 在点 x_0 处连续的条件是:

(1) 极限 $\lim\limits_{x\to x_0} f(x)$ 存在;

(2) 函数 $f(x)$ 在点 x_0 处有定义,即 $f(x_0)$ 存在;

(3) $\lim\limits_{x\to x_0} f(x) = f(x_0)$.

以上三条同时满足,则函数 $f(x)$ 在点 x_0 处连续,其中任何一条不满足,函数 $f(x)$ 在点 x_0 处就是间断的,称这样的点为函数的间断点.

在 §1.4 例 5 中的函数

$$f(x) = \frac{x^2-1}{x-1},$$

虽然 $\lim\limits_{x\to 1} f(x) = 2$,但此函数在点 $x=1$ 处无定义,不满足条件(2),故 $x=1$ 是间断点.

在 §1.4 例 7 中的函数

$$f(x) = \begin{cases} 1+x, & x>0, \\ 0, & x=0, \\ x-1, & x<0, \end{cases}$$

$\lim\limits_{x\to x_0} f(x)$ 不存在,不满足函数连续条件(1),故 $x=0$ 是函数的间断点.

例 2 设函数

$$f(x) = \begin{cases} 1-x, & x\neq 0, \\ 0, & x=0. \end{cases}$$

$$\lim_{x\to 0} f(x) = \lim_{x\to 0}(1-x) = 1,$$
$$f(0) = 0,$$

即 $\lim\limits_{x\to 0} f(x) \neq f(0)$,

不满足函数连续条件(3),所以 $x=0$ 点是此函数的间断点(图 1-17).

从这些函数的图像都可看出,函数在间断点处,图像都是断开的.

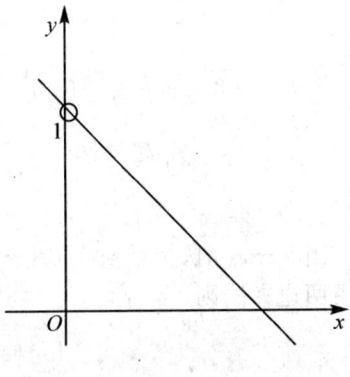

图 1-17

二、初等函数的连续性

首先介绍连续函数的运算定理.

定理 1.9 两个连续函数的和、差、积、商(除数不为零)仍是连续函数,两个连续函数的复合函数仍是连续函数.

此定理的前一个命题可由极限的四则运算定理立即推出. 以两个连续函数的和为例,设 $f(x)$ 和 $g(x)$ 均在 x_0 处连续,即

$$\lim_{x \to x_0} f(x) = f(x_0), \quad \lim_{x \to x_0} g(x) = g(x_0),$$

则由定理 1.6

$$\lim_{x \to x_0}(f(x)+g(x)) = \lim_{x \to x_0} f(x) + \lim_{x \to x_0} g(x)$$
$$= f(x_0) + g(x_0).$$

这表明,$f(x)+g(x)$ 在 x_0 处是连续的.

对定理 1.9 中的另一个命题,设 $y=f(u)$ 是 u 的连续函数,$u=\varphi(x)$ 是 x 的连续函数,则

$$\lim_{x \to x_0} \varphi(x) = \varphi(x_0), \quad \lim_{u \to \varphi(x_0)} f(u) = f(\varphi(x_0)),$$

从而

$$\lim_{x \to x_0} f(\varphi(x)) = \lim_{u \to \varphi(x_0)} f(u) = f(\varphi(x_0)).$$

故复合函数 $f(\varphi(x_0))$ 是 x 的连续函数.

我们知道,从基本初等函数出发,经过加、减、乘、除的四则运算及函数的复合,可以派生出大量较复杂的函数,它们统称为初等函数. 而由定理 1.9,为了考察初等函数的连续性,只须考察基本初等函数的连续性即可.

以正弦函数 $f(x) = \sin x$ 为例.

任取 $x_0 \in (-\infty, +\infty)$,

$$0 \leqslant |\sin x - \sin x_0| = \left|2\cos\frac{x+x_0}{2}\sin\frac{x-x_0}{2}\right|$$
$$= 2\left|\cos\frac{x+x_0}{2}\right|\left|\sin\frac{x-x_0}{2}\right|$$
$$\leqslant 2\left|\sin\frac{x-x_0}{2}\right| \leqslant 2\left|\frac{x-x_0}{2}\right|$$
$$= |x-x_0|. \qquad (\text{由 §1.4 知}: |\sin x| < |x|).$$

当 $x \to x_0$ 时, $|x - x_0| \to 0$.

故由两边夹法则

$$\lim_{x \to x_0}(\sin x - \sin x_0) = 0,$$

即

$$\lim_{x \to x_0} \sin x = \sin x_0.$$

可以证明,所有的基本初等函数在其定义域内都是连续的,再由定理1.9,立即得出下面的定理:

定理 1.10 所有的初等函数在其定义域内都是连续函数.

由关系式
$$\lim_{x \to x_0} f(x) = f(x_0)$$
可知,若 $f(x)$ 在 x_0 处连续,求 $f(x)$ 在 $x \to x_0$ 时的极限值,即是求 $f(x)$ 在 x_0 处的函数值. 于是上式可写成
$$\lim_{x \to x_0} f(x) = f\left(\lim_{x \to x_0} x\right) = f(x_0).$$

例 3 求 $\lim\limits_{x \to 0} \dfrac{\ln(1+x)}{x}$.

解 $\dfrac{\ln(1+x)}{x} = \ln(1+x)^{\frac{1}{x}}$.

利用对数函数的连续性,并利用 $\lim\limits_{x \to 0}(1+x)^{\frac{1}{x}} = e$,得
$$\lim_{x \to 0} \frac{\ln(1+x)}{x} = \lim_{x \to 0} \ln(1+x)^{\frac{1}{x}}$$
$$= \ln \lim_{x \to 0}(1+x)^{\frac{1}{x}} = \ln e = 1.$$

本节末了,我们给出连续函数的一个重要性质:

定理 1.11 (最大值最小值定理) 设函数 $f(x)$ 在闭区间 $[a,b]$ 上连续,则 $f(x)$ 在 $[a,b]$ 上一定有最大值、最小值.

这个定理说明在闭区间上至少有这样两点 x_1, x_2,使得对于 $[a,b]$ 上的一切点 x,都有
$$f(x_1) \leqslant f(x) \leqslant f(x_2).$$

这时称 x_1 是 $f(x)$ 在 $[a,b]$ 上的最小值点,$f(x_1)$ 是 $f(x)$ 在 $[a,b]$ 上的最小值,x_2 是 $f(x)$ 在 $[a,b]$ 上的最大值点,$f(x_2)$ 是 $f(x)$ 在 $[a,b]$ 上的最大值.

从几何上看,一段有限长的连续曲线上,必有一点最高,也有一点最低. 在图 1-18 中,x_1 和 x_2 就分别使得对应的函数达到最小值和最大值.

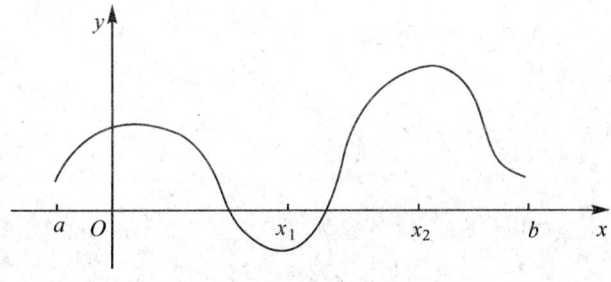

图 1-18

练 习 1.6

(A)

(一)填空题

1. 若函数 $f(x)$ 在点 $x_0 = 1$ 处连续,则 $\lim\limits_{x \to 1} f(x) = ($ $)$.

2. 若极限 $\lim\limits_{x \to 1} f(x)$ 不存在,则 $f(x)$ 有间断点 $($ $)$.

3. 若 $f(x)$ 在点 $x_0 = 0$ 处无函数值,则 $x_0 = 0$ 是 $f(x)$ 的$($ $)$.

4. 若 $f(x)$ 在点 $x_0 = 0$ 处连续,则 $\lim\limits_{x \to 0} f(x) = ($ $)$ $\lim\limits_{x \to 0} x = ($ $)$.

(二)选择题

下列说法不正确的是(   ).

(A) 初等函数在其定义域内是连续的

(B) 初等函数在其定义域内有最大值与最小值

(C) 函数 $f(x) = \dfrac{1}{x}$ 在 $[\varepsilon, 1]$ 内有最大值与最小值 $(\varepsilon > 0)$

(D) 函数 $f(x) = \dfrac{1}{x}$ 在 $[0, 1]$ 内有最大值与最小值

(B)

1. 设 $f(x) = \begin{cases} \dfrac{\sin x}{x}, & x \neq 0, \\ a, & x = 0, \end{cases}$

求 a 的值,使 $f(x)$ 在点 $x = 0$ 处连续.

2. 设 $f(x) = \begin{cases} (1-x)^{\frac{1}{x}}, & x \neq 0, \\ a, & x = 0, \end{cases}$

求 a 的值,使 $f(x)$ 在点 $x = 0$ 处连续.

3. 求下列函数的间断点:

(1) $f(x) = \dfrac{x^2 - 4}{x - 2}$;

(2) $f(x) = \dfrac{1}{x - 1}$;

(3) $f(x) = \begin{cases} x, & x \geq 1, \\ 1 - x, & x < 1. \end{cases}$

4. 利用初等函数的连续性,求下列极限:

(1) $\lim\limits_{x\to\infty}\ln\left(1+\dfrac{1}{x}\right)$;

(2) $\lim\limits_{x\to 1}e^{x-1}$;

(3) $\lim\limits_{x\to 1}\cos(1-x^2)$;

(4) $\lim\limits_{x\to\frac{\pi}{2}}\ln\sin x$;

(5) $\lim\limits_{x\to\infty}x\ln\left(1+\dfrac{1}{x}\right)$;

(6) $\lim\limits_{x\to 1}e^{\frac{x^2-1}{x-1}}$.

§1.7 几种常用的经济函数

经济活动与生产经营中的许多数量,如产品的产量、成本、供给量,商品的需求量、价格,经济分析中的收入、利润等之间的关系.反映在数学上就是变量之间的各种经济函数.本节介绍在本书中常用的几种经济函数.

一、需求函数与供给函数

当某种商品购买者的收入和对此种商品的爱好程度等条件固定时,该商品的市场需求由这种商品的价格来决定.

设 Q 表示某种商品的需求量,P 表示此种商品的价格,则用
$$Q=f(P)$$
表示对某种商品的需求函数.

在 §1.1 的例 2 中,我们所列的表格就表示对某种牌号的收音机的需求量与其价格之间的某种函数关系,如果考虑价格可以在 90 元至 120 元之间连续任意变动时,需求量 Q 与价格 P 之间的函数关系为
$$Q=2\,000+\dfrac{120-P}{5}\cdot 20=2\,480-4P.$$

一般来说,对某种商品的需求量 Q 随价格减少而增加,随价格增加而减少,所以需求函数是单调减少的函数.

站在卖方的立场上,设 Q 表示对某种商品的供给量,P 表示此种商品的价格,则用
$$Q=F(P)$$
表示某种商品的供给函数.

例 1 某种牌号的收音机,当单价为 120 元时,无线电厂每月可提供此种收音机 2 000 台,当价格每降低 5 元时,该厂会少提供 20 台,试求供给函数.

解 以 Q 表示收音机的供给量,P 表示此种收音机的价格:

$$Q = F(P) = 2\,000 - \frac{120-P}{5} \cdot 20 = 1\,520 + 4P.$$

一般来说,作为卖方,对某种商品的供给量 Q 是随价格 P 的增加而增加,随价格 P 的减少而减少,所以供给函数是单调增加的函数.

把上面所述的需求函数与供给函数的实例作图于同一坐标系内,它们交点所对应的价格 120 就是供需平衡价格,低于这个价格,则需大于供,高于这个价格,则供大于求,而供需平衡的产量就是交点的纵坐标 2 000(见图 1-19).

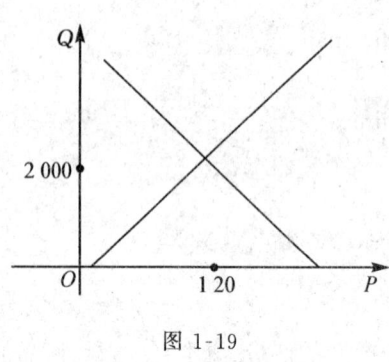

图 1-19

二、成本函数、平均成本函数

产品的成本一般有两类:一类随产品的数量变化,如需要的劳动力,消耗的原料等;这种生产成本称为可变成本.另一类成本无论生产水平如何都固定不变,如房屋、设备的折旧费、保险费等,称为固定成本.设 Q 为某种产品的产量,C 为生产此种产品的成本,则用

$$C = C(Q)$$

表示该种产品的成本函数.

设生产每个单位产品的成本为 a,固定成本为 C_0,则成本函数为

$$C = C(Q) = aQ + C_0.$$

用 $\overline{C}$ 表示生产 Q 个单位产品的平均成本,则

$$\overline{C} = \overline{C}(Q) = \frac{C(Q)}{Q}$$

表示每单位的平均成本函数.平均成本函数也用 AC 表示.

例 2 已知某种产品的成本函数为

$$C = C(Q) = 1\,000 + \frac{Q^2}{8},$$

求当生产 100 个该产品时的成本与平均成本函数.

解 由题意,产量为 100 时的总成本为

$$C(100) = \left(1\,000 + \frac{Q^2}{8}\right)\bigg|_{Q=100} = 1\,000 + \frac{100^2}{8} = 2\,250.$$

平均成本函数为

1.7 几种常用的经济函数

$$AC = \overline{C}(Q) = \frac{C(Q)}{Q} = \frac{1\,000 + \dfrac{Q^2}{8}}{Q} = \frac{Q}{8} + \frac{1\,000}{Q}.$$

三、价格函数　收入函数　利润函数

在消费理论中,需求函数是我们前面讨论的形式
$$Q = f(P).$$
这种形式所强调的是既定价格下的需求量. 在厂商理论中,强调的是既定需求下的价格. 在这种情况下,价格是需求量的函数,表示为
$$P = P(Q).$$
要注意的是需求函数 $Q = f(P)$ 与价格函数 $P = P(Q)$ 是互为反函数的关系.

对于卖方来说,其销售收入 R 就是在需求量(即销售量)为 Q 时的价格 P 与需求量 Q 的乘积,即
$$R = PQ.$$
将价格函数 $P = P(Q)$ 代入上式,则收入 R 表示为需求量的函数
$$R = PQ = QP(Q).$$
将需求函数 $Q = f(P)$ 代入 $R = PQ$ 中时,收入 R 又可表示为价格 P 的函数
$$R = PQ = Pf(P).$$

例 3　设对某商品的需求函数为
$$Q = f(P) = 100 - 2P.$$
求当价格为 5 时的收入与需求量为 80 时的收入.

解　当收入表示为价格的函数时,
$$R = Pf(P) = P(100 - 2P).$$
故价格为 5 时的收入为
$$R|_{P=5} = 5(100 - 2 \times 5) = 450.$$
当收入表示为需求量的函数时,首先求需求函数的反函数即价格函数
$$P = f^{-1}(Q) = \frac{100 - Q}{2} = 50 - \frac{Q}{2}.$$
故
$$R = PQ = \left(50 - \frac{Q}{2}\right)Q.$$
故需求量为 80 时的收入为
$$R|_{Q=80} = \left(50 - \frac{80}{2}\right) \times 80 = 800.$$

设总利润为 L,由于

总利润 = 总收入 - 总成本,

故
$$L = R - C.$$
当收入 R 表示为产量 Q 的函数 $R = R(Q)$ 时,
$$L = L(Q) = R(Q) - C(Q).$$
若用 $\bar{L}$ 或 AL 表示每单位产量的平均利润,则
$$\bar{L} = \bar{L}(Q) = \frac{L(Q)}{Q} = \frac{R(Q) - C(Q)}{Q}.$$

例 4 设生产某产品 Q 件的平均成本为
$$\bar{C} = 0.5Q + \frac{20}{Q} + 2 \text{(万元)}.$$
若每售出一件此种商品的收入是 20 万元,求生产 20 件时的总利润与平均利润.

解 由于 $\bar{C}(Q) = \frac{C(Q)}{Q}$,故总成本函数为
$$C(Q) = Q\bar{C}(Q) = Q\left(0.5Q + \frac{20}{Q} + 2\right)$$
$$= 0.5Q^2 + 2Q + 20.$$
销售 Q 件商品的收入函数为
$$R(Q) = PQ = 20Q.$$
故总利润函数为
$$L(Q) = R(Q) - C(Q) = 20Q - 0.5Q^2 - 2Q - 20.$$
$$= -0.5Q^2 + 18Q - 20.$$
当 $Q = 20$ 时的利润为
$$L(20) = -0.5 \times 20^2 + 18 \times 20 - 20 = 140 \text{(万元)}.$$
平均利润为
$$\bar{L}(20) = \frac{L(20)}{20} = \frac{140}{20} = 7 \text{(万元)}.$$

生产一种产品的利润是衡量企业经济效益的主要指标. 在市场经济条件下,生产利润并不一定是产量的单调增加函数,一般会出现盈余、亏损与盈亏平衡三种情况:

(1) $L(Q) = R(Q) - C(Q) > 0$,即收入大于成本,称之为有盈余,此时生产处于有利状态;

(2) $L(Q) = R(Q) - C(Q) < 0$,即收入小于成本,称之为亏损,此时生产处于不利状态;

(3) $L(Q) = R(Q) - C(Q) = 0$,即收入等于成本,称之为盈亏平衡,把盈亏平衡时的产量 Q_0 称为盈亏平衡点,也称为保本点.

上述盈亏分析常应用于经营管理中的生产决策与价格分析.

例 5 某厂生产一种元器件,设计能力为日产 100 件,每日的固定成本为 140 元,每件的平均可变成本为 10 元,每件销售价为 14 元.

(1)试求:使每日有盈余,保本及亏损的产量.

(2)若每天至少要盈余 360 元,产量达到 80 件,则产品销售价应定为多少?

解 (1)由题意,成本函数为
$$C(Q) = 10Q + 140,$$
收入函数为
$$R(Q) = 14Q,$$
故利润函数为
$$L(Q) = 14Q - 10Q - 140 = 4Q - 140.$$
令
$$L(Q) = 4Q - 140 = 0, \quad 得 \ Q_0 = 35.$$
所以 $Q_0 = 35$ 件是使生产盈亏平衡的产量,当产量 $Q > 35$ 时,生产有盈余,当 $Q < 35$ 时,生产有亏损.

(2)设产品销售价为 P,则生产 80 件的收入为
$$R = 80P,$$
生产 80 件的成本为
$$C = 80 \times 10 + 140 = 940,$$
故利润
$$L = R - C = 80P - 940.$$
为了使盈余不少于 360 元,则价格 P 应满足
$$80P - 940 \geqslant 360.$$
解之得
$$P \geqslant 16.25(元).$$
这就是所要确定的价格.

练 习 1.7

(A)

(一)填空题

1. 已知需求函数 $Q = f(P) = 200 - 5P$,则价格函数 $P(Q) = ($ $)$,$P(10) = ($ $)$.

2. 已知价格函数 $P = P(Q) = 10 - \dfrac{1}{2}Q$,则需求函数 $Q = f(P) = ($ $)$,$f(2) = ($ $)$.

3. 已知需求函数 $Q = 10e^{-2P}$,则收入函数 $R = R(Q) = ($ $)$,$R(10) = ($ $)$.

4. 已知成本函数 $C=Q^2+2Q+10$，则生产 Q 件产品的平均成本 $\overline{C}=($).

5. 已知生产 Q 件产品的平均成本为 $\overline{C}=Q+\dfrac{100}{Q}+10$，则成本函数为 $C(Q)=($)，其中变动成本为( )，固定成本为( ).

6. 已知成本函数 $C(Q)=2Q^2+Q+50$，收入函数 $R(Q)=Q^2+10Q$，则利润函数 $L(Q)=($)，产量为 10 时的利润为( ).

(二)选择题

1. 设对某种产品的需求函数为 $Q=280(18-P)$，供给函数为 $Q=280(P-2)$，则供需平衡的价格为( ).

(A) 5 (B) 10 (C) 15 (D) 20

2. 设生产某产品的成本函数为 $C=Q+2$，收入函数为 $R=\dfrac{3Q}{Q-2}$，则盈亏平衡的产量为( ).

(A) 1 (B) 5 (C) 4 (D) 6

(B)

1. 设某商品的需求 Q 与其价格 P 之间的关系是 $3Q+4P=100$，求：
(1) 需求函数与价格函数；
(2) 销售 5 件时的总收入与平均收入.

2. 设生产某商品 Q 件时的总成本为

$$C(Q)=20+2Q+\frac{1}{2}Q^2 (万元).$$

假设每销售一件该商品的收入是 20 万元.
(1) 求生产中的保本产量.
(2) 若每天至少销售 40 件该种产品，为了不亏本，单价应定多少合适？

3. 对于下面给出的某种产品的需求与供给函数，给出符合经济意义的价格 P、产量 Q 的定义范围并求出均衡价格与均衡产量.
(1) $Q=f(P)=16-2P$； (2) $Q=F(P)=-4+3P$.

§1.8 经济应用 I

复利函数及其应用

在 §1.1 的讨论中，我们曾得到如下结果：

经济应用 I 1.8

设本金为 A_0，年利率为 R，每年计利息一次，按复利计算的第 m 年末的本利和为

$$A_m = A_0(1+R)^m. \tag{1-8-1}$$

若称 A_0 为现值，则称 A_m 为 m 年后的未来值。上式可将现值 A_0 化为 m 年后的未来值 A_m，称为离散复利未来值公式，$(1+R)^m$ 称为未来值因子。由 (1-8-1) 式可得

$$A_0 = A_m(1+R)^{-m}. \tag{1-8-2}$$

此式可将 m 年后的资金未来值 A_m 化为现值 A_0，故称为贴现公式，$(1+R)^{-m}$ 称为贴现因子。

§1.3 讨论了如下的问题：若本金 A_0 和年利率不变，设每年计利息 n 次，按复利计算的第 m 年末的本利和为

$$A_m = A_0\left(1+\frac{R}{n}\right)^{nm}.$$

若让计利息次数 n 趋于无穷大，并利用重要极限：

$$\lim_{n\to\infty}\left(1+\frac{1}{n}\right)^n = e,$$

则有

$$A_m = \lim_{n\to\infty} A_0\left(1+\frac{R}{n}\right)^{nm} = A_0\left[\lim_{n\to\infty}\left(1+\frac{R}{n}\right)^{\frac{n}{R}}\right]^{Rm}$$
$$= A_0 e^{Rm}. \tag{1-8-3}$$

这就是连续复利函数。利用此式可以将现值 A_0 化为按连续复利计息的 m 年未来值 A_m，故称此式为连续复利未来值公式，e^{Rm} 称为连续复利未来值因子。

式 (1-8-3) 除了用来计算连续复利外，它还反映了实际经济活动和自然现象的连续变化规律，如商业周期的连续性、人口的增长、物体的冷却、细胞的繁殖等。

例1 设人口自然增长率（出生率与死亡率之差）为 1.33%。问过几年，人口总数将翻一番？

解 人口的自然增长符合 (1-8-3) 式，依题意

$$A_m = 2A_0, \quad R = 1.33\%.$$

于是

$$2A_0 = A_0 e^{1.33\% \cdot m}.$$

两边取自然对数得

$$\ln 2 = 0.0133 m.$$

故

$$m = \frac{\ln 2}{0.0133} \approx 52 \,(\text{年}).$$

由式(1-8-3)可得
$$A_0 = A_m e^{-Rm}. \tag{1-8-4}$$

此式能将未来 m 年资金值 A_m 化为现值 A_0，所以叫连续复利贴现公式，e^{-Rm} 称为连续复利贴现因子.最优经济效果动态分析的目标函数中，一般都用连续复利贴现因子将各个时期的资金化为现值.

若每年年末的未来值均相等，即
$$A_1 = A_2 = \cdots = A_m = A,$$

称这种未来值为年金，则由式(1-7-2)有

第一年末年金 A 的现值为 $\dfrac{A}{1+R}$，

第二年末年金 A 的现值为 $\dfrac{A}{(1+R)^2}$，

……

第 m 年末年金 A 的现值为 $\dfrac{A}{(1+R)^m}$.

上述 m 年普通年金现值的总和 P 为
$$P = \frac{A}{1+R} + \frac{A}{(1+R)^2} + \cdots + \frac{A}{(1+R)^m}$$
$$= \frac{A}{1+R} \cdot \frac{1 - \dfrac{1}{(1+R)^m}}{1 - \dfrac{1}{1+R}}$$
$$= \frac{A}{R}\left(1 - \frac{1}{(1+R)^m}\right). \tag{1-8-5}$$

当年金的期数永远继续，即 $m \to \infty$ 时，称为永续年金.当 $m \to \infty$ 时，上式取极限有
$$P = \lim_{m \to \infty} \frac{A}{R}\left(1 - \frac{1}{(1+R)^m}\right) = \frac{A}{R}.$$

故永续年金的现值计算公式为
$$P = \frac{A}{R}. \tag{1-8-6}$$

例 2 某企业建立一项奖励基金，每年年终发放一次，奖金总额为 1 万元，以年利率 15% 计算.

(1) 奖金发放年限为 10 年时，基金 P 应为多少？

(2) 若是永续奖金，基金 P 又应为多少？

解 (1) 所求为普通年金现值，$A = 1$ 万元，$R = 0.15$，$m = 10$，代入式 (1-7-5) 有

$$P=\frac{1}{0.15}\left(1-\frac{1}{(1+0.15)^{10}}\right)\approx 5.0165(万元).$$

(2) 用永续年金现值公式(1-8-6),有

$$P=\frac{A}{R}=\frac{1}{0.15}\approx 6.67(万元).$$

如果在每年有一等量资金流(收入或支出) A 发生,则头年末的 A 元化为 m 年的未来值为 $A_{m-1}=A(1+R)^{m-1}$,第二年末的 A 元化为 m 年的未来值就是 $A_{m-2}=A(1+R)^{m-2}$,…,第 $(m-2)$ 年末的 A 元化为 m 年的未来值就是 $A_2=A(1+R)^2$,第 $(m-1)$ 年末的 A 元化为 m 年的未来值就是 $A_1=A(1+R)$,而第 m 年末的 A 元化为当期值就是 $A_0=A$.

如果将每年发生一等量资金流 A 元化为 m 年末的未来值总和,则可将 $A_{m-1},A_{m-2},\cdots,A_1,A_0$ 加总求和,其和记为 F,则

$$\begin{aligned}F&=A_{m-1}+A_{m-2}+\cdots+A_1+A_0\\&=A(1+R)^{m-1}+A(1+R)^{m-2}+\cdots+A(1+R)^2\\&\quad+A(1+R)+A\\&=A[1+(1+R)+(1+R)^2+\cdots+(1+R)^{m-1}]\\&=\frac{A}{R}[(1+R)^m-1].\end{aligned} \quad (1\text{-}8\text{-}7)$$

此式为等量资金流未来值公式,从中得出

$$A=\frac{R}{(1+R)^m-1}F. \quad (1\text{-}8\text{-}8)$$

此式可用来将未来值 F 化为逐年等量资金流 A_0.

例 3 一项工程总投资贷款 100 万元,5 年建立,每年使用投资 20 万元,利率为 15%,5 年末累计复利本利和是多少?

解 由式(1-8-7),5 年末累计复利本利和为

$$F=\frac{20}{0.15}[(1+0.15)^5-1]=134.84761(万元).$$

例 4 当 5 年之后要得到包括利息在内的 10 万的资金,在银行以年利率 15% 复利计息的情况下,每年应存入多少?

解 这里是将未来资金 $F=10$ 万元化为逐年等量资金流 A 的问题,由式(1-8-8)有

$$A=\frac{0.15}{(1+0.15)^5-1}\cdot 10=1.48316(万元).$$

如果将式(1-8-7)的 F 全部贴现,则由式(1-8-2),有等量资金流现值公式

$$P=F(1+R)^{-m}=\frac{(1+R)^m-1}{R(1+R)^m}A. \quad (1\text{-}8\text{-}9)$$

反过来,若要求每年支出或收入等量资金 A,且使其总的现值为 P,则每年应付金额为

$$A=\frac{R(1+R)^m}{(1+R)^m-1}P. \qquad (1\text{-}8\text{-}10)$$

上式中 $\frac{R(1+R)^m}{(1+R)^m-1}$ 叫资本还原因子,可以用它来计算折旧费用. 如果最初投资为 P 元,每年提取等量收入 A 作为折旧, m 年折旧完毕,则每年折旧费用可用式(1-8-10)计算.

例 5 某工程最初投资 10 万元,年利率 15%,10 年折旧完毕,每年应提取多少等量收入 A 作为折旧费用?

解 由式(1-8-10),每年提取的作折旧费用的等量收入 A 为

$$A=\frac{R(1+R)^m}{(1+R)^m-1}P=\frac{0.15(1+0.15)^{10}}{(1+0.15)^{10}-1}\times 10$$

$$=1.992604(万元).$$

复利函数可广泛应用于经济生活的各个领域.

在存在通货膨胀的情况下,货币贬值,现在的 100 元在未来 m 年就不值 100 元了,所以通货膨胀对资金价值的影响与利息对资金价值的影响正好相反.

设通货膨胀率为 i,则现值 A_0 化为 m 年末未来值为

$$A_m=A_0 e^{Rm} e^{-im}=A_0 e^{(R-i)m}.$$

而未来值 A_m 化为现值为

$$A_0=A_m e^{(i-R)m}.$$

上述二式是在连续复利的情况下得出的,在离散的情况下也可得到相应的计算式.

如果已知目前投资 A_0 元, m 年后收入为 A_m 元,则我们可以用复利函数算出一个内部利率,它反映了此项投资的实际盈利能力,将其与银行贷款利率比较,就可判别此项投资的还本付息能力. 设内部利率为 R,则现值 A_0 按连续复利化为 m 年未来值为

$$A_m=A_0 e^{Rm}.$$

取对数有

$$\ln A_m=\ln A_0 e^{Rm}=\ln A_0+Rm.$$

故

$$R=\frac{\ln \frac{A_m}{A_0}}{m}.$$

如果内部利率 R 高于银行贷款利率,则此项投资有利可图,若内部利率 R 低于银行贷款利率,此项投资无利可图.

经济应用 I 1.8

由上式还可导出

$$m = \frac{\ln \frac{A_m}{A_0}}{R}.$$

利用此式可以在已知利率的情况下计算投资回收期。

*例 6 设某企业从银行贷款 120 万元投资某工程,每年按离散复利计息,年利率 10%,投入生产后又每年向银行借入 10 万元流动资金,仍按离散复利计息,工厂每年净收入流量 50 万元,年利润率为 0.2,问此企业何年能将借款本息还清?

解 投资的 120 万元是现值,若 m 年后企业能还清借款的本息,则 m 年后 120 万元的本利和是

$$120(1+0.1)^m.$$

每年借入 10 万元,利用等量资金流的未来值因子,我们可以将每年的等量资金流 10 万元化为 m 年末的未来值

$$\frac{10}{0.1}[(1+0.1)^m - 1].$$

每年的净收入流量 50 万元化为 m 年末的未来值为

$$\frac{50}{0.2}[(1+0.2)^m - 1].$$

收支相抵的条件是

$$120(1+0.1)^m + \frac{10}{1.1}[(1+0.1)^m - 1] = \frac{50}{0.2}[(1+0.2)^m - 1].$$

整理后可得

$$22 \times 1.1^m - 25 \times 1.2^m + 15 = 0.$$

求解可得

$$m = 2.783\ 2\ 年.$$

练 习 1.8

(A)

填空题

1. 设本金为 1 500 元,年利率为 15%,按离散复利计息,3 年后的本利和是(   ),按连续复利计息,3 年后的本利和是(   )。

2. 3 年后欲得到一笔 2 万元的本息金,按年利率 15% 计算,每年计复利

一次,现存入银行的现金是( )。

3. 设每年年金为 A,年利率为 R,则 m 年后年金现值的总和是( ),永续年金的现值是( )。

4. 设年利率为 R,则等量资金流未来值公式是( ),等量资金流现值公式是( )。

(B)

1. 某城市现有人口 20 万,人口自然增长率为 0.8%,5 年后该城市的总人口数是多少?

2. 某单位设立一项奖励基金,每年年终发放一次,奖金金额为 1.5 万元,以年利率 18% 计算.

(1) 奖金发放年限为 10 年时,基金 P 应为多少?

(2) 若是永续年金,基金 P 又应为多少?

3. 某工程总投资贷款 200 万元,4 年建成,每年使用投资 50 万元,利率为 20%,4 年末累计复利本利和是多少?

4. 当 5 年后要得到包括利息在内的 8 万元资金,在银行以年利率 18% 复利计息的情况下,每年应存入银行多少资金?

5. 某工程最初投资 100 万元,年利率为 20%,15 年折旧完毕,每年应提取多少等量收入 A 作为折旧费用?

复习题一

1. 求下列函数的定义域:

(1) $f(x) = \dfrac{1}{\sqrt{\ln(4-x)}}$;

(2) $f(x) = \begin{cases} e^x - 1, & x \geqslant 1, \\ x^2 - 8, & 0 < x < 1. \end{cases}$

2. 设 $f(x) = \dfrac{e^x - e^{-x}}{e^x + e^{-x}}$,

证明 $f(x) = -f(-x)$.

3. 设 $\varphi(x) = a^x (a > 0, a \neq 1)$,

证明 $\varphi(x)\varphi(t) = \varphi(x+t), \dfrac{\varphi(x)}{\varphi(t)} = \varphi(x-t)$.

复习题一

4. 求下列函数的反函数：

(1) $y=\ln(x+2)-1$； (2) $y=\dfrac{x+2}{x-2}$.

5. 下列初等函数是由哪几个基本初等函数复合而成的？

(1) $y=\sqrt{4-x^2}$； (2) $y=\cos\tan x^2$；

(3) $y=\ln\sqrt{1-x}$； (4) $y=\sqrt{e^{\sin x}}$.

6. 下列数列中，哪些有极限？如果数列有极限，指出它的极限：

(1) $1, 0.1, 0.01, 0.001, \cdots$；

(2) $3, -3, 3, -3, \cdots$；

(3) $\left\{\dfrac{\sqrt{n}-1}{n}\right\}$.

7. 举出两个极限是 1 的数列.

8. 举出两个没有极限的数列.

9. 当 $x\to\infty$ 时，下列函数哪些有极限？如果有极限，指出它的极限：

(1) $f(x)=3^x$； (2) $f(x)=3^{-x}$；

(3) $f(x)=\dfrac{1}{x-1}$； (4) $f(x)=\dfrac{x}{x-1}$.

10. 求下列极限：

(1) $\lim\limits_{n\to\infty}\dfrac{(n-1)(n-2)(2n-3)}{3n^3}$；

(2) $\lim\limits_{n\to\infty}\dfrac{1+2+3+\cdots+n}{1+3+5+\cdots+2n+1}$；

(3) $\lim\limits_{n\to\infty}\left(\dfrac{1}{n}-\dfrac{2n+1}{3n}\right)$； (4) $\lim\limits_{n\to\infty}\dfrac{(n-1)^3}{n^3+1}$；

(5) $\lim\limits_{x\to\infty}\dfrac{2x^2-1}{3x^2+x-1}$； (6) $\lim\limits_{x\to\infty}\dfrac{4x^2+x-4}{5x^3+3x^2-2}$；

(7) $\lim\limits_{x\to\infty}\dfrac{\sqrt[3]{x^3-1}}{1+x}$； (8) $\lim\limits_{x\to+\infty}x(\sqrt{x^2+1}-x)$.

11. 求下列极限：

(1) $\lim\limits_{x\to 3}\dfrac{x^2-9}{x^2-4x+3}$； (2) $\lim\limits_{t\to 1}\dfrac{t^3-1}{t^2-1}$；

(3) $\lim\limits_{x\to 1}\left(\dfrac{3}{x^3-1}-\dfrac{1}{x-1}\right)$； (4) $\lim\limits_{x\to 1}\left(\dfrac{3}{1-x^3}-\dfrac{2}{1-x^2}\right)$；

(5) $\lim\limits_{x\to 3}\dfrac{\sqrt{1+x}-2}{x-3}$； (6) $\lim\limits_{t\to 4}\dfrac{t-4}{\sqrt{t}-2}$；

(7) $\lim\limits_{x\to 0}\dfrac{x^2}{\sqrt{1+x^2}-1}$;

(8) $\lim\limits_{x\to 4}\dfrac{\sqrt{x-2}-\sqrt{2}}{\sqrt{2x+1}-3}$.

12. 求下列极限:

(1) $\lim\limits_{x\to 0}\dfrac{\sin 3x}{\tan x}$;

(2) $\lim\limits_{x\to\infty}\dfrac{\cos x}{1+x^2}$;

(3) $\lim\limits_{x\to 0^+}\dfrac{\sin x}{\sqrt{x}}$;

(4) $\lim\limits_{x\to 0}\dfrac{x^2}{1-\sqrt{1+\sin^2 x}}$;

(5) $\lim\limits_{x\to 1^+}\dfrac{\sin(x-1)}{\sqrt{x-1}}$;

(6) $\lim\limits_{x\to\infty}\left(1-\dfrac{3}{x}\right)^{-2x}$;

(7) $\lim\limits_{x\to 0}(1-2x)^{\frac{4}{x}}$;

(8) $\lim\limits_{x\to\infty}\left(\dfrac{x+1}{x+2}\right)^{x-1}$.

13. 设 $f(x)=\begin{cases} x, & 0\leqslant x<1, \\ 0, & x=1, \\ 1, & 1<x\leqslant 2. \end{cases}$

(1) $\lim\limits_{x\to 1}f(x)$ 是否存在;

(2) 求 $f(x)$ 的间断点;

(3) 求 $f(x)$ 的连续区间.

14. 作一个容积为 V_0 的圆柱形无盖小桶,试将圆桶的全面积 S 表示成圆桶高 h 的函数.

15. 生产某种鞋的可变成本是每双 50 元,每天的固定成本是 2 000 元,若每双鞋的销售价是 120 元,求该厂每天生产 600 双鞋的利润,并求盈亏平衡的日产量.

16. 设某商品的需求规律是
$$P+3Q=75,$$
供求规律是
$$9Q-3P=15.$$
其中:P,Q 分别表示此商品的价格与产量,求市场均衡的价格与均衡产量.

17. 某校设立一年奖学基金,每学年末发放一次,奖学金额每学年为 4 万元,以年利率 16% 计算.

(1) 奖学金发放年限为 15 年时,基金 P 应为多少?

(2) 若是永续年金,基金 P 又应为多少?

18. 某工程总投资贷款 120 万元,3 年建成,每年使用投资 40 万元,利率为 12%,求:

(1) 3 年末累计复利本利和;

(2) 上述本利和的现值.

第二章 导数及其应用

从本章开始,我们进入微积分学习主体:微分学和积分学.本章介绍微分学,主要是导数概念、求导公式与求导法则,微分公式与微分法则以及导数的应用,其中包括利用导数概念作经济分析以及利用导数求解最优化问题.

§2.1 导数的概念

一、瞬时速度

客观世界中各种各样的运动变化状态,可以区分为均匀变化与非均匀变化两大类.例如作匀速直线运动的物体,其位移 s 与所经过的时间 t 之比,就是物体运动的速度 v,即

$$v = \frac{s}{t}.$$

这个速度在物体运动过程中的任何时刻都是一样的,所以运动状态是均匀的.又如作匀加速直线运动的物体,其位移 s 与所经过的时间 t 有如下函数关系

$$s = \frac{1}{2}at^2.$$

其中 a 为物体运动的加速度,是常量.实际上在物体的运动过程中,任何时刻的速度都是不一样的,物体的运动是非均匀的.为了确定在时刻 t_0 时物体的瞬时速度,让我们看以下三个过程:

微 将时间细分从而将路程细分,先让时间从 t_0 变到 t,因此在 $\Delta t = t - t_0$ 的时间内,物体运动的路程为

$$\Delta s = s - s_0 = \frac{1}{2}at^2 - \frac{1}{2}at_0^2 = \frac{1}{2}a(t_0 + \Delta t)^2 - \frac{1}{2}at_0^2 = \frac{1}{2}a(2t_0 + \Delta t)\Delta t.$$

均 虽然物体在整个运动过程中是非均匀的,但如果 Δt 非常小,可以近似地认为物体在微小时间 Δt 内是作匀速运动的.这样,我们可以得到物体在

时间 Δt 内的平均速度 $\bar{v}$,即

$$\bar{v}=\frac{\Delta s}{\Delta t}=\frac{\frac{1}{2}a(2t_0+\Delta t)\Delta t}{\Delta t}=\frac{1}{2}a(2t_0+\Delta t).$$

这是物体在时刻 t_0 时瞬时速度 v_0 的近似值.

精 为得到 v_0 的精确值,即物体在 t_0 时刻的瞬时速度,让 $t \to t_0$,即 $\Delta t \to 0$,从而 $\Delta s \to 0$,这个极限过程的结果为

$$v_0=\lim_{\Delta t \to 0}\frac{\Delta s}{\Delta t}=\lim_{\Delta t \to 0}\frac{1}{2}a(2t_0+\Delta t)=at_0.$$

这即是物体在时刻 t_0 时的瞬时速度.

一般地,设已知物体的运动规律是 $s=s(t)$,物体在 $\Delta t=t-t_0$ 时间内运动的路程是

$$\Delta s=s(t_0+\Delta t)-s(t_0).$$

那么,路程改变量 Δs 与时间改变量 Δt 之比,就是这段时间内物体的平均速度,即

$$\bar{v}=\frac{\Delta s}{\Delta t}=\frac{s(t_0+\Delta t)-s(t_0)}{\Delta t}.$$

上述平均速度在 $\Delta t \to 0$ 时的极限,即

$$\lim_{\Delta t \to 0}\frac{\Delta s}{\Delta t}=\lim_{\Delta t \to 0}\frac{s(t_0+\Delta t)-s(t_0)}{\Delta t}$$

为物体在时刻 t_0 时的瞬时速度.

二、边际成本

设生产某产量的总成本 C 是产品产量 Q 的函数:

$$C=C(Q).$$

当产量从 Q_0 改变到 $Q_0+\Delta Q$ 时,则总成本从 $C(Q_0)$ 改变到 $C(Q_0+\Delta Q)$,总成本的相应改变量为

$$\Delta C=C(Q_0+\Delta Q)-C(Q_0).$$

这是"微"的过程,"均"是总成本的平均变化率,即平均成本

$$\frac{\Delta C}{\Delta Q}=\frac{C(Q_0+\Delta Q)-C(Q_0)}{\Delta Q}$$

上述平均成本在 $\Delta Q \to 0$ 时的极限,即

$$\lim_{\Delta Q \to 0}\frac{\Delta C}{\Delta Q}=\lim_{\Delta Q \to 0}\frac{C(Q_0+\Delta Q)-C(Q_0)}{\Delta Q}$$

为产量在 Q_0 时,总成本的变化率,经济学上称为边际成本.

三、导数的定义

上面我们举了一个物理方面的例子,一个生产上的例子. 前一个是物体运动的瞬时速度,后一个是总成本对产量的变化率,即边际成本. 虽然它们的自然属性各不相同,然而,它们的处理方法在本质上是一样的. 舍去这些例子各自的自然属性,抽出共同的数学形式,无非是对于一个给定的函数

$$y = f(x)$$

依次作下列计算:

第一步,让自变量从 x_0 改变到 x,改变量为 $\Delta x = x - x_0$,由于从 x_0 改变到 x,既可以从 x_0 的右端改变到 x,也可以从 x_0 的左端改变到 x,Δx 可正可负,并计算出函数相应的改变量

$$\Delta y = f(x_0 + \Delta x) - f(x_0);$$

第二步,计算函数改变量 Δy 与自变量改变量 Δx 之比,即

$$\frac{\Delta y}{\Delta x} = \frac{f(x_0 + \Delta x) - f(x_0)}{\Delta x};$$

第三步,取极限

$$\lim_{\Delta x \to 0} \frac{\Delta y}{\Delta x} = \lim_{\Delta x \to 0} \frac{f(x_0 + \Delta x) - f(x_0)}{\Delta x}.$$

这个极限值就是函数 $f(x)$ 在 x_0 处的变化率,通常称为导数.

下面给出导数的严格定义:

定义 2.1 设函数 $y = f(x)$ 在点 x_0 附近包含 x_0 本身有定义,如果函数的改变量 $\Delta y = f(x_0 + \Delta x) - f(x_0)$ 与自变量的改变量 Δx 的比值

$$\frac{\Delta y}{\Delta x} = \frac{f(x_0 + \Delta x) - f(x_0)}{\Delta x}$$

当 $\Delta x \to 0$ 时有极限,则称函数 $y = f(x)$ 在点 x_0 处可导,而这个极限值就称为函数 $y = f(x)$ 在 x_0 处的导数. 记为 $f'(x_0)$,即

$$f'(x_0) = \lim_{\Delta x \to 0} \frac{f(x_0 + \Delta x) - f(x_0)}{\Delta x}. \tag{2-1-1}$$

导数 $f'(x_0)$ 还可以记为

$$y'|_{x=x_0}, \quad \frac{\mathrm{d}y}{\mathrm{d}x}\bigg|_{x=x_0}, \quad \frac{\mathrm{d}f(x)}{\mathrm{d}x}\bigg|_{x=x_0}.$$

如果式(2-1-1)极限不存在,则称 $f(x)$ 在点 x_0 处没有导数,或者称 $f(x)$ 在点 x_0 处不可导.

例 1 求 $f(x) = x^2$ 在 $x_0 = 1$ 处的导数.

解 (1) 求 Δy,

$$\Delta y = f(x_0 + \Delta x) - f(x_0) = (1 + \Delta x)^2 - 1^2 = 2\Delta x + (\Delta x)^2;$$

(2) 求 $\dfrac{\Delta y}{\Delta x}$,

$$\frac{\Delta y}{\Delta x} = \frac{2\Delta x + (\Delta x)^2}{\Delta x} = 2 + \Delta x;$$

(3) 求 $\lim\limits_{\Delta x \to 0} \dfrac{\Delta y}{\Delta x} = \lim\limits_{\Delta x \to 0}(2 + \Delta x) = 2.$

故 $f(x) = x^2$ 在 $x_0 = 1$ 处的导数为 2.

例 2 求 $f(x) = \dfrac{1}{x}$ 在 $x_0 = 2$ 处的导数.

解 x 由 2 改变到 $2 + \Delta x$ 时,函数 $f(x) = \dfrac{1}{x}$ 的相应改变量为

$$\Delta y = f(2 + \Delta x) - f(2) = \frac{1}{2 + \Delta x} - \frac{1}{2} = \frac{-\Delta x}{2(2 + \Delta x)}.$$

两个改变量的比是

$$\frac{\Delta y}{\Delta x} = \frac{-\dfrac{\Delta x}{2(2 + \Delta x)}}{\Delta x} = -\frac{1}{2(2 + \Delta x)}.$$

故

$$f'(2) = \lim_{\Delta x \to 0} \frac{\Delta y}{\Delta x} = \lim_{\Delta x \to 0}\left(-\frac{1}{2(2 + \Delta x)}\right)$$

$$= -\frac{1}{2(2 + 0)} = -\frac{1}{4}.$$

在式(2-1-1)中,令 $\Delta x = x - x_0$,当 $\Delta x \to 0$ 时 $x \to x_0$, $f(x_0 + \Delta x) - f(x_0) = f(x) - f(x_0)$. 故导数定义式(2-1-1)可变成如下的等价形式:

$$f'(x_0) = \lim_{x \to x_0} \frac{f(x) - f(x_0)}{x - x_0}. \tag{2-1-2}$$

例 3 求 $f(x) = \sqrt{x}$ 在 $x_0 = 4$ 处的导数.

解 由式(2-1-2),

$$f'(4) = \lim_{x \to 4} \frac{f(x) - f(4)}{x - 4} = \lim_{x \to 4} \frac{\sqrt{x} - \sqrt{4}}{x - 4}$$

$$= \lim_{x \to 4} \frac{1}{\sqrt{x} + 2} = \frac{1}{\sqrt{4} + 2} = \frac{1}{4}.$$

定义 2.2 如果函数 $y = f(x)$ 在区间 (a, b) 内每一点 x 处都可导,则称函数 $y = f(x)$ 在区间 (a, b) 内可导,此时,对于 (a, b) 内的每一点 x,都对应着一个导数值,这样就定义了一个新的函数,这个新的函数叫做 $f(x)$ 在

区间 (a,b) 内的导函数,简称导数,记作

$$f'(x), \quad y', \quad \frac{dy}{dx} \text{或} \frac{df(x)}{dx}.$$

定义式为

$$f'(x) = \lim_{\Delta x \to 0} \frac{f(x+\Delta x) - f(x)}{\Delta x}. \tag{2-1-3}$$

定义 2.1 与定义 2.2 的区别在于:定义 2.1 是对某定点来说的,式(2-1-1)的极限是一个数.至于定义 2.2,导函数则是对于区间 (a,b) 内任一点来说的,式(2-1-3)的极限是一个 x 的函数,所以必须加以分辨.当然,导函数与导数值又是密切相关的,若要求一个函数在某点的导数,可以先求这个函数的导函数,然后求导函数在这个点上的值.

在例 1 中为了求 $f'(1)$,可以先求 $f'(x)$,由式(2-1-3),

$$f'(x) = \lim_{\Delta x \to 0} \frac{f(x+\Delta x) - f(x)}{\Delta x} = \lim_{\Delta x \to 0} \frac{(x+\Delta x)^2 - x^2}{\Delta x}$$

$$= \lim_{\Delta x \to 0} (2x + \Delta x) = 2x.$$

故

$$f'(1) = 2 \times 1 = 2.$$

有了定义 2.2,本节开始讲的两个实例就可以说成:

瞬时速度 v 是路程 s 对时间 t 的导数

$$v = v(t) = s'(t).$$

边际成本是总成本 C 对产量 Q 的导数

$$C' = C'(Q).$$

四、导数的几何意义

在平面几何中,曲线的切线定义为"与曲线只有一个公共点的直线".这个定义不能适用于一般曲线,例如 x 轴与 y 轴都与抛物线 $y = x^2$ 只有一个公共点,但是显然 y 轴不是抛物线在原点的切线.

一般曲线 $y = f(x)$ 的切线定义是,在曲线 $y = f(x)$ 上点 A_0 附近另取一点 A_1,作割线 $A_0 A_1$,在点 A_1 沿曲线移动而趋于 A_0 时,割线 $A_0 A_1$ 的极限位置 $A_0 C$ 就是曲线在点 A_0 处的切线(图 2-1).

设点 A_0, A_1 的坐标分别是 $(x_0, f(x_0))$,$(x_0 + \Delta x, f(x_0 + \Delta x))$,割线 $A_0 A_1$ 与 x 轴正方向的夹角为 β,则

$$\tan\beta = \frac{\Delta y}{\Delta x} = \frac{f(x_0 + \Delta x) - f(x_0)}{\Delta x}.$$

这就是割线 $A_0 A_1$ 的斜率.

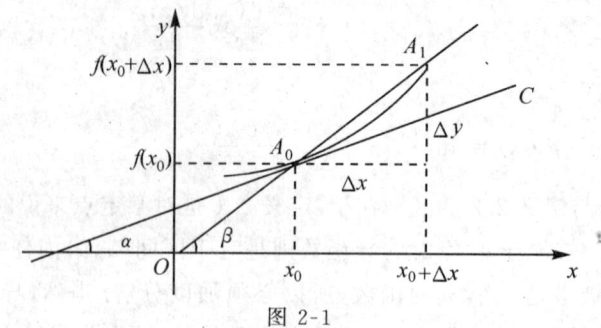

图 2-1

设切线 A_0C 与 x 轴正方向的夹角为 α，由曲线切线的定义，当点 A_1 沿曲线趋于 A_0 时，$x_0+\Delta x \to x_0$，即 $\Delta x \to 0$，所以切线的斜率 $\tan\alpha$ 应是割线的斜率在 $\Delta x \to 0$ 时的极限，即

$$\tan\alpha = \lim_{\Delta x \to 0} \frac{f(x_0+\Delta x) - f(x_0)}{\Delta x}.$$

上式右端即为函数 $y=f(x)$ 在 x_0 处的导数，故有

$$\tan\alpha = f'(x_0).$$

这表明函数 $y=f(x)$ 在 x_0 处的导数 $f'(x_0)$ 就是函数的曲线在点 $(x_0, f(x_0))$ 处的切线斜率.

在历史上，求曲线的切线斜率，是建立微分学的基础之一. 以后还会看到，导数的几何意义不仅是微分学的各种经济解释的基础，而且在深入研究导数的性质时，也将提供生动的几何直观图示.

由导数的几何意义，若函数 $y=f(x)$ 在 x_0 处可导，由直线的点斜式方程，函数的曲线在点 (x_0, y_0) 处的切线方程为

$$y - y_0 = f'(x_0)(x - x_0). \tag{2-1-4}$$

其中 $y_0 = f(x_0)$.

例 4 求曲线 $y = x^2$ 在点 $x_0 = 1$ 处的切线方程.

解 由例 1，$f'(1) = 2$，$y_0 = 1^2 = 1$.
故所求切线方程为

$$y - 1 = 2(x - 1),$$

即

$$y - 2x + 1 = 0.$$

注 1 若 $f'(x_0) = 0$，那么切线方程为 $y = y_0$，即切线平行于 x 轴.

注 2 若 $f'(x_0)$ 为无穷大量，即 $\lim_{\Delta x \to 0} \frac{\Delta y}{\Delta x} = \infty$，那么切线方程为 $x = x_0$，即切线垂直于 x 轴.

*五、连续与可导的关系

设函数 $y=f(x)$ 在 x_0 处可导,则由式(2-1-2),

$$f'(x_0)=\lim_{x\to x_0}\frac{f(x)-f(x_0)}{x-x_0}$$

存在,由第一章定理 1.7,

$$\begin{aligned}\lim_{x\to x_0}(f(x)-f(x_0))&=\lim_{x\to x_0}\frac{f(x)-f(x_0)}{x-x_0}(x-x_0)\\&=\lim_{x\to x_0}\frac{f(x)-f(x_0)}{x-x_0}\lim_{x\to x_0}(x-x_0)\\&=f'(x_0)\cdot 0=0.\end{aligned}$$

故
$$\lim_{x\to x_0}f(x)=f(x_0).$$

所以函数 $y=f(x)$ 在 x_0 处连续,其逆命题不成立,即函数 $y=f(x)$ 在 x_0 处连续不能导致 $y=f(x)$ 在 x_0 处一定可导.

例 5 设 $f(x)=\begin{cases}x, & x\geq 0,\\ -x, & x<0.\end{cases}$

如图 2-2 所示.

此函数在 $x_0=0$ 处是连续的,但它在该点处不可导.事实上,由式(2-1-2),

$$\lim_{x\to 0}\frac{f(x)-f(0)}{x-0}=\lim_{x\to 0}\frac{f(x)}{x},$$

$$\lim_{x\to 0^-}\frac{f(x)}{x}=\lim_{x\to x^-}\frac{-x}{x}=-1,$$

$$\lim_{x\to 0^+}\frac{f(x)}{x}=\lim_{x\to 0^+}\frac{x}{x}=1.$$

所以由定理 1.2,

$$\lim_{x\to 0}\frac{f(x)-f(0)}{x-0}$$

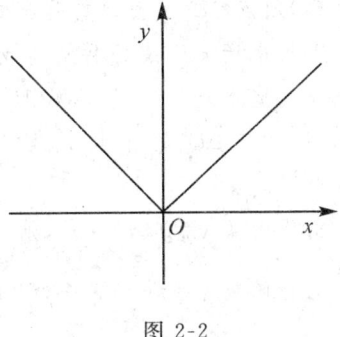

图 2-2

不存在,即表明此函数在 $x=0$ 处不可导.

所以,函数在某点连续是函数在该点可导的必要条件,但不是充分条件.

练 习 2.1

(A)

(一)填空题

1.某一质点作匀加速直线运动,运动距离 y 与时间 t 之间的函数关系为

$y=\frac{1}{2}t^2$:

(1) 求时间 t 从 5 秒分别到 6 秒、5.1 秒、5.01 秒、5.001 秒、$5+h$ 秒的时间改变量 Δt,对应的距离改变量 Δy 以及在这段时间内的平均速度 $\frac{\Delta y}{\Delta t}$,并填写下表:

	Δt(秒)	Δy(米)	$\frac{\Delta y}{\Delta t}$(米/秒)
从 5 秒到 6 秒			
从 5 秒到 5.1 秒			
从 5 秒到 5.01 秒			
从 5 秒到 5.001 秒			
从 5 秒到 $5+h$ 秒			

(2) 质点在 5 秒时的瞬时速度是( ).

2. 设生产某产品 Q 件的总成本是 $C(Q)=2Q+10$,产量从 10 增加到 20 时的平均成本是( ),从 10 增加到 15 时的平均成本是( ),从 10 增加到 $10+\Delta Q$ 的平均成本是( ),产量在 10 时的边际成本是( ).

3. 设函数 $y=f(x)=x^3$,则 $f'(0)=($).

4. 设函数 $y=f(x)=\frac{3}{x}$,则 $f'(1)=($).

5. 设函数 $y=f(x)=\sqrt{x+1}$,则 $f'(x)=($),$f'(3)=($).

6. 函数 $y=f(x)$ 在 $x=x_0$ 处的导数是曲线上点( )处的切线斜率.

7. 曲线 $y=f(x)$ 在点的横坐标为 x_0 处的切线斜率是( ).

8. 曲线 $f(x)=\frac{3}{x}$ 在 $x=1$ 处的切线方程是( ).

9. 曲线 $f(x)=\sqrt{x+1}$ 在点( )处的切线与直线 $2y-x+4=0$ 平行.

(二)选择题

1. $\lim\limits_{x\to 0}\frac{\sqrt{1+x}-1}{x}=($).

(A) $(\sqrt{1+x})'$ (B) $(\sqrt{1+x})'|_{x=0}$

(C) $(\sqrt{1+x})'|_{x=1}$ (D) 0

导数的概念 2.1

2. $\lim\limits_{\Delta x \to 0} \dfrac{(1+\Delta x)^4 - 1}{\Delta x} = ($ $)$.

(A) $(x^4)'\big|_{x=1}$ (B) $4x^3$

(C) $(x^4)'\big|_{x=0}$ (D) $\dfrac{\mathrm{d}x^4}{\mathrm{d}x}\bigg|_{x=1}$

3. 设 $y=f(x)$ 是可导函数,则下列式子成立的是( ).

(A) $\lim\limits_{x \to x_0} \dfrac{f(x)-f(x_0)}{x-x_0} = f'(x_0)$

(B) $\lim\limits_{n \to \infty} n\left(f\left(x_0+\dfrac{1}{n}\right)-f(x_0)\right) = f'(x_0)$

(C) $\lim\limits_{\Delta x \to 0} \dfrac{f(x_0-\Delta x)-f(x_0)}{\Delta x} = f'(x)$

(D) $\lim\limits_{x \to 0} \dfrac{f(x)}{x} = f'(0)$,其中当 $x=0$ 时 $f(0)=0$

4. 若曲线 $y=f(x)$ 在点 $x=x_0$ 处的切线与直线 $ax+by=c$ 平行,则 $f'(x_0)=($ $)$.

(A) a (B) b (C) $\dfrac{a}{b}$ (D) 当 $b \neq 0$ 时为 $-\dfrac{a}{b}$

(B)

1. 用式(2-1-1)或式(2-1-2)求下列函数在指定点处的导数:

(1) $f(x)=\dfrac{1}{x^2}$, $x=1$;

(2) $f(x)=\sqrt{4-x}$, $x=0$.

2. 用式(2-1-3)先求下列函数的导函数,然后求在指定点处的导数:

(1) $f(x)=2x^2$, $x=0$,$x=1$;

(2) $f(x)=\dfrac{1}{\sqrt{x}}$, $x=1$,$x=4$.

3. 设生产某产品 Q 个单位的总成本是 $C(Q)=2Q^2+3Q+10$:

(1) 设 Q_0,ΔQ 已给定,求相应的 ΔC,$\dfrac{\Delta C}{\Delta Q}$ 和 $\lim\limits_{\Delta Q \to 0} \dfrac{\Delta C}{\Delta Q}$;

(2) 求出产量从10个单位分别增加到11,12,15,$10+\Delta Q$个单位的平均成本;

(3) 求产量在 $Q=10$ 个单位时的边际成本.

4. 求曲线 $f(x)=\sqrt{x}$ 在 $x=4$ 处的切线方程.

5. 已知曲线 $f(x)=\dfrac{1}{x^2}$ 在某点处的切线与直线 $x-y=1$ 平行,求该切线方程.

§2.2 导数的基本公式

一、常数的导数

设 $y=f(x)=C$ (C 为常数),则 $C'=0$.

由于是常数函数,$f(x+\Delta x)=C, f(x)=C$,故由式(2-1-3),

$$C'=\lim_{\Delta x \to 0}\frac{C-C}{\Delta x}=0.$$

二、幂函数的导数

设 $y=f(x)=x^\alpha$,则 $(x^\alpha)'=\alpha x^{\alpha-1}$.

这里仅对 α 是自然数的情况加以说明.

$$\begin{aligned}
&f(x+\Delta x)-f(x)\\
&=(x+\Delta x)^n-x^n\\
&=x^n+nx^{n-1}\Delta x+\frac{n(n-1)}{2!}x^{n-2}(\Delta x)^2+\cdots+(\Delta x)^n-x^n\\
&=\left(nx^{n-1}+\frac{n(n-1)}{2!}x^{n-2}\Delta x+\cdots+(\Delta x)^{n-1}\right)\Delta x.
\end{aligned}$$

故由式(2-1-3),

$$\begin{aligned}
(x^n)'&=\lim_{\Delta x \to 0}\frac{(x+\Delta x)^n-x^n}{\Delta x}\\
&=\lim_{\Delta x \to 0}\left(nx^{n-1}+\frac{n(n-1)}{2}x^{n-2}\Delta x+\cdots+(\Delta x)^{n-1}\right)\\
&=nx^{n-1}.
\end{aligned}$$

以后可以证明,对于任何实数 α,$(x^\alpha)'=\alpha x^{\alpha-1}$ 都是成立的.

有了这个公式,上节中例1、例2、例3的求导就很方便了.

例 1 中,$f'(x)=(x^2)'=2x$, 所以 $f'(1)=2$.

例 2 中,$f'(x)=\left(\frac{1}{x}\right)'=(x^{-1})'=(-1)x^{-2}=-\frac{1}{x^2}$,

故 $f'(2)=-\frac{1}{4}$.

例 3 中,$f'(x)=(\sqrt{x})'=(x^{\frac{1}{2}})'=\frac{1}{2}x^{\frac{1}{2}-1}=\frac{1}{2\sqrt{x}}$,

故 $f'(4) = \dfrac{1}{4}$.

三、对数函数的导数

设 $y = f(x) = \log_a x \ (a > 0, a \neq 1)$,则
$$(\log_a x)' = \frac{1}{x \ln a}, \quad (\ln x)' = \frac{1}{x}.$$
$$\Delta y = f(x + \Delta x) - f(x) = \log_a (x + \Delta x) - \log_a x$$
$$= \log_a \frac{x + \Delta x}{x} = \log_a \left(1 + \frac{\Delta x}{x}\right).$$

故由式(2-1-3),以及对数函数的连续性,
$$(\log_a x)' = \lim_{\Delta x \to 0} \frac{\log_a \left(1 + \dfrac{\Delta x}{x}\right)}{\Delta x} = \lim_{\Delta x \to 0} \log_a \left(1 + \frac{\Delta x}{x}\right)^{\frac{1}{\Delta x}}$$
$$= \log_a \left(\lim_{\Delta x \to 0} \left(1 + \frac{\Delta x}{x}\right)^{\frac{x}{\Delta x}}\right)^{\frac{1}{x}} = \log_a e^{\frac{1}{x}} = \frac{1}{x} \log_a e = \frac{1}{x \ln a}.$$

特别地,当 $a = e$ 时,
$$(\log_a x)' = (\ln x)' = \frac{1}{x \ln e} = \frac{1}{x}.$$

例如,
$$(\log_2 x)' = \frac{1}{x \ln 2},$$
$$(\log_{\frac{1}{3}} x)' = \frac{1}{x \ln \dfrac{1}{3}} = -\frac{1}{x \ln 3}.$$

四、指数函数的导数

设 $y = f(x) = a^x \ (a > 0, a \neq 1)$,则 $(a^x)' = a^x \ln a, (e^x)' = e^x$.
$$\Delta y = f(x + \Delta x) - f(x) = a^{x + \Delta x} - a^x = a^x (a^{\Delta x} - 1).$$

为了求极限
$$\lim_{\Delta x \to 0} \frac{a^{\Delta x} - 1}{\Delta x},$$

令 $t = a^{\Delta x} - 1, \Delta x = \log_a (1 + t)$,当 $\Delta x \to 0$ 时,$t \to 0$,故
$$(a^x)' = \lim_{\Delta x \to 0} \frac{a^x (a^{\Delta x} - 1)}{\Delta x} = a^x \lim_{\Delta x \to 0} \frac{a^{\Delta x} - 1}{\Delta x}$$
$$= a^x \lim_{t \to 0} \frac{t}{\log_a (1 + t)} = a^x \frac{1}{\lim\limits_{t \to 0} \log_a (1 + t)^{\frac{1}{t}}}$$

$$= a^x \frac{1}{\log_a \lim_{t \to 0}(1+t)^{\frac{1}{t}}} = a^x \frac{1}{\log_a e}$$

$$= a^x \ln a.$$

特别地,当 $a = e$ 时,
$$(a^x)' = (e^x)' = e^x \ln e = e^x.$$

例如 $(2^x)' = 2^x \ln 2$, $\left(\left(\frac{1}{3}\right)^x\right)' = \left(\frac{1}{3}\right)^x \ln \frac{1}{3} = -\left(\frac{1}{3}\right)^x \ln 3.$

五、三角函数的导数

设 $y = f(x) = \sin x$, $(\sin x)' = \cos x.$
$$\Delta y = f(x+\Delta x) - f(x) = \sin(x+\Delta x) - \sin x$$
$$= 2\cos\frac{x+\Delta x + x}{2}\sin\frac{x+\Delta x - x}{2}$$
$$= 2\cos\left(x+\frac{\Delta x}{2}\right)\sin\frac{\Delta x}{2}.$$

故由式(2-1-3),
$$(\sin x)' = \lim_{\Delta x \to 0}\frac{\sin(x+\Delta x) - \sin x}{\Delta x}$$
$$= \lim_{\Delta x \to 0}\frac{2\cos\left(x+\frac{\Delta x}{2}\right)\sin\frac{\Delta x}{2}}{\Delta x}$$
$$= \lim_{\Delta x \to 0}\cos\left(x+\frac{\Delta x}{2}\right)\lim_{\Delta x \to 0}\frac{\sin\frac{\Delta x}{2}}{\frac{\Delta x}{2}}$$
$$= \cos x \cdot 1 = \cos x.$$

同理可证 $(\cos x)' = -\sin x.$

设 $y = f(x) = \tan x$,则 $(\tan x)' = \dfrac{1}{\cos^2 x}.$
$$\Delta y = f(x+\Delta x) - f(x)$$
$$= \tan(x+\Delta x) - \tan x$$
$$= \frac{\sin(x+\Delta x)}{\cos(x+\Delta x)} - \frac{\sin x}{\cos x}$$
$$= \frac{\sin(x+\Delta x)\cos x - \cos(x+\Delta x)\sin x}{\cos(x+\Delta x)\cos x}$$
$$= \frac{\sin(x+\Delta x - x)}{\cos(x+\Delta x)\cos x}$$

$$= \frac{\sin\Delta x}{\cos(x+\Delta x)\cos x}.$$

故由式(2-1-3),

$$(\tan x)' = \lim_{\Delta x \to 0} \frac{\tan(x+\Delta x) - \tan x}{\Delta x}$$

$$= \lim_{\Delta x \to 0} \frac{\sin\Delta x}{\cos(x+\Delta x)\cos x \Delta x}$$

$$= \frac{1}{\cos x} \lim_{\Delta x \to 0} \frac{1}{\cos(x+\Delta x)} \lim_{\Delta x \to 0} \frac{\sin\Delta x}{\Delta x}$$

$$= \frac{1}{\cos x} \cdot \frac{1}{\cos x} \cdot 1 = \frac{1}{\cos^2 x}.$$

同理

$$(\cot x)' = -\frac{1}{\sin^2 x}.$$

练　习　2.2

填空

1. $(\sqrt[3]{x})' = ($　　　$)$.
2. $(3^x)' = ($　　　$)$, $\left(\left(\frac{1}{2}\right)^x\right)' = ($　　　$)$.
3. $(\log_3 x)' = ($　　　$)$.
4. $(\cos t)' = ($　　　$)$, $(\sin t)' = ($　　　$)$.
5. $\dfrac{\mathrm{d}\tan x}{\mathrm{d}x} = ($　　　$)$, $\dfrac{\mathrm{d}\cot t}{\mathrm{d}t} = ($　　　$)$.

§2.3　求　导　法　则

上一节得到的基本初等函数的求导公式是根据导数的定义直接求出来的,但是如果对于每个函数都要用定义直接求它的导数,那就太麻烦了,所以人们总结了一套简单而又统一的方法,借助于这些方法,至少可以求出任何初等函数的导数.这些方法的基础就是本节要介绍的求导法则,它们的基本出发点就是将比较复杂的求导问题转化为比较简单的求导问题.

一、导数的四则运算

法则Ⅰ　如果函数 $u(x)$ 与 $v(x)$ 都可导,则函数 $u(x) \pm v(x)$ 也可导,且

$$(u(x)\pm v(x))'=u'(x)\pm v'(x).$$

证明 令 $y=u(x)\pm v(x)$,则
$$\Delta y = u(x+\Delta x)\pm v(x+\Delta x)-(u(x)\pm v(x))$$
$$=(u(x+\Delta x)-u(x))\pm(v(x+\Delta x)-v(x))$$
$$=\Delta u\pm\Delta v.$$

由条件 $u(x),v(x)$ 都可导,由求极限的四则运算法则,
$$\lim_{\Delta x\to 0}\frac{\Delta y}{\Delta x}=\lim_{\Delta x\to 0}\frac{\Delta u\pm\Delta v}{\Delta x}$$
$$=\lim_{\Delta x\to 0}\frac{\Delta u}{\Delta x}\pm\lim_{\Delta x\to 0}\frac{\Delta v}{\Delta x},$$

由导数定义,上式即为
$$(u(x)\pm v(x))'=u'(x)\pm v'(x).$$

例1 设 $f(x)=\sqrt{x}-\sin x$,求 $f'(x)$.

解 由法则Ⅰ及求导公式,
$$(\sqrt{x}-\sin x)'=(\sqrt{x})'-(\sin x)'$$
$$=\frac{1}{2\sqrt{x}}-\cos x.$$

法则Ⅰ可以推广到任何有限个代数和的情形:
$$(u_1(x)\pm u_2(x)\pm\cdots\pm u_n(x))'=u'_1(x)\pm u'_2(x)\pm\cdots\pm u'_n(x).$$

法则Ⅱ 如果 $u(x)$ 与 $v(x)$ 都可导,则 $u(x)v(x)$ 也可导,且
$$(u(x)v(x))'=u'(x)v(x)+u(x)v'(x).$$

证明 令 $y=u(x)v(x)$,
$$\Delta y = u(x+\Delta x)v(x+\Delta x)-u(x)v(x)$$
$$=u(x+\Delta x)v(x+\Delta x)-u(x)v(x+\Delta x)$$
$$\quad+u(x)v(x+\Delta x)-u(x)v(x)$$
$$=(u(x+\Delta x)-u(x))v(x+\Delta x)+u(x)(v(x+\Delta x)$$
$$\quad-v(x))$$
$$=\Delta uv(x+\Delta x)+u(x)\Delta v.$$

由条件 $u(x),v(x)$ 都可导,及由求极限的四则运算法则,
$$(u(x)v(x))'=\lim_{\Delta x\to 0}\frac{\Delta y}{\Delta x}$$
$$=\lim_{\Delta x\to 0}\frac{\Delta uv(x+\Delta x)+u(x)\Delta v}{\Delta x}$$
$$=\lim_{\Delta x\to 0}\frac{\Delta u}{\Delta x}\lim_{\Delta x\to 0}v(x+\Delta x)+u(x)\lim_{\Delta x\to 0}\frac{\Delta v}{\Delta x}$$

2.3 求导法则

$$= u'(x)v(x) + u(x)v'(x).$$

例 2 设 $f(x) = x^2 \ln x$,求 $f'(x)$.

解 由法则 II,
$$f'(x) = (x^2 \ln x)' = (x^2)' \ln x + x^2 (\ln x)'$$
$$= 2x \ln x + \frac{x^2}{x} = 2x \ln x + x.$$

特别地,若令 $v(x) = C$ (C 是常数),
$$(u(x)v(x))' = (Cu(x))' = C'u(x) + C(u(x))' = Cu'(x).$$

法则 III $(Cu(x))' = Cu'(x)$ (C 是常数).

法则 II 与法则 III 可以结合为:
$$(C_1 u(x) \pm C_2 v(x))' = C_1 u'(x) \pm C_2 v'(x) \quad (C_1, C_2 \text{ 是常数}).$$

例 3 设 $f(x) = 2e^x - 3x^2 \tan x$,求 $f'(x)$.

解 由法则 I、法则 II 与法则 III,
$$f'(x) = (2e^x - 3x^2 \tan x)'$$
$$= (2e^x)' - (3x^2 \tan x)'$$
$$= 2(e^x)' - 3((x^2)' \tan x + x^2 \tan x)'$$
$$= 2e^x - 3\left(2x \tan x + \frac{x^2}{\cos^2 x}\right).$$

法则 IV 如果函数 $u(x)$ 与 $v(x)$ 都可导,且 $v(x) \neq 0$,则 $\dfrac{u(x)}{v(x)}$ 也可导,且
$$\left(\frac{u(x)}{v(x)}\right)' = \frac{u'(x)v(x) - u(x)v'(x)}{v^2(x)}.$$

证明 令 $y = \dfrac{u(x)}{v(x)}$,

$$\Delta y = \frac{u(x+\Delta x)}{v(x+\Delta x)} - \frac{u(x)}{v(x)}$$
$$= \frac{u(x+\Delta x)v(x) - v(x+\Delta x)u(x)}{v(x)v(x+\Delta x)}$$
$$= \frac{v(x)u(x+\Delta x) - v(x)u(x) - u(x)v(x+\Delta x) + v(x)u(x)}{v(x)v(x+\Delta x)}$$
$$= \frac{v(x)\Delta u - u(x)\Delta v}{v(x)v(x+\Delta x)}.$$

故
$$\left(\frac{u(x)}{v(x)}\right)' = \lim_{\Delta x \to 0} \frac{\Delta y}{\Delta x} = \lim_{\Delta x \to 0} \frac{v(x)\dfrac{\Delta u}{\Delta x} - u(x)\dfrac{\Delta v}{\Delta x}}{v(x)v(x+\Delta x)}$$
$$= \frac{v(x)\lim\limits_{\Delta x \to 0} \dfrac{\Delta u}{\Delta x} - u(x)\lim\limits_{\Delta x \to 0} \dfrac{\Delta v}{\Delta x}}{v(x)\lim\limits_{\Delta x \to 0} v(x+\Delta x)}$$

$$= \frac{u'(x)v(x) - u(x)v'(x)}{v^2(x)}.$$

例 4 设 $y = \frac{\ln x}{x}$,求 y'.

解 由法则 IV

$$y' = \left(\frac{\ln x}{x}\right)' = \frac{x\ln' x - \ln x \cdot x'}{x^2} = \frac{1 - \ln x}{x^2}.$$

例 5 设 $f(x) = \frac{x^2 - \sin x}{x - 1}$,求 $f'(x)$.

解 $f'(x) = \left(\frac{x^2 - \sin x}{x - 1}\right)'$

$$= \frac{(x^2 - \sin x)'(x - 1) - (x^2 - \sin x)(x - 1)'}{(x - 1)^2}$$

$$= \frac{(2x - \cos x)(x - 1) - x^2 + \sin x}{(x - 1)^2}$$

$$= \frac{x^2 - 2x - x\cos x + \cos x + \sin x}{(x - 1)^2}.$$

以上四个法则是求函数导数的四则运算法则,以下讨论求函数导数的其他法则.

二、反函数的导数

法则 V (反函数求导法则) 如 $x = \varphi(y)$ 是可导的,且 $\varphi'(y) \neq 0$,则 $x = \varphi(y)$ 的反函数 $y = f(x)$ 也可导,且

$$f'(x) = \frac{1}{\varphi'(y)}\bigg|_{y = f(x)},$$

即反函数的导数等于原来函数导数之倒数.

证明 $\Delta y = f(x + \Delta x) - f(x) = f(x + \Delta x) - y,$

$y + \Delta y = f(x + \Delta x),$

$x = \varphi(y) = \varphi(f(x)),$

$x + \Delta x = \varphi(f(x + \Delta x)),$

从而 $\varphi(y + \Delta y) - \varphi(y) = \varphi(f(x + \Delta x)) - \varphi(f(x))$

$$= x + \Delta x - x = \Delta x.$$

由 $$\frac{\Delta y}{\Delta x} = \frac{1}{\frac{\Delta x}{\Delta y}},$$

2.3 求导法则

得
$$\frac{f(x+\Delta x)-f(x)}{\Delta x}=\frac{1}{\frac{\varphi(y+\Delta y)-\varphi(y)}{\Delta y}}.$$

当 $\Delta x \to 0$ 时 $\Delta y \to 0$,

因此
$$f'(x)=\lim_{\Delta x \to 0}\frac{f(x+\Delta x)-f(x)}{\Delta x}$$
$$=\frac{1}{\lim_{\Delta y \to 0}\frac{\varphi(y+\Delta y)-\varphi(y)}{\Delta y}}=\frac{1}{\varphi'(y)}.$$

利用法则 Ⅴ,可以得到各反三角函数的求导公式.

例 6 求下列各反三角函数的导数:

(1) $y=\arcsin x$; (2) $y=\arccos x$;
(3) $y=\arctan x$; (4) $y=\text{arccot} x$.

解 (1) $y=\arcsin x$ 的反函数是 $x=\sin y$,
$$x'=\sin' y=\cos y=\sqrt{1-\sin^2 y}=\sqrt{1-x^2}.$$

故由法则 Ⅴ,
$$(\arcsin x)'=\frac{1}{(\sin y)'}=\frac{1}{\sqrt{1-x^2}}.$$

(2) 同理
$$(\arccos x)'=-\frac{1}{\sqrt{1-x^2}}.$$

(3) $y=\arctan x$ 的反函数是 $x=\tan y$,
$$x'=(\tan y)'=\frac{1}{\cos^2 y}=1+\tan^2 y=1+x^2.$$

故由法则 Ⅴ,
$$(\arctan x)'=\frac{1}{(\tan y)'}=\frac{1}{1+x^2}.$$

(4) 同理
$$(\text{arccot} x)'=-\frac{1}{1+x^2}.$$

三、复合函数的导数

法则 Ⅵ (链锁法则) 如果 $y=f(u)$ 和 $u=\varphi(x)$ 都可导,则复合函数 $y=f(\varphi(x))$ 也可导,且
$$[f(\varphi(x))]'=f'(u)\varphi'(x), \text{其中 } u=\varphi(x).$$

上式左端 $(f(\varphi(x)))'$ 表示复合函数 $f(\varphi(x))$ 对 x 求导,右端 $f'(u)$ 表示函数 $f(u)$ 对 u 求导. u 称为中间变量.

法则 Ⅵ 也可记为

$$\frac{dy}{dx} = \frac{dy}{du}\frac{du}{dx} \text{ 或 } y'_x = y'_u u'.$$

*** 证明** 对于 $u = \varphi(x)$，有
$$\Delta u = \varphi(x + \Delta x) - \varphi(x).$$
对于 $y = f(u)$，有
$$\Delta y = f(u + \Delta u) - f(u).$$
当 $\Delta u \neq 0$ 时，有
$$\frac{\Delta y}{\Delta x} = \frac{\Delta y}{\Delta u}\frac{\Delta u}{\Delta x}.$$
因为 $u = \varphi(x)$ 可导，则必连续，所以当 $\Delta x \to 0$ 时 $\Delta u \to 0$，于是有
$$\lim_{\Delta x \to 0}\frac{\Delta y}{\Delta x} = \lim_{\Delta x \to 0}\frac{\Delta y}{\Delta u}\frac{\Delta u}{\Delta x} = \lim_{\Delta x \to 0}\frac{\Delta y}{\Delta u}\lim_{\Delta x \to 0}\frac{\Delta y}{\Delta x}$$
$$= \lim_{\Delta u \to 0}\frac{\Delta y}{\Delta u}\lim_{\Delta x \to 0}\frac{\Delta y}{\Delta x},$$
即
$$\frac{dy}{dx} = \frac{dy}{du}\frac{du}{dx},$$
或
$$[f(\varphi(x))]' = f'(u)\varphi'(x), \text{ 其中 } u = \varphi(x).$$
当 $\Delta u = 0$ 时，可以证明上述法则仍然成立。

上述法则表明，复合函数的导数等于复合函数对中间变量的导数乘以中间变量对自变量的导数。

复合函数求导的链锁法则，在导数的计算中十分重要，能否熟练地运用链锁法则求导，这是导数计算是否熟练的标志。

下面举几个例子：

例7 设 $y = (1 - 2x^2)^{10}$，求 $\frac{dy}{dx}$。

解 本题可先用二项式定理将 $(1 - 2x^2)^{10}$ 展开成多项式，然后利用法则 Ⅰ、Ⅱ、Ⅲ，但这样较繁，若把 $y = (1 - 2x^2)^{10}$ 看做是 $y = u^{10}$，$u = 1 - 2x^2$ 的复合函数，利用链锁法则，则有
$$\frac{dy}{dx} = \frac{dy}{du}\frac{du}{dx} = (u^{10})'(1 - 2x^2)'$$
$$= 10u^9(-4x) = -40x(1 - 2x^2)^9.$$

例8 求下列函数的导数：
  (1) $y = \ln \sin x$； (2) $y = e^{3x^2}$。

解 (1) 先将 $y = \ln \sin x$ 分解为基本初等函数
$$y = \ln u, \quad u = \sin x.$$

$$(\ln u)' = \frac{1}{u}, \quad (\sin x)' = \cos x.$$

故由法则 Ⅵ，
$$y' = (\ln \sin x)' = (\ln u)'(\sin x)'$$
$$= \frac{\cos x}{u} = \frac{\cos x}{\sin x} = \cot x.$$

(2) $y = e^{3x^2} = e^u$, $u = 3x^2$.

故
$$y' = (e^{3x^2})' = (e^u)'(3x^2)'$$
$$= e^u \cdot 6x = 6x e^{3x^2}.$$

在计算熟练以后可以不写出中间变量，直接利用链锁法则求导．例如求 $y = \sin e^x$ 的导数就可以直接写为
$$y' = (\sin e^x)' = \cos e^x \cdot (e^x)' = e^x \cos e^x.$$

法则 Ⅵ 还可以推广到多个函数复合的情况，例如设 $y = f(u), u = \varphi(v), v = \psi(x)$，则
$$y = f(\varphi(\psi(x))).$$

这里有二个中间变量 u、v，
$$y' = [f(\varphi(\psi(x)))]' = f'(u)\varphi'(v)\psi'(x),$$

然后将 $v = \psi(x), u = \varphi(v)$ 代入上式右端．

例 9 设 $y = e^{\arctan x^2}$，求 y'．

解 $y = e^u, u = \arctan v, v = x^2$.

故
$$y' = (e^{\arctan x^2})' = (e^u)'(\arctan v)'(x^2)'$$
$$= e^u \frac{1}{1+v^2} \cdot 2x = \frac{2x e^{\arctan x^2}}{1+x^4}.$$

四、隐函数的导数

前面我们讨论的函数具有一个明显的特征，这就是因变量 y 写成含 x 的明显表达式，即
$$y = f(x).$$

这种函数为显函数．

常常会遇到这样的情况，两个变量的对应关系是由一个方程 $F(x, y) = 0$ 确定的，函数关系隐含在这个方程中，例如圆方程
$$x^2 + y^2 = 1$$

就确定 x, y 之间的某种函数关系，方程
$$e^y = xy$$

也确定了 x, y 之间的某种函数关系，这种函数称为隐函数．

假如从确定隐函数的方程中把某一个变量解出来,隐函数就变成显函数了.例如从方程式 $x^2+y^2=1$ 把 y 解出,便得到两个函数:

$$y=\sqrt{1-x^2}, \qquad y=-\sqrt{1-x^2}.$$

但是,在许多情况下,要想从确定隐函数的方程中把某一个变量 y 解出来是很困难的.例如我们就很难从方程式 $e^y=xy$ 中将 y 解出来而变成显函数.那么隐函数如何求导呢?下面我们给出隐函数求导的一般方法.

将 y 看成 x 的函数,利用复合函数求导法则在方程 $F(x,y)=0$ 两边对 x 求导,得到一个关于 y' 的方程,把 y' 解出来,就得到所求隐函数的导数.

例 10 求由方程 $x^2+y^2=1$ 确定的函数 $y=f(x)$ 的导数.

解 在方程 $x^2+y^2=1$ 两边对 x 求导,由法则 I,

$$(x^2+y^2)'=(x^2)'_x+(y^2)'_x.$$

显然 $(x^2)'=2x$.由于 y^2 是 y 的函数,而 y 又是 x 的函数 $y=f(x)$,故 y^2 是 x 的复合函数 $(f(x))^2$,由链锁法则,

$$(y^2)'_x=[f^2(x)]'=\frac{\mathrm{d}y^2}{\mathrm{d}y}\frac{\mathrm{d}y}{\mathrm{d}x}=2yy'.$$

故得含 y' 的方程

$$2x+2yy'=0.$$

将 y' 求出来,即得到所求隐函数的导数

$$y'=-\frac{x}{y}.$$

例 11 设函数 $y=f(x)$ 由方程 $e^y=xy$ 确定,求 y'.

解 在方程 $e^y=xy$ 两边对 x 求导,有

$$e^y y'=y+xy'.$$

解出 y',得

$$y'=\frac{y}{e^y-x}.$$

注意 $(e^y)'=e^y y'$,这里也利用了复合函数求导的链锁法则,因 $y=f(x)$,$e^y=e^{f(x)}$,故

$$(e^y)'_x=\frac{\mathrm{d}e^{f(x)}}{\mathrm{d}x}=\frac{\mathrm{d}e^y}{\mathrm{d}y}\frac{\mathrm{d}y}{\mathrm{d}x}=e^y y'.$$

利用取对数法,我们可以将某些较繁杂的函数化成隐函数,然后利用隐函数求导方法求出所要求函数的导数.

例 12 设 $y=x^x$,求 y'.

解 在 $y=x^x$ 两边取对数:

$$\ln y=\ln x^x=x\ln x.$$

这便是一个由方程确定的隐函数,两边对 x 求导,有

$$\frac{1}{y}y' = \ln x + 1.$$

故
$$y' = y(\ln x + 1) = x^x(\ln x + 1).$$

例 13 证明对于任意实数 α,$(x^\alpha)' = \alpha x^{\alpha-1}$.

证明 设 $y = x^\alpha$.

两边取对数： $\ln y = \ln x^\alpha = \alpha \ln x$

两边对 x 求导： $\dfrac{1}{y}y' = \dfrac{\alpha}{x}.$

故
$$y' = (x^\alpha)' = y \cdot \frac{\alpha}{x} = x^\alpha \cdot \frac{\alpha}{x} = \alpha x^{\alpha-1}.$$

五、求导公式与求导法则汇总

1. 基本初等函数的求导公式

(1) $C' = 0$ （C 是常数）;

(2) $(x^\alpha)' = \alpha x^{\alpha-1}$ （α 是任意实数）;

(3) $(\log_a x)' = \dfrac{1}{x \ln a}$ （$a > 0, a \neq 1$）, $(\ln x)' = \dfrac{1}{x}$;

(4) $(a^x)' = a^x \ln a$ （$a > 0, a \neq 1$）, $(e^x)' = e^x$;

(5) $(\sin x)' = \cos x$;

(6) $(\cos x)' = -\sin x$;

(7) $(\tan x)' = \dfrac{1}{\cos^2 x}$;

(8) $(\cot x)' = -\dfrac{1}{\sin^2 x}$;

(9) $(\arcsin x)' = \dfrac{1}{\sqrt{1-x^2}}$;

(10) $(\arccos x)' = -\dfrac{1}{\sqrt{1-x^2}}$;

(11) $(\arctan x)' = \dfrac{1}{1+x^2}$;

(12) $(\text{arccot}\, x)' = -\dfrac{1}{1+x^2}.$

2. 求导法则

设 $u = u(x), v = v(x)$ 均可导,

(Ⅰ) $(u \pm v)' = u' \pm v'$;

(Ⅱ) $(u \cdot v)' = u'v + uv'$;

（Ⅲ） $(Cu)' = Cu'$ （C 是常数）；

（Ⅳ） $\left(\dfrac{u}{v}\right)' = \dfrac{u'v - uv'}{v^2}$ （$v \neq 0$）；

（Ⅴ） $[f(\varphi(x))]' = f'(u)\varphi'(x)$，其中 $u = \varphi(x)$；

（Ⅵ） $f'(x) = \dfrac{1}{\varphi'(y)}$，其中 $y = f(x)$ 是 $x = \varphi(y)$ 的反函数，且 $\varphi'(y) \neq 0$.

有了这些公式与法则，我们就可以计算各种初等函数的导数.

例 14 求下列函数的导数：

(1) $f(x) = x^2 \ln(x + \sqrt{x^2+1})$；　　(2) $y = \dfrac{e^{-x^2}}{x}$；

解 (1) $f'(x) = (x^2)' \ln(x + \sqrt{x^2+1}) + x^2 (\ln(x + \sqrt{x^2+1}))'$

$= 2x \ln(x + \sqrt{x^2+1}) + \dfrac{x^2}{x + \sqrt{x^2+1}} (x + \sqrt{x^2+1})'$

$= 2x \ln(x + \sqrt{x^2+1}) + \dfrac{x^2}{x + \sqrt{x^2+1}} \left(1 + \dfrac{2x}{2\sqrt{x^2+1}}\right)$

$= 2x \ln(x + \sqrt{x^2+1}) + \dfrac{x^2}{\sqrt{x^2+1}}$.

(2) $y' = \dfrac{(e^{-x^2})' x - e^{-x^2} \cdot x'}{x^2}$

$= \dfrac{-2x^2 e^{-x^2} - e^{-x^2}}{x^2} = -\dfrac{(2x^2+1)e^{-x^2}}{x^2}$.

练　习　2.3

（A）

(一) 填空题

1. $\dfrac{d(4u(x) \pm 2v(x))}{dx} = (\quad) \dfrac{du(x)}{dx} \pm (\quad) \dfrac{dv(x)}{dx}$.

2. $\dfrac{dCu(x)}{dx} = C \dfrac{d(\quad)}{dx}$.

3. $\dfrac{d}{dx}\left(\dfrac{u(x)}{v(x)}\right) = \dfrac{1}{v^2(x)}\left(v(x) \dfrac{d(\quad)}{dx}(\quad) u(x) \dfrac{d(\quad)}{dx}\right)$.

4. $x' = (\quad)$，$\sqrt{x}' = (\quad)$，$\left(\dfrac{1}{x}\right)' = (\quad)$，$(x^2)' = (\quad)$.

5. $(\sin 2x)' = (\quad) \cos 2x$，$(\ln(-4x))' = (\quad)$.

求导法则 2.3

6. $(\arcsin x^2)' = \dfrac{2x}{\sqrt{1-(\quad)}}$, $(\tan x^2)' = \dfrac{(\quad)}{\cos^2 x^2}$.

7. 设 $y = 2^x$, $y' = (\quad)$, 其反函数的导数为 $(\quad)$.

8. $y = e^{xy}$, 则 $y' = (\quad)$.

(二)选择题

1. 设 $f(x) = \sqrt{2-x^2}$, 则 $f'(1) = (\quad)$.
   (A) 0　　　(B) -1　　　(C) 2　　　(D) 4

2. $[(2x^5+x)^{10}]' = 10(2x^5+x)^9 (\quad)$.
   (A) $10x^5$　　(B) $10x^4+x$　　(C) $10x^4+1$　　(D) $2x^4+1$

3. 由方程 $e^{xy} = y^2$ 所确定的函数 $y = f(x)$ 的导数 $y' = (\quad)$.
   (A) $\dfrac{y e^{xy}}{2y - x e^{xy}}$　　　　　　(B) $\dfrac{y e^{xy}}{2y + x e^{xy}}$
   (C) $\dfrac{e^{xy}}{2y - x e^{xy}}$　　　　　　(D) $\dfrac{e^{xy}}{2y + x e^{xy}}$

(B)

1. 求下列函数的导数：

   (1) $y = x^2 - 2\cos x$;　　　　(2) $y = (1-x^3)\ln x$;

   (3) $y = \dfrac{1-x}{3+x^2}$;　　　　(4) $y = \dfrac{1-\cos x}{1+x}$.

2. 求下列函数的导数：

   (1) $y = \sin x^2 + \sin^2 x$;　　　(2) $y = \ln\ln x$;

   (3) $y = e^{\sin x}$;　　　　　　(4) $y = \tan\cos x$;

   (5) $y = \sqrt{3-\cos 2x}$;　　　(6) $y = \arcsin \dfrac{x-1}{x+1}$.

3. 已知 u, v, w 是 x 的可导函数, 求证:
$$(uvw)' = u'vw + uv'w + uvw'.$$

4. 求下列函数在指定点处的导数：

   (1) $f(x) = x\sin x$, 在 $x = \dfrac{\pi}{4}$ 处;

   (2) $f(x) = \dfrac{2-3x^2}{1+2x}$, 在 $x=1$ 处.

5. 已知 $f(x) = x^2(x-1)$, 当 $x = x_0$ 时 $f'(x_0) = f(x_0)$. 求 x_0 的值.

6. 已知曲线 $y = x^3 + 3x$. 求这条曲线上平行于直线 $y = 15x+2$ 的切线方程.

7. 求下列函数的导数:

(1) $y=\sqrt{1-x^2}+4\arcsin\dfrac{x}{2}$;

(2) $y=\sqrt[4]{\dfrac{x}{1-x}}-\mathrm{e}^{2x}$;   (3) $y=\ln\sqrt{\dfrac{1-x^2}{1+x^2}}$.

8. 求圆 $x^2+y^2=4$ 上点 (x_0,y_0) 处的切线方程.

9. 求曲线 $x^2+2xy-y^2=2x$ 在点 $(2,4)$ 处的切线方程.

10. 求由下列方程所确定的函数 $y=f(x)$ 的导数:

(1) $xy^2-\mathrm{e}^y=0$;   (2) $y=\cos(x^2-y^2)$.

§2.4 高 阶 导 数

设函数 $y=f(x)=x^2$,则 x^2 的导数是 $2x,2x$ 称为 x^2 的一阶导数,显然 $y=2x$ 还是 x 的函数. $2x$ 的导数是 $2,2$ 是由 x^2 求二次导数而得来的,称 2 是 x^2 的二阶导数.依次类推,我们还可以对 x^2 求三阶、四阶乃至 n 阶导数.

一般地,函数 $y=f(x)$ 的导数 $f'(x)$ 仍是 x 的函数,如果 $f'(x)$ 还是可导的,则 $f'(x)$ 的导数称为 $y=f(x)$ 的二阶导数.记为

$$f''(x),\quad y'',\quad \dfrac{\mathrm{d}^2 y}{\mathrm{d}x^2},\quad 或 \dfrac{\mathrm{d}^2 f(x)}{\mathrm{d}x^2}.$$

同理,如果二阶导函数 $y''=f''(x)$ 还是 x 的可导函数,则它的导数就称为 $y=f(x)$ 的三阶导数.记为

$$f'''(x),\quad y''',\quad \dfrac{\mathrm{d}^3 y}{\mathrm{d}x^3},\quad 或 \dfrac{\mathrm{d}^3 f(x)}{\mathrm{d}x^3}.$$

依次类推,可以定义函数 $y=f(x)$ 的 n 阶导数, $y^{(n)}$, $f^{(n)}(x)$, $\dfrac{\mathrm{d}^n y}{\mathrm{d}x^n}$, 或 $\dfrac{\mathrm{d}^n f(x)}{\mathrm{d}x^n}$:

$$y^{(n)}=(y^{(n-1)})',$$
$$f^{(n)}(x)=(f^{(n-1)}(x))',$$
$$\dfrac{\mathrm{d}^n y}{\mathrm{d}x^n}=\dfrac{\mathrm{d}}{\mathrm{d}x}\left(\dfrac{\mathrm{d}^{n-1} y}{\mathrm{d}x^{n-1}}\right),$$
$$\dfrac{\mathrm{d}^n f(x)}{\mathrm{d}x^n}=\dfrac{\mathrm{d}}{\mathrm{d}x}\left(\dfrac{\mathrm{d}^{n-1} f(x)}{\mathrm{d}x^{n-1}}\right).$$

$y^{(n)}=(y^{(n-1)})'$ 表示 y 的 n 阶导数就是 y 的 $n-1$ 的导数的导数,其他等式意义相同.

2.4 高阶导数

高阶导数也是有许多实际意义的,如我们知道,加速度是速度的变化率,因而它就是速度对时间的导数,但速度本身又是路程对时间的导数,所以加速度是路程对时间的二阶导数. 设物体运动路程 s 与时间之间的函数关系是 $s=s(t)$,则速度 v 是

$$v=v(t)=s'(t),$$

从而加速度 a 为

$$a=a(t)=v'(t)=(s'(t))'=s''(t).$$

显然,求高阶导数只需一次一次地去求导,原则上并不需要什么另外的办法,正像我们会算两个数的加法和减法,就会算多个数的连加和连减那样.

例 1 设 $y=\ln(1+x)$,求 y''.

解 $y'=\dfrac{1}{1+x}$,

$y''=\left(\dfrac{1}{1+x}\right)'=-\dfrac{1}{(1+x)^2}.$

例 2 设 $y=f(x)=x^4$,求 $y',y'',y''',y^{(4)}$.

解 $y'=(x^4)'=4x^3$,

$y''=(4x^3)'=4\cdot 3x^2=12x^2.$

$y'''=(4\cdot 3x^2)'=4\cdot 3\cdot 2x=24x.$

$y^{(4)}=(4\cdot 3\cdot 2x)'=4\cdot 3\cdot 2\cdot 1=4!.$

显然,当 $k>4$ 时, $y^{(k)}=(x^4)^{(k)}=0$.

一般地,设函数 $y=f(x)=x^n$,则有

$$(x^n)^{(k)}=\begin{cases} n(n-1)\cdots(n-k+1)x^{n-k}, & k<n, \\ n!, & k=n, \\ 0, & k>n. \end{cases}$$

例 3 求下列函数的 n 阶导数:

(1) $y=e^x$;   (2) $y=e^{ax}$;   (3) $y=a^x$.

解 (1) $y'=(e^x)'=e^x$, $y''=(e^x)''=e^x,\cdots$

故一般地有 $\quad y^{(n)}=(e^x)^{(n)}=((e^x)^{n-1})'=e^x.$

(2) $y'=(e^{ax})'=ae^{ax}$,

$y''=(ae^{ax})'=a(e^{ax})'=a^2 e^{ax},$

故一般地有 $\quad y^{(n)}=(a^{n-1}e^{ax})'=a^n e^{ax}.$

(3) $y'=(a^x)'=a^x \ln a$.

$y''=(a^x)''=(a^x \ln a)'=a^x \ln^2 a,$

一般地有

$$y^{(n)} = (a^x \ln^{n-1} a)' = a^x \ln^n a.$$

例 4 设 $f(x) = \dfrac{4x}{x-1}$，求 $f''(3)$.

解 $f'(x) = 4\dfrac{x'(x-1) - x(x-1)'}{(x-1)^2} = -4\dfrac{1}{(x-1)^2},$

$f''(x) = -4\left(\dfrac{1}{(x-1)^2}\right)' = -4\dfrac{-2(x-1)}{(x-1)^4} = \dfrac{8}{(x-1)^3},$

$f''(3) = \dfrac{8}{(3-1)^3} = 1.$

练 习 2.4

(A)

1. $f(x) = e^{-x}$, $f^{(n)}(x) = ($ $)$; $f(x) = 2^x$, $f^{(k)}(0) = ($ $)$, $f(x) = 5x^5$, $f^{(5)}(x) = ($ $)$, $f^{(6)}(x) = ($ $)$.

2. $\lim\limits_{\Delta x \to 0} \dfrac{f'(x_0 + \Delta x) - f'(x_0)}{\Delta x} = ($ $)$.

(B)

1. 设 $f(x) = e^{-x^2}$，求 $f''(2)$.
2. 求下列函数的二阶导数：
   (1) $y = ax^2 + bx + c$;   (2) $y = x\ln x$;
   (3) $y = \sin 3x$;   (4) $y = (1 + x^2)e^{2x}$.

§2.5 微 分

一、微分的概念

在实际问题中，对函数 $y = f(x)$ 有时需考虑当自变量改变 Δx 时，函数改变 Δy 是多少. 如函数 $f(x)$ 很复杂，要计算函数的改变量 $\Delta y = f(x + \Delta x) - f(x)$ 也很复杂，能否找到一个既简便而又较精确的计算函数改变量 Δy 的方法呢？下面先来分析一个实例.

2.5 微分

设有边长为 x 的正方形铁片,加热后边长增加了 Δx(图 2-3),求铁片的面积约增加了多少? 加热前铁片的面积为 $y=f(x)=x^2$,当边长增加了 Δx,铁片面积的增加量就是函数 $f(x)$ 的改变量 Δy.

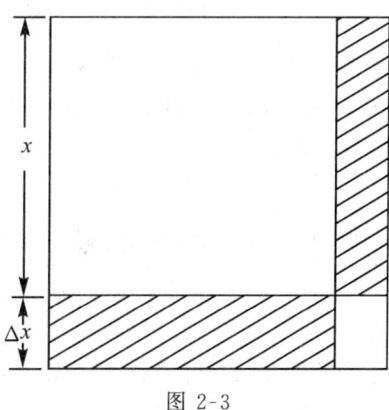

图 2-3

$$\Delta y=f(x+\Delta x)-f(x)=(x+\Delta x)^2-x^2 = 2x\Delta x+(\Delta x)^2.$$

Δy 由两部分组成:一部分是 Δx 的线性函数 $2x\Delta x$(图 2-3 中的阴影部分的面积);另一部分是 $(\Delta x)^2$(图 2-3 中右下角的小正方形).

如果以 $2x \cdot \Delta x$ 作为 Δy 的近似值,其误差为

$$\Delta y - 2x\Delta x = (\Delta x)^2.$$

这个误差 $(\Delta x)^2$ 随着 Δx 的减小而减小,而且 $(\Delta x)^2$ 要比 Δx 小的更快些(例如当 Δx 从 0.1 减小到 0.01,$(\Delta x)^2$ 就相应地从 0.01 减小到 0.001. 当 Δx 很小时,$(\Delta x)^2$ 要比 Δx 小得多,因此式子 $\Delta y=2x\Delta x+(\Delta x)^2$ 右边的两项中,第一项 $2x\Delta x$ 是主要部分,从图 2-3 中也可以直观地看到这种情况. 因而,当 Δx 很小时,可认为铁片面积增加量

$$\Delta y \approx 2x\Delta x.$$

由 $2x=(x^2)'=f'(x)$,
于是在上例中有

$$\Delta y \approx f'(x)\Delta x=(x^2)'\Delta x=2x\Delta x.$$

我们把 $2x\Delta x$ 称为函数 $f(x)=x^2$ 在 x 处的微分.

一般地,如果函数 $y=f(x)$ 在点 x 的导数存在,则

$$f'(x)=\lim_{\Delta x \to 0}\frac{\Delta y}{\Delta x}.$$

由定理 1.4,

$$\frac{\Delta y}{\Delta x}=f'(x)+\alpha.$$

其中 α 当 $\Delta x \to 0$ 时是无穷小量.
由此,

$$\Delta y=f'(x)\Delta x+\alpha\Delta x.$$

于是函数 $f(x)$ 在 x 处的改变量 Δy 分成了两部分. 前部分是以 $f'(x)$ 为系数

的 Δx 的线性函数 $f'(x)\Delta x$. 由于后部分 $\alpha\Delta x$ 是无穷小量,所以构成 Δy 的主要部分是 $f'(x)\Delta x$,我们称这个主要部分为函数在 x 处的微分.

定义 2.3 设函数 $y=f(x)$ 在 x 处可导,则 $y=f(x)$ 在点 x 处的导数 $f'(x)$ 与自变量 x 改变量 Δx 的积 $f'(x)\Delta x$ 称为函数 $f(x)$ 在点 x 处的微分.记作 $\mathrm{d}y$,即

$$\mathrm{d}y=f'(x)\Delta x.$$

上例中,在 $y=f(x)=x^2$ 时,

$$\mathrm{d}y=\mathrm{d}x^2=2x\Delta x.$$

因而有
$$\Delta y\approx\mathrm{d}y.$$

即函数的改变量 Δy 可用它的微分近似地表示出来,这样就可以把计算较繁杂的 Δy 转化为计算 $\mathrm{d}y$.

例 1 半径为 $10\mathrm{cm}$ 的金属圆片加热后,半径伸长了 $0.02\mathrm{cm}$,求此时刻面积的微分 $\mathrm{d}S$ 与面积的改变量 ΔS.

解 设 S 表示圆的面积,r 表示圆的半径,则

$$S=\pi r^2.$$
$$\mathrm{d}S=(\pi r^2)'\Delta r=2\pi r\Delta r.$$

依题意 $\quad \Delta r=0.02,\quad r=10,$

故
$$\mathrm{d}S=2\pi\cdot 10\cdot 0.02=0.4\pi(\mathrm{cm})^2,$$
$$\begin{aligned}\Delta S&=\pi(r+\Delta r)^2-\pi r^2\\&=\pi(r^2+2r\Delta r+(\Delta r)^2-r^2)\\&=\pi(2r\Delta r+(\Delta r)^2)\\&=\pi(2\cdot 10\cdot 0.02+0.02^2)\\&=0.4004\pi(\mathrm{cm})^2.\end{aligned}$$

其面积的改变量与面积的微分之差为
$$\Delta S-\mathrm{d}S=0.0004(\mathrm{cm})^2.$$

在本例中,如果"加热"改变为"冷却","伸长"改为"缩短",这时取 $r=10$, $\Delta r=-0.02$,于是 $\mathrm{d}S=-0.4\pi\mathrm{cm}^2, \Delta S=-0.4004\mathrm{cm}^2$.

设 $\quad y=f(x)=x.$

此函数的微分 $\mathrm{d}y$ 等于自变量的微分 $\mathrm{d}x$,即 $\mathrm{d}y=\mathrm{d}x$,而由微分定义又有

$$\mathrm{d}x=x'\Delta x=\Delta x,$$

即
$$\Delta x=\mathrm{d}x.$$

这表明函数自变量的改变量与自变量的微分总是相等的,因此函数 $y=f(x)$ 的微分也可写为

微分 2.5

$$dy = f'(x)dx.$$

上式两边同时除以 dx，得到

$$\frac{dy}{dx} = f'(x).$$

这样函数 $f(x)$ 的导数 $f'(x)$ 就等于函数的微分 dy 与自变量的微分 dx 的商. 所以导数也称为微商，这也便是 $y=f(x)$ 的导数 $f'(x)$ 可以另外表示为 $\frac{dy}{dx}$，$\frac{df(x)}{dx}$ 之故了.

若已知函数的导数 $f'(x)$，则其微分 $dy=f'(x)dx$. 反之，若知函数 $y=f(x)$ 的微分 $dy=Adx$，两边除以 dx，则其导数 $f'(x)=\frac{dy}{dx}=A$.

微分的几何意义

在函数 $y=f(x)$ 所表示的曲线（图 2-4）上取点 $A_0(x,y)$ 及它附近的点 $A_1(x+\Delta x, y+\Delta y)$ 作割线 A_0A_1，过点 A_0 作曲线的切线 A_0C. 由图易知

$$A_0B = \Delta x, \quad A_1B = \Delta y,$$
$$BC = A_0B \tan\alpha$$
$$= f'(x)\Delta x = dy.$$

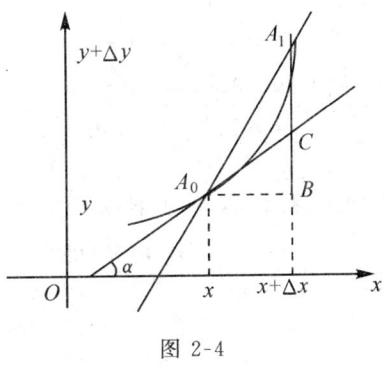

图 2-4

因此，当 Δy 是曲线的纵坐标的改变量时，dy 就是过点 $A_0(x,y)$ 的切线纵坐标的改变量.

二、微分公式与微分法则

根据导数的基本公式，利用 $dy=f'(x)dx$，我们就可以得到相应的微分公式：

(1) $dC=0$ （C 是常数）；

(2) $dx^\alpha = \alpha x^{\alpha-1}dx$ （α 是任意实数）；

(3) $d\log_a x = \frac{1}{x\ln a}dx$ （$a>0, a\neq 1$），$\quad d\ln x = \frac{1}{x}dx$；

(4) $da^x = a^x \ln a\, dx$ （$a>0, a\neq 1$），$\quad de^x = e^x dx$；

(5) $d\sin x = \cos x\, dx$；

(6) $d\cos x = -\sin x\, dx$；

(7) $\mathrm{d}\tan x = \dfrac{1}{\cos^2 x}\mathrm{d}x$;

(8) $\mathrm{d}\cot x = -\dfrac{1}{\sin^2 x}\mathrm{d}x$;

(9) $\mathrm{d}\arcsin x = \dfrac{1}{\sqrt{1-x^2}}\mathrm{d}x$;

(10) $\mathrm{d}\arccos x = -\dfrac{1}{\sqrt{1-x^2}}\mathrm{d}x$;

(11) $\mathrm{d}\arctan x = \dfrac{1}{1+x^2}\mathrm{d}x$;

(12) $\mathrm{d}\mathrm{arccot}\, x = -\dfrac{1}{1+x^2}\mathrm{d}x$.

根据求导的四则运算法则及 $\mathrm{d}y = f'(x)\mathrm{d}x$，可以得到如下求微分法则：

（Ⅰ）$\mathrm{d}(u(x)\pm v(x)) = \mathrm{d}u(x) \pm \mathrm{d}v(x)$；

（Ⅱ）$\mathrm{d}Cu(x) = C\mathrm{d}u(x)$；

（Ⅲ）$\mathrm{d}u(x)v(x) = v(x)\mathrm{d}u(x) + u(x)\mathrm{d}v(x)$；

（Ⅳ）$\mathrm{d}\left(\dfrac{u(x)}{v(x)}\right) = \dfrac{v(x)\mathrm{d}u(x) - u(x)\mathrm{d}v(x)}{v^2(x)}$.

我们来证明(3)，其他法则请读者自己证明.

$$\begin{aligned}\mathrm{d}u(x)v(x) &= (u(x)v(x))'\mathrm{d}x \\ &= (v(x)u'(x) + u(x)v'(x))\mathrm{d}x \\ &= v(x)u'(x)\mathrm{d}x + u(x)v'(x)\mathrm{d}x \\ &= v(x)\mathrm{d}u(x) + u(x)\mathrm{d}v(x)\end{aligned}$$

有了这些公式与法则，我们就可以直接计算某些初等函数的微分了.

例 2 求下列函数的微分：

(1) $y = 3x^2 - 4$； (2) $y = \mathrm{e}^x \cos x$； (3) $y = \dfrac{1-x^2}{1+x^2}$.

解 (1) $\mathrm{d}y = \mathrm{d}(3x^2 - 4) = \mathrm{d}3x^2 - \mathrm{d}4$
$= 3\mathrm{d}x^2 - 0 = 6x\mathrm{d}x$

(2) $\mathrm{d}\mathrm{e}^x \cos x = \cos x \mathrm{d}\mathrm{e}^x + \mathrm{e}^x \mathrm{d}\cos x$
$= \cos x \mathrm{e}^x \mathrm{d}x - \mathrm{e}^x \sin x \mathrm{d}x$
$= \mathrm{e}^x(\cos x - \sin x)\mathrm{d}x$.

(3) $\mathrm{d}\left(\dfrac{1-x^2}{1+x^2}\right) = \dfrac{(1+x^2)\mathrm{d}(1-x^2) - (1-x^2)\mathrm{d}(1+x^2)}{(1+x)^2}$

$= \dfrac{-2x(1+x^2)\mathrm{d}x - 2x(1-x^2)\mathrm{d}x}{(1+x^2)^2}$

$$= -\frac{4x}{(1+x^2)^2}dx.$$

由此我们便可以从这三个函数的微分中直接得到这三个函数的导数：

$$(3x^2-4)'=6x;$$
$$(e^x\cos x)'=e^x(\cos x-\sin x);$$
$$\left(\frac{1-x^2}{1+x^2}\right)'=-\frac{4x}{(1+x^2)^2}.$$

例3 求下列函数的微分：

(1) $y=e^{\sin x}$；　　(2) $y=\ln\tan x^2$.

解 (1)这是复合函数微分，首先分解成：$y=e^u, u=\sin x$，然后利用微分公式有

$$dy=de^u=e^u du, \quad du=d\sin x=\cos x dx.$$

将后一式的 du 代入到前一式的右端，有

$$dy=e^u\cos x dx=\cos x e^{\sin x}dx.$$

(2) $y=\ln u, u=\tan v, v=x^2$.

$$dy=d\ln u=\frac{1}{u}du, du=d\tan v=\frac{1}{\cos^2 v}dv, dv=dx^2=2xdx.$$

然后依次代入，

$$dy=\frac{1}{u}\frac{1}{\cos^2 v}dv=\frac{2x}{u\cos^2 v}dx=\frac{2x}{\tan x^2 \cos^2 x^2}dx.$$

待运算熟练以后就可以直接计算了，如对于(2)，

$$d\ln\tan x^2=\frac{1}{\tan x^2}d\tan x^2=\frac{1}{\tan x^2 \cos^2 x^2}dx^2$$
$$=\frac{2x}{\tan x^2 \cos^2 x^2}dx.$$

例4 求由下列方程所确定的隐函数 $y=f(x)$ 的微分：

(1) $y^2=e^{xy}$；

(2) $\cos(x^2-y^2)-y=0$.

解 (1)方程两边微分

$$dy^2=2ydy,$$
$$de^{xy}=e^{xy}dxy=e^{xy}(ydx+xdy),$$

故

$$2ydy=ye^{xy}dx+xe^{xy}dy,$$

所以

$$dy=\frac{ye^{xy}}{2y-xe^{xy}}dx.$$

(2) $d(\cos(x^2-y^2)-y)=d0=0.$

$$左边 = d\cos(x^2-y^2) - dy$$
$$= -\sin(x^2-y^2)d(x^2-y^2) - dy$$
$$= -\sin(x^2-y^2)(dx^2-dy^2) - dy$$
$$= -\sin(x^2-y^2)(2xdx-2ydy) - dy$$
$$= (2y\sin(x^2-y^2)-1)dy - 2x\sin(x^2-y^2)dx,$$

所以
$$dy = \frac{2x\sin(x^2-y^2)}{2y\sin(x^2-y^2)-1}dx.$$

这样我们也同时得到了这两个由方程所确定的隐函数的导数：

(1) $f'(x) = \dfrac{ye^{xy}}{2y-xe^{xy}}$;

(2) $f'(x) = \dfrac{2x\sin(x^2-y^2)}{2y\sin(x^2-y^2)-1}.$

练 习 2.5

（A）

(一)填空题

1. 设 $y=f(x)=x^2-x, x_0=2, \Delta x=1, \Delta y=(\quad), dy=(\quad)$.

2. $d\ln 2x = (\quad)$, $de^{x^2} = (\quad)$.

3. 已知 $y=f(x)$ 的导数为 $g(x)$, 则 $df(x)=(\quad)$.

4. $\dfrac{d\sin x}{d\cos x} = (\quad)$.

5. $d\sqrt{x}\sin x = \sin x d(\quad) + \sqrt{x}\cos x(\quad)$.

6. $d\left(\dfrac{1-x^2}{x}\right) = \dfrac{xd(\quad)-(1-x^2)d(\quad)}{x^2}$.

(二)选择题

1. 下列计算正确的有（ ）；

(A) 设 $y=f(x)$, 则 $dy=f'(x)dx$

(B) 若 $dy=Adx$, 则 $y'=A$

(C) 设 $y=f(u)$, 则 $dy=f'(u)du$

(D) 设 $y=f(x^2)$, 则 $dy=f'(x^2)dx$

2. 下列计算不正确的有（ ）.

(A) $dy=0$ 则 $y=0$

(B) $dy = e^x dx$，则 $y' = e^x$

(C) 设 $y = f(u), u = \varphi(x)$，则 $df(\varphi(x)) = f'(\varphi(x))dx$

(D) 设 $y = x^2 + y^2, dy = (2x + 2y)dx$

(B)

1. 对于函数 $y = x^3 + 2x$ 和下列 Δx 的值，求在点 $x = 1$ 处的 Δy 和 dy：

(1) $\Delta x = 1$；   (2) $\Delta x = 0.1$；   (3) $\Delta x = 0.01$.

2. 求下列函数的微分：

(1) $y = 3x^3 - 4x$；   (2) $y = x\sin x$；

(3) $y = \dfrac{1-x^2}{1+x^2}$；   (4) $y = \dfrac{1}{2}\tan^2\theta + \tan\theta$；

(5) $y = e^{\arcsin x}$；   (6) $y = \ln\cos\sqrt{x}$.

3. 求由下列方程所确定的隐函数 $y = f(x)$ 的微分和导数：

(1) $x^3 - 2xy + y^2 = 10$；   (2) $y = e^{x-y}$.

§2.6 中值定理 洛必达法则

一、中值定理

下面我们只是利用导数的几何意义从几何图形上说明而不加证明地介绍几个中值定理.

如图 2-5 所示，曲线 $\overset{\frown}{AB}$ 是函数 $y = f(x), x \in [a, b]$ 的图形. 这条曲线是连续的，光滑的，在曲线上的每一点都有切线，而且线段 AB 平行于 x 轴. 在曲

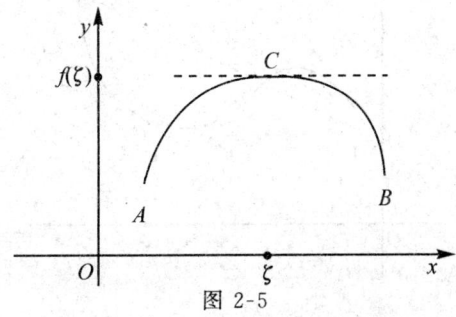

图 2-5

线上存在一点 $C(\zeta,f(\zeta))$,过 C 点的曲线的切线平行于线段 AB,随之也平行于 x 轴.由导数的几何意义,过点 C 的曲线切线的斜率为 $f'(\zeta)$,线段 AB 的斜率为零.因而有下面的定理:

定理 2.1 （罗尔定理） 设函数 $y=f(x)$ 在闭区间 $[a,b]$ 上连续,在开区间 (a,b) 内可导,且 $f(a)=f(b)$.则在 (a,b) 内至少存在一点 ζ,使得:$f'(\zeta)=0$.

如果函数 $y=f(x)$ 在区间 $[a,b]$ 上罗尔定理的条件不全满足,那么在区间 (a,b) 内就可能曲线上任何点处的切线都不与 x 轴平行,即在 (a,b) 内不存在点 ζ,使得 $f'(\zeta)=0$,如图 2-6 所示.

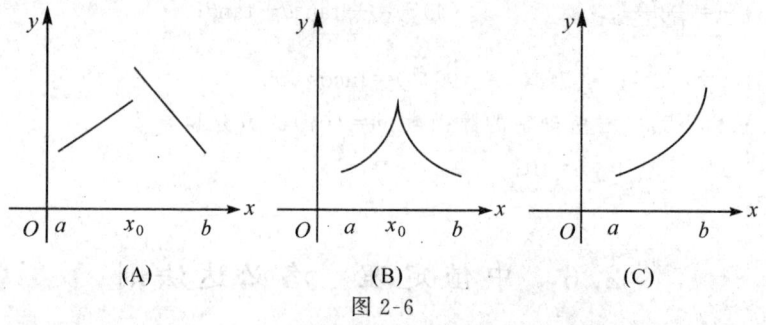

图 2-6

图 2-6(A),存在点 $x_0 \in (a,b)$,使得 $f(x)$ 在 x_0 处不连续;

图 2-6(B),存在点 $x_0 \in (a,b)$,使得 $f(x)$ 在 x_0 处不可导;

图 2-6(C),$f(a) \neq f(b)$.

在图 2-7 中,函数 $y=f(x)$ 的曲线 $\overset{\frown}{AB}$ 与图 2-7 中的曲线 $\overset{\frown}{AB}$ 的区别只是连接曲线端点 A、B 的线段不与 x 轴平行,即 $f(a) \neq f(b)$.线段 AB 的斜率为

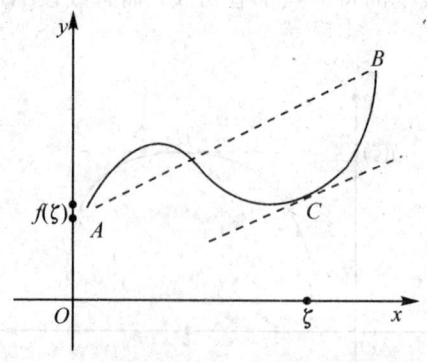

图 2-7

2.6 中值定理 洛必达法则

$$\frac{f(b)-f(a)}{b-a}$$

在曲线$\overset{\frown}{AB}$上存在点$C(\zeta,f(\zeta))$,使得曲线在点C处的切线平行于线段AB,根据导数的几何意义,这条切线的斜率等于$f'(\zeta)$,于是

$$\frac{f(b)-f(a)}{b-a}=f'(\zeta).$$

定理 2.2 （拉格朗日定理） 设函数$y=f(x)$在区间$[a,b]$上连续,在区间(a,b)内可导.则在(a,b)内存在一点ζ,使得

$$f(b)-f(a)=f'(\zeta)(b-a).$$

容易看出,罗尔定理是拉格朗日定理当$f(a)=f(b)$时的特殊情况,拉格朗日定理是罗尔定理的推广.

例 1 验证函数$f(x)=x^2-4x$在$[1,3]$上是否满足罗尔定理的条件.如果满足,求区间$(1,3)$内满足罗尔定理的ζ值.

解 $f(x)=x^2-4x$在$[1,3]$上连续,在$(1,3)$内可导,且$f(1)=f(3)$,所以罗尔定理的条件满足.解方程$f'(x)=2x-4=0$,得$x=2\in(1,3)$,这即为满足罗尔定理的ζ的值.

例 2 验证函数$f(x)=x^3-x$在$[0,1]$上满足拉格朗日定理的条件,并求ζ的值.

解 $f(x)=x^3-x$在$[0,1]$上连续,$f'(x)=3x^2-1$在$(0,1)$内存在,所以此函数满足拉格朗日定理的条件.解下列方程

$$f(1)-f(0)=f'(\zeta)(1-0),$$

即

$$0=(3\zeta^2-1)\cdot 1,$$

得

$$\zeta=\pm\frac{1}{\sqrt{3}}.$$

所以在$(0,1)$内,$\zeta=\frac{1}{\sqrt{3}}$为所求的值.

例 3 证明当$x>0$时

$$\arctan x<x$$

证明 设函数$f(x)=\arctan x$,在$[0,x]$上满足拉格朗日定理的条件.因此存在$\zeta\in(0,x)$,

$$\arctan x-\arctan 0=\frac{1}{1+\zeta^2}(x-0),$$

即

$$\arctan x=\frac{x}{1+\zeta^2}.$$

由于
$$\frac{1}{1+\zeta^2}<1,$$
故
$$\arctan x < x.$$

由拉格朗日定理可以得到两个推论：

推论1 如果函数 $y=f(x)$ 在区间 (a,b) 内任意点处的导数等于零，则在 (a,b) 内 $y=f(x)$ 是一常数。

证明 在 (a,b) 内任意取两点 $x_1,x_2(x_1<x_2)$。由于 $f(x)$ 在 (a,b) 内可导，且区间 $[x_1,x_2]\subset(a,b)$，故函数 $f(x)$ 在 $[x_1,x_2]$ 上连续，在 (x_1,x_2) 内可导。由拉格朗日定理，存在点 $\zeta\in(x_1,x_2)$，使得
$$f(x_2)-f(x_1)=f'(\zeta)(x_2-x_1)=0(x_2-x_1)=0.$$
故
$$f(x_1)=f(x_2).$$
由于 x_1,x_2 是 (a,b) 内的任意两点，说明 $f(x)$ 在 (a,b) 任意两点处的函数值相等，所以 $f(x)$ 在 (a,b) 内是一常数。

推论2 如果函数 $f(x)$ 和 $g(x)$ 在区间 (a,b) 内可导，且对于任意 $x\in(a,b)$，有 $f'(x)=g'(x)$，则在 (a,b) 内，$f(x)$ 与 $g(x)$ 仅相差一个常数，即
$$f(x)=g(x)+C,$$
其中 C 为任意常数。

证明 令 $h(x)=f(x)-g(x)$。由于 $f(x),g(x)$ 在 (a,b) 内可导，故 $h(x)$ 在 (a,b) 内可导，且由于 $f'(x)=g'(x)$，
$$h'(x)=f'(x)-g'(x)=0.$$
所以由推论1，
$$h(x)=C \quad (C\text{ 为一常数}),$$
即
$$f(x)=g(x)+C.$$
这个推论在后一章不定积分的概念中要用到。

二、洛必达法则

在上一章求极限的运算中，我们遇到过当自变量 $x\to x_0(x\to\infty)$ 时，极限式中的分子 $f(x)$ 和分母 $g(x)$ 都趋于零或者都趋于无穷大的情形，此时，极限 $\lim\limits_{x\to x_0}\dfrac{f(x)}{g(x)}\left(\text{或}\lim\limits_{x\to\infty}\dfrac{f(x)}{g(x)}\right)$ 可能存在，也可能不存在。通常分别称这两类极限为"$\dfrac{0}{0}$"型和"$\dfrac{\infty}{\infty}$"型的未定式。对于这样的未定式极限，不能直接利用求极限的

四则运算法则.过去往往采取适当变形将其转化成能运用四则运算法则的形式或者用其他一些计算技巧.下面要介绍的洛必达法则,就提供了求未定式极限简便有效的方法.

洛必达法则 I 设函数 $f(x)$ 和 $g(x)$ 在点 $x=x_0$ 的附近(点 x_0 可以除外)处可导.如果 $\lim\limits_{x \to x_0} f(x) = \lim\limits_{x \to x_0} g(x) = 0$,且 $g'(x) \neq 0$,$\lim\limits_{x \to x_0} \dfrac{f'(x)}{g'(x)} = A$,则

$$\lim_{x \to x_0} \frac{f(x)}{g(x)} = \lim_{x \to x_0} \frac{f'(x)}{g'(x)} = A.$$

这是求"$\dfrac{0}{0}$"型未定式极限的洛必达法则.

(证明略)

例 4 求 $\lim\limits_{x \to 0} \dfrac{1-\cos x}{x^2}$.

解 $f(x) = 1 - \cos x$,$g(x) = x^2$,

$$\lim_{x \to 0} f(x) = \lim_{x \to 0} (1 - \cos x) = 1 - \cos 0 = 0,$$

$$\lim_{x \to 0} g(x) = \lim_{x \to 0} x^2 = 0.$$

且

$$\lim_{x \to 0} \frac{f'(x)}{g'(x)} = \lim_{x \to 0} \frac{(1-\cos x)'}{(x^2)'} = \lim_{x \to 0} \frac{\sin x}{2x}$$

$$= \frac{1}{2} \lim_{x \to 0} \frac{\sin x}{x} = \frac{1}{2} \times 1 = \frac{1}{2},$$

故由洛必达法则 I

$$\lim_{x \to 0} \frac{1-\cos x}{x^2} = \lim_{x \to 0} \frac{(1-\cos x)'}{(x^2)'} = \frac{1}{2}.$$

例 5 求 $\lim\limits_{x \to 0} \dfrac{\ln(1+x^2)}{x^2}$.

解 这是"$\dfrac{0}{0}$"型的未定式.用洛必达法则 I,有

$$\lim_{x \to 0} \frac{(\ln(1+x^2))'}{(x^2)'} = \lim_{x \to 0} \frac{\frac{2x}{1+x^2}}{2x} = \lim_{x \to 0} \frac{1}{1+x^2} = 1.$$

例 6 求 $\lim\limits_{x \to 0} \dfrac{e^x - e^{-x} - 2x}{x - \sin x}$.

解 这是"$\dfrac{0}{0}$"型未定式.由法则 I,

$$原式 = \lim_{x \to 0} \frac{(e^x - e^{-x} - 2x)'}{(x - \sin x)'} = \lim_{x \to 0} \frac{e^x + e^{-x} - 2}{1 - \cos x}.$$

由于 $\lim\limits_{x\to 0}\dfrac{e^x+e^{-x}-2}{1-\cos x}$ 还是"$\dfrac{0}{0}$"型未定式,再用洛必达法则有

$$\lim_{x\to 0}\frac{(e^x+e^{-x}-2)'}{(1-\cos x)'}=\lim_{x\to 0}\frac{e^x-e^{-x}}{\sin x} \quad (\text{再用一次法则 I})$$

$$=\lim_{x\to 0}\frac{(e^x-e^{-x})'}{\sin x'}$$

$$=\lim_{x\to 0}\frac{e^x+e^{-x}}{\cos x}=2.$$

故　　　　原式 $=2$.

洛必达法则 II　设函数 $f(x),g(x)$ 在点 x_0 附近(点 x_0 可以除外)可导,$\lim\limits_{x\to x_0}f(x)=\infty$,$\lim\limits_{x\to x_0}g(x)=\infty$,且 $g'(x)\neq 0$,$\lim\limits_{x\to x_0}\dfrac{f'(x)}{g'(x)}=A$,则

$$\lim_{x\to x_0}\frac{f(x)}{g(x)}=\lim_{x\to x_0}\frac{f'(x)}{g'(x)}=A.$$

这是求"$\dfrac{\infty}{\infty}$"型未定式极限的洛必达法则.

(证明略)

例 7　求 $\lim\limits_{x\to 0^+}\dfrac{\ln x}{x^{-1}}$.

解　由于 $\lim\limits_{x\to 0^+}\ln x=-\infty$,$\lim\limits_{x\to 0}x^{-1}=\infty$,所以这是"$\dfrac{\infty}{\infty}$"型的未定式. 由法则 II,

$$\lim_{x\to 0^+}\frac{\ln x}{x^{-1}}=\lim_{x\to 0^+}\frac{(\ln x)'}{(x^{-1})'}=\lim_{x\to 0^+}\frac{\dfrac{1}{x}}{\dfrac{-1}{x^2}}=\lim_{x\to 0}(-x)=0.$$

注　把洛必达法则 I、II 中的极限过程"$x\to x_0$"改为"$x\to\infty$",这两个法则仍然有效.

例 8　求 $\lim\limits_{x\to +\infty}\dfrac{x^2}{e^x}$.

解　$\lim\limits_{x\to +\infty}\dfrac{x^2}{e^x}=\lim\limits_{x\to +\infty}\dfrac{(x^2)'}{(e^x)'}=\lim\limits_{x\to +\infty}\dfrac{2x}{e^x}.$

上式右边还是"$\dfrac{\infty}{\infty}$"型未定式,继续使用法则 II,

有　　　　$\lim\limits_{x\to +\infty}\dfrac{2x}{e^x}=\lim\limits_{x\to +\infty}\dfrac{(2x)'}{(e^x)'}=\lim\limits_{x\to +\infty}\dfrac{2}{e^x}=0.$

故　　　　$\lim\limits_{x\to +\infty}\dfrac{x^2}{e^x}=0.$

其他形式的未定式,如 $0\cdot\infty$,$\infty-\infty$ 等也可以先转化成 $\dfrac{0}{0}$ 或 $\dfrac{\infty}{\infty}$ 型的未定

2.6 中值定理 洛必达法则

式,再用洛必达法则求极限.

若乘积 $f(x)g(x)$ 为未定式 $0 \cdot \infty$,即 $f(x) \to 0, g(x) \to \infty$,则可先把它写成

$$f(x) \cdot g(x) = \frac{f(x)}{\frac{1}{g(x)}} \text{ 或 } \frac{g(x)}{\frac{1}{f(x)}},$$

便是未定式 $\frac{0}{0}$ 或 $\frac{\infty}{\infty}$.

例 9 求 $\lim\limits_{x \to +\infty} \left(\frac{\pi}{2} - \arctan x \right) x$.

解 这是 $0 \cdot \infty$ 的情形. 先将其改写为 $\frac{0}{0}$ 型的未定式,然后用洛必达法则 I,有

$$\text{原式} = \lim_{x \to +\infty} \frac{\frac{\pi}{2} - \arctan x}{\frac{1}{x}} = \lim_{x \to +\infty} \frac{\left(\frac{\pi}{2} - \arctan x \right)'}{\left(\frac{1}{x} \right)'}$$

$$= \lim_{x \to +\infty} \frac{-\frac{1}{1+x^2}}{-\frac{1}{x^2}} = \lim_{x \to +\infty} \frac{x^2}{1+x^2} = 1.$$

若 $f(x) \to \infty, g(x) \to \infty$ 或 $f(x) \to +\infty, g(x) \to +\infty$ 或 $f(x) \to -\infty, g(x) \to -\infty$,则 $f(x) - g(x)$ 为未定式 $\infty - \infty$,这时 $f(x) - g(x)$ 可化为 $\frac{0}{0}$ 型的未定式,如

$$f(x) - g(x) = \frac{\frac{1}{g(x)} - \frac{1}{f(x)}}{f(x)g(x)}.$$

例 10 求 $\lim\limits_{x \to 0} \left(\frac{1}{x} - \frac{1}{e^x - 1} \right)$.

解 这是 $\infty - \infty$ 型的未定式. 先将其改写为 $\frac{0}{0}$ 型的未定式,然后用洛必达法则 I,有

$$\text{原式} = \lim_{x \to 0} \frac{e^x - 1 - x}{x(e^x - 1)}$$

$$= \lim_{x \to 0} \frac{(e^x - 1 - x)'}{(x(e^x - 1))'} = \lim_{x \to 0} \frac{e^x - 1}{e^x - 1 + x e^x}$$

$$= \lim_{x\to 0}\frac{(e^x-1)'}{(e^x-1+xe^x)'} = \lim_{x\to 0}\frac{e^x}{e^x+e^x+xe^x}$$

$$= \lim_{x\to 0}\frac{1}{2+x} = \frac{1}{2}.$$

要注意的是,并不是所有未定式都可应用洛必达法则求得极限,即是说应用洛必达法则求未定式极限有时失效.

例 11 求 $\lim\limits_{x\to\infty}\dfrac{x+\sin x}{x}$.

解 因为 $|\sin x|\leqslant 1$,所以当 $x\to\infty$ 时,这是 "$\dfrac{\infty}{\infty}$" 型的未定式.用法则 II,就有

$$\lim_{x\to\infty}\frac{x+\sin x}{x} = \lim_{x\to\infty}\frac{(x+\sin x)'}{x'}$$

$$= 1+\lim_{x\to\infty}\cos x.$$

上式最后一个极限不存在,也不是无穷大.而事实上,该极限是存在的.

$$\lim_{x\to\infty}\frac{x+\sin x}{x} = \lim_{x\to\infty}\left(1+\frac{\sin x}{x}\right)$$

$$= 1+\lim_{x\to\infty}\frac{\sin x}{x} = 1+0 = 1$$

练 习 2.6

(A)

(一)填空题

1. 函数 $f(x)=\sin x, x\in[0,2\pi]$ 满足罗尔定理中的点 ζ 值是( ).

2. 设函数 $y=f(x), x\in(0,4)$ 满足拉格朗日定理的条件,则 $f(0)-f(4)=f'(\zeta)($), $\zeta\in(0,4)$.

3. 设 $y=f(x), x\in[a,b]$,且 $f'(x)=$ 常数 C,则 $f(x)=($).

4. 设 $y=f(x), x\in[a,b]$ 满足 $f'(x)=0$,且 $f(1)=5$,则 $f(x)=($).

(二)选择题

1. 下列函数 $f(x)$ 中满足拉格朗日中值定理条件的有( ).

(A) $f(x)=\dfrac{1}{x}, \quad x\in(0,1)$

(B) $f(x)=\dfrac{1}{x}, \quad x\in[\varepsilon,1] \varepsilon>0$

(C) $f(x)=\sqrt{x}$, $x\in[0,1]$

(D) $f(x)=|x|$, $x\in[-1,1]$

2. 下列计算中正确的是( ).

(A) $\lim\limits_{x\to 0}\dfrac{\sin x}{x}=\lim\limits_{x\to 0}\dfrac{(\sin x)'}{x'}=\lim\cos x=1$

(B) $\lim\limits_{x\to 0}\dfrac{\cos x}{x}=\lim\limits_{x\to 0}\dfrac{(\cos x)'}{x'}=\lim\limits_{x\to 0}(-\sin x)=0$

(C) $\lim\limits_{x\to\infty}\dfrac{x}{e^x}=\lim\limits_{x\to\infty}\dfrac{x'}{(e^x)'}=\lim\limits_{x\to\infty}\dfrac{1}{e^x}=0$

(D) $\lim\limits_{x\to\infty}\dfrac{\ln\dfrac{1}{x}}{x}=\lim\limits_{x\to\infty}\dfrac{\left(\ln\dfrac{1}{x}\right)'}{x'}=\lim\limits_{x\to\infty}\left(-\dfrac{1}{x}\right)=0$

(B)

1. 说明下列函数在给定区间上,罗尔定理是否成立,如果成立,求出 ζ 值:

(1) $f(x)=|x|$, $x\in[-1,1]$;

(2) $f(x)=\cos x$, $x\in[-\pi/2,\pi/2]$.

2. 求出函数 $f(x)=x^2-2x+2$ 在区间 $[-1,1]$ 上满足拉格朗日中值定理的 ζ 值.

3. 求下列极限:

(1) $\lim\limits_{x\to 0}\dfrac{\sqrt[3]{1+x}-1}{x}$;

(2) $\lim\limits_{x\to 0}\dfrac{\sin 3x}{\sin 4x}$;

(3) $\lim\limits_{x\to+\infty}\dfrac{\ln\left(1+\dfrac{1}{x}\right)}{\text{arccot}\,x}$;

(4) $\lim\limits_{x\to+\infty}\dfrac{\ln^2 x}{x^2}$;

(5) $\lim\limits_{x\to+\infty}\dfrac{e^x}{x^3}$;

(6) $\lim\limits_{x\to 0^+}\dfrac{\ln x}{\cot x}$;

(7) $\lim\limits_{x\to 0}\left(\dfrac{1}{\sin x}-\dfrac{1}{x}\right)$;

(8) $\lim\limits_{x\to 1}\left(\dfrac{x}{x-1}-\dfrac{1}{\ln x}\right)$.

§2.7 函数的单调性与凹向

一、函数的单调性

在§1.1中我们已经定义过函数 $f(x)$ 在某一区间的单调增减性,但对于如何实际地判别它的单调性则没有讨论. 现在利用导数可以很方便地解决这个问题. 只要利用它的导数在这一区间上的正负号便可判定它的单调增减性. 从几何图形上看, 当图形上的切线与 x 轴正方向的夹角都小于 $\frac{\pi}{2}$ 而大于零时, 切线的斜率为正, 图形是向右上升的; 当图形上的切线与 x 轴正方向夹角都大于 $\frac{\pi}{2}$ 而小于 π 时, 切线的斜率为负, 图形是向右下滑的(图2-8)而切线的斜率可以用导数来表示. 这样, 我们就不难得到以下的定理:

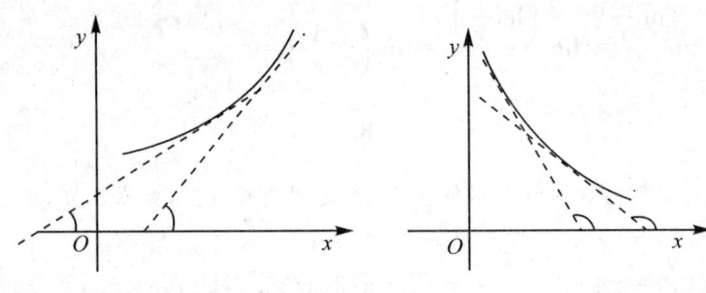

图 2-8

定理 2.3 设函数 $y=f(x)$ 在区间 (a,b) 内可导.
(1) 如果 $f'(x)>0, x\in(a,b)$, 则 $f(x)$ 在 (a,b) 内是单调增加的;
(2) 如果 $f'(x)<0, x\in(a,b)$, 则 $f(x)$ 在 (a,b) 内是单调减少的.

证明 (1) 在 (a,b) 内任取两点 $x_1,x_2,x_1<x_2$. 由题设 $f(x)$ 在 (a,b) 内可导, $(x_1,x_2)\subset(a,b)$, 故 $f(x)$ 在 $[x_1,x_2]$ 上连续, 在 (x_1,x_2) 内可导. 由拉格朗日中值定理, 存在 $\zeta\in(x_1,x_2)$, 使得
$$f(x_2)-f(x_1)=f'(\zeta)(x_2-x_1).$$
由于 $f'(\zeta)>0, x_2-x_1>0$, 于是
$$f(x_2)-f(x_1)>0, 即 f(x_2)>f(x_1).$$
这样就证明了(1), 读者可以类似地证明(2).

例 1 判别函数 $f(x)=e^x-x$ 在区间 $(0,+\infty)$ 内的单调性.

解 $f'(x)=(e^x-x)'=e^x-1.$
当 $x\in(0,+\infty)$ 时, $e^x>1$, 即 $f'(x)>0.$
故由定理 2.3 的(1)可知, $f(x)$ 在 $(0,+\infty)$ 内是单调增加的.

例 2 求函数 $f(x)=3x^2-x^3$ 的单调区间.

解 此函数的定义域是 $(-\infty,+\infty)$. 所谓求函数的单调区间即是求函数

在哪些区间上是单调增加的,而又在哪些区间上是单调减少的.

先求 $f(x)$ 的一阶导数,
$$f'(x)=(3x^2-x^3)'=6x-3x^2=3x(2-x),$$
再求出使 $f'(x)=0$ 的点,即方程 $3x(2-x)=0$ 的两个根,得
$$x_1=0, \quad x_2=2.$$
这两个点把区间 $(-\infty,+\infty)$ 分成了三个子区间 $(-\infty,0)$,$(0,2)$,$(2,+\infty)$.

当 $x\in(-\infty,0)\cup(2,+\infty)$ 时,$f'(x)<0$,故 $f(x)$ 在区间 $(-\infty,0)$ 与区间 $(2,+\infty)$ 内是单调减少的.

当 $x\in(0,2)$ 时,$f'(x)>0$,故 $f(x)$ 在 $(0,2)$ 内是单调增加的.

在上节例3中,曾利用拉格朗日定理证明过如下的不等式

在 $x>0$ 时,$\arctan x<x$.

现利用函数的单调性也可证明:

设 $f(x)=\arctan x-x$,当 $x>0$ 时,
$$f'(x)=\frac{1}{1+x^2}-1=\frac{-x^2}{1+x^2}<0.$$
所以当 $x>0$ 时,$f(x)$ 是单调减少的.

当 $x>0$ 时,$f(x)<f(0)$.

$\arctan x-x<0$,即 $\arctan x<x$.

例3 设 x 表示生产强度,y 表示生产进度,它们之间的关系可由下列生产曲线表示:
$$y=f(x)=c-a\mathrm{e}^{-kx},$$
式中 c,a,k 均为大于零的常数.
$$\frac{\mathrm{d}y}{\mathrm{d}x}=ak\mathrm{e}^{-kx}>0.$$

这表明生产进度是随着生产强度的增加而加快的(图 2-9),曲线是单调上升的.

例4 一般耐用消费品的累积销售量 y 与时间 t 有如下关系
$$y=f(t)=A\mathrm{e}^{-b\mathrm{e}^{-at}}.$$
式中 A,a,b 均为大于零的常数.

令 $u=b\mathrm{e}^{-at}$,则 $y=A\mathrm{e}^{-u}$,
$$y'=(A\mathrm{e}^{-u})'(b\mathrm{e}^{-at})'=A\mathrm{e}^{-u}ab\mathrm{e}^{-at}=ab\mathrm{e}^{-at}y>0.$$

这表明耐用消费品的累积销售量 y 是随时间 t 增加的.从图 2-10 也可看到,曲线是单调上升的.

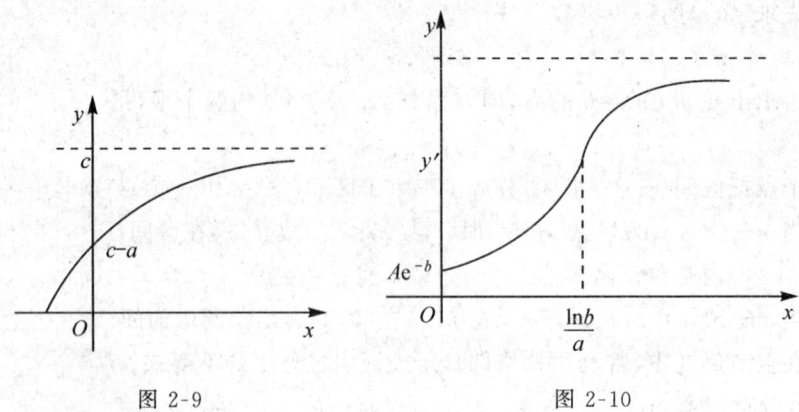

图 2-9　　　　　　　　图 2-10

二、函数曲线的凹向和拐点

在研究函数的变化状况时,知道它们上升和下降的规律很有好处,但这还不能完全反映它们的变化规律,如图 2-11 所示的两个函数,虽然它们均是单调增加的,但增加的快慢是不相同的,左边的一支向下弯曲,函数增加的越来越慢,右边的一支向上弯曲,函数增加的越来越快.为区别起见,我们给出下列定义:

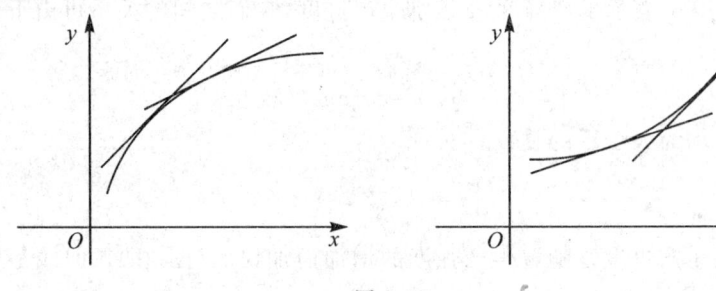

图 2-11

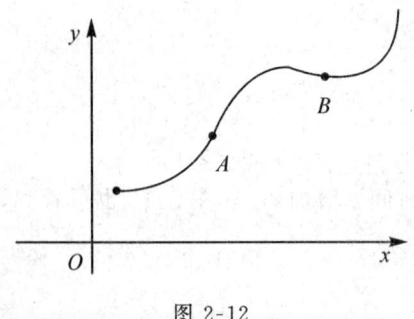

图 2-12

定义 2.4　若曲线弧位于其每一点处切线的上方,则称此曲线是向上凹的;若曲线弧位于其每一点处切线的下方,则称此曲线是向下凹的.

函数的曲线还有一种情况如图 2-12 所示,曲线上存在两点 A,B,点 A 左边的曲线是上凹的,而右边的曲线是下凹的,点 B 左边的曲线是下凹的,而右边的曲线是上凹的.一般地,称连续曲线 $y=f(x)$ 上的上凹与下凹的分界点为曲线的拐点.由此,我们可以称图 2-12 所示曲线上的点 A 和点 B 是曲线的拐点.

对曲线的这种凹向和拐点,可利用函数的二阶导数来刻画.

如二次抛物线 $y=f(x)=x^2$,$x\in(-\infty,+\infty)$,其二阶导数 $(x^2)''=2>0$,曲线是上凹的;而另一个二次抛物线 $y=f(x)=-x^2$,$x\in(-\infty,+\infty)$,其二阶导数 $(-x^2)''=-2<0$,曲线是下凹的(图 2-13).

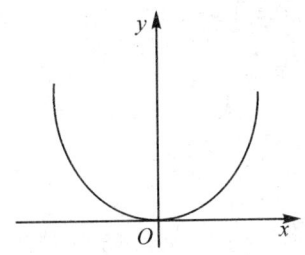 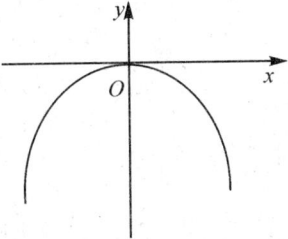

图 2-13

把大家熟知的这种结果推广到一般情况,就是下面判别凹凸性的定理.

定理 2.4 设函数 $y=f(x)$ 在区间 (a,b) 内具有二阶导数.

(1) 当 $x\in(a,b)$,$f''(x)>0$ 时,函数曲线是上凹的;

(2) 当 $x\in(a,b)$,$f''(x)<0$ 时,函数曲线是下凹的.

(证明略)

例 5 判别曲线 $y=f(x)=\dfrac{1}{x}$ 的凹向.

解 由于 $f'(x)=\left(\dfrac{1}{x}\right)'=-\dfrac{1}{x^2}$,

$$f''(x)=\left(-\dfrac{1}{x^2}\right)'=\dfrac{2}{x^3},$$

当 $x<0$ 时, $f''(x)<0$, 当 $x>0$ 时, $f''(x)>0$.

故由定理 2.4,曲线 $f(x)=\dfrac{1}{x}$ 在 $(-\infty,0)$ 内是下凹的,在 $(0,+\infty)$ 内是上凹的.

在 $x=0$ 处的左右两边,曲线的凹向发生变化了,但在该点处 $f(x)=\dfrac{1}{x}$ 无定义,$x=0$ 不是它的拐点.可见,曲线的拐点至少应是使曲线连续的点,除此之外,曲线的拐点还须满足什么条件呢? 下面的定理给出了函数拐点的一个判别方法.

定理 2.5 设函数 $y=f(x)$ 在 (a,b) 内具有二阶导数,且 $f''(x_0)=0$,$x_0\in(a,b)$. 如果 $f''(x)$ 在点 x_0 处的左右附近异号,则点 $(x_0,f(x_0))$ 是曲线 $y=f(x)$ 的拐点.

例 6 求曲线 $f(x)=2x^2-x^3$ 的凹向和拐点.

解 $f'(x)=4x-3x^2$,

$f''(x)=4-6x=2(2-3x)$.

令 $f''(x)=2(2-3x)=0$,

得 $x_0=\dfrac{2}{3}$, $f(x_0)=f\left(\dfrac{2}{3}\right)=\dfrac{16}{27}$.

当 $x\in\left(-\infty,\dfrac{2}{3}\right)$ 时, $f''(x)>0$,

当 $x\in\left(\dfrac{2}{3},+\infty\right)$ 时, $f''(x)<0$.

所以在 $\left(-\infty,\dfrac{2}{3}\right)$ 内,曲线是上凹的,在 $\left(\dfrac{2}{3},+\infty\right)$ 内,曲线是下凹的,点 $\left(\dfrac{2}{3},\dfrac{16}{27}\right)$ 是曲线的拐点.

对于例 3 中的生产进度函数, $y''=-ak^2e^{-kx}<0$.

生产进度是随生产强度的加大而加快的越来越慢,曲线是下凹的(图 2-9).

对于例 4 中的函数

$$y''=((abe^{-at})y)'$$
$$=-a^2be^{-at}y+abe^{-at}y'$$
$$=-a^2be^{-at}y+(abe^{-at})^2y$$
$$=a^2be^{-at}y(be^{-at}-1),$$

令 $y''=0$; 得 $t=\dfrac{\ln b}{a}$.

令 $0<t<\dfrac{\ln b}{a}$ 时, $y''>0$,在这个期间,商品销售量随着时间的推移而增加的越来越快,曲线是上凹的. 过了 $t=\dfrac{\ln b}{a}$ 这个时刻,$y''<0$,商品销售量随着时间的推移而增加的速度放慢了,曲线是下凹的. 这反映了耐用消费品销售的一般规律.

例 7 讨论函数 $f(x)=\ln(1+x^2)$ 的单调性、凹向和拐点.

解 $f'(x)=\dfrac{2x}{1+x^2}=0$,得 $x_0=0$,

2.7 函数的单调性与凹向

$$f''(x) = 2\frac{1+x^2-2x^2}{(1+x^2)^2} = 2\frac{1-x^2}{(1+x^2)^2} = 0,$$

$$x_1 = -1, \quad x_2 = 1.$$

此三点 x_0, x_1, x_2 将函数的定义域 $(-\infty, +\infty)$ 分成了四个子区间 $(-\infty, -1)$，$(-1, 0)$，$(0, 1)$，$(1, +\infty)$，然后分别讨论 $f'(x), f''(x)$ 在这四个区间上的符号. 并利用定理2.3、定理2.4与定理2.5对函数在各个区间上的单调性, 凹向与拐点加以判别, 讨论情况列表如下：

x	$(-\infty, -1)$	-1	$(-1, 0)$	0	$(0, 1)$	1	$(1, +\infty)$
$f'(x)$	$-$		$-$	0	$+$		$+$
$f''(x)$	$-$	0	$+$		$+$	0	$-$
$f(x)$	↘∩	拐点	↘∪		↗∪	拐点	↗∩

曲线上的拐点坐标是 $(-1, \ln 2), (1, \ln 2)$，表中的记号 ∩ 表示曲线下凹，∪ 表示曲线上凹.

练 习 2.7

(A)

(一) 填空题

1. 函数 $y = f(x)$ 在 (a, b) 内若满足 $f'(x) > 0$，则 $f(x)$ 是（   ），若满足 $f''(x) > 0$，则 $f(x)$ 是（   ）.

2. 设函数 $y = f(x)$ 在 (a, b) 内，若满足 $f'(x) < 0$，则 $f(x)$ 是（   ），若满足 $f''(x) < 0$，则 $f(x)$ 是（   ）.

3. 若 $f(x)$ 是 (a, b) 内单调增加可导函数，则 $f'(x)$（   ）.

4. $p = ($ $)$ 时，$f(x) = \cos x - px + q$ 在整个数轴上是单调减少的函数.

5. a 为（   ）时，$f(x) = ax^2 + bx + c$ 在整个数轴上是下凹的，a 为（   ）时，$f(x) = ax^2 + bx + c$ 在整个数轴上是上凹的.

(二) 选择题

1. 函数 $f(x) = \sqrt{2x - x^2}$ 在区间（   ）内是单调减少的.
   (A) $(0, 1)$
   (B) $(0, 2)$
   (C) $(1, 2)$；
   (D) $(1, 3)$

2. 函数 $f(x)=2x^2-\ln x$ 在区间( )内是单调增加的.

(A) $\left(0,\dfrac{1}{2}\right)$ (B) $\left(-\dfrac{1}{2},0\right)\cup\left(\dfrac{1}{2},+\infty\right)$

(C) $\left(\dfrac{1}{2},+\infty\right)$ (D) $\left(-\infty,-\dfrac{1}{2}\right)\cup\left(0,\dfrac{1}{2}\right)$

3. 曲线 $y=x+x^{\frac{5}{3}}$ 在区间( )内是下凹的.
(A) $(-\infty,0)$ (B) $(0,+\infty)$
(C) $(-\infty,+\infty)$ (D) 以上都不对

4. 若点 $(1,3)$ 是曲线 $y=ax^3+bx^2$ 的拐点,则( ).

(A) $a=\dfrac{9}{2},b=-\dfrac{3}{2}$ (B) $a=-6,b=0$

(C) $a=-\dfrac{3}{2},b=\dfrac{9}{2}$ (D) $a=-\dfrac{9}{2},b=\dfrac{3}{2}$

5. 以下说法不正确的是( ).

(A)若曲线 $y=f(x)$ 是下凹的,则曲线 $y=f(x)$ 可能是单调增加的也可能是单调减少的

(B)若曲线 $y=f(x)$ 是单调的,则曲线 $y=f(x)$ 要么是上凹的,要么是下凹的

(C)若 $(x_0,f(x_0))$ 是曲线 $y=f(x)$ 的拐点,则 $f''(x)=0$

(D)若点 x_0 满足 $f''(x_0)=0$,则 $(x_0,f(x_0))$ 一定是曲线 $y=f(x)$ 的拐点

(B)

1. 确定下列函数的单调增减区间:

(1) $f(x)=\dfrac{1}{2x^2}$;   (2) $y=x-x^3$;

(3) $y=\ln(2x-1)$;   (4) $f(x)=-e^x$.

2. 当 $x>0$ 时,证明下列不等式成立:

(1) $\sin x<x$;   (2) $\cos x>1-\dfrac{x^2}{2}$;

(3) $e^x>1+x$.

3. 判别下列曲线的凹向和拐点:

(1) $f(x)=x^4-2x^3+1$;

(2) $f(x)=x^2+\dfrac{1}{x}$;   (3) $f(x)=x-\sin x, x\in(0,2\pi)$

4. 讨论下列曲线的单调性,凹向和拐点:

$$f(x) = \frac{x}{1+x^2}.$$

§2.8 函数的极值与最值

一、函数的极大值与极小值

先介绍极值的概念.

定义 2.5 设函数 $y=f(x)(x\in[a,b])$ 在点 x_0 处连续,并且 x_0 不是其定义区间的端点.若对 x_0 附近的所有点 $x(x\neq x_0)$,都有
$$f(x)<f(x_0) \quad (\text{或 } f(x)>f(x_0)),$$
则称函数 $f(x)$ 在点 x_0 处取极大值(或极小值),并称点 x_0 是函数 $f(x)$ 的一个极大值点(或极小值点).

极大值与极小值统称为极值,极大值点与极小值点统称为极值点.

我们结合图 2-14,对上述定义作一些说明:

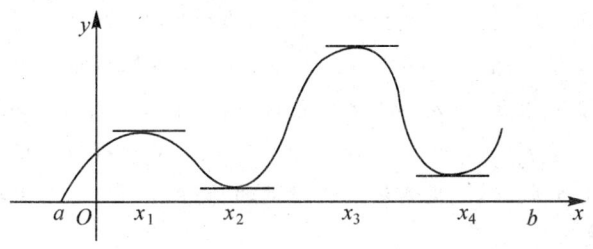

图 2-14

注 1 函数的极值概念仅仅是反映函数局部性质的概念,一个函数在其整个定义域内可能有多于一个的极值点(图 2-14 中的点 x_1、x_2、x_3、x_4 都是函数的极值点),不同极大值点处的极大值不一定相同($f(x_1)\neq f(x_3)$),不同极小值点处的极小值也不一定相同($f(x_2)\neq f(x_4)$).

注 2 函数的极值点恰好是函数 $f(x)$ 在其左右附近由单调增加(减少)变为单调减少(增加)的转折点.例如极大值点 x_1 是 $f(x)$ 由单调增加变为单调减少的转折点,极小值点 x_2 是 $f(x)$ 由单调减少变为单调增加的转折点.

注 3 曲线 $y=f(x)$ 在极值点 x_1,x_2,x_3,x_4 处都有水平的切线,这表明函数 $f(x)$ 在这些点处的导数等于零.

注 4 在极大值点 x_1, x_3 处，曲线 $y=f(x)$ 不仅有水平的切线，而且在这些点附近，曲线是下凹的，在极小值点 x_2, x_4 的附近，曲线是上凹的.

由上述注 3，可得下述命题：

命题 设函数 $y=f(x)$ 在 $[a,b]$ 上连续，若 $x_0 \in (a,b)$ 是函数 $f(x)$ 的一个极值点，且 $f(x)$ 在点 x_0 处可导，则 $f'(x_0)=0$.

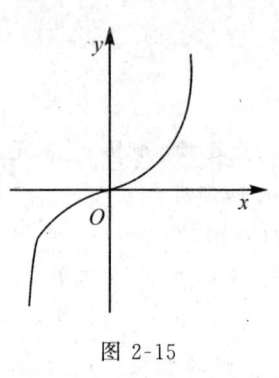

图 2-15

要说明的是，$f'(x_0)=0$ 仅仅是 x_0 是 $f(x)$ 极值点的一个必要条件，但不是充分条件，如函数 $f(x)=x^3$，$f'(x)=3x^2$，$f'(0)=0$，但 $x_0=0$ 显然不是 $f(x)=x^3$ 的极值点(图 2-15).

我们称使 $f'(x)=0$ 的点 x 是函数 $f(x)$ 的驻点. 函数 $f(x)$ 的驻点可能是 $f(x)$ 的极值点也可能不是 $f(x)$ 的极值点.

下面我们给出判别函数极值的两种方法.

由注 2 及定理 2.3，可得函数极值的第一判别法.

定理 2.6 （函数极值判别法 I） 设函数 $f(x)$ 在点 x_0 的附近可导，且 $f'(x_0)=0$.

(1) 如果当 x 取点 x_0 左侧附近的值时，有 $f'(x)>0$；当 x 取点 x_0 右侧附近的值时，有 $f'(x)<0$，则函数 $f(x)$ 在点 x_0 处取得极大值.

(2) 如果当 x 取点 x_0 左侧附近的值时，有 $f'(x)<0$；当 x 取点 x_0 右侧附近的值时，有 $f'(x)>0$，则函数 $f(x)$ 在点 x_0 处取得极小值.

(3) 如果当 x 取点 x_0 左侧和右侧附近的值时，$f'(x)$ 不变号，则 $f(x)$ 在点 x_0 处无极值.

证明 (1) 设 x 为 x_0 的附近不同于 x_0 的任何一点，由拉格朗日中值定理，存在 ζ 在 x 与 x_0 之间，使得

$$f(x)-f(x_0)=f'(\zeta)(x-x_0).$$

由条件，当 $x<x_0$ 时，$f'(x)>0$；当 $x>x_0$ 时，$f'(x)<0$，并注意到点 ζ 与 x 同在 x_0 的左边或右边，我们从上式右端的符号可得：

当 $x<x_0$ 时， $f(x)<f(x_0)$，

$x>x_0$ 时， $f(x)<f(x_0)$，

这即表明 $f(x)$ 在 x_0 处取得极大值.

(2) 的证明可类似得出.

(3) 因为 $f'(x)$ 在点 x_0 的左右附近除 x_0 处为零外都是同号的，所以由单调性的判别法知道函数 $f(x)$ 在 x_0 的左右附近是单调的，因此 x_0 不是 $f(x)$

的极值点.

根据这个定理,我们得到求可导函数 $f(x)$ 的极值的方法如下:

(1) 求导数 $f'(x)$;

(2) 求 $f(x)$ 在定义域内的驻点;

(3) 检查 $f'(x)$ 在驻点左右附近的符号,如左正右负,那么,$f(x)$ 在这个驻点取得极大值;如左负右正,那么 $f(x)$ 在这个驻点取得极小值;如左右同号,那么 $f(x)$ 在这个驻点的函数值不是极值.

例1 求函数 $y=f(x)=\dfrac{1}{3}x^3-4x+4$ 的极值.

解 函数 $f(x)$ 的定义域是 $(-\infty,+\infty)$,

$$f'(x)=x^2-4=(x+2)(x-2),$$

令 $f'(x)=0$, 得 $x_1=-2$, $x_2=2$.

这是函数在定义域内的两个驻点.

当 x 变化时,$f'(x)$,$f(x)$ 的变化状态如下表:

x	$(-\infty,-2)$	-2	$(-2,2)$	2	$(2,+\infty)$
$f'(x)$	$+$	0	$-$	0	$+$
$f(x)$	↗	极大值	↘	极小值	↗

因此当 $x=-2$ 时,函数 $f(x)$ 有极大值,极大值为

$$f(-2)=\dfrac{1}{3}(-2)^3-4(-2)+4=\dfrac{28}{3};$$

而当 $x=2$ 时,函数 $f(x)$ 有极小值,极小值为

$$f(2)=\dfrac{1}{3}\cdot 2^3-4(2)+4=-\dfrac{4}{3}.$$

函数 $f(x)=\dfrac{1}{3}x^3-4x+4$ 的图像如图 2-16 所示.

例2 求函数 $f(x)=x+2\sin x$ 在区间 $[0,2\pi]$ 上的极值.

解 令 $f'(x)=1+2\cos x=0$,得驻点

$$x_1=\dfrac{2}{3}\pi, \quad x_2=\dfrac{4}{3}\pi.$$

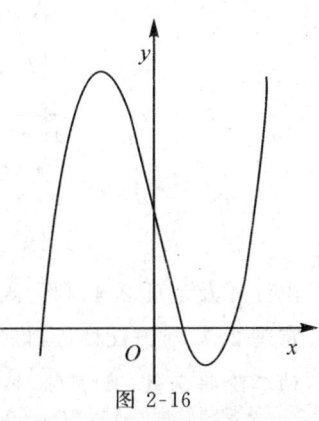

图 2-16

当 x 变化时，$f'(x)$，$f(x)$ 的变化状态如下表：

x	$\left(0, \dfrac{2}{3}\pi\right)$	$\dfrac{2}{3}\pi$	$\left(\dfrac{2}{3}\pi, \dfrac{4}{3}\pi\right)$	$\dfrac{4}{3}\pi$	$\left(\dfrac{4}{3}\pi, 2\pi\right)$
$f'(x)$	+	0	−	0	+
$f(x)$	↗	极大值	↘	极小值	↗

因此，当 $x_1 = \dfrac{2}{3}\pi$ 时，函数 $f(x)$ 有极大值，极大值为

$$f\left(\dfrac{2}{3}\pi\right) = \dfrac{2}{3}\pi + \sqrt{3}.$$

当 $x_2 = \dfrac{4}{3}\pi$ 时，函数 $f(x)$ 有

极小值，极小值为

$$f\left(\dfrac{4}{3}\pi\right) = \dfrac{4}{3}\pi - \sqrt{3}.$$

函数 $f(x) = x + 2\sin x$ 的图像如图 2-17 所示．

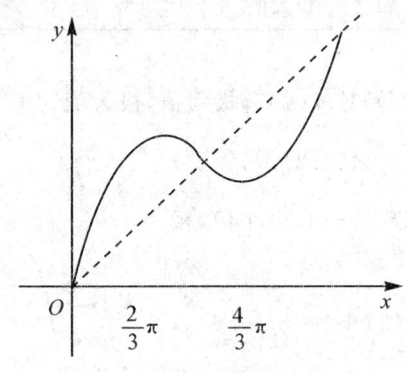

图 2-17

由注 4 及定理 2.4，利用函数的凹向可得到求函数极值的另外一个方法：

定理 2.7 （函数极值判别法 II） 设函数 $y = f(x)$ 在点 x_0 附近有连续的二阶导函数，且 $f'(x_0) = 0$，$f''(x_0) \neq 0$．

(1) 如果 $f''(x_0) > 0$，则函数 $f(x)$ 在点 x_0 处取极小值；

(2) 如果 $f''(x_0) < 0$，则函数 $f(x)$ 在点 x_0 处取极大值．

利用这个定理可以更方便地求上面的两例中函数的极值点．

对于例 1, $f''(x)=2x$,

$f''(-2)=-4<0$, 故 $x_1=-2$ 是 $f(x)$ 的极大值点.

$f''(2)=4>0$, 故 $x_2=2$ 是 $f(x)$ 的极小值点.

对于例 2, $f''(x)=-2\sin x$.

$f''\left(\dfrac{2}{3}\pi\right)=-2\sin\dfrac{2}{3}\pi<0$, 故 $x_1=\dfrac{2}{3}\pi$ 是函数 $f(x)$ 的极大值点;

$f''\left(\dfrac{4}{3}\pi\right)=-2\sin\dfrac{4}{3}\pi>0$, 故 $x_2=\dfrac{4}{3}\pi$ 是函数 $f(x)$ 的极小值点.

注 当 $f'(x_0)=0$, $f''(x_0)=0$ 时, $f(x)$ 在点 x_1 处是否有极值, 用定理 2.7 不能判别, 即使有极值, 是极大值还是极小值也不能判别.

例如 $f(x)=x^3$, $f'(0)=0$, $f''(0)=0$, 但 $x=0$ 不是它的极值点(如图 2-14 所示).

例 3 求函数 $f(x)=(x-1)^4+1$ 的极值.

解 $f'(x)=4(x-1)^3$,

令 $f'(x)=4(x-1)^3=0$, 得 $x_0=1$,

$f''(x)=12(x-1)^2$.

由于 $f''(1)=0$, 故用定理 2.7 无法判别 $x_0=1$ 是不是函数 $f(x)$ 的极值点, 但由定理 2.6 有

当 $x<1$ 时, $f'(x)<0$,

当 $x>1$ 时, $f'(x)>0$.

故 $x_0=1$ 是 $f(x)$ 的极小值点, $f(x)$ 的极小值为 $f(1)=1$.

由此可见, 如果条件满足, 用定理 2.7 判别函数的极值比用定理 2.6 方便, 但定理 2.6 的应用范围要比定理 2.7 广泛.

例 4 讨论函数 $y=f(x)=e^{-x^2}$ 的单调性、凹向、拐点和极值.

解 $f(x)=e^{-x^2}$ 的定义域是 $(-\infty,+\infty)$,

$f'(x)=-2xe^{-x^2}=0$, 得 $x_1=0$,

$f''(x)=2e^{-x^2}(2x^2-1)=0$,

得

$x_2=-\dfrac{1}{\sqrt{2}}$, $x_3=\dfrac{1}{\sqrt{2}}$.

三个点 x_1,x_2,x_3 将函数的定义域 $(-\infty,+\infty)$ 分成了四个子区间 $\left(-\infty,-\dfrac{1}{\sqrt{2}}\right),\left(-\dfrac{1}{\sqrt{2}},0\right),\left(0,\dfrac{1}{\sqrt{2}}\right),\left(\dfrac{1}{\sqrt{2}},+\infty\right)$.

当 x 在这四个不同区间变化时, 列表讨论 $f'(x),f''(x)$ 的变化状态如下, 并根据有关的定理对 $f(x)$ 的变化状态作出判定.

因此函数有两个拐点 $\left(-\dfrac{1}{\sqrt{2}}, \mathrm{e}^{-\frac{1}{2}}\right)$, $\left(\dfrac{1}{\sqrt{2}}, \mathrm{e}^{-\frac{1}{2}}\right)$, 当 $x=0$ 时, $f(x)$ 有极大值, 极大值为 $f(0)=1$.

x	$\left(-\infty,-\dfrac{1}{\sqrt{2}}\right)$	$-\dfrac{1}{\sqrt{2}}$	$\left(-\dfrac{1}{\sqrt{2}},0\right)$	0	$\left(0,\dfrac{1}{\sqrt{2}}\right)$	$\dfrac{1}{\sqrt{2}}$	$\left(\dfrac{1}{\sqrt{2}},+\infty\right)$
$f'(x)$	+		+	0	−		−
$f''(x)$	+	0	−	−	−	0	+
$f(x)$	↗∪	拐点	↗∩	极大值	↘∩	拐点	↘∪

$$\lim_{x\to\infty}\mathrm{e}^{-x^2}=\dfrac{1}{\lim\limits_{x\to\infty}\mathrm{e}^{x^2}}=0.$$

所以直线 $y=0$ 是函数曲线的水平渐近线.

函数 $f(x)=\mathrm{e}^{-x^2}$ 的图像如图 2-18 所示.

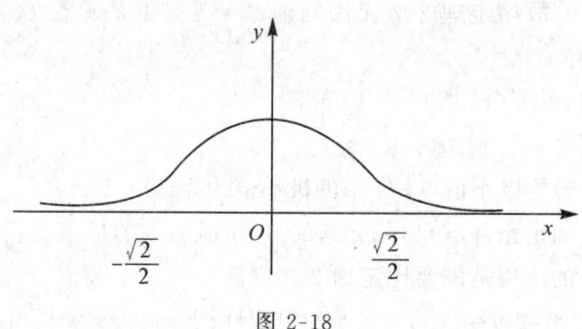

图 2-18

二、函数的最大值与最小值

在 §1.6 中, 我们曾定义过函数 $f(x)$ 在 $[a,b]$ 上的最大值与最小值的概念, 最大值与最小值统称为最值. 函数的极值与函数的最值, 一般说来是有所不同的. 最大值与最小值是函数在所考虑区间上全部函数值中的最大值与最小值, 而极大值与极小值只是在其附近函数的最大值与最小值. 可见最值是整体性的概念, 而极值则是局部性的概念.

如果函数 $y=f(x)$ 在闭区间 $[a,b]$ 上连续, 在开区间 (a,b) 内可导, 由定理 1.11 可知, 函数 $f(x)$ 在 $[a,b]$ 上一定有最大值也一定有最小值. 在图 2-14

中,最大值是几个极大值中最大的一个 $f(x_3)$,最小值是在区间端点 a 的函数值 $f(a)$. 这就是说,求函数 $f(x)$ 的最大值,只要求得所有 $f(x)$ 的极大值与 $f(a),f(b)$ 中的最大者就行,而求函数 $f(x)$ 的最小值,也只须考虑 $f(x)$ 的所有极小值与 $f(a),f(b)$ 中的最小者.

因此,求在 $[a,b]$ 上连续,在 (a,b) 内可导的函数 $f(x)$ 的最大值与最小值可以分以下两步进行:

(1)求 $f(x)$ 在 (a,b) 内的驻点;

(2)计算 $f(x)$ 在驻点与端点 a,b 处的函数值,并把这些值加以比较,其中最大的一个就是 $f(x)$ 在 $[a,b]$ 上的最大值,最小的一个就是 $f(x)$ 在 $[a,b]$ 上的最小值.

例5 求函数 $f(x)=3x-x^3$ 在区间 $[-\sqrt{3},3]$ 上的最大值与最小值.

解 第一步,解方程 $f'(x)=0$,求驻点:

$$f'(x)=3-3x^2=0, 得驻点 \quad x_1=-1, \quad x_2=1.$$

第二步,求有关函数值:

$$f(-1)=-2, f(1)=2, f(-\sqrt{3})=0, f(3)=-18.$$

比较这四个函数值的大小,可知 $f(x)$ 在 $[-\sqrt{3},3]$ 上的最大值为 2,最小值为 -18.

下面是两种特殊情况:

(1)若函数 $f(x)$ 在 $[a,b]$ 上单调增加,则 $f(a)$ 是 $f(x)$ 在 $[a,b]$ 上的最小值,$f(b)$ 是 $f(x)$ 在 $[a,b]$ 上的最大值. 若函数 $f(x)$ 在 $[a,b]$ 上单调减少,则 $f(a)$ 是 $f(x)$ 在 $[a,b]$ 上的最大值,$f(b)$ 是 $f(x)$ 在 $[a,b]$ 上的最小值.

(2)一般说,在开区间内的连续函数不一定能取得最值,如 $f(x)=\dfrac{1}{x}$ 在 $(0,1)$ 内是连续的,但在 $(0,1)$ 内不能取得最大值与最小值. 但是,如连续函数 $f(x)$ 在以 a,b 为端点的开区间或闭区间或半开半闭区间内,只有一个极值且为极大值 $f(x_1)$,这时点 $(x_1,f(x_1))$ 两边的函数曲线只能向下延伸,分别无限靠近或到达直线 $x=a,x=b$,所以极大值 $f(x_1)$ 就是 $f(x)$ 在此区间的最大值;同理,如连续函数 $f(x)$ 在区间内只有一个极值且为极小值 $f(x_2)$,这时,点 $(x_2,f(x_2))$ 两边的函数曲线只能向上延伸,分别无限靠近或到达直线 $x=a,x=b$,所以极小值 $f(x_2)$ 就是 $f(x)$ 在此区间的最小值,如图 2-19. 上述结论对于无穷区间 $((-\infty,+\infty),(-\infty,a),(a,+\infty)$ 等)也是成立的.

许多求最大值最小值的实际问题,就属上述的第二种情况,从而求最值的问题就转化为求极值的问题.

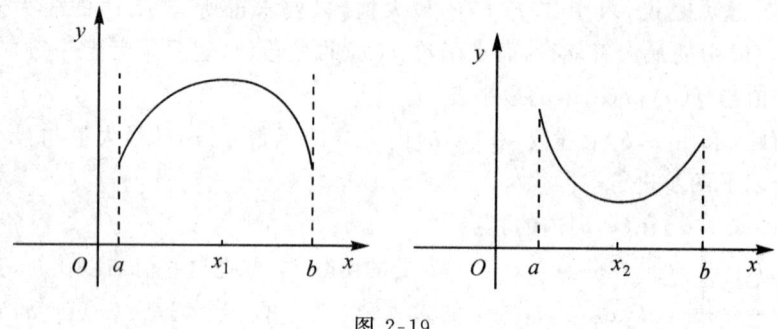

图 2-19

例 6 将边长为 a 的一正方形铁片于各角截去相等的小正方形,然后折起各边做成一个无盖的盒子,问截去的小正方形的边长为多大时,可使所得无盖盒子容积为最大?

解 设所截去的小正方形边长为 x,则盒底的边长为 $a-2x$,高为 x(图 2-20).

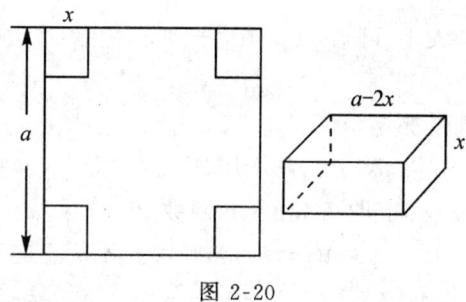

图 2-20

故此无盖盒子的容积为 $V=x(a-2x)^2, x\in\left(0,\dfrac{a}{2}\right)$,

$$\dfrac{dV}{dx}=-4x(a-2x)+(a-2x)^2=(a-2x)(a-6x).$$

令 $\dfrac{dV}{dx}=0$,得 $x_1=\dfrac{a}{2}$(舍去), $x_2=\dfrac{a}{6}$.

$$\dfrac{d^2V}{dx^2}=24x-8a, \quad \dfrac{d^2V}{dx^2}\bigg|_{x_2=\frac{a}{6}}=-4a<0.$$

所以 $x_2=\dfrac{a}{6}$ 是 V 的极大值点,亦是 V 的最大值点. 故当截去的小正方形边长为所给正方形铁片边长的 $\dfrac{1}{6}$ 时,所做的无盖盒子的容积最大.

例 7 某村要造一个体积为 V_0(单位:立方米)的有盖有底的圆柱形蓄粮

罐,问蓄粮罐的底半径与圆柱的高应取多少才能使所用的材料最省?

解 如图 2-21 所示,材料最省,就是使圆柱体的表面积最小.

设圆柱体底半径为 R,高为 h,则其侧面积为 $2\pi Rh$,上下底的面积为 $2\pi R^2$,所以圆柱体的表面积为

$$S = 2\pi Rh + 2\pi R^2.$$

由粮仓的容积 $V_0 = \pi R^2 h$ 得 $h = \dfrac{V_0}{\pi R^2}$ 代入上式得:

$$S = S(R) = 2\pi R \dfrac{V_0}{\pi R^2} + 2\pi R^2 = \dfrac{2V_0}{R} + 2\pi R^2.$$

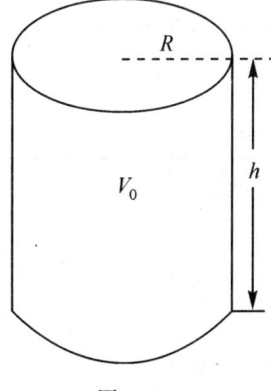

图 2-21

从实际情况看,表面积在其定义域内一定有最小值,令

$$S'(R) = -\dfrac{2V_0}{R^2} + 4\pi R = 0,$$

得 $S(R)$ 的唯一驻点: $R = \sqrt[3]{\dfrac{V_0}{2\pi}}.$

故

$$h = \dfrac{V_0}{\pi R^2} = \dfrac{V_0}{\pi \left(\sqrt[3]{\dfrac{V_0}{2\pi}}\right)^2} = \sqrt[3]{\dfrac{4V_0}{\pi}} = 2\sqrt[3]{\dfrac{V_0}{2\pi}}.$$

即是说,当 $h = 2R$ 时,函数 $S(R)$ 取得最小值,这时所用的材料最省.

练 习 2.8

(A)

(一)填空题

1. 填写下表:

导数 $f'(x)$	$f(x)$	极值
由( )变为( )	由( )变为( )	极( )值
由( )变为( )	由( )变为( )	极( )值
(正、负)	(增、减)	(大、小)

2.填写下表：

x	$f'(x)$	$f''(x)$	$f(x)$
x_0	0	( )	极( )值
		( )	极( )值
		(+、-)	(大、小)

3.函数 $f(x)=ax^2+c$ 在 $x=0$ 处有极大值,则 $a($ $)$,在 $x=0$ 处有极小值,则 $a($ $)$.

4.函数 $f(x)=\dfrac{1}{3}x^3-x^2$ 的极大值是(   ),极小值是(   ).

5.函数 $f(x)=\sqrt{2x+1}$ 在 $[0,4]$ 上的最大值是(   ),最小值是(   ).

(二)选择题

1.设函数 $f(x)=-(x-2)^4+2$,则 $x=2$ 是 $f(x)$ 的(   ).

(A) 极大值点　　　　　　(B) 极小值点

(C) 拐点　　　　　　　　(D) 以上均不对

2.设 $f(x)=\ln\dfrac{1}{x^2-1}$,对 $f(x)($ $)$.

(A) $x=0$ 是极值点　　　(B) $x=\pm1$ 是极值点

(C) 无极值点　　　　　　(D) 以上都不对

3.设 $f(x)=ax^3+bx^2+cx+d(a\neq0)$,$f(x)$ 有极值的条件是(   ).

(A) $b^2-3ac>0$　　　　　(B) $b^2-3ac<0$

(C) $b^2-3ac\geqslant0$　　　　　(D) $b^2-3ac\leqslant0$

4.以下说法正确的有(   ).

(A) $f(x)$ 的极值点一定是 $f(x)$ 的驻点

(B) $f(x)$ 的驻点一定是 $f(x)$ 的极值点

(C) 可导函数 $f(x)$ 的极值点一定是 $f(x)$ 的驻点

(D) 在闭区间上的连续函数一定有极值

5.以下结论不正确的有(   ).

(A) $f(x)$ 的最值一定是 $f(x)$ 的极值

(B) $f(x)$ 的极值一定是 $f(x)$ 的最值

(C) $f''(x_0)=0$,则 x_0 一定不是 $f(x)$ 的极值点

(D) $f''(x_0)=0$,则 x_0 一定是 $f(x)$ 的极值点

(B)

1. 求下列函数的极值：
(1) $y=x^2-7x+6$；　　　　(2) $y=3x^4-4x^3$；
(3) $y=\dfrac{1}{2}x+\cos x$　　$x\in[-2\pi,2\pi]$；
(4) $f(x)=2e^x+e^{-x}$.

2. 求下列函数在指定区间上的最大值与最小值：
(1) $y=2x^3+3x^2-12x+14$,　　$x\in[-3,4]$；
(2) $y=\dfrac{x-1}{x+1}$,　　$x\in[0,4]$；
(3) $y=x+2\sqrt{x}$,　　$x\in[0,4]$.

3. 如下图,铁路线上 AB 段长 100 公里,工厂 C 到铁路的距离 CA 为 20 公里.现在要在 AB 上某一点 D 处,向 C 修一条公路.已知铁路每吨公里的运费与公路每吨公里的运费之比为 3∶5,为了使原料从供应站 B 运到工厂 C 的运费最省,D 点应选在何处？

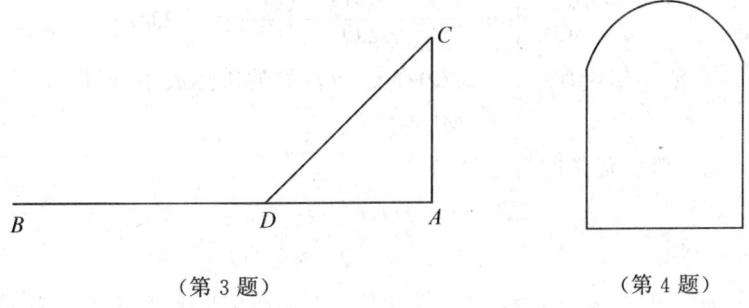

(第 3 题)　　　　　　(第 4 题)

4. 某种窗户的截面是矩形加半圆.(1)窗户的周长 C_0 一定时,半圆的半径取什么值时,截面面积最大？(2)当窗户的截面积 S_0 一定时,半圆的半径取什么值时,周长最小？

§2.9　经济应用 II

在考虑经济问题时,成本、利润、收入、需求、价格等经济量是必须考虑的因素.一个企业或者是一个商店最关心的是如何把握最佳产量或最佳销售量,最适合的价格,以便达到利润最大、成本最小、价格最合理.要把握最佳产量、最佳销售量,经济学中常用平均、边际等概念分析一个变量 y 关于另一个变量 x 的变化情况.平均的概念表示在 x 值的某个范围内变化时 y 的变化情况,它反映了 y 的平均变化;边际概念是当 x 在某一给定值的附近发生微小变化时 y 的变化情况,它反映了 y 的瞬间的变化,而刻画这种瞬间微小变化的数学工具便是导数.

一、边际分析

设函数 $y=f(x)$ 是可导的,那么导函数 $f'(x)$ 也称为边际函数.在经济学中有边际成本、边际收入、边际利润等.

设成本函数
$$C=C(Q),$$
$$\Delta C = C(Q_0 + \Delta Q) - C(Q_0)$$

表示当产量从 Q_0 提高到 $Q_0 + \Delta Q$ 后成本的增加量,

$$\frac{\Delta C}{\Delta Q} = \frac{C(Q_0 + \Delta Q) - C(Q_0)}{\Delta Q}$$

便是平均意义下的成本,表示当产量从 Q_0 增加到 $Q_0 + \Delta Q$ 时,平均每增加一个单位产量所需要的成本;当产量为 Q_0 时,成本的变化率

$$\lim_{\Delta Q \to 0} \frac{\Delta C}{\Delta Q} = \lim_{\Delta Q \to 0} \frac{C(Q_0 + \Delta Q) - C(Q_0)}{\Delta Q} = C'(Q_0)$$

在经济学中称为成本函数 $C=C(Q)$ 在 $Q=Q_0$ 处的边际成本.记作

$$MC = C'(Q_0).$$

由 §2.5 微分定义的讨论可知

$$\Delta C \approx dC(Q) = C'(Q_0)\Delta Q.$$

取 $\Delta Q = 1$,则有 $\quad \Delta C = C(Q_0 + 1) - C(Q_0) \approx C'(Q_0).$

上式表明当产量为 Q_0 时,再生产一个单位的产品所增加的成本 $\Delta C = C(Q_0+1) - C(Q_0)$ 可以用成本函数 $C(Q)$ 在 Q_0 处的导数 $C'(Q_0)$ 近似地表示.因此 $C'(Q)$ 称为边际成本.类似地,收入函数 $R(Q)$ 对产量的导数 $R'(Q)$ 称为边际收入,记为 MR,利润函数 $L(Q)$ 的导数 $L'(Q)$ 称为边际利润,记为 ML,需求函数 $Q=f(P)$ 对价格的导数 $f'(P)$ 称为边际需求,记为 MQ,其经济意义都可以类似于边际成本的经济意义相应地给出.

例 1 某厂每周生产某产品 Q 个单位的总成本为

$$C(Q) = Q^2 + 12Q + 100.$$

求:(1) 当产量为 20 时的总成本;

(2) 当产量从 20 增加到 30 时,总成本的平均变化率;

(3) 当产量分别为 20 和 30 时的边际成本.

解 (1) 产量为 20 时的总成本为
$$C(20)=20^2+12\cdot 20+100=740.$$
(2) 当产量从 20 增加到 30 时,总成本的平均变化率是
$$\frac{\Delta C}{\Delta Q}=\frac{C(30)-C(20)}{30-20}=\frac{1360-740}{10}=62.$$
(3) $C'(Q)=2Q+12.$

故 当产量为 20 时的边际成本为 $C'(20)=52.$

当产量为 30 时的边际成本为 $C'(30)=72.$

该结果表明,当产量为 20 个单位时,再增加一个单位产品的产量,总成本增加 52;当产量为 30 个单位时,再增加一个单位产品的产量,总成本增加 72. 因此工厂可根据上述分析,结合产品销路与售价,确定每周的产量.

例 2 某企业每天生产某产品 Q(吨)的利润函数是
$$L=L(Q)=-5Q^2+250Q \quad (单位:千元).$$
试求每天生产 20 吨,25 吨,30 吨时的边际利润.

解 生产 Q 吨产品的边际利润为
$$L'(Q)=-10Q+250.$$
每天生产 20 吨的边际利润为
$$L'(20)=250-10\times 20=50.$$
这表明每天产量为 20 时再增加 1 吨产量,利润将增加 50(千元).

每天生产 25 吨时的边际利润为
$$L'(25)=250-10\times 25=0.$$
这表明每天产量为 25 吨时再增加 1 吨产量,利润不增也不减.

每天生产 30 吨时的边际利润为
$$L'(30)=250-10\times 30=-50.$$
这表明每天产量为 30 吨时再增加 1 吨产量,利润不仅不会增加,反而要减少 50(千元).

实际上,上述的边际利润函数 $L'(Q)=250-10Q$ 在 $Q>25$ 时小于 0,所以利润函数是单调减少的,随着产量的增加,利润将减少.因此企业不能完全依靠增加产量来提高利润,搞得不好,还会造成生产越多,亏损越大的局面.

例 3 设生产 Q 件产品所需总时间为 T,生产第一件产品所需时间为 t_0,则它们之间的关系由下列经验函数表示:
$$T=t_0 Q^{1-k},$$
式中 $0<k<1$.

将 T 用 Q 除,则得到每件产品平均所需生产时间 t 为

$$t=\frac{T}{Q}=t_0 Q^{-k}.$$

而生产效率反比于每件产品的平均生产时间,设生产效率为 y,则生产效率与产量 Q 的关系为

$$y=\frac{1}{t}=\frac{1}{t_0}Q^k.$$

边际生产效率

$$y'=\left(\frac{1}{t_0}Q^k\right)'=\frac{k}{t_1}Q^{k-1}>0.$$

因此,随着生产量的增加,生产效率是不断提高的,它表明重复生产一种产品的次数越多,效率越高.这体现了专业化大生产对提高经济效率的作用.

二、弹性分析

函数 $y=f(x)$ 的改变量 $\Delta y=f(x+\Delta x)-f(x)$ 称为 $f(x)$ 在点 x 处的绝对改变量,Δx 称为自变量在点 x 处的绝对改变量,$f'(x)=\lim\limits_{\Delta x\to 0}\dfrac{\Delta y}{\Delta x}$ 称为函数 $f(x)$ 在点 x 处的绝对变化率.在实际问题中,有时仅知道绝对改变量及绝对变化率是不够的.如甲种商品的单价为 10 元,涨价 1 元,乙种商品的单价为 100 元,涨价也是 1 元,虽然两种商品单价的绝对改变量相同,但是它们各自与原价 10 元与 100 元相比,两种商品涨价的百分比大不相同,甲种商品涨价的百分比是 $\dfrac{1}{10}=10\%$,而乙种商品涨价的百分比是 $\dfrac{1}{100}=1\%$,前者是后者的 10 倍.因此有必要进一步研究相对改变量及相对变化率问题.

定义 2.6 设函数 $y=f(x)$ 可导,函数 $f(x)$ 在点 x 处的相对改变量 $\dfrac{\Delta y}{y}$ 与自变量在 x 处的相对改变量 $\dfrac{\Delta x}{x}$ 之比,当 $\Delta x\to 0$ 时的极限,即

$$\lim_{\Delta x\to 0}\frac{\dfrac{\Delta y}{y}}{\dfrac{\Delta x}{x}}=\lim_{\Delta x\to 0}\frac{\dfrac{f(x+\Delta x)-f(x)}{y}}{\dfrac{\Delta x}{x}}$$

若存在,则此极限为函数 $f(x)$ 在点 x 处的相对变化率,也称为函数 $f(x)$ 在点 x 处的弹性,记为 ε:

$$\varepsilon=\lim_{\Delta x\to 0}\frac{\dfrac{\Delta y}{y}}{\dfrac{\Delta x}{x}}=\lim_{\Delta x\to 0}\frac{x}{y}\frac{\Delta y}{\Delta x}=\frac{x}{y}\lim_{\Delta x\to 0}\frac{\Delta y}{\Delta x}=\frac{x}{y}y',$$

也可记为

$$\varepsilon = \frac{x}{y}\frac{\mathrm{d}y}{\mathrm{d}x} \quad \text{或} \quad \varepsilon = \frac{\mathrm{d}\ln y}{\mathrm{d}\ln x}.$$

函数 $y=f(x)$ 在点 x 处的弹性 ε 反映了当自变量变化 1% 时,函数变化的百分数为 $|\varepsilon|\%$. 当 $|\varepsilon|=1$ 时,称为单位弹性,即函数的相对变化等于自变量的相对变化;当 $|\varepsilon|>1$ 时,称富有弹性,表明函数的相对变化大于自变量的相对变化;当 $|\varepsilon|<1$ 时,称缺乏弹性,表明函数的相对变化小于自变量的相对变化.

函数的弹性具有两个有趣的性质:

性质 1 设 $y=f(x)$,令 $u=\lambda y, v=\mu x$(λ,μ 均为常数),则 u 作为 v 的函数其弹性等于函数 $y=f(x)$ 的弹性.

事实上,u 作为 v 的函数的弹性

$$\frac{v}{u}\frac{\mathrm{d}u}{\mathrm{d}v} = \frac{\mu x}{\lambda y}\frac{\mathrm{d}\lambda y}{\mathrm{d}\mu x} = \frac{\mu x}{\lambda y}\frac{\lambda}{\mu}\frac{\mathrm{d}y}{\mathrm{d}x} = \frac{x}{y}\frac{\mathrm{d}y}{\mathrm{d}x}.$$

上式左边是 u 对 v 的弹性,右边是 y 对 x 的弹性.

该性质说明,改变自变量、因变量的计量单位,函数的弹性不变.

性质 2 两个函数积的弹性等于这两个函数弹性之和,两个函数商的弹性等于这两个函数弹性之差.

其证明留给读者作为练习.

在经济学中,把需求量对价格的相对变化率称为需求的价格弹性或简称需求弹性. 设需求函数为 $Q=f(P)$,由函数弹性的定义,需求弹性为

$$\varepsilon(P) = \frac{P}{Q}\frac{\mathrm{d}Q}{\mathrm{d}P}.$$

其经济意义表示某产品在价格为 P 时,价格变化 1%,对这种产品需求量变化的百分数.

当 $|\varepsilon|>1$ 时,我们说需求有弹性,它表明价格一个百分比的变化会引起一个更大的百分比的需求量的变化,降价要导致总需求以高于降价百分数的百分数增加,从而导致总收入增加,提高价格只会导致总收入下降. 当 $|\varepsilon|<1$ 时,我们说需求缺乏弹性,它表明一个百分比的价格变动,将引起一个更小的百分比的需求量的变动,如果价格降低 1%,需求增加的百分数将小于 1%,降价将引起总收入的减少,适当提高价格会带来总收入的增加.

当 $|\varepsilon|=1$ 时,称需求是单位弹性,它表明需求量的变动与价格变动按相同的百分比进行,这时价格的变动不影响总收入的变动.

例 4 设某产品的需求函数为

$$Q=f(P)=100-2P \quad (0 \leqslant P < 50).$$

(1) 求需求弹性.

(2) 讨论当价格为多少时,弹性为单位弹性、有弹性和缺乏弹性.

解 (1) $\varepsilon(P) = \dfrac{P}{Q}\dfrac{dQ}{dP} = \dfrac{P}{100-2P}(-2) = \dfrac{P}{P-50}$,

可见需求弹性是价格的函数.

(2) 当 $|\varepsilon(P)| = \left|\dfrac{P}{P-50}\right| = \dfrac{P}{50-P} = 1$ 时,

$P = 25$,故当价格为 25 时,需求弹性是单位弹性.

$|\varepsilon(P)| = \dfrac{P}{50-P} \geqslant 1$ 时,$25 < P < 50$.

此时,需求是有弹性的,当价格在 25 至 50 之间变动时,价格变化 1%,需求量变化的百分数要大于 1.

$|\varepsilon(P)| = \dfrac{P}{50-P} < 1$ 时,$0 < P < 25$.

此时需求是缺乏弹性的,当价格在 0 至 25 元间变动时,价格变化 1%,需求量变化的百分数要小于 1.

上述讨论如图 2-22 所示.

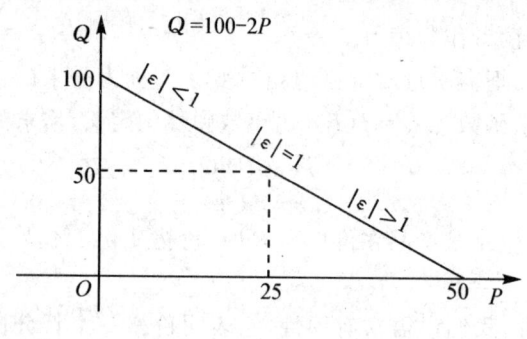

图 2-22

类似于上述方法,还可对其他经济函数作弹性分析,例如收入对价格的弹性、收入对需求量的弹性等.

例 5 设需求函数为

$$Q = f(P) = 50 - P, \quad 0 < P < 50.$$

求收入 R 对价格 P 的弹性.

解 将收入 R 表示为价格 P 的函数,有

$$R = R(P) = QP = (50-P)P.$$

所以收入 R 对价格 P 的弹性为

$$\varepsilon(P)=\frac{P}{R}\frac{dR}{dP}=\frac{P}{(50-P)P}(50-2P)=\frac{50-2P}{50-P}.$$

当 $50>P>\dfrac{100}{3}$ 时，$|\varepsilon(P)|>1$，收入是有弹性的，当 $0<P<\dfrac{100}{3}$ 时，$|\varepsilon(P)|<1$，收入是缺乏弹性的，当 $P=\dfrac{100}{3}$ 时，收入是单位弹性。

边际收入与需求弹性有密切的关系。

设 $R=PQ$，

则边际收入

$$\frac{dR}{dQ}=\frac{dPQ}{dQ}=P+Q\frac{dP}{dQ}=P\left(1+\frac{Q}{P}\frac{dP}{dQ}\right)$$

$$=P\left(1+\frac{1}{\frac{P}{Q}\frac{dQ}{dP}}\right)=P\left(1+\frac{1}{\varepsilon(P)}\right).$$

由于需求弹性 $\varepsilon(P)<0$，所以上式又可写为

$$\frac{dR}{dQ}=P\left(1-\frac{1}{|\varepsilon(P)|}\right).$$

三、优化分析

例6 设某企业的总收入函数为 $R(Q)=20Q-Q^2$，其中 Q 为产品产量，试求收入最大时的产量以及与该产量相应的产品价格。

解 $R'(Q)=(20Q-Q^2)'=20-2Q=0, Q_0=10.$

$R''(Q)=-2<0.$

故 $Q_0=10$ 是 $R(Q)$ 的极大值点，且是 $R(Q)$ 的唯一极值点，所以收入最大时的产量是 10，最大收入为

$$R(10)=200-100=100.$$

产品价格 $P=\dfrac{R}{Q}=\dfrac{20Q-Q^2}{Q}=20-Q.$

与收入最大时的相应价格为

$$P|_{Q=10}=20-10=10.$$

例7 某种牌号的收音机，当单价为 120 元时，某商店可销售 2000 台，当价格每降低 5 元时，商店可多销售 20 台。试求使商店获得最大收入的价格、销售量及最大收入。

解 本例的需求函数已在 §1.7 中得到，为

$$Q=2480-4P.$$

故收入函数为

$$R = PQ = P(2\,480 - 4P) = 2\,480P - 4P^2.$$
$$R'(P) = 2480 - 8P = 0,$$

得 $\quad P_0 = 310(元).$

且 $\quad R''(P) = -8 < 0,$

故 $P_0 = 310$ 是使商店收入最大的销售价格. 此时的销售量为
$$Q = 2\,480 - 4 \times 310 = 1\,240(台).$$

最大收入为
$$R(310) = 1\,240 \times 310 = 384\,400(元).$$

例 8 设某企业的总成本 C 与产量 Q 的关系式是
$$C(Q) = 27 + 9Q + 3Q^2.$$
试求最小平均成本.

解 平均成本函数
$$AC = \overline{C}(Q) = \frac{C(Q)}{Q} = \frac{27 + 9Q + 3Q^2}{Q}$$
$$= \frac{27}{Q} + 9 + 3Q.$$

$$\overline{C}' = -\frac{27}{Q^2} + 3 = 0,$$

得 $\quad Q_0 = 3, \quad Q_1 = -3(不合题意舍去).$

且 $\quad \overline{C}''(Q) = \frac{54}{Q^3}, \quad \overline{C}''(3) > 0,$

故 $Q_0 = 3$ 是使平均成本最小的产量. 其最小平均成本为
$$\overline{C}(3) = \frac{27}{3} + 9 + 3 \times 3 = 27.$$

一般地有, 对平均成本函数求导, 有
$$\overline{C}' = \left(\frac{C(Q)}{Q}\right)' = \frac{QC'(Q) - C(Q)}{Q^2}$$
$$= \frac{1}{Q}\left(C'(Q) - \frac{C(Q)}{Q}\right).$$

若使平均成本函数取得极小值, 应有 $\overline{C}' = 0$, 即
$$C'(Q) - \frac{C(Q)}{Q} = 0.$$

故有 $\quad C'(Q) = \frac{C(Q)}{Q} = \overline{C}(Q).$

所以若使产量在 Q_0 时平均成本最低, 平均成本应与在产量为 Q_0 时的边际成本相等.

经济应用 Ⅱ 2.9

例 9 设某企业生产某产品 Q 个单位时的平均成本是 $AC = \overline{C}(Q) = \frac{1}{3}Q^2 - 4Q + 15 + \frac{2}{Q}$,需求函数为 $Q = f(P) = 10 - P$. 试求使利润最大时的产量,价格及最大利润.

解 价格函数 $P = f^{-1}(Q) = 10 - Q$,

收入函数 $R = PQ = (10 - Q)Q = 10Q - Q^2$,

成本函数 $C(Q) = (AC)Q = \frac{1}{3}Q^3 - 4Q^2 + 15Q + 2$,

利润函数 $L(Q) = R(Q) - C(Q)$
$$= (10Q - Q^2) - \left(\frac{1}{3}Q^3 - 4Q^2 + 15Q + 2\right)$$
$$= -\frac{1}{3}Q^3 + 3Q^2 - 5Q - 2.$$
$$L'(Q) = -Q^2 + 6Q - 5,$$

令 $L'(Q) = 0$ 得 $Q_1 = 5$, $Q_2 = 1$,
$$L''(Q) = -2Q + 6,$$
$$L''(5) = -10 + 6 = -4 < 0,$$
$$L''(1) = -2 + 6 = 4 > 0.$$

故 $Q_1 = 5$ 是使利润最大时的产量. 此时的价格为 $P = 10 - 5 = 5$.

最大利润为
$$L(5) = -\frac{1}{3} \times 5^3 + 3 \times 5^2 - 5 \times 5 - 2 = \frac{19}{3}.$$

练 习 2.9

(A)

1. 设成本函数 $C(Q) = Q^2 + 5Q + 5$,$C(5+1) - C(5) = ($ $)$,其经济意义是( );$C'(5) = ($ $)$,其经济意义是( ).

2. $\Delta C = C(Q_0 + 1) - C(Q_0) \approx C'(Q_0)$ 的经济意义是( ).

3. 设需求函数 $Q = 10 - P$,在 $P = P_0$ 时的边际需求是( ).

4. 设利润函数为 $L(Q) = -5Q^2 + 250Q$,在( )时,边际利润等于零;在( )时,边际利润大于零;在( )时,边际利润小于零.

5. 函数 $f(x) = x\ln(1+x)$ 的弹性是( ).

6. 函数 $y = f(x)$ 的弹性 $\varepsilon = \dfrac{\mathrm{d}(\quad)}{\mathrm{d}(\quad)}$.

7. 设需求函数 $Q=f(P)=10-P$，需求 Q 对价格 P 的弹性是（　　），当（　　）时，是单位弹性，当（　　）时，需求富有弹性，当（　　）时，需求缺乏弹性．

8. 设需求函数 $Q=10\left(\dfrac{1}{2}\right)^P$，$P=10$ 时需求弹性是（　　），当价格在 10 个单位的基础上提高 1% 时，需求量（　　）的百分数是（　　）．

(B)

1. 某产品生产 Q（吨）的总成本 C（元）为产量 Q 的函数：
$$C(Q)=1\,000+7Q+50\sqrt{Q},\quad Q\in[0,1\,000].$$
求：(1) 当产量为 100 吨时的总成本；
(2) 当产量为 100 吨时的平均成本；
(3) 当产量从 100 吨增加到 225 吨时，总成本的平均变化率；
(4) 当产量为 100 吨时的边际成本．

2. 设某企业每月生产 Q（吨）产品的总成本（千元）是产量 Q 的函数：
$$C(Q)=Q^2-10Q+20.$$
如果每吨销售价格为 2 万元，求每月生产 8 吨和 20 吨时的边际利润，并分别说明其经济意义．

3. 设某市场对某商品的需求量 Q 是价格 P 的函数 $Q=50-5P$，求其边际需求及边际价格，并分别作出经济解释．

4. 设某商品的需求函数为 $Q=50-P$，P 为商品价格，且 $0<P<50$．
(1) 求需求对价格的弹性并说明其经济意义．
(2) 讨论当价格为多少时，弹性为单位弹性；价格为何值时，需求是富有弹性的，又当价格为何值时，需求是缺乏弹性的．

5. 设生产某产品 Q 个单位的生产费用为 $C(Q)=900+20Q+Q^2$．问 Q 为多少时使平均费用最低？最低的平均费用是多少？

6. 设某产品生产 Q 吨的利润是
$$L(Q)=-\dfrac{1}{3}Q^3+6Q^2-11Q-40（万元），$$
问生产多少吨时，获利润最大？

7. 某工厂生产某种型号车床，年产量为 Q（百台），总成本为 $C(Q)=8+Q$（万元），获得的总收入为 $R(Q)=10Q-0.5Q^2$．问每年生产多少时总利润最大？最大利润是多少？

8. 某厂生产某产品 Q 个单位的总成本是 $C(Q)=\dfrac{3}{2}Q^2+40$，市场上对该

产品的需求函数为 $Q=\sqrt{60-P}$. 求使利润最大的产量、价格与最大利润.

9. 设销售某产品 Q 个单位的收入为
$$R(Q)=400Q-Q^2-900.$$
求:(1) 使收入最大的销售量及最大收入;

(2) 使平均收入最高的销售量及最高平均收入.

复 习 题 二

1. 在导数的定义中,$\lim\limits_{\Delta x\to 0}\dfrac{\Delta y}{\Delta x}$ 的 Δx 是正的还是负的? 还是可正可负? $\lim\limits_{\Delta x\to 0}\dfrac{\Delta y}{\Delta x}$ 与 $\lim\limits_{\Delta x\to 0^+}\dfrac{\Delta y}{\Delta x}$ 及 $\lim\limits_{\Delta x\to 0^-}\dfrac{\Delta y}{\Delta x}$ 之间有什么关系?

2. $f'(x)$ 与 $f'(x_0)$ 有什么不同? $f'(x_0)$ 与 $[f(x_0)]'$ 有什么不同?

3. 已知两曲线 $y=x^2-1$ 与 $y=1-x^3$ 在横坐标 x_0 处的切线互相平行,求 x_0 的值.

4. 计算下列各函数的导数:

(1) 设 $y=f(x)=14$,求 $f'(-2),f'(2)$;

(2) 设 $y=x^2,y=\sqrt{x},y=\dfrac{1}{\sqrt{x}},y=\sqrt[m]{x^n}$,求 y';

(3) 设 $y=\lg x,y=\log_2 x,y=\log_{0.5}x,y=\ln|x|$,求 y';

(4) 设 $y=10^x,y=2^x,y=\left(\dfrac{1}{2}\right)^x,y=e^x$,求 y'.

5. 求下列函数的导数:

(1) $y=2x^2-3\sqrt{x}+\dfrac{4}{x}$; (2) $y=2^x-\ln\sqrt{x}$;

(3) $y=\dfrac{x^2-1}{x+2}$; (4) $y=\dfrac{\sin x}{x}$;

(5) $y=(x-1)(2x-1)^2$; (6) $y=\sqrt{x}\ln x$.

6. 求下列函数的导数:

(1) $y=e^{\sqrt{x}}$; (2) $y=\sin e^x$;

(3) $y=\left(\dfrac{1-\ln x}{1+\ln x}\right)^2$; (4) $y=\left(\dfrac{x-1}{x+1}\right)^3$;

(5) $y=x\ln\sqrt{x^2-1}$; (6) $y=10^{\sin\frac{1}{x}}$;

(7) $y=\tan\ln x$; (8) $y=x\sqrt[3]{1-\sin x}$;

(9) $y = \text{arccot} x^2$;   (10) $y = e^{\arcsin\sqrt{x}}$;

(11) $y = \ln(x+\sqrt{1+x^2}) + x\cos^2 x$;

(12) $y = \sqrt{(x-a)(x-b)(x-c)(x-d)}$.

7. 求下列隐函数的导数：

(1) $\ln\sqrt{x^2+y^2} = \arctan\dfrac{y}{x}$，其中 $y = f(x)$；

(2) $e^{x+y} - xy = 1$，求 $\dfrac{dy}{dx}\bigg|_{x=0}$.

8. 求下列函数的二阶导数：

(1) $y = x^4 - 5x^3 + 6x - 4$;   (2) $y = \ln(1+x)$;

(3) $y = xe^{-x}$;   (4) $y = \dfrac{x}{1+x}$.

9. 求下列函数的微分：

(1) $y = e^{\cos\frac{1}{x}}$;   (2) $y = \ln\dfrac{1+x}{1-x}$;

(3) $y = e^{-x}\cos 2x$;   (4) $y = \dfrac{1+x^2}{1-x^2}$;

(5) $\dfrac{x^2}{a^2} + \dfrac{y^2}{b^2} = 1$，求 dy;   (6) $y^2 = 1 - xe^y$，求 dy.

10. 已知 $A(1,1), B(3,-3)$ 是曲线 $f(x) = 2x - x^2$ 上的两点，试在该曲线上求一点，使曲线在该点处的切线平行于弦 AB.

11. 用洛必达法则求下列极限：

(1) $\lim\limits_{x\to 0}\dfrac{(1-x)^\alpha - 1}{x}$ (α 是常数);   (2) $\lim\limits_{x\to 0}\dfrac{\sin 2x}{x}$;

(3) $\lim\limits_{x\to\frac{\pi}{2}}\dfrac{\ln\sin x}{(\pi-2x)^2}$;   (4) $\lim\limits_{x\to 0^+}\dfrac{\cot x}{\ln x}$;

(5) $\lim\limits_{x\to+\infty}\dfrac{\ln^2 x}{x}$;   (6) $\lim\limits_{x\to 0}\dfrac{\ln(1-x)}{x}$;

(7) $\lim\limits_{x\to 1}\left(\dfrac{1}{x-1} - \dfrac{3}{x^3-1}\right)$;   (8) $\lim\limits_{x\to 1}\left(\dfrac{1}{x-1} - \dfrac{1}{\ln x}\right)$.

12. 求下列函数的单调区间：

(1) $f(x) = x^3 - 3x - 1$;   (2) $f(x) = x^3 + 3x^2 + 3x - 4$;

(3) $f(x) = \sqrt{x} - x$;   (4) $f(x) = \dfrac{x-1}{x+1}$;

(5) $f(x) = x - \arctan x$;   (6) $f(x) = \dfrac{x^2}{1+x}$.

13. 讨论下列函数的凹向和拐点：

(1) $f(x) = 2x^3 + 3x^2 + x + 2$；

(2) $f(x) = x^4 - 4x^3 + 16$．

14. 已知曲线 $y = x^3 + ax^2 - 9x + 4$ 在 $x = 1$ 处有拐点，

(1) 试确定系数 a；

(2) 求曲线的拐点；

(3) 讨论曲线的单调性和凹向．

15. 求下列函数的极值：

(1) $f(x) = x^4 - 2x^2 + 3$；

(2) $f(x) = x^3 + 3x^2 - 24x + 12$；

(3) $g(x) = \dfrac{x}{3} + \dfrac{4}{x}$；

(4) $g(x) = x^2 + \dfrac{16}{x}$；

(5) $f(x) = \dfrac{x^2 + x + 1}{x}$；

(6) $f(x) = \dfrac{6x}{x^2 + 1}$．

16. 求下列函数在给定区间上的最大值与最小值：

(1) $f(x) = x^5 - 5x^4 + 5x^3 + 1$， $-1 \leqslant x \leqslant 2$；

(2) $g(x) = \dfrac{x^2}{1+x}$， $-\dfrac{1}{2} \leqslant x \leqslant 1$；

(3) $h(x) = x + \sqrt{x}$， $0 \leqslant x \leqslant 4$；

(4) $f(x) = \sin 2x - x$， $|x| \leqslant \dfrac{\pi}{2}$．

17. 设函数 $f(x) = a\ln x + bx^2 + x$ 在 $x_1 = 1$ 和 $x_2 = 2$ 处有极值．试确定 a 与 b 之值，并问 $f(x)$ 在 x_1 及 x_2 处是取极大值还是极小值？

18. 设抛物线 $y = x^2 - 1 (x > 0)$ 上点 $P(t, t^2 - 1)$ 的切线与 x 轴、y 轴分别交于 A、B 两点，原点为 O．

(1) 将 $\triangle OAB$ 的面积 S 表示成 t 的函数；

(2) 求面积 S 的最小值；

(3) 求此时点 P 的坐标．

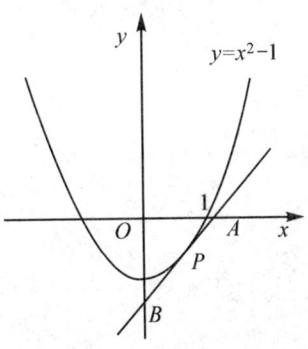

(第 18 题)

19. 某农场要围建一个面积为 512 的矩形晒谷场,一边利用原来的石条沿,其他三边需新砌石条沿.问晒谷场的长和宽各为多少时,用料最省?

20. 有一个企业生产某种产品,每批生产 Q 个单位的总成本为 $C(Q)=3+Q$(百元),可得的总收入为 $R(Q)=6Q-Q^2$(百元).

(1) 求:产量分别为 2,2.5,3 时的边际成本和边际利润.

(2) 分别说明上述各经济量的经济意义.

21. 设某商品需求量 Q 对价格 P 的函数关系 $Q=160\left(\dfrac{1}{3}\right)^P$,求需求量对价格 P 的弹性.

22. 设某商品需求量 Q 对价格 P 的弹性为 $-2P\ln 2$.求销售收入 $R=PQ$ 对价格 P 的弹性.

23. 某厂每批生产某产品 Q 个单位的总成本为
$$C(Q)=5Q+200,$$
对该产品的市场需求为
$$Q=1\,000-100P.$$
问每批应生产多少个单位时才能使得利润最大?最大利润是多少?

第三章　不定积分与定积分

在第二章,我们解决了这样的问题:已知物体的运动规律求物体的运动速度,已知生产某产品的总成本求边际成本,已知平面曲线求其切线斜率.这些问题都归结为已知一个函数求这个函数的导数.在实际应用中也往往遇到这样的问题:已知物体运动速度的变化规律求运动规律,已知生产某产品的边际成本求总成本,已知平面曲线切线斜率求平面曲线.这些问题都归结为已知一个函数的导数求这个函数,显然这一类问题就是前一类问题的逆问题.在本章我们首先介绍与此相关的不定积分,然后介绍与不定积分紧密联系的定积分.

§3.1　不定积分的概念与性质

一、原函数与不定积分的概念

已知函数 $f(x)=x^2$,由于 $2x=(x^2)'$,则我们称函数 $2x$ 是 x^2 的导数,已知函数 $f(x)=\mathrm{e}^{-x}$,由于 $-\mathrm{e}^{-x}=(\mathrm{e}^{-x})'$,则我们称函数 $-\mathrm{e}^{-x}$ 是函数 e^{-x} 的导数.一般地设函数 $y=f(x)$,则函数 $f'(x)$ 称为函数 $f(x)$ 的导数.既然我们称 $f'(x)$ 是 $f(x)$ 的导数,那么我们应该称 $f(x)$ 是 $f'(x)$ 的什么呢?下面的定义给出了这种称谓:

定义 3.1　设函数 $y=f(x)$,$x\in(a,b)$.如果在区间 (a,b) 内存在某函数 $F(x)$,满足
$$F'(x)=f(x),$$
则称函数 $F(x)$ 是函数 $f(x)$ 在区间 (a,b) 内的一个原函数.

由这个定义,我们可以称 x^2 是 $2x$ 的一个原函数,e^{-x} 是 $-\mathrm{e}^{-x}$ 的一个原函数.这样满足等式 $F'(x)=f(x)$ 的两个函数 $f(x)$ 与 $F(x)$ 相互之间的称谓就全面了.$f(x)$ 称为 $F(x)$ 的导数,$F(x)$ 称为 $f(x)$ 的原函数.还可以看下面的两个例子:

由于$(\sqrt{x})' = \dfrac{1}{2\sqrt{x}}$，我们称$\dfrac{1}{2\sqrt{x}}$是函数$\sqrt{x}$的导数，而称$\sqrt{x}$是函数$\dfrac{1}{2\sqrt{x}}$的一个原函数。

由于$(\tan 2x)' = \dfrac{2}{\cos^2 2x}$，我们称$\dfrac{2}{\cos^2 2x}$是函数$\tan 2x$的导数，而称$\tan 2x$是函数$\dfrac{2}{\cos^2 2x}$的一个原函数。

检验函数$F(x)$是否为$f(x)$的原函数，只有一个标准，那就是看$F(x)$的导数是否等于$f(x)$。若$F'(x) = f(x)$，则$F(x)$就是$f(x)$的原函数，若$F'(x) \neq f(x)$，则$F(x)$就不是$f(x)$的原函数。

对于任意常数C，由于$(x^2+C)' = 2x$，$(e^{-x}+C)' = -e^{-x}$，故由定义3.1，x^2+C是$2x$的原函数，$e^{-x}+C$是$-e^{-x}$的原函数。

一般地，若$F(x)$是$f(x)$的一个原函数，对于任意常数C，由于$(F(x)+C)' = F'(x) = f(x)$，故$F(x)+C$是$f(x)$的原函数。

进一步地，若$F(x)$是$f(x)$的一个原函数，则$F(x)+C$是$f(x)$的所有原函数。

事实上，设$\varphi(x)$是$f(x)$的任意一个原函数。由上述定义，当然有$\varphi'(x) = f(x)$。由于$F'(x) = f(x)$，故$\varphi'(x) = F'(x)$。由拉格朗日中值定理的推论2，可知$\varphi(x) = F(x) + C$。这就意味着$f(x)$的任意一个原函数都可表示成$F(x)+C$。换句话说就是：若$F(x)$是$f(x)$的一个原函数，则$F(x)+C$是$f(x)$的所有原函数。

定义3.2 函数$f(x)$的所有原函数称为函数$f(x)$的不定积分，记为

$$\int f(x)dx.$$

如果$F(x)$是$f(x)$在(a,b)内的一个原函数，则由定义有

$$\int f(x)dx = F(x) + C,$$

其中$\int$称为不定积分号，$f(x)$称为被积函数，$f(x)dx$称为被积表达式，x称为积分变量，C称为积分常数。

有了这个定义，前面的几个例子就可记为：

由于$(x^2)' = 2x$，故

$$\int 2x\,dx = x^2 + C.$$

由于$(e^{-x})' = -e^{-x}$，故

$$\int (-e^{-x})dx = e^{-x} + C.$$

3.1 不定积分的概念与性质

由于 $(\sqrt{x})' = \dfrac{1}{2\sqrt{x}}$,故

$$\int \dfrac{1}{2\sqrt{x}} dx = \sqrt{x} + C.$$

由于 $(\tan 2x)' = \dfrac{2}{\cos^2 2x}$,故

$$\int \dfrac{2}{\cos^2 2x} dx = \tan 2x + C.$$

例 1 求 $\int 4x^3 dx$.

解 因为 $(x^4)' = 4x^3$,故 $x^4 + C$ 是 $4x^3$ 的所有原函数. 按照定义 3.2,$x^4 + C$ 是 $4x^3$ 的不定积分. 于是有

$$\int 4x^3 dx = x^4 + C.$$

例 2 求 $\int \sin x \, dx$.

解 因为 $(-\cos x)' = \sin x$,故 $-\cos x + C$ 是函数 $\sin x$ 的不定积分,即

$$\int \sin x \, dx = -\cos x + C.$$

例 3 求 $\int \dfrac{1}{x} dx$.

解 当 $x > 0$ 时,$(\ln x)' = \dfrac{1}{x}$.

$x < 0$ 时,$[\ln(-x)]' = \dfrac{1}{-x}(-x)' = \dfrac{1}{x}$.

故

$$(\ln|x|)' = \dfrac{1}{x}.$$

即是说 $\ln|x| + C$ 是 $\dfrac{1}{x}$ 的不定积分,即

$$\int \dfrac{1}{x} dx = \ln|x| + C.$$

例 4 求 $\int \dfrac{1}{\sqrt{1-x^2}} dx$.

解 由于 $(\arcsin x)' = \dfrac{1}{\sqrt{1-x^2}}$,故 $\arcsin x + C$ 是函数 $\dfrac{1}{\sqrt{1-x^2}}$ 的不定积分,即

$$\int \dfrac{1}{\sqrt{1-x^2}} dx = \arcsin x + C.$$

二、不定积分的性质

不定积分具有如下的一些性质：

性质 1 $\left(\int f(x)\mathrm{d}x\right)' = f(x)$，或

$$\mathrm{d}\int f(x)\mathrm{d}x = f(x)\mathrm{d}x.$$

证明 设 $\int f(x)\mathrm{d}x = F(x) + C$，

则由定义 3.2，$F'(x) = f(x)$，故

$$\left(\int f(x)\mathrm{d}x\right)' = (F(x) + C)'$$
$$= F'(x) = f(x).$$

写成微分的形式即为

$$\mathrm{d}\int f(x)\mathrm{d}x = f(x)\mathrm{d}x.$$

大家知道,在算术运算中 $a+b-b=a$, $a \cdot b \div b = a (b \neq 0)$,这表明加法与减法,乘法与除法是互逆的运算. 性质 1 表明,对某函数 $f(x)$ 先求不定积分后求导数的结果还是等于该函数,这表明求导与求不定积分是互逆的运算.

函数 $y = f(x)$ 的微分 $\mathrm{d}y = f'(x)\mathrm{d}x$. 相反地, $f(x)\mathrm{d}x$ 是哪个函数的微分呢？即填括号 $f(x)\mathrm{d}x = \mathrm{d}(\quad)$. 这个问题实际上就是求不定积分问题. 由性质 1, $f(x)\mathrm{d}x = \mathrm{d}\int f(x)\mathrm{d}x$, 所以在括号中填上 $\int f(x)\mathrm{d}x$ 即可.

例 5 在下列各题的括号中填上适当的函数：

(1) $4x^3 \mathrm{d}x = \mathrm{d}(\quad)$

(2) $\dfrac{1}{2\sqrt{x}}\mathrm{d}x = \mathrm{d}(\quad)$

解 (1) 由性质 1，$4x^3 \mathrm{d}x = \mathrm{d}\left(\int 4x^3 \mathrm{d}x\right)$.

再由例 1 可知，$4x^3 \mathrm{d}x = \mathrm{d}(x^4 + C) = \mathrm{d}(x^4)$.

(2) $\dfrac{1}{2\sqrt{x}}\mathrm{d}x = \mathrm{d}\left(\int \dfrac{1}{2\sqrt{x}}\mathrm{d}x\right) = \mathrm{d}(\sqrt{x} + C) = \mathrm{d}(\sqrt{x})$.

性质 2 $\int F'(x)\mathrm{d}x = F(x) + C$，或

$$\int \mathrm{d}F(x) = F(x) + C.$$

证明 由于 $F(x)$ 是 $F'(x)$ 的原函数,故有

$$\int F'(x)\mathrm{d}x = F(x) + C.$$

又由于 $\mathrm{d}F(x) = F'(x)\mathrm{d}x$，故有

$$\int \mathrm{d}F(x) = F(x) + C.$$

这说明对某函数先求导数或微分后求不定积分的结果与该函数只相差一个常数.

性质 3 $\int (f(x) \pm g(x))\mathrm{d}x = \int f(x)\mathrm{d}x \pm \int g(x)\mathrm{d}x.$

证明 要证明上式成立，只需证明其右端的导数等于左端的被积函数即可．事实上

$$\left(\int f(x)\mathrm{d}x \pm \int g(x)\mathrm{d}x\right)' = \left(\int f(x)\mathrm{d}x\right)' \pm \left(\int g(x)\mathrm{d}x\right)'$$
$$= f(x) \pm g(x).$$

故上式成立.

这个性质可以推广到有限多个函数代数和的情况.

性质 4 $\int kf(x)\mathrm{d}x = k\int f(x)\mathrm{d}x$ （其中 k 是不为零的任意常数）.

由于 $\left(k\int f(x)\mathrm{d}x\right)' = k\left(\int f(x)\mathrm{d}x\right)' = kf(x)$，故上式成立.

性质 3 与性质 4 可以综合成如下的式子：

$$\int (k_1 f_1(x) \pm k_2 f_2(x))\mathrm{d}x = k_1 \int f_1(x)\mathrm{d}x \pm k_2 \int f_2(x)\mathrm{d}x$$

（其中 k_1, k_2 是常数）.

例 6 求下列不定积分：

(1) $\int (4\sin x - 3)\mathrm{d}x$；

(2) $\int \left(\dfrac{2}{x} + \dfrac{5}{\sqrt{1-x^2}}\right)\mathrm{d}x.$

解 (1) 由性质 3、性质 4 及例 2，

$$\int (4\sin x - 3)\mathrm{d}x = 4\int \sin x \mathrm{d}x - 3\int \mathrm{d}x$$
$$= -4\cos x + C_1 - 3x + C_2.$$

由于 C_1, C_2 均是任意常数，其和也是任意常数，故只要写出一个任意常数 C 即可．于是有

$$\int (4\sin x - 3)\mathrm{d}x = -4\cos x - 3x + C.$$

(2) 由性质 3、性质 4 及例 3、例 4，

$$\int\left(\frac{2}{x}+\frac{5}{\sqrt{1-x^2}}\right)dx = 2\int\frac{1}{x}dx+5\int\frac{1}{\sqrt{1-x^2}}dx$$
$$=2\ln|x|+5\arcsin x+C.$$

三、不定积分的几何意义

函数 $f(x)$ 的任一个原函数 $F(x)$ 的图像叫做 $f(x)$ 的积分曲线,它的方程是 $y=F(x)$. 由于对于任意常数 C, $F(x)+C$ 都是 $f(x)$ 的原函数,故 $f(x)$ 的积分曲线有无穷多条,它们中的任一条,都可通过把积分曲线 $y=F(x)$ 沿 y 轴的方向平行移动一段距离而得到. 所以一个函数 $f(x)$ 的不定积分的图形就是其全部积分曲线所构成的曲线簇,这个积分曲线簇的方程就是 $y=F(x)+C$,由于 $(F(x)+C)'=F'(x)=f(x)$. 由导数的几何意义,可知 $f(x)$ 正是积分曲线的切线斜率,在每一条积分曲线上横坐标为 x_0 的点处作切线,由于这些切线的斜率皆为 $f(x_0)$,故这些切线是彼此平行的(图3-1).

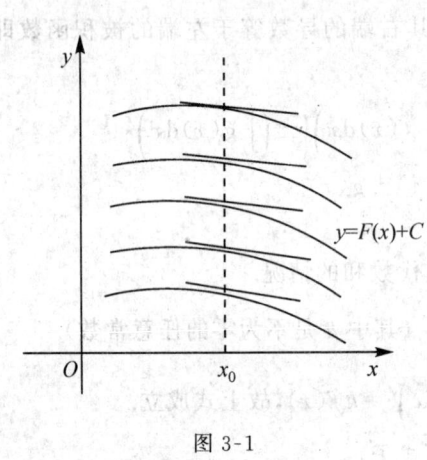

图 3-1

例7 已知某曲线在任意点处的切线斜率为 $2x$,且曲线经过点 $(0,1)$. 求该曲线方程.

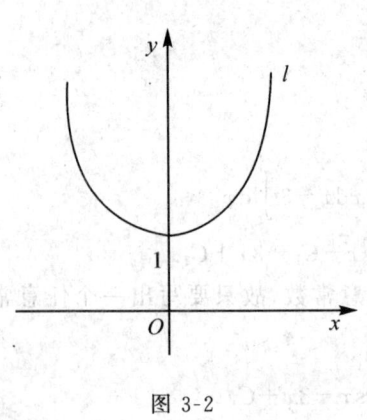

图 3-2

解 由不定积分的几何意义,切线斜率为 $2x$ 的曲线簇为

$$y=\int 2x dx, \quad 由于 (x^2)'=2x,故$$

$$y=\int 2x dx=x^2+C.$$

由于曲线经过点 $(0,1)$,将 $x=0,y=1$ 代入上式,有

$$1=0^2+C, \quad C=1.$$

故所求曲线方程为

$$y=x^2+1.$$

如图 3-2 所示,切线斜率为 $2x$ 的曲线

是一簇可以经过平移而得到的积分曲线,而经过点(0,1)的曲线是图中所示的抛物线 l.

练 习 3.1

(A)

(一)填空题

1. 将下面表中空格处填上适当的函数:

函数 $f(x)$	理由	$f(x)$的一个原函数
k(常数)	$(kx)'=k$	kx
$5x^4$		
$2e^{2x}$		
$\dfrac{1}{x}$		
$\dfrac{1}{1+x^2}$		

2. 在括号内填入一个适当的函数,并求出相应的不定积分:

(1) ( )$'=5$; $\displaystyle\int 5\mathrm{d}x=($ $)$;

(2) ( )$'=3x^2$; $\displaystyle\int 3x^2\mathrm{d}x=($ $)$;

(3) ( )$'=\dfrac{1}{\cos^2 x}$; $\displaystyle\int \dfrac{1}{\cos^2 x}\mathrm{d}x=($ $)$;

(4) ( )$'=\dfrac{-1}{\sqrt{1-u^2}}$; $\displaystyle\int \dfrac{-1}{\sqrt{1-u^2}}\mathrm{d}u=($ $)$.

3. 设 $\displaystyle\int f(x)\mathrm{d}x=\ln(1+x^2)+C$,则 $f(x)=($ $)$.

4. 设 $\displaystyle\int f(x)\mathrm{d}x=\dfrac{x}{1+x^2}+C$,则 $f(x)=($ $)$.

5. $\mathrm{d}\displaystyle\int \dfrac{\sin x}{x}\mathrm{d}x=($ $)$;

   $\displaystyle\int \left(\dfrac{\sin x}{x}\right)'\mathrm{d}x=($ $)$.

6. $\displaystyle\int (3f(x)-5g(x))\mathrm{d}x=3($ $)+($ $)\displaystyle\int g(x)\mathrm{d}x$.

7. 若某曲线簇上任意点处的切线斜率为零，则此曲线簇的方程是( ).

(二)选择题

1. 下列等式成立的有( ).

(A) $a\mathrm{d}x = \mathrm{d}(ax+b)$ (B) $x\mathrm{e}^{x^2}\mathrm{d}x = \mathrm{d}\mathrm{e}^{x^2}$

(C) $\dfrac{1}{\sqrt{x}}\mathrm{d}x = \dfrac{1}{2}\mathrm{d}\sqrt{x}$ (D) $\ln x\mathrm{d}x = \mathrm{d}\dfrac{1}{x}$

2. 下列式子不正确的有( ).

(A) $\int f'(x)\mathrm{d}x = f(x)$ (B) $\int \mathrm{d}f(x) = f(x) + C$

(C) $\mathrm{d}\int f(x)\mathrm{d}x = f(x) + C$ (D) $\left(\int f(x)\mathrm{d}x\right)' = f(x)\mathrm{d}x$

3. 曲线 $y = f(x)$ 在点 x 处的切线斜率为 $-x+2$，且曲线经过点 $(2,5)$，则该曲线方程为( ).

(A) $y = -x^2 + 2$ (B) $y = -\dfrac{1}{2}x^2 + 2x$

(C) $y = -\dfrac{1}{2}x^2 + 2x + 3$ (D) $y = -x^2 + 2x + 5$

(B)

1. 写出下列函数的一个原函数：

(1) $6x^5$； (2) $-\cos x$； (3) $\dfrac{1}{2\sqrt{t}}$； (4) $-\dfrac{4}{\sqrt{1-x^2}}$.

2. 根据不定积分的定义，验证下列等式：

(1) $\int x^4 \mathrm{d}x = \dfrac{1}{5}x^5 + C$；

(2) $\int \dfrac{1}{x^3}\mathrm{d}x = -\dfrac{1}{2}x^{-2} + C$；

(3) $\int (\sin x + \cos x)\mathrm{d}x = -\cos x + \sin x + C$.

3. 根据下列等式，求被积函数 $f(x)$：

(1) $\int f(x)\mathrm{d}x = \ln(x + \sqrt{1+x^2}) + C$；

(2) $\int f(x)\mathrm{d}x = \dfrac{1}{\sqrt{1+x^2}} + C$.

4. 曲线 $y = f(x)$ 在点 x 处的切线斜率为 e^{-x} 且曲线经过点 $(0,1)$，求该曲线方程.

§3.2 不定积分的基本公式

由于求导数或微分运算与不定积分是互逆的运算,所以对于每一个基本初等函数的求导公式就相应有一个求不定积分的公式,归纳起来,有下面不定积分的基本公式:

(1) $\int 0 \mathrm{d}x = C$;

(2) $\int x^a \mathrm{d}x = \dfrac{1}{a+1} x^{a+1} + C \quad (a \neq -1)$;

(3) $\int \dfrac{1}{x} \mathrm{d}x = \ln|x| + C$;

(4) $\int a^x \mathrm{d}x = \dfrac{1}{\ln a} a^x + C \quad (a > 0, a \neq 1)$;

(5) $\int e^x \mathrm{d}x = e^x + C$;

(6) $\int \sin x \mathrm{d}x = -\cos x + C$;

(7) $\int \cos x \mathrm{d}x = \sin x + C$;

(8) $\int \dfrac{1}{\cos^2 x} \mathrm{d}x = \tan x + C$;

(9) $\int \dfrac{1}{\sin^2 x} \mathrm{d}x = -\cot x + C$;

(10) $\int \dfrac{1}{\sqrt{1-x^2}} \mathrm{d}x = \arcsin x + C$;

(11) $\int \dfrac{1}{1+x^2} \mathrm{d}x = \arctan x + C$.

例 1 求 $\int (2x-1)^2 \mathrm{d}x$.

解 $\int (2x-1)^2 \mathrm{d}x = \int (4x^2 - 4x + 1) \mathrm{d}x$

$= 4 \int x^2 \mathrm{d}x - 4 \int x \mathrm{d}x + \int \mathrm{d}x$

$= \dfrac{4}{2+1} x^{2+1} - \dfrac{4}{1+1} x^{1+1} + x + C$

$= \dfrac{4}{3} x^3 - 2x^2 + x + C.$ （公式(2)）

例2 求 $\int \left(\dfrac{1}{\sqrt{x}}-\sqrt[3]{x}+\dfrac{1}{x^2}\right)\mathrm{d}x$.

解 $\int \left(\dfrac{1}{\sqrt{x}}-\sqrt[3]{x}+\dfrac{1}{x^2}\right)\mathrm{d}x$

$= \int \dfrac{1}{\sqrt{x}}\mathrm{d}x - \int \sqrt[3]{x}\,\mathrm{d}x + \int \dfrac{1}{x^2}\mathrm{d}x$

$= \int x^{-\frac{1}{2}}\mathrm{d}x - \int x^{\frac{1}{3}}\mathrm{d}x + \int x^{-2}\mathrm{d}x$

$= \dfrac{1}{-\frac{1}{2}+1}x^{-\frac{1}{2}+1} - \dfrac{1}{\frac{1}{3}+1}x^{\frac{1}{3}+1} + \dfrac{1}{-2+1}x^{-2+1} + C$ （公式(2)）

$= 2x^{\frac{1}{2}} - \dfrac{3}{4}x^{\frac{4}{3}} - x^{-1} + C$

$= 2\sqrt{x} - \dfrac{3}{4}x\sqrt[3]{x} - \dfrac{1}{x} + C.$

例3 求 $\int \left(\dfrac{1}{x}-3^x\right)\mathrm{d}x$.

解 $\int \left(\dfrac{1}{x}-3^x\right)\mathrm{d}x = \int \dfrac{1}{x}\mathrm{d}x - \int 3^x \mathrm{d}x$

$= \ln|x| - \dfrac{3^x}{\ln 3} + C.$ （公式(3),(4)）

例4 求 $\int \dfrac{x^2}{1+x^2}\mathrm{d}x$

解 $\int \dfrac{x^2}{1+x^2}\mathrm{d}x = \int \dfrac{x^2+1-1}{1+x^2}\mathrm{d}x$

$= \int \left(1-\dfrac{1}{1+x^2}\right)\mathrm{d}x$

$= \int x^0 \mathrm{d}x - \int \dfrac{1}{1+x^2}\mathrm{d}x$

$= \dfrac{1}{0+1}x^{0+1} - \arctan x + C$ （公式(2),(11)）

$= x - \arctan x + C.$

例5 求 $\int \sin^2 \dfrac{x}{2}\mathrm{d}x$.

解 $\int \sin^2 \dfrac{x}{2}\mathrm{d}x = \int \dfrac{1-\cos x}{2}\mathrm{d}x$

$= \dfrac{1}{2}\left(\int x^0 \mathrm{d}x - \int \cos x\,\mathrm{d}x\right)$

$$= \frac{1}{2}\left(\frac{1}{0+1}x^{0+1} - \sin x\right) + C \quad (公式(2),(7))$$

$$= \frac{1}{2}(x - \sin x) + C$$

例 6 求 $\int \tan^2 x \, dx$.

解 $\int \tan^2 x \, dx = \int \left(\frac{1}{\cos^2 x} - 1\right) dx$

$$= \int \frac{1}{\cos^2 x} dx - \int dx$$

$$= \tan x - x + C. \quad (公式(8),(2))$$

例 7 求 $\int \frac{1}{\sin^2 x \cos^2 x} dx$.

解 $\int \frac{1}{\sin^2 x \cos^2 x} dx = \int \frac{\sin^2 x + \cos^2 x}{\sin^2 x \cos^2 x} dx$

$$= \int \left(\frac{1}{\cos^2 x} + \frac{1}{\sin^2 x}\right) dx$$

$$= \int \frac{1}{\cos^2 x} dx + \int \frac{1}{\sin^2 x} dx$$

$$= \tan x - \cot x + C \quad (公式(8),(9))$$

例 8 求 $\int \frac{\sqrt{1-x^2} - x}{x\sqrt{1-x^2}} dx$.

解 $\int \frac{\sqrt{1-x^2} - x}{x\sqrt{1-x^2}} dx = \int \left(\frac{1}{x} - \frac{1}{\sqrt{1-x^2}}\right) dx$

$$= \int \frac{1}{x} dx - \int \frac{1}{\sqrt{1-x^2}} dx$$

$$= \ln|x| - \arcsin x + C \quad (公式(3),(10))$$

从上面这些不定积分计算的例子可以看到,不定积分基本公式是我们计算不定积分的出发点.这些初等函数的不定积分,虽然不能直接利用不定积分基本公式,但可通过适当的代数恒等变形,利用不定积分的性质,化为基本公式的类型,从而得出结果.由于其计算比较简单,故一般称这种不定积分计算方法为直接积分法.

练 习 3.2

(A)

1. $\int C\,dx = (\quad)$ (C 是常数). $\quad\int \dfrac{1}{\sqrt{x}}\,dx = (\quad)$.

2. $\int \left(\dfrac{1}{2}\right)^x dx = (\quad)$. $\quad\int 3^x\,dx = (\quad)$.

3. $\int (\quad)\,dx = \ln|x| + C$. $\quad\int (\quad)\,dx = \sin x + C$.

4. $\int \dfrac{1}{\cos^2 u}\,du = (\quad)$. $\quad\int \dfrac{1}{\sin^2 t}\,dt = (\quad)$.

5. $\int \dfrac{1}{\sqrt{1-v^2}}\,dv = (\quad)$. $\quad\int \dfrac{1}{1+y^2}\,dy = (\quad)$.

(B)

求下列不定积分：

(1) $\int (2-x^2)^2\,dx$;

(2) $\int (1-x)(2-3x)\,dx$;

(3) $\int \left(\dfrac{1-x}{x}\right)^2 dx$;

(4) $\int \left(\dfrac{1}{x} + \dfrac{2}{x^2} - \dfrac{3}{x^3}\right) dx$;

(5) $\int \dfrac{x-1}{\sqrt{x}}\,dx$;

(6) $\int t\sqrt{t}\sqrt{t}\,dt$;

(7) $\int \dfrac{1}{x^2(1+x^2)}\,dx$;

(8) $\int \dfrac{x^2+2}{1+x^2}\,dx$;

(9) $\int \dfrac{1+x+x^2}{x(1+x^2)}\,dx$;

(10) $\int \dfrac{e^{2x}-1}{e^x-1}\,dx$;

(11) $\int \cot^2 t\,dt$;

(12) $\int \cos^2 \dfrac{x}{2}\,dx$;

(13) $\int \dfrac{\sin 2x}{\sin x}\,dx$;

(14) $\int \dfrac{\cos 2x}{\sin^2 x}\,dx$.

§3.3 不定积分的计算

利用直接积分法求不定积分的范围是很有限的. 例如对于简单的初等函数 e^{3x}, 求其不定积分, 直接积分法就解决不了. 本节介绍的换元积分法与分部积分法为计算不定积分提供了有效的工具. 这些方法的基本思路都是将较困难的不定积分计算问题转化为能够利用不定积分基本公式的形式, 从而得到结果.

一、第一换元积分法

为了说明这种方法, 我们先看几个例子.

例1 求 $\int e^{3x} dx$.

该积分与公式(5)不完全相同, 不能直接利用积分公式. 但是, 比较一下它与公式(5)的区别, 只是被积函数 e^{3x} 与 e^x 在幂次上相差一个常数 3, 那么

$$\int e^{3x} dx = \int e^{3x} \frac{1}{3} d(3x)$$
$$= \frac{1}{3} \int e^{3x} d(3x).$$

若令 $u = 3x$, 则上式最后一个积分变为

$$\int e^{3x} d(3x) = \int e^u du.$$

这样, 就可以利用基本积分公式(5)了.

$$\int e^u du = e^u + C.$$

由于原不定积分的积分变量是 x, 要将变量替换 $u = 3x$ 代入上式右端, 这样就得到了原不定积分的结果, 整个计算过程可以表述为

$$\int e^{3x} dx = \frac{1}{3} \int e^{3x} d3x \xrightarrow{u=3x} \frac{1}{3} \int e^u du$$
$$= \frac{1}{3} e^u + C \xrightarrow{u=3x} \frac{1}{3} e^{3x} + C.$$

例2 求 $\int (2x+1)^{20} dx$.

如果用二项式定理将被积函数展开, 然后利用不定积分运算性质及基本积分公式(2)来计算, 那是相当麻烦的. 与上例方法类似, 可对被积表达式凑上一个适当的常数, 使得积分成为便于应用基本积分公式的形式.

由于 $dx = \frac{1}{2}d(2x+1)$，这样原积分变为

$$\int (2x+1)^{20} dx = \int (2x+1)^{20} \frac{1}{2} d(2x+1)$$
$$= \frac{1}{2} \int (2x+1)^{20} d(2x+1).$$

令 $u = 2x+1$，

$$\int (2x+1)^{20} d(2x+1) = \int u^{20} du$$
$$= \frac{1}{20+1} u^{20+1} + C \quad （公式(2)）$$
$$= \frac{1}{21} u^{21} + C.$$

然后将 $u = 2x+1$ 再代回上式. 整个计算过程为

$$\int (2x+1)^{20} dx = \frac{1}{2} \int (2x+1)^{20} d(2x+1) \xrightarrow{u=2x+1} \frac{1}{2} \int u^{20} du$$
$$= \frac{1}{42} u^{21} + C \xrightarrow{u=2x+1} \frac{1}{42} (2x+1)^{21} + C.$$

例 3 求 $\int \sin^2 x \cos x \, dx$.

该不定积分也不能直接利用积分公式，但 $\cos x \, dx = d\int \cos x \, dx = d\sin x$，这样就有

$$\int \sin^2 x \cos x \, dx = \int \sin^2 x \, d\sin x.$$
$$= \int u^2 du \quad (u = \sin x)$$
$$= \frac{1}{3} u^3 + C \quad （公式(2)）$$
$$= \frac{1}{3} \sin^3 x + C.$$

由此看来，虽然上述 3 例的结果不同，但所使用的方法是类似的，将不便于直接应用基本积分公式的不定积分对其被积表达式 $f(x) dx$ 凑上适当的常数或者进行微分式的变形，使得能应用基本积分公式. 这里的关键是从被积函数中拿出某因子 $g(x)$ 与 dx 结合起来，化成某个所需要函数的微分，即 $g(x) dx = d(\quad)$，这正是在 §3.1 节不定积分的性质 1 中讨论过的问题，在括号中填上 $\int g(x) dx$ 即可，这实际上是先进行局部的不定积分，以达到凑成函数的微分. 故这种方法一般称为凑微分法，也称为第一换元积分法.

3.3 不定积分的计算

定理 3.1 (第一换元积分法) 如果已知 $\int f(u)\mathrm{d}u = F(u) + C$,且 $u = \varphi(x)$ 可导,则

$$\int f(\varphi(x))\varphi'(x)\mathrm{d}x = F(\varphi(x)) + C.$$

证明 因为由条件,

$$\int f(u)\mathrm{d}u = F(u) + C.$$

故
$$F'(u) = f(u).$$

又由于
$$F(\varphi(x)) = F(u), u = \varphi(x),$$

利用复合函数微分法,

$$\frac{\mathrm{d}F(\varphi(x))}{\mathrm{d}x} = \frac{\mathrm{d}F(u)}{\mathrm{d}u}\frac{\mathrm{d}u}{\mathrm{d}x}$$
$$= f(u)\varphi'(x)$$
$$= f(\varphi(x))\varphi'(x),$$

所以 $F(\varphi(x))$ 是函数 $f(\varphi(x))\varphi'(x)$ 的一个原函数,即

$$\int f(\varphi(x))\varphi'(x)\mathrm{d}x = F(\varphi(x)) + C.$$

这个定理实质上是作的一个不定积分计算的转化工作,即将较难的不定积分计算 $\int f(\varphi(x))\varphi'(x)\mathrm{d}x$ 通过凑积分 $\varphi'(x)\mathrm{d}x = \mathrm{d}\varphi(x)$ 及换元 $u = \varphi(x)$ 化为较易计算的不定积分 $\int f(u)\mathrm{d}u$,利用这个积分的计算结果 $F(u) + C$ 就可得到原来那个较难不定积分的计算结果 $F(\varphi(x)) + C$,数学方法通常都是做的这种化难为易,化繁为简的工作.

这个定理表明的整个计算过程可表述为

$$\int f(\varphi(x))\varphi'(x)\mathrm{d}x = \int f(\varphi(x))\mathrm{d}\varphi(x) \quad (凑微分)$$
$$= \int f(u)\mathrm{d}u \quad (令 u = \varphi(x))$$
$$= F(u) + C \quad (利用性质与公式)$$
$$= F(\varphi(x)) + C. \quad (u = \varphi(x))$$

例 4 求 $\int x\sqrt{1+x^2}\,\mathrm{d}x$.

解 因为 $x = \frac{1}{2}(1+x^2)'$,

取 $u = \varphi(x) = (1+x^2)$,

$$f(\varphi(x)) = \frac{1}{2}\sqrt{1+x^2},$$

则 $\int x\sqrt{1+x^2}\,dx$

$= \int f(\varphi(x))\varphi'(x)\,dx$

$= \int f(\varphi(x))\,d\varphi(x)$

$= \int \frac{1}{2}\sqrt{1+x^2}\,d(1+x^2)$

$= \frac{1}{2}\int \sqrt{1+x^2}\,d(1+x^2)$

$= \frac{1}{2}\int \sqrt{u}\,du \quad (u=\varphi(x)=1+x^2)$

$= \frac{1}{2} \cdot \frac{2}{3}u^{\frac{3}{2}} + C$

$= \frac{1}{3}(1+x^2)^{\frac{3}{2}} + C.$

例5 求 $\int \dfrac{e^x}{1+e^x}\,dx$

解 因 $e^x\,dx = de^x = d(1+e^x)$,

取 $u = \varphi(x) = 1+e^x,$

$$f(\varphi(x)) = \frac{1}{1+e^x},$$

所以 $\int \dfrac{e^x}{1+e^x}\,dx = \int f(\varphi(x))\varphi'(x)\,dx$

$= \int f(\varphi(x))\,d\varphi(x)$

$= \int \dfrac{1}{1+e^x}\,d(1+e^x)$

$= \int \dfrac{1}{u}\,du \quad (u=\varphi(x)=1+e^x)$

$= \ln|u| + C$

$= \ln(1+e^x) + C.$

例6 求 $\int \tan x\,dx.$

解 $\tan x\,dx = \dfrac{\sin x}{\cos x}\,dx.$

将 $\sin x\,dx$ 凑成微分形式有

3.3 不定积分的计算

$$\sin x \mathrm{d}x = \mathrm{d}\int \sin x \mathrm{d}x = -\mathrm{d}\cos x.$$

于是令 $u = \cos x$,

有
$$\int \tan x \mathrm{d}x = \int \frac{\sin x}{\cos x} \mathrm{d}x = -\int \frac{1}{\cos x} \mathrm{d}\cos x$$
$$= -\int \frac{1}{u} \mathrm{d}u = -\ln|u| + C$$
$$= -\ln|\cos x| + C.$$

例 7 求 $\int \frac{\sin \sqrt{x}}{\sqrt{x}} \mathrm{d}x.$

解 将 $\frac{1}{\sqrt{x}} \mathrm{d}x$ 凑成微分形式有

$$\frac{1}{\sqrt{x}} \mathrm{d}x = \mathrm{d}\int \frac{1}{\sqrt{x}} \mathrm{d}x = \mathrm{d}\int x^{-\frac{1}{2}} \mathrm{d}x$$
$$= \mathrm{d}2\sqrt{x} = 2\mathrm{d}\sqrt{x}.$$

于是令 $u = \sqrt{x}$,

有
$$\int \frac{\sin \sqrt{x}}{\sqrt{x}} \mathrm{d}x = 2\int \sin \sqrt{x} \mathrm{d}\sqrt{x}$$
$$= 2\int \sin u \mathrm{d}u = -2\cos u + C$$
$$= -2\cos \sqrt{x} + C.$$

凑微分与换元的目的是为便于利用基本积分公式. 当运算比较熟练之后, 就可以略去设中间变量及换元的步骤, 如例 7 的运算过程可以简化为

$$\int \frac{\sin \sqrt{x}}{\sqrt{x}} \mathrm{d}x = 2\int \sin \sqrt{x} \mathrm{d}\sqrt{x}$$
$$= -2\cos \sqrt{x} + C.$$

例 8 求 $\int \sin^3 x \mathrm{d}x.$

解
$$\int \sin^3 x \mathrm{d}x = \int \sin^2 x \sin x \mathrm{d}x$$
$$= -\int (1 - \cos^2 x) \mathrm{d}\cos x$$
$$= \int \cos^2 x \mathrm{d}\cos x - \int \mathrm{d}\cos x$$
$$= \frac{1}{3}\cos^3 x - \cos x + C.$$

例9 求 $\int \dfrac{e^{\frac{1}{x}}}{x^2}dx$.

解 $\dfrac{1}{x^2}dx = d\int \dfrac{1}{x^2}dx = d\int x^{-2}dx = -d\dfrac{1}{x}$,

$$\int \dfrac{e^{\frac{1}{x}}}{x^2}dx = -\int e^{\frac{1}{x}}d\dfrac{1}{x} = -e^{\frac{1}{x}}+C.$$

例10 求 $\int \dfrac{1}{4+9x^2}dx$.

解
$$\int \dfrac{1}{4+9x^2}dx = \int \dfrac{1}{4\left(1+\dfrac{9}{4}x^2\right)}dx$$

$$= \dfrac{1}{4}\int \dfrac{1}{1+\left(\dfrac{3}{2}x\right)^2}dx$$

$$= \dfrac{1}{4}\cdot\dfrac{2}{3}\int \dfrac{1}{1+\left(\dfrac{3}{2}x\right)^2}d\dfrac{3}{2}x$$

$$= \dfrac{1}{6}\arctan\dfrac{3}{2}x+C.$$

例11 求 $\int \dfrac{1}{\sqrt{a^2-x^2}}dx$ $(a>0)$.

解
$$\int \dfrac{1}{\sqrt{a^2-x^2}}dx = \int \dfrac{1}{a\sqrt{1-\left(\dfrac{x}{a}\right)^2}}dx$$

$$= \int \dfrac{1}{\sqrt{1-\left(\dfrac{x}{a}\right)^2}}d\dfrac{x}{a}$$

$$= \arcsin\dfrac{x}{a}+C.$$

例12 求 $\int \dfrac{1}{(\ln x+1)x}dx$.

解 $\dfrac{1}{x}dx = d\int \dfrac{1}{x}dx = d\ln x$.

于是
$$\int \dfrac{1}{(\ln x+1)x}dx = \int \dfrac{1}{\ln x+1}d\ln x$$

$$= \int \dfrac{1}{\ln x+1}d(\ln x+1)$$

$$= \ln|\ln x+1|+C.$$

为了便于应用,我们把几种常用的凑微分形式归纳如下:

$$\mathrm{d}x = \frac{1}{a}\mathrm{d}(ax+b) \quad (a \neq 0);$$

$$x\mathrm{d}x = \frac{1}{2}\mathrm{d}x^2;$$

$$\frac{1}{x}\mathrm{d}x = \mathrm{d}\ln|x|;$$

$$\frac{1}{x^2}\mathrm{d}x = -\mathrm{d}\frac{1}{x};$$

$$\frac{1}{\sqrt{x}}\mathrm{d}x = 2\mathrm{d}\sqrt{x};$$

$$\mathrm{e}^x\mathrm{d}x = \mathrm{d}\mathrm{e}^x;$$

$$\cos x\,\mathrm{d}x = \mathrm{d}\sin x;$$

$$\sin x\,\mathrm{d}x = -\mathrm{d}\cos x;$$

$$\frac{1}{1+x^2}\mathrm{d}x = \mathrm{d}\arctan x;$$

$$\frac{1}{\sqrt{1-x^2}}\mathrm{d}x = \mathrm{d}\arcsin x.$$

二、第二换元积分法

如果积分 $\int f(x)\mathrm{d}x$ 的计算应用第一换元积分法不易得到结果,我们可以引入新的积分变量 t,令 $x=\varphi(t)$,这样,原不定积分化为 $\int f(\varphi(t))\varphi'(t)\mathrm{d}t$,使之变成能够应用基本积分公式的形式. 也就是通过换元 $x=\varphi(t)$,把较难计算的不定积分 $\int f(x)\mathrm{d}x$ 化为较易计算的不定积分 $\int f(\varphi(t))\varphi'(t)\mathrm{d}t$,通过 $\int f(\varphi(t))\varphi'(t)\mathrm{d}t$ 的计算结果从而得到 $\int f(x)\mathrm{d}x$ 的计算结果.

定理 3.2 (第二换元积分法) 设 $x=\varphi(t)$ 是单调、可导的函数,且 $\varphi'(t) \neq 0$,若

$$\int f(\varphi(t))\varphi'(t)\mathrm{d}t = F(t)+C,$$

则

$$\int f(x)\mathrm{d}x = F(\varphi^{-1}(x))+C.$$

证明 因 $\int f(\varphi(t))\varphi'(t)\mathrm{d}t = F(t)+C,$

故

$$F'(t) = f(\varphi(t))\varphi'(t).$$

又因 $x=\varphi(t)$ 是单调可导的函数,且 $\varphi'(t) \neq 0$,利用复合函数求导法则与反函

数求导法则,

$$\frac{\mathrm{d}F(\varphi^{-1}(x))}{\mathrm{d}x}=\frac{\mathrm{d}F(t)}{\mathrm{d}t}\frac{\mathrm{d}t}{\mathrm{d}x}=f(\varphi(t))\varphi'(t)\frac{1}{\frac{\mathrm{d}x}{\mathrm{d}t}}$$

$$=f(\varphi(t))\varphi'(t)\frac{1}{\varphi'(t)}$$

$$=f(\varphi(t))=f(x).$$

于是

$$\int f(x)\mathrm{d}x=F(\varphi^{-1}(x))+C.$$

这个定理表明对不定积分 $\int f(x)\mathrm{d}x$ 的整个计算过程可表述为

$$\int f(x)\mathrm{d}x = \int f(\varphi(t))\mathrm{d}\varphi(t) \quad (\diamondsuit\ x=\varphi(t))$$

$$= \int f(\varphi(t))\varphi'(t)\mathrm{d}t$$

$$= F(t)+C \quad (\text{应用积分公式和性质})$$

$$= F(\varphi^{-1}(x))+C. \quad (t=\varphi^{-1}(x))$$

例 13 求 $\int \dfrac{1}{1+\sqrt{x}}\mathrm{d}x$.

解 令 $\sqrt{x}=t$, 即 $x=\varphi(t)=t^2$,

$$\mathrm{d}x=\mathrm{d}\varphi(t)=\mathrm{d}t^2=2t\mathrm{d}t.$$

于是

$$\int \frac{1}{1+\sqrt{x}}\mathrm{d}x = \int \frac{2t}{1+t}\mathrm{d}t$$

$$= 2\left(\int \left(1-\frac{1}{1+t}\right)\mathrm{d}t\right)$$

$$= 2\left(\int \mathrm{d}t - \int \frac{1}{1+t}\mathrm{d}(t+1)\right)$$

$$= 2(t-\ln|1+t|)+C \quad (t=\varphi^{-1}(x)=\sqrt{x})$$

$$= 2(\sqrt{x}-\ln(1+\sqrt{x}))+C.$$

例 14 求 $\int \dfrac{1}{x\sqrt{2x-9}}\mathrm{d}x$.

解 令 $\sqrt{2x-9}=t$, $2x-9=t^2$,

$$x=\varphi(t)=\frac{t^2+9}{2},$$

3.3 不定积分的计算

$$dx = d\varphi(t) = d\frac{t^2+9}{2} = t\,dt.$$

于是有

$$\int \frac{1}{x\sqrt{2x-9}}dx = \int \frac{1}{\frac{t^2+9}{2} \cdot t} t\,dt = 2\int \frac{1}{9+t^2}dt$$

$$= 2\int \frac{1}{9\left(1+\left(\frac{t}{3}\right)^2\right)}dt = \frac{2}{3}\int \frac{1}{1+\left(\frac{t}{3}\right)^2} d\frac{t}{3}$$

$$= \frac{2}{3}\arctan\frac{t}{3} + C$$

$$= \frac{2}{3}\arctan\frac{\sqrt{2x-9}}{3} + C.$$

读者可能注意到,上述两个例题的求解过程中都用到了第一换元积分法,因此第一换元积分法与第二换元积分法有时需要交替使用. 至于有些不定积分,采取哪种换元法好,要根据被积表达式的特点来确定. 在有些积分中,这两种换元法并没有明显的区别,例如对例 7 的计算若应用第二换元积分法,有

$$令 \sqrt{x} = t, \quad x = t^2, dx = dt^2 = 2t\,dt,$$

故

$$\int \frac{\sin\sqrt{x}}{\sqrt{x}}dx = \int \frac{\sin t}{t} 2t\,dt = 2\int \sin t\,dt$$

$$= -2\cos t + C$$

$$= -2\cos\sqrt{x} + C.$$

*例 15 求 $\int \sqrt{a^2-x^2}\,dx$.

解 令 $x = a\sin t$, $dx = da\sin t = a\cos t\,dt$,

$$\int \sqrt{a^2-x^2}\,dx = \int \sqrt{a^2-a^2\sin^2 t}\, a\cos t\,dt$$

$$= \int a^2\cos^2 t\,dt = a^2\int \frac{1+\cos 2t}{2}dt$$

$$= \frac{a^2}{2}\left(\int dt + \int \cos 2t\,dt\right)$$

$$= \frac{a^2}{2}\left(t + \frac{1}{2}\int \cos 2t\,d2t\right)$$

$$= \frac{a^2}{2}\left(t + \frac{1}{2}\sin 2t\right) + C$$

$$= \frac{a^2}{2}(t + \sin t\cos t) + C$$

$$= \frac{a^2}{2}\left(\arcsin\frac{x}{a} + \frac{x}{a} \cdot \frac{1}{a}\sqrt{a^2-x^2}\right) + C$$

$$= \frac{1}{2}\left(a^2\arcsin\frac{x}{a} + x\sqrt{a^2-x^2}\right) + C.$$

式中 $\cos t$ 的求法可按以下直角三角形计算：

因为 $x = a\sin t$，故 $\sin t = \frac{x}{a}$.

由图 3-3 可知第三边长为 $\sqrt{a^2-x^2}$，

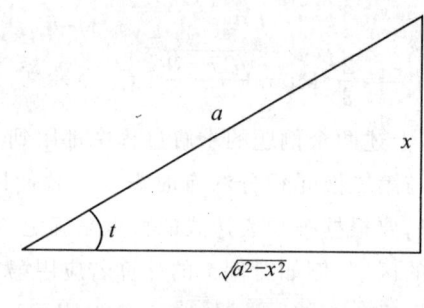

图 3-3

于是可得 $\cos t = \frac{\sqrt{a^2-x^2}}{a}$.

对于被积表达式中含有 $\sqrt{a^2+x^2}$ 或 $\sqrt{x^2-a^2}$ 的情形，可分别令

$$x = a\tan t, \quad \text{或} \quad x = \frac{a}{\cos t}.$$

就可去掉根号，再按以上方法计算. 从上述几个例子中我们也可以看到，第二换元积分法一般用来去掉被积函数中的根号.

三、分部积分法

以上我们用换元法求出了一些函数的不定积分，但是对于有些外形虽然比较简单的不定积分，例如

$$\int xe^x dx, \quad \int x\sin x dx, \quad \int x\ln x dx,$$

等等，用第一换元积分法与第二换元积分法都不能求其解. 当然也不能用直接积分法求其解，要求解诸如此类的不定积分，需要用到求不定积分的另外一种有效方法，这就是分部积分法. 其基本出发点也是通过适当的变换组合将这些较难计算的不定积分化为较易计算的不定积分，同样做的是化难为易的工作.

分部积分法是由两个函数乘积的微分法则推导出来的.

定理 3.3 （分部积分法） 设 $u(x),v(x)$ 是可微的函数,则
$$\int u(x)v'(x)dx=u(x)v(x)-\int v(x)u'(x)dx,$$
也即
$$\int u(x)dv(x)=u(x)v(x)-\int v(x)du(x).$$

证明 因 $u(x),v(x)$ 均是可微的函数,
$$d(u(x)v(x))=v(x)du(x)+u(x)dv(x),$$
移项得
$$u(x)dv(x)=du(x)v(x)-v(x)du(x),$$
两边积分,有
$$\int u(x)dv(x)=\int du(x)v(x)-\int v(x)du(x).$$
由不定积分性质 2,
$$\int du(x)v(x)=u(x)v(x)+C.$$
由于 $\int v(x)du(x)$ 含有积分常数 C,故
$$\int u(x)dv(x)=u(x)v(x)-\int v(x)du(x).$$
这就是不定积分的分部积分公式.

分部积分公式表明,对于给定的不定积分,如果可以凑成积分形式 $\int u(x)dv(x)$,则利用分部积分公式可以将其化为去求不定积分 $\int v(x)du(x)$. 转化的目的,是要将较难计算的 $\int u(x)dv(x)$ 化为较易计算的 $\int v(x)du(x)$. 如果将较难计算的 $\int u(x)dv(x)$ 化为更难计算的 $\int v(x)du(x)$,那就适得其反. 因此应用分部积分公式的关键是如何恰当地选择 $u(x)$ 和 $v(x)$.

例 16 求 $\int xe^x dx$.

解 第一步,对被积表达式组合凑微分,选择 $u(x)$ 和 $v(x)$：
$$xe^x dx = x de^x,$$
选择 $u(x)=x, \quad v(x)=e^x;$

第二步,应用分部积分公式,有
$$\int xe^x dx = \int x de^x = \int u(x)dv(x)$$
$$=u(x)v(x)-\int v(x)du(x)$$

$$= xe^x - \int e^x dx = xe^x - e^x + C.$$

从中可以看到,应用分部积分公式我们将较难计算的 $\int xe^x dx$ 化为了能直接利用基本积分公式 $\int e^x dx = e^x + C$ 的形式,这表明在第一步中选择 $u(x) = x$, $v(x) = e^x$ 是恰当的,否则若将 $xe^x dx$ 凑成 $e^x x dx = \frac{1}{2} e^x dx^2$ 的形式,选取 $u(x) = e^x, v(x) = x^2$,应用分部积分公式,则有

$$\int xe^x dx = \frac{1}{2} \int e^x dx^2 = \frac{1}{2} \int u(x) dv(x)$$

$$= \frac{1}{2} \left(u(x)v(x) - \int v(x) du(x) \right)$$

$$= \frac{1}{2} \left(x^2 e^x - \int x^2 de^x \right)$$

$$= \frac{1}{2} \left(x^2 e^x - \int x^2 e^x dx. \right)$$

这样我们将较难计算的 $\int xe^x dx$ 化为更难计算的 $\int x^2 e^x dx$,没有达到化难为易的目的,这表明我们选取 $u(x) = e^x, v(x) = x^2$ 是不恰当的.

例 17 求 $\int x\sin x dx$.

解 $x\sin x dx = -x d\cos x,$

选取 $u(x) = x, \quad v(x) = \cos x.$

$$\int x\sin x dx = -\int x d\cos x = -\int u(x) dv(x)$$

$$= -\left(u(x)v(x) - \int v(x) du(x) \right)$$

$$= -\left(x\cos x - \int \cos x dx \right)$$

$$= -x\cos x + \sin x + C.$$

例 18 求 $\int x\ln x dx$.

解 $x\ln x dx = \frac{1}{2} \ln x dx^2,$

取 $u(x) = \ln x, \quad v(x) = x^2,$

于是

$$\int x\ln x dx = \frac{1}{2} \int \ln x dx^2 = \frac{1}{2} \left(x^2 \ln x - \int x^2 d\ln x \right)$$

$$= \frac{1}{2} \left(x^2 \ln x - \int x dx \right)$$

$$= \frac{1}{2}\left(x^2\ln x - \frac{1}{2}x^2\right) + C.$$

例 19 求 $\int \arctan x \, \mathrm{d}x$.

解 直接选取 $u(x) = \arctan x, v(x) = x$,

$$\int \arctan x \, \mathrm{d}x = \int u(x) \mathrm{d}v(x)$$

$$= u(x)v(x) - \int v(x)\mathrm{d}u(x)$$

$$= x\arctan x - \int x \mathrm{d}\arctan x$$

$$= x\arctan x - \int \frac{x}{1+x^2}\mathrm{d}x.$$

对上式的最后一个积分要应用第一换元积分法,

$$\int \frac{x}{1+x^2}\mathrm{d}x = \frac{1}{2}\int \frac{1}{1+x^2}\mathrm{d}(1+x^2)$$

$$= \frac{1}{2}\ln(1+x^2) + C.$$

于是 $\int \arctan x \, \mathrm{d}x = x\arctan x - \frac{1}{2}\ln(1+x^2) + C.$

如同换元积分法一样,对有些不定积分的分部积分计算不是一次可以完成的,需要多次使用分部积分公式才能解决.

例 20 求 $\int x^2 \cos x \, \mathrm{d}x$.

解 $x^2 \cos x \, \mathrm{d}x = x^2 \mathrm{d}\sin x$,

选取 $u(x) = x^2, v(x) = \sin x$,

$$\int x^2 \cos x \, \mathrm{d}x = \int x^2 \mathrm{d}\sin x = x^2 \sin x - \int \sin x \, \mathrm{d}x^2$$

$$= x^2 \sin x - 2\int x \sin x \, \mathrm{d}x.$$

对上式最后一个不定积分 $\int x \sin x \, \mathrm{d}x$ 再一次应用分部积分公式,有

$$\int x \sin x \, \mathrm{d}x = -\int x \mathrm{d}\cos x$$

$$= -\left(x \cos x - \int \cos x \, \mathrm{d}x\right)$$

$$= -x\cos x + \sin x + C.$$

于是

$$\int x^2 \sin x \, dx = x^2 \sin x - 2\int x \sin x \, dx$$
$$= x^2 \sin x + 2x\cos x - 2\sin x + C.$$

有些不定积分多次使用分部积分以后，又回到原来的积分，再作简单的代数运算就可求得。

例 21 求 $\int e^x \sin x \, dx$.

解 $e^x \sin x \, dx = \sin x \, de^x$,

选取 $u(x) = \sin x$, $v(x) = e^x$,

$$\int e^x \sin x \, dx = \int \sin x \, de^x$$
$$= e^x \sin x - \int e^x \, d\sin x$$
$$= e^x \sin x - \int e^x \cos x \, dx$$
$$= e^x \sin x - \int \cos x \, de^x \quad (\text{第二次分部积分})$$
$$= e^x \sin x - \left(e^x \cos x - \int e^x \, d\cos x\right)$$
$$= e^x \sin x - e^x \cos x - \int e^x \sin x \, dx + C.$$

这是一个关于 $\int e^x \sin x \, dx$ 的方程，将其解出，得

$$\int e^x \sin x \, dx = \frac{1}{2} e^x (\sin x - \cos x) + C.$$

例 22 求 $\int e^{\sqrt{x}} \, dx$.

解 方法 1，应用分部积分法：

$$e^{\sqrt{x}} \, dx = 2\sqrt{x} \, de^{\sqrt{x}},$$

于是
$$\int e^{\sqrt{x}} \, dx = 2 \int \sqrt{x} \, de^{\sqrt{x}}$$
$$= 2\left(\sqrt{x} e^{\sqrt{x}} - \int e^{\sqrt{x}} \, d\sqrt{x}\right)$$
$$= 2(\sqrt{x} e^{\sqrt{x}} - e^{\sqrt{x}}) + C$$
$$= 2e^{\sqrt{x}}(\sqrt{x} - 1) + C.$$

方法 2，应用第二换元积分法：

令 $\sqrt{x} = t$ $x = t^2$ $dx = 2t\,dt$,

于是 $\int e^{\sqrt{x}} dx = 2\int t e^t dt$

$= 2\int t de^t = 2\left(te^t - \int e^t dt\right) = 2(te^t - e^t) + C$

$= 2(\sqrt{x} e^{\sqrt{x}} - e^{\sqrt{x}}) + C$

$= 2e^{\sqrt{x}}(\sqrt{x} - 1) + C.$

例 23 求 $\int \dfrac{x}{\sqrt{2x+1}} dx$.

解 方法 1,应用第一换元积分法:

$\dfrac{x}{\sqrt{2x+1}} = \dfrac{1}{2} \dfrac{2x+1-1}{\sqrt{2x+1}} = \dfrac{1}{2}\left(\sqrt{2x+1} - \dfrac{1}{\sqrt{2x+1}}\right),$

$\int \dfrac{x}{\sqrt{2x+1}} dx = \int \dfrac{1}{2}\left(\sqrt{2x+1} - \dfrac{1}{\sqrt{2x+1}}\right) dx$

$= \dfrac{1}{2}\left(\int \sqrt{2x+1}\, dx - \int \dfrac{1}{\sqrt{2x+1}} dx\right)$

$= \dfrac{1}{2}\left(\dfrac{1}{2}\int (2x+1)^{\frac{1}{2}} d(2x+1) - \dfrac{1}{2}\int (2x+1)^{-\frac{1}{2}} d(2x+1)\right)$

$= \dfrac{1}{4}\left(\dfrac{1}{\frac{1}{2}+1}(2x+1)^{\frac{3}{2}} - \dfrac{1}{-\frac{1}{2}+1}(2x+1)^{\frac{1}{2}}\right) + C$

$= \dfrac{1}{2}\left(\dfrac{1}{3}(2x+1)\sqrt{2x+1} - \sqrt{2x+1}\right) + C$

$= \dfrac{1}{2}\sqrt{2x+1}\left(\dfrac{2x}{3} + \dfrac{1}{3} - 1\right) + C$

$= \dfrac{1}{3}\sqrt{2x+1}(x-1) + C.$

方法 2,应用第二换元积分法:

令 $\sqrt{2x+1} = t, x = \dfrac{1}{2}(t^2 - 1),$

$dx = d\dfrac{1}{2}(t^2 - 1) = t\, dt,$

$\int \dfrac{x}{\sqrt{2x+1}} dx = \int \dfrac{t^2-1}{2t} t\, dt = \dfrac{1}{2}\int (t^2 - 1) dt$

$= \dfrac{1}{2}\left(\int t^2 dt - \int dt\right) = \dfrac{1}{2}\left(\dfrac{t^3}{3} - t\right) + C$

$= \dfrac{1}{2}\left(\dfrac{1}{3}(\sqrt{2x+1})^3 - \sqrt{2x+1}\right) + C$

$$= \frac{1}{3}\sqrt{2x+1}(x-1)+C.$$

方法 3，应用分部积分法：

$$\int \frac{x}{\sqrt{2x+1}}dx = x d\int \frac{1}{\sqrt{2x+1}}dx$$
$$= x d\sqrt{2x+1},$$

选取 $\qquad u(x)=x, \qquad v(x)=\sqrt{2x+1},$

于是由分部积分公式，有

$$\int \frac{x}{\sqrt{2x+1}}dx = \int x d\sqrt{2x+1}$$
$$= x\sqrt{2x+1} - \int \sqrt{2x+1}dx$$
$$= x\sqrt{2x+1} - \frac{1}{2}\int (2x+1)^{\frac{1}{2}}d(2x+1)$$
$$= x\sqrt{2x+1} - \frac{1}{3}(2x+1)^{\frac{3}{2}}+C$$
$$= \frac{1}{3}\sqrt{2x+1}(x-1)+C.$$

上述两例表明了不定积分计算方法的灵活多样性，只有多做多练才能运用自如。另外由于不定积分可以采用不同方法，所以有可能会出现形式上不同的积分结果。检验一个不定积分计算的正确与否不是靠不同方法计算所得结果是不是同一，而是由不定积分的定义，检验所得结果的导数是否等于被积函数。

例 24 求 $\int \sin x \cos x dx.$

解 方法 1：$\int \sin x \cos x dx = \int \sin x d\sin x$
$$= \frac{1}{2}\sin^2 x + C.$$

由于 $\left(\frac{1}{2}\sin^2 x\right)' = \frac{1}{2} \cdot 2\sin x \cos x = \sin x \cos x,$ 所以用方法 1 计算的结果是正确的。

方法 2：$\int \sin x \cos x dx = \frac{1}{2}\int 2\sin x \cos x dx$
$$= \frac{1}{2}\int \sin 2x dx$$
$$= \frac{1}{4}\int \sin 2x d2x$$

$$= -\frac{1}{4}\cos 2x + C.$$

由于 $\left(-\frac{1}{4}\cos 2x\right)' = \frac{1}{4} \cdot 2\sin 2x = \frac{1}{2}\sin 2x = \sin x \cos x$，所以用方法 2 计算的结果也是正确的. 这两个函数均是 $\sin x \cos x$ 的原函数,它们的导数相等,表明它们之间只相差一个常数. 事实上

$$\frac{1}{2}\sin^2 x = \frac{1}{2}\left(\frac{1-\cos 2x}{2}\right) = -\frac{1}{4}\cos 2x + \frac{1}{4}.$$

四、简单有理分式函数的积分

函数 $\frac{x}{1-x^2}$, $\frac{x^2}{1+x}$, $\frac{1}{x^2-a^2}$, $\frac{x}{1+x}$ 等都是有理分式函数. 由于它们分子分母的次数不高,形式也比较简单,将类似于这些函数的积分称为简单有理分式函数的积分. 这些函数的积分有些可直接利用上述各种方法,有些则先需要对被积函数作简单的恒等变形,然后利用上述方法求解.

例 25 求下列不定积分：

(1) $\int \frac{x}{1-x^2} dx$； (2) $\int \frac{x^2}{1+x} dx$；

(3) $\int \frac{x}{1+x} dx$； (4) $\int \frac{1}{x^2-a^2} dx$.

解 (1) $\int \frac{x}{1-x^2} dx = \frac{1}{2} \int \frac{1}{1-x^2} dx^2$

$$= -\frac{1}{2} \int \frac{1}{1-x^2} d(1-x^2)$$

$$= -\frac{1}{2}\ln|1-x^2| + C.$$

(2) $\int \frac{x^2}{1+x} dx = \int \frac{x^2-1+1}{1+x} dx$

$$= \int \left(x - 1 + \frac{1}{1+x}\right) dx$$

$$= \int x dx - \int dx + \int \frac{1}{1+x} dx$$

$$= \frac{1}{2}x^2 - x + \int \frac{1}{1+x} d(1+x)$$

$$= \frac{1}{2}x^2 - x + \ln|1+x| + C.$$

(3) $\int \frac{x}{1+x} dx = \int \frac{x+1-1}{1+x} dx$

$$= \int \left(1 - \frac{1}{1+x}\right) dx$$

$$= \int dx - \int \frac{1}{1+x} d(1+x)$$

$$= x - \ln|1+x| + C.$$

(4) $\int \frac{1}{x^2 - a^2} dx = \int \frac{1}{(x+a)(x-a)} dx$

$$= \frac{1}{2a} \int \left(\frac{1}{x+a} - \frac{1}{x-a}\right) dx$$

$$= \frac{1}{2a} \left(\int \frac{1}{x+a} d(x+a) - \int \frac{1}{x-a} d(x-a)\right)$$

$$= \frac{1}{2a} (\ln|x+a| - \ln|x-a|) + C$$

$$= \frac{1}{2a} \ln\left|\frac{x-a}{x+a}\right| + C.$$

例 26 求下列不定积分：

(1) $\int \frac{1}{x^2 - 2x + 5} dx$；

(2) $\int \frac{2x-1}{x^2 - 2x + 5} dx$.

解 (1) $\int \frac{1}{x^2 - 2x + 5} dx = \int \frac{1}{(x-1)^2 + 4} dx$

$$= \int \frac{1}{4\left(1 + \left(\frac{x-1}{2}\right)^2\right)} dx$$

$$= \frac{1}{2} \int \frac{1}{1 + \left(\frac{x-1}{2}\right)^2} d\frac{x-1}{2}$$

$$= \frac{1}{2} \arctan \frac{x-1}{2} + C.$$

(2) $\int \frac{2x-1}{x^2 - 2x + 5} dx = \int \frac{2x - 2 + 1}{x^2 - 2x + 5} dx$

$$= \int \left(\frac{2x-2}{x^2-2x+5} + \frac{1}{x^2-2x+5}\right) dx$$

$$= \int \frac{2x-2}{x^2-2x+5} dx + \int \frac{1}{x^2-2x+5} dx$$

$$= \int \frac{1}{x^2-2x+5} d(x^2-2x+5) + \frac{1}{2} \arctan \frac{x-1}{2}$$

$$= \ln|x^2 - 2x + 5| + \frac{1}{2} \arctan \frac{x-1}{2} + C.$$

练 习 3.3

(A)

(一)填空题

1. 设 $\int f(x)dx = F(x)+C, x=\varphi(t)$,则
$$\int f(\varphi(t))\varphi'(t)dt = (\qquad).$$

2. 设 $\int f(\varphi(t))\varphi'(t)dt = F(t)+C, x=\varphi(t)$,则
$$\int f(x)dx = (\qquad).$$

3. $\int u(x)dv(x) = u(x)v(x) + (\qquad)$.

4. $\int v(x)du(x) = (\qquad)$.

5. 在下列等式括号内填入适当的系数,并求出相应的不定积分:

(1) $dx = (\quad)d(2x+1)$, $\int (2x+1)^6 dx = (\qquad)$;

(2) $xdx = (\quad)d(x^2+1)$, $\int \dfrac{x}{(x^2+1)^2}dx = (\qquad)$;

(3) $\sin 3xdx = (\quad)d(\cos 3x)$, $\int \cos^2 3x \sin 3x dx = (\qquad)$;

(4) $\dfrac{1}{x}dx = (\quad)d\ln x$, $\int \dfrac{\ln^2 x}{x}dx = (\qquad)$.

6. 设 $\int f(x)dx = F(x)+C$,则

(1) $\int f(ax+b)dx = (\qquad)$;   (2) $\int xf(x^2)dx = (\qquad)$;

(3) $\int e^x f(e^x)dx = (\qquad)$;   (4) $\int \dfrac{f(\sqrt{x})}{\sqrt{x}}dx = (\qquad)$.

(二)选择题

1. 下列不定积分中可用凑微分法求解的有( ).

(A) $\int \cos(2x-1)dx$ (B) $\int \dfrac{1}{4x^2+1}dx$

(C) $\int xe^{-x^2}dx$ (D) $\int (x-1)\ln x dx$

2. 下列等式成立的有( ).

(A) $\int \dfrac{\ln x}{x} dx = \int \dfrac{1}{x} d\dfrac{1}{x} = \dfrac{1}{x^3} + C$

(B) $\int \dfrac{f'(x)}{1+f(x)} dx = \ln|1+f(x)| + C$

(C) $\int \dfrac{f'(x)}{1+f^2(x)} dx = \arctan f(x) + C$

(D) $\int \dfrac{f'(x)}{1+f^2(x)} dx = \dfrac{1}{2} \ln|1+f^2(x)| + C$

3. 在下列利用分部积分法计算的积分中,$u(x),v(x)$ 选择正确的有( ).

(A) $\int x^3 \sin 2x dx$, $u(x) = x^3, v(x) = -\dfrac{1}{2}\cos 2x$

(B) $\int x^3 \cos 2x dx$, $u(x) = \cos 2x, v(x) = \dfrac{1}{4} x^4$

(C) $\int x \ln x dx$, $u(x) = \ln x, v(x) = \dfrac{1}{2} x^2$

(D) $\int e^x \cos x dx$, $u(x) = \cos x, v(x) = e^x$

4. 求下列不定积分要用到公式 $\int \dfrac{1}{x} dx = \ln|x| + C$ 的有( ).

(A) $\int \dfrac{e^x}{1-e^x} dx$

(B) $\int \dfrac{1-\ln x}{x} dx$

(C) $\int \dfrac{x}{1-\ln x} dx$

(D) $\int \dfrac{2x-3}{x^2-3x+4} dx$

(B)

1. 求下列不定积分:

(1) $\int \sqrt{2-3x}\, dx$;

(2) $\int \dfrac{1}{3x+1} dx$;

(3) $\int \sin(4x+1) dx$;

(4) $\int \cos(1-4x) dx$;

(5) $\int x \sin x^2 dx$;

(6) $\int \dfrac{x}{\sqrt{3-4x^2}} dx$;

(7) $\int \dfrac{x-2}{x^2-4x+4} dx$;

(8) $\int \dfrac{\cos \sqrt{x}}{\sqrt{x}} dx$;

(9) $\int \dfrac{1}{x^2}\sin\dfrac{1}{x}dx$;

(10) $\int \dfrac{e^x}{1-2e^x}dx$;

(11) $\int \dfrac{e^x}{1-e^{2x}}dx$;

(12) $\int \sin x\cos^2 x\,dx$;

(13) $\int \dfrac{\cos x}{(1-\sin x)^2}dx$;

(14) $\int \dfrac{1}{9+16x^2}dx$;

(15) $\int \dfrac{x^2}{\sqrt{2+x^3}}dx$;

(16) $\int \dfrac{1}{x(1+2\ln x)}dx$;

(17) $\int \dfrac{\ln^2 x}{x}dx$;

(18) $\int \dfrac{(1+\tan x)^2}{\cos^2 x}dx$.

2. 求下列不定积分：

(1) $\int \dfrac{1}{1+\sqrt{2x}}dx$;

(2) $\int \dfrac{1}{x+\sqrt{x}}dx$;

(3) $\int \dfrac{e^{\sqrt{x}}}{\sqrt{x}}dx$;

(4) $\int x\sqrt{x-6}\,dx$;

(5) $\int \dfrac{1}{x\sqrt{x-1}}dx$;

(6) $\int \dfrac{x+1}{\sqrt{3x+1}}dx$.

3. 求下列不定积分：

(1) $\int xe^{-2x}dx$;

(2) $\int (x-1)e^{-x}dx$;

(3) $\int x\sin 3x\,dx$;

(4) $\int x\cos 2x\,dx$;

(5) $\int x\arctan x\,dx$;

(6) $\int \arcsin x\,dx$;

(7) $\int x\ln(x-1)dx$;

(8) $\int \dfrac{\ln x}{x^2}dx$.

4. 求下列不定积分：

(1) $\int \dfrac{1}{(x-1)(x+2)}dx$;

(2) $\int \dfrac{1}{4x^2-1}dx$;

(3) $\int \dfrac{1}{x^2+5x+6}dx$;

(4) $\int \dfrac{2x+3}{(x-2)(x-5)}dx$;

(5) $\int \dfrac{x-2}{x^2-4x+3}dx$;

(6) $\int \dfrac{3x^2+2x}{x^3+x^2-1}dx$;

(7) $\int \dfrac{1}{x^2+4x+8}dx$;

(8) $\int \dfrac{2x+5}{x^2+4x+8}dx$.

§3.4 定积分的概念与性质

一、例

1. 曲边梯形的面积

在中学我们已经学习了多边形及圆的面积的计算方法,但是对于任意曲线所围成的平面图形面积则不会计算. 下面我们就来研究这类平面图形面积的计算问题,先看一个实例.

计算由抛物线 $y=x^2$,直线 $x=1$ 和 x 轴所围成的平面图形的面积(图 3-4).

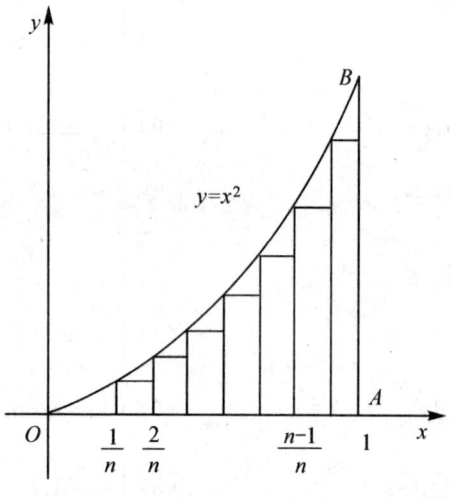

图 3-4

用下列各点 $0, \dfrac{1}{n}, \dfrac{2}{n}, \cdots, \dfrac{n-1}{n}, \dfrac{n}{n}=1$ 将区间 $[0,1]$ 分成 n 个区间长度相等的小区间,则小阴影矩形面积的总和为

$$S_n = \left(\dfrac{1}{n}\right)^2 \dfrac{1}{n} + \left(\dfrac{2}{n}\right)^2 \dfrac{1}{n} + \cdots + \left(\dfrac{n-1}{n}\right)^2 \dfrac{1}{n}$$

$$= \dfrac{1}{n^3}(1^2 + 2^2 + \cdots + (n-1)^2)$$

$$= \dfrac{1}{n^3} \dfrac{(n-1)n(2n-1)}{6}$$

$$= \frac{1}{3}\left(1-\frac{1}{n}\right)\left(1-\frac{1}{2n}\right).$$

这个值就可以作为所求面积的近似值,分点越多(n 越大),则近似程度越好,若要得到精确值,则让 $n\to\infty$ 取极限,得

$$\lim_{n\to\infty}S_n=\lim_{n\to\infty}\frac{1}{3}\left(1-\frac{1}{n}\right)\left(1-\frac{1}{2n}\right)=\frac{1}{3}.$$

这即是所求平面图形的面积.

接着我们来讨论一般曲边梯形的面积的计算问题.

所谓曲边梯形是指在直角坐标系里,由曲线 $y=f(x)$ 与三条直线 $x=a$,$x=b$,$y=0$ 所围成的图形,如图 3-5 所示.

设 $y=f(x)$ 在 $[a,b]$ 上连续,且 $f(x)\geqslant 0$,求以曲线 $y=f(x)$ 为曲边,底为 $[a,b]$ 的曲边梯形的面积 S.

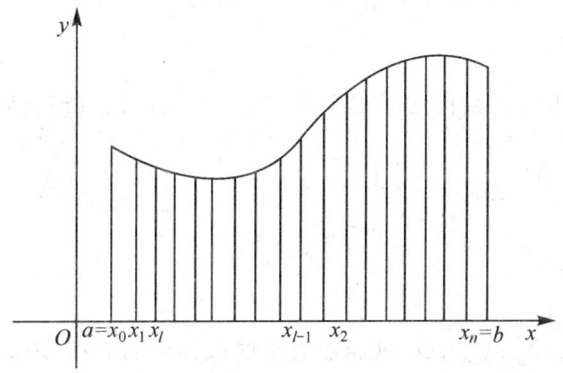

图 3-5

为了计算曲边梯形面积 S,如图 3-5 所示,我们用一组垂直于 x 轴的直线把整个曲边梯形分割成许多小曲边梯形.因为每一个小曲边梯形的底面是很窄的,而 $f(x)$ 又是连续变化的,所以,可用小曲边梯形的底边作为宽,以它底边上任一点所对应的函数值 $f(x)$ 作为长的小矩形面积来近似表示这个小曲边梯形的面积,再把这些小矩形面积加起来,就可得到曲边梯形面积 S 的近似值.由图 3-5 可知,分割越细密,所有小矩形面积之和越接近曲边梯形的面积 S,当分割无限细密时,所有小矩形面积之和的极限值就是曲边梯形面积 S 的精确值.

根据上面的分析,曲边梯形的面积可按下述步骤来计算:

1° 分割

任取分点 $x_0, x_1, x_2, \cdots, x_{i-1}, x_i, \cdots, x_n \in [a,b]$，满足：
$$a = x_0 < x_1 < x_2 < \cdots < x_{i-1} < x_i < \cdots < x_{n-1} < x_n = b$$
把曲边梯形的底即区间 $[a,b]$ 分成 n 个小区间：
$$[x_0, x_1], [x_1, x_2], \cdots, [x_{i-1}, x_i], \cdots, [x_{n-1}, x_n].$$
小区间 $[x_{i-1}, x_i]$ 的长度记为
$$\Delta x_i = x_i - x_{i-1} \quad (i=1,2,\cdots,n).$$
过分点作垂直于 x 轴的直线，把整个曲边梯形分成 n 个小曲边梯形，其中第 i 个小曲边梯形的面积记为 $\Delta S_i (i=1,2,\cdots,n)$.

2°近似代替

在第 i 个小曲边梯形的底 $[x_{i-1}, x_i]$ 上任取一点 $\zeta_i (x_{i-1} \leqslant \zeta_i \leqslant x_i)$，它所对应的函数值就是 $f(\zeta_i)$，用相应的宽为 Δx_i，长为 $f(\zeta_i)$ 的小矩形面积来近似代替这个小曲边梯形的面积，即
$$\Delta S_i \approx f(\zeta_i) \Delta x_i \quad (i=1,2,\cdots,n).$$

3°作和式

把 n 个小矩形面积相加所得和式 $\sum_{i=1}^{n} f(\zeta_i) \Delta x_i$，它就是曲边梯形面积 S 的近似值，即
$$S \approx \sum_{i=1}^{n} f(\zeta_i) \Delta x_i$$

4°取极限

分割越细，$\sum_{i=1}^{n} f(\zeta_i) \Delta x_i$ 就越接近于曲边梯形的面积. 取 $\lambda = \max_{1 \leqslant i \leqslant n} \{\Delta x_i\}$，当 $\lambda \to 0$ 时，和式 $\sum_{i=1}^{n} f(\zeta_i) \Delta x_i$ 的极限就是 S，即
$$S = \lim_{\lambda \to 0} \sum_{i=1}^{n} f(\zeta_i) \Delta x_i.$$

2. 由边际成本函数 $C'(Q)$ 求可变成本函数

生产某产品，它的可变成本 C 是产量 Q 的函数 $C=C(Q)$. 已知生产第 Q 件产品时的边际成本为 $C'(Q)$，求生产该产品从 0 件到 Q 件的总成本 $C(Q)$.

我们知道，若生产每单位产品的平均成本为 a 时，则生产 Q 件产品的成本为
$$C = C(Q) = aQ.$$

现在由于产量在从零逐步增大到 Q 的增长过程中，总成本 $C(Q)$ 关于产出量 Q 的增长速度（即边际成本）并不相同，所以总成本 $C(Q)$ 的计算不能沿用上述方法，同上例一样，需要分 4 步来考虑：

1° 分割产出量区间

任取分点 $Q_0, Q_1, Q_2, \cdots, Q_{i-1}, Q_i, \cdots, Q_n$, 满足:
$$0 = Q_0 < Q_1 < Q_2 < \cdots < Q_{i-1} < Q_i < \cdots < Q_{n-1} < Q_n = Q$$

把区间 $[0, Q]$ 分割成 n 个小区间:
$$[Q_0, Q_1], [Q_1, Q_2], \cdots, [Q_{i-1}, Q_i], \cdots, [Q_{n-1}, Q_n].$$

小区间 $[Q_{i-1}, Q_i]$ 的产量数记为
$$\Delta Q_i = Q_i - Q_{i-1} \quad (i = 1, 2, \cdots, n).$$

记第 i 个小产量区间内的成本为
$$\Delta C_i \quad (i = 1, 2, \cdots, n).$$

2° 近似代替

在每个小产出量区间内,总成本的增长速度近似认为不变. 在第 i 个区间 $[Q_{i-1}, Q_i]$ 内, 用边际成本 $C'(Q_i)$ 近似代替在这个小区间内生产该产品的单位成本, 于是在第 i 个小区间内生产 ΔQ_i 件产品的生产成本 ΔC_i 为
$$\Delta C_i \approx C'(Q_i) \Delta Q_i \quad (i = 1, 2, \cdots, n).$$

3° 作和式

把 n 个小产量区间内的成本相加所得和式 $\sum_{i=1}^{n} C'(Q_i) \Delta Q_i$ 就是生产 Q 件产品总成本的近似值, 即
$$C = C(Q) = \sum_{i=1}^{n} \Delta C_i \approx \sum_{i=1}^{n} C'(Q_i) \Delta Q_i.$$

4° 取极限

产量区间分割越细, $\sum_{i=1}^{n} C'(Q_i) \Delta Q_i$ 就越接近于所要求的总成本 $C(Q)$, 取 $\lambda = \max_{1 \leq i \leq n} \{\Delta Q_i\}$. 当 $\lambda \to 0$ 时, 上述和式的极限就是 $C(Q)$, 即
$$C = C(Q) = \lim_{\lambda \to 0} \sum_{i=1}^{n} C'(Q_i) \Delta Q_i.$$

二、定积分的定义

以上两个例子,尽管它们的具体内容不同,但反映在方法上都是类似的,反映在数量上都归结为求某个和式的极限. 撇开它们的具体含义,就有如下的定积分定义:

定义 3.3 设函数 $y = f(x)$ 在区间 $[a, b]$ 上连续. 设分点 $x_0, x_1, \cdots, x_{i-1}, x_i, \cdots, x_n$ 满足:
$$a = x_0 < x_1 < \cdots < x_{i-1} < x_i < \cdots < x_{n-1} < x_n = b,$$

记 $\Delta x_i = x_i - x_{i-1}, \quad \lambda = \max\limits_{1 \leqslant i \leqslant n}\{\Delta x_i\}$,

在每个小区间 $[x_{i-1}, x_i]$ 上任取一点 $\zeta_i (i=1,2,\cdots,n)$ 作和式

$$\sum_{i=1}^{n} f(\zeta_i) \Delta x_i.$$

若当 $\lambda \to 0$ 时上述和式的极限存在,则称此极限为函数 $f(x)$ 在 $[a,b]$ 上的定积分. 记作

$$\int_a^b f(x) dx,$$

即

$$\int_a^b f(x) dx = \lim_{\lambda \to 0} \sum_{i=1}^{n} f(\zeta_i) \Delta x_i.$$

这里 $[a,b]$ 叫做积分区间,a,b 分别称为积分下限与积分上限. $\int_a^b f(x) dx$ 称为函数 $f(x)$ 在区间 $[a,b]$ 上的定积分. 其他叫法与不定积分一样.

根据这个定义,就可以说:

曲边梯形的面积 S 等于其曲边所对应的函数 $y=f(x)$ 在底边所在的区间 $[a,b]$ 上的定积分,即

$$S = \int_a^b f(x) dx.$$

若生产第 Q 件产品时的边际成本为 $C'(Q)$,则总共生产 Q 件产品的总成本 $C(Q)$ 是边际成本 $C'(Q)$ 在产量区间 $[0,Q]$ 上的定积分,即

$$C(Q) = \int_0^Q C'(Q) dQ.$$

三、定积分的几何意义

由上一段对曲边梯形面积的计算,我们容易从几何角度说明定积分的几何意义.

1° 当被积函数 $f(x) \geqslant 0$ 时,定积分 $\int_a^b f(x) dx$ 表示以 $y=f(x)$ 为曲边,以 $x=a, x=b, y=0$ 为直边所围成的曲边梯形的面积 S(图 3-6).

2° 如图 3-7 所示,当被积函数 $f(x) < 0$ 时,曲边 $y=f(x)$ 在 x 轴下方,由定积分定义,其和式 $\sum\limits_{i=1}^{n} f(\zeta_i) \Delta x_i$ 中的 $\Delta x_i > 0, f(\zeta_i) < 0$,其极限也是负值,所以 $\int_a^b f(x) dx$ 是负值. 但是以 $y=f(x), x=a, x=b, y=0$ 所围成的曲边梯形的面积总是正值,因而该曲边梯形的面积 S 应为

$$-\int_a^b f(x) dx.$$

3.4 定积分的概念与性质

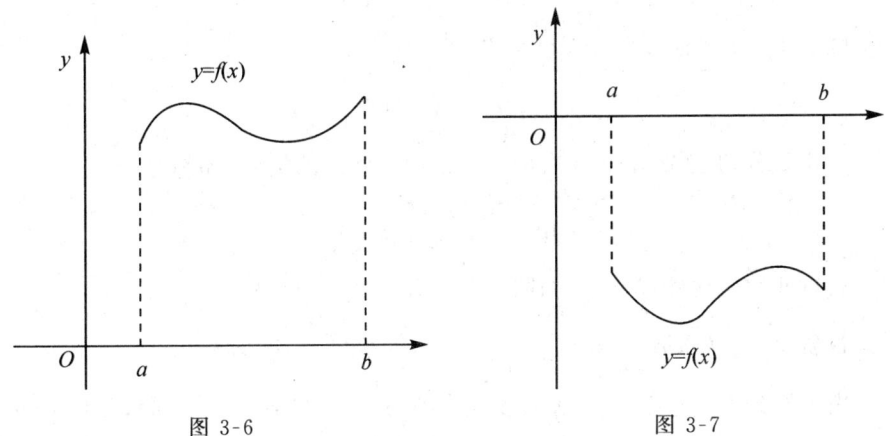

图 3-6　　　　　　　　　图 3-7

3° 如被积函数 $f(x)$ 在区间 $[a,b]$ 上的图形，一部分在 x 轴上方，另一部分在 x 轴下方（图 3-8），则由曲线 $y=f(x)$，$x=a$，$x=b$，$y=0$ 所围成的面积 S 则应根据以上两种情况的分析分块来计算：

$$S_1 = \int_a^c f(x)\,dx \qquad (f(x)>0, x\in[a,c]);$$

$$S_2 = -\int_c^d f(x)\,dx \qquad (f(x)<0, x\in[c,d]);$$

$$S_3 = \int_d^b f(x)\,dx \qquad (f(x)>0, x\in[d,b]).$$

$$S = S_1 + S_2 + S_3 = \int_a^c f(x)\,dx - \int_c^d f(x)\,dx + \int_d^b f(x)\,dx.$$

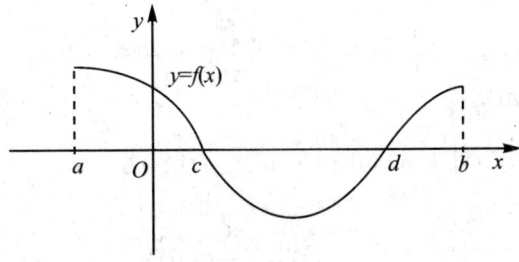

图 3-8

四、定积分的性质

性质 1　定积分与积分变量的符号无关，即
$$\int_a^b f(x)\mathrm{d}x = \int_a^b f(t)\mathrm{d}t.$$

由定积分的定义，上式左右两端都是同一和式的极限，即都等于
$$\lim_{\lambda \to 0} \sum_{i=1}^n f(\zeta_i) \Delta x_i.$$

所以此性质显然成立，这如同一个函数与变量的符号无关一样.

性质 2　$\int_a^a f(x)\mathrm{d}x = 0.$

由于积分上、下限相等，所以和式中的 $\Delta x_i = 0 (i=1,2,\cdots,n)$，此性质也是显然的.

性质 3　$\int_b^a f(x)\mathrm{d}x = -\int_a^b f(x)\mathrm{d}x.$

当 $a<b$ 时，$\Delta x_i = x_i - x_{i-1} > 0$. 若上、下限对调，由于 $\Delta x_i^* = x_{i-1} - x_i = -(x_i - x_{i-1}) = -\Delta x_i < 0$，

$$\begin{aligned}
\int_b^a f(x)\mathrm{d}x &= \lim_{\lambda \to 0} \sum_{i=1}^n f(\zeta_i) \Delta x_i^* \\
&= \lim_{\lambda \to 0} \sum_{i=1}^n f(\zeta_i)(-\Delta x_i) \\
&= -\lim_{\lambda \to 0} \sum_{i=1}^n f(\zeta_i)\Delta x_i \\
&= -\int_a^b f(x)\mathrm{d}x.
\end{aligned}$$

性质 4　被积函数的常数因子可以提到积分号前面，即
$$\int_a^b kf(x)\mathrm{d}x = k\int_a^b f(x)\mathrm{d}x.$$

证明　由定积分定义
$$\begin{aligned}
\int_a^b kf(x)\mathrm{d}x &= \lim_{\lambda \to 0} \sum_{i=1}^n kf(\zeta_i)\Delta x_i \\
&= \lim_{\lambda \to 0} k \sum_{i=1}^n f(\zeta_i)\Delta x_i \\
&= k \lim_{\lambda \to 0} \sum_{i=1}^n f(\zeta_i)\Delta x_i \\
&= k \int_a^b f(x)\mathrm{d}x.
\end{aligned}$$

性质 5 两函数代数和的定积分等于两函数定积分的代数和,即
$$\int_a^b (f(x) \pm g(x))\mathrm{d}x = \int_a^b f(x)\mathrm{d}x \pm \int_a^b g(x)\mathrm{d}x.$$

证明
$$\int_a^b (f(x) \pm g(x))\mathrm{d}x = \lim_{\lambda \to 0} \sum_{i=1}^n (f(\zeta_i) \pm g(\zeta_i))\Delta x_i$$
$$= \lim_{\lambda \to 0} \left(\sum_{i=1}^n f(\zeta_i)\Delta x_i \pm \sum_{i=1}^n g(\zeta_i)\Delta x_i \right)$$
$$= \lim_{\lambda \to 0} \sum_{i=1}^n f(\zeta_i)\Delta x_i \pm \lim_{\lambda \to 0} \sum_{i=1}^n g(\zeta_i)\Delta x_i$$
$$= \int_a^b f(x)\mathrm{d}x \pm \int_a^b g(x)\mathrm{d}x.$$

上述两个性质可以综合成:
$$\int_a^b (k_1 f_1(x) \pm k_2 f_2(x))\mathrm{d}x = k_1 \int_a^b f_1(x)\mathrm{d}x \pm k_2 \int_a^b f_2(x)\mathrm{d}x.$$

这个性质又可以推广到任意有限个的情形:
$$\int_a^b (k_1 f_1(x) \pm k_2 f_2(x) \pm \cdots \pm k_n f_n(x))\mathrm{d}x$$
$$= k_1 \int_a^b f_1(x)\mathrm{d}x \pm k_2 \int_a^b f_2(x)\mathrm{d}x \pm \cdots \pm k_n \int_a^b f_n(x)\mathrm{d}x.$$

性质 6 $\int_a^b f(x)\mathrm{d}x = \int_a^c f(x)\mathrm{d}x + \int_c^b f(x)\mathrm{d}x.$

这个性质的几何意义是明显的. 由图 3-9 可知, 在区间 $[a,c]$ 上的曲边梯形 $aceg$ 上的面积与在区间 $[c,b]$ 上的曲边梯形 $cbde$ 的面积之和就是在 $[a,b]$ 上的整个曲边梯形的面积, 再根据定积分的几何意义, 就可以得该性质.

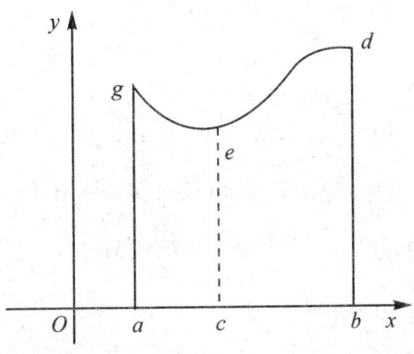

图 3-9

性质 7 若 $f(x) \leqslant g(x), x \in [a,b]$,则
$$\int_a^b f(x)dx \leqslant \int_a^b g(x)dx.$$

此性质在几何意义上也显然成立.

此性质可用来不用计算定积分而来比较两个定积分的大小.

例 1 比较下列定积分的大小:

(1) $\int_0^1 x dx, \int_0^1 x^2 dx$;

(2) $\int_1^2 x dx, \int_1^2 x^2 dx$;

(3) $\int_0^{\frac{\pi}{2}} \sin x dx, \int_0^{\frac{\pi}{2}} \sin^2 x dx$.

解 (1) $f(x) = x, g(x) = x^2$.

在区间 $[0,1]$ 上,由 $0 \leqslant x \leqslant 1$,得 $x^2 \leqslant x$,

即 $$g(x) < f(x), x \in [0,1],$$

所以 $$\int_0^1 x dx \geqslant \int_0^1 x^2 dx.$$

(2) 在 $[1,2]$ 上,因 $1 \leqslant x \leqslant 2$,得 $x \leqslant x^2$,

故 $$\int_1^2 x dx \leqslant \int_1^2 x^2 dx.$$

(3) 在 $\left[0, \frac{\pi}{2}\right]$ 上,因 $0 \leqslant \sin x \leqslant 1$,得 $\sin^2 x \leqslant \sin x$,

故 $$\int_0^{\frac{\pi}{2}} \sin x dx \geqslant \int_0^{\frac{\pi}{2}} \sin^2 x dx.$$

性质 8 若 $f(x) = 1$,则 $\int_a^b dx = b - a$,

这是由于
$$\int_a^b dx = \lim_{\lambda \to 0} \sum_{i=1}^n f(\zeta_i) \Delta x_i = \lim_{\lambda \to 0} \sum_{i=1}^n \Delta x_i = b - a.$$

性质 9 若函数 $f(x)$ 在 $[a,b]$ 上的最大值与最小值分别为 M 与 m,则
$$m(b-a) \leqslant \int_a^b f(x)dx \leqslant M(b-a).$$

证明 因为 $m \leqslant f(x) \leqslant M$,

由性质 7 可知
$$\int_a^b m dx \leqslant \int_a^b f(x)dx \leqslant \int_a^b M dx,$$

再由性质 4 与性质 8,有

$$m(b-a) \leqslant \int_a^b f(x)dx \leqslant M(b-a).$$

它的几何意义是:由曲线 $y=f(x)$, $x=a$, $x=b$ 与 x 轴所围成的曲边梯形面积,介于以区间 $[a,b]$ 为底,以最小纵坐标 m 为高的矩形面积及最大纵坐标 M 为高的矩形面积之间.见图 3-10.

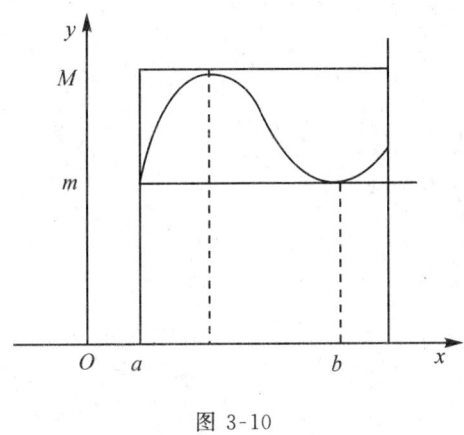

图 3-10

练 习 3.4

(A)

1. 若曲边梯形的曲边函数关系是 $y=f(x)=x^2$,则在所在区间 $[0,1]$ 上的定积分是(   ).

2. 若生产某产品第 Q 件的边际成本是 $C'(Q)=Q^2+Q+2$,则共生产 Q 件产品的总成本 $C(Q)$ 用定积分表示是(   ).

3. $\int_1^2 \ln x dx = -\int_{(\ )}^{(\ )} \ln x dx$, $\int_\pi^\pi \sin^2 x dx = ($ $)$.

4. $\int_a^b f(x)dx = \int_a^c f(x) + ($ $)$,

   $\int_a^c f(x)dx = \int_a^b f(x) + ($ $)$.

5. $\int_1^2 (3x^2 - 4\sqrt{x})dx = ($ $)\int_1^2 x^2 dx + ($ $)\int_1^2 \sqrt{x}dx$.

6. 设函数 $f(x)$ 在 $[a,b]$ 上连续,则 $\int_a^b f(x)dx$ 介于(   )之间.

7. $\int_a^b \mathrm{d}x = ($ $)$, $\int_0^{10} 4\mathrm{d}x = ($ $)$.

8. 定积分 $\int_{-1}^1 \sqrt{1-x^2}\,\mathrm{d}x$ 所表示的面积的平面图形是(   ).

(B)

1. 用定积分的几何意义计算下列定积分：

(1) $\int_1^2 \mathrm{d}x$, (2) $\int_1^2 x\mathrm{d}x$.

2. 将由 $y = \sin x, x = 0, x = \dfrac{\pi}{2}, y = 0$ 围成图形的面积写成定积分的形式.

3. 比较下列定积分的大小：

(1) $\int_0^{\frac{\pi}{2}} \cos x\mathrm{d}x$, $\int_0^{\frac{\pi}{2}} \cos^2 x\mathrm{d}x$;

(2) $\int_1^e \ln x\mathrm{d}x$, $\int_1^e \ln^2 x\mathrm{d}x$;

(3) $\int_e^3 \ln x\mathrm{d}x$, $\int_e^3 \ln^2 x\mathrm{d}x$.

4. 用定积分的几何意义说明定积分性质 7.

§3.5 定积分的计算

一、微积分基本定理

虽然定积分的计算可以直接用定积分的定义，但这样解决定积分的计算，即使是对于被积函数很简单的定积分也是十分麻烦的. 下面我们用求变速直线运动路程的例子，来研究计算定积分的方法.

设物体沿直线运动，速度为 $v(t)$，求从时刻 $t=a$ 到 $t=b$ 这段时间所经过的路程 s.

我们仍用上一节定积分概念例子的求解思路.

用分点 $a = t_0 < t_1 < \cdots < t_{i-1} < t_i < \cdots < t_{n-1} < t_n = b$ 将时间区间 $[a,b]$ 分成 n 个小区间：

$$[t_0,t_1],\cdots,[t_{i-1},t_i],\cdots,[t_{n-1},t_n].$$

设 $\Delta t_i = t_i - t_{i-1}$, $\zeta_i \in [t_{i-1}, t_i]$ $(i=1,2,\cdots,n)$,

并记物体在时间间隔 $[t_{i-1}, t_i]$ 所走的路程为 Δs_i, 将物体在 $[t_{i-1}, t_i]$ 内的变速

运动近似地看成速度为 $v(\zeta_i)$ 的匀速运动,则
$$\Delta s_i \approx v(\zeta_i)\Delta t_i \quad (i=1,2,\cdots,n).$$
物体在时间区间 $[a,b]$ 上所走过的路程的近似值为
$$s = \sum_{i=1}^{n} \Delta s_i \approx \sum_{i=1}^{n} v(\zeta_i)\Delta t_i.$$
可以看出,分割愈细,$v(\zeta_i)$ 就愈接近瞬时速度,上述近似代替的误差也就愈小.当分点数 n 无限增大,即当 $\lambda = \max\limits_{1\leqslant i\leqslant n}\{\Delta t_i\} \to 0$ 时,和式
$$\sum_{i=1}^{n} v(\zeta_i)\Delta t_i$$
的极限就是物体在时间区间 $[a,b]$ 上所走过的路程,即
$$s = \lim_{\lambda \to 0}\sum_{i=1}^{n} v(\zeta_i)\Delta t_i.$$
按照定积分的定义,上述和式的极限正好是 $v(t)$ 在 $[a,b]$ 上的定积分,即
$$\int_a^b v(t)\mathrm{d}t = \lim_{\lambda \to 0}\sum_{i=1}^{n} v(\zeta_i)\Delta t_i.$$
另一方面,如图 3-11 所示,$t=a$ 时,路程为 $s(a)$;$t=b$ 时,路程为 $s(b)$.因此,物体在时间区间 $[a,b]$ 上(也即是从时刻 $t=a$ 到时刻 $t=b$ 这段时间内)物体所走的路程是
$$s = s(b) - s(a).$$
于是
$$\int_a^b v(t)\mathrm{d}t = s(b) - s(a).$$

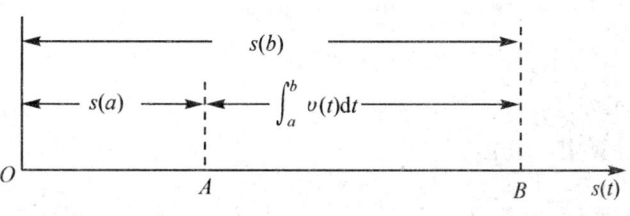

图 3-11

由上一章导数的定义中我们已经知道,路程函数 $s(t)$ 与速度函数 $v(t)$ 之间有如下的关系:
$$s'(t) = v(t),$$
即 $s(t)$ 是 $v(t)$ 的一个原函数.因此,由上式可知,函数 $v(t)$ 在区间 $[a,b]$ 上的定积分,等于它的一个原函数 $s(t)$ 在积分区间 $[a,b]$ 上的改变量 $s(b)-s(a)$.

推而广之,就是如下的建立定积分与不定积分联系的微积分基本定理:

定理 3.4 设 $f(x)$ 是区间 $[a,b]$ 上的连续函数,$F(x)$ 是函数 $f(x)$ 在区间 $[a,b]$ 上的任一原函数,即 $F'(x)=f(x)$,则

$$\int_a^b f(x)dx = F(x)\Big|_a^b = F(b) - F(a).$$

*证明 用分点

$$a = x_0 < x_1 < \cdots < x_{i-1} < x_i < \cdots < x_n = b$$

将区间 $[a,b]$ 分为 n 部分,记

$$\Delta x_i = x_i - x_{i-1}, \quad \lambda = \max_{1 \leqslant i \leqslant n}\{\Delta x_i\}.$$

$$\begin{aligned}F(b) - F(a) &= F(x_n) - F(x_0) \\ &= [F(x_n) - F(x_{n-1})] + [F(x_{n-1}) - F(x_{n-2})] \\ &\quad + \cdots + [F(x_i) - F(x_{i-1})] + \cdots + [F(x_1) - F(x_0)] \\ &= \sum_{i=1}^n [F(x_i) - F(x_{i-1})].\end{aligned}$$

由拉格朗日中值定理,在每个小区间 (x_{i-1}, x_i) 内一定存在一点 ζ_i,使得

$$F(x_i) - F(x_{i-1}) = F'(\zeta_i)\Delta x_i = f(\zeta_i)\Delta x_i.$$

代入上面的和式中有

$$F(b) - F(a) = \sum_{i=1}^n f(\zeta_i)\Delta x_i.$$

令 $\lambda \to 0$,由定积分定义,得

$$F(b) - F(a) = \lim_{\lambda \to 0}\sum_{i=1}^n f(\zeta_i)\Delta x_i = \int_a^b f(x)dx.$$

这个公式又叫做牛顿-莱布尼兹公式. 有了这个公式,使我们可以借助求函数的不定积分来求函数的定积分.

例 1 计算定积分:

(1) $\int_0^1 x dx$; (2) $\int_1^2 \left(2x + \dfrac{1}{x}\right)dx.$

解 (1) 先计算 $\int x dx$.

$$\int x dx = \frac{1}{2}x^2 + C,$$

故 $\dfrac{1}{2}x^2$ 是 x 的一个原函数,于是

$$\int_0^1 x dx = \frac{1}{2}x^2 \Big|_0^1 = \frac{1}{2}(1^2 - 0^2) = \frac{1}{2}.$$

3.5 定积分的计算

(2) $\int \left(2x+\dfrac{1}{x}\right)dx = 2\int x\,dx + \int \dfrac{1}{x}dx$
$= x^2 + \ln|x| + C,$

于是 $\int_1^2 \left(2x+\dfrac{1}{x}\right)dx = (x^2 + \ln|x|)\Big|_1^2$
$= 2^2 + \ln 2 - (1^2 + \ln 1)$
$= 4 + \ln 2 - 1 = 3 + \ln 2.$

注 在计算定积分时，只写 $f(x)$ 的一个原函数 $F(x)$，不需要再加上任意常数，这是因为

$$(F(x)+C)\Big|_a^b = (F(b)+C) - (F(a)+C)$$
$$= F(b) - F(a) = F(x)\Big|_a^b.$$

例 2 求下列定积分：

(1) $\int_0^{\frac{1}{3}} e^{3x}dx$; 　　　　(2) $\int_0^2 \dfrac{x}{\sqrt{1+x^2}}dx.$

解 (1) $\int e^{3x}dx = \dfrac{1}{3}\int e^{3x}d3x = \dfrac{1}{3}e^{3x} + C,$

故 $\int_0^{\frac{1}{3}} e^{3x}dx = \left(\dfrac{1}{3}e^{3x}\right)\Big|_0^{\frac{1}{3}} = \dfrac{1}{3}(e^{3\cdot\frac{1}{3}} - e^{3\cdot 0})$
$= \dfrac{1}{3}(e-1).$

(2) $\int \dfrac{x}{\sqrt{1+x^2}}dx = \dfrac{1}{2}\int (1+x^2)^{-\frac{1}{2}}d(1+x^2)$
$= \sqrt{1+x^2} + C,$

于是 $\int_0^2 \dfrac{x}{\sqrt{1+x^2}}dx = \sqrt{1+x^2}\Big|_0^2 = \sqrt{1+2^2} - \sqrt{1+0^2}$
$= \sqrt{5} - 1.$

二、定积分换元积分法

利用换元法求定积分 $\int_a^b f(x)dx$ 的步骤是：

(1) 对积分变量 x 作变换：令 $x = \varphi(t)$.

(2) 求出新的被积表达式：
$$f(x)dx = f(\varphi(t))d\varphi(t) = f(\varphi(t))\varphi'(t)dt.$$

(3) 利用 $x = \varphi(t)$ 求出新的积分上、下限：

当 $x = a$ 时，由 $a = \varphi(t)$，求出 $t = \alpha.$

当 $x=b$ 时,由 $b=\varphi(t)$,求出 $t=\beta$.

(4) 用牛顿-莱布尼兹公式计算新的定积分:
$$\int_\alpha^\beta f(\varphi(t))\varphi'(t)\mathrm{d}t.$$

该定积分值就是原定积分值. 简而言之,就是如下的定积分换元公式:
$$\int_a^b f(x)\mathrm{d}x = \int_\alpha^\beta f(\varphi(t))\varphi'(t)\mathrm{d}t.$$

上述变换的目的是要将较难计算的左端定积分换成较易计算的右端的定积分.

例 3 求 $\int_1^e \dfrac{\ln^2 x}{x}\mathrm{d}x$.

解 令 $\ln x = t$,即 $x = e^t$,
$$\frac{\ln^2 x}{x}\mathrm{d}x = \frac{t^2}{e^t}\mathrm{d}e^t = \frac{t^2}{e^t}e^t\mathrm{d}t = t^2\mathrm{d}t.$$

当 $x=1$ 时,由 $1=e^t$,得 $t=0$,

当 $x=e$ 时,由 $e=e^t$,得 $t=1$,

于是
$$\int_1^e \frac{\ln^2 x}{x}\mathrm{d}x = \int_0^1 t^2\mathrm{d}t = \frac{1}{3}t^3\bigg|_0^1 = \frac{1}{3}(1^3-0^3) = \frac{1}{3}.$$

例 4 求 $\int_0^{\ln 2} e^x(1+e^x)^2\mathrm{d}x$.

解 令 $e^x + 1 = t$, $x = \ln(t-1)$,
$$e^x(1+e^x)^2\mathrm{d}x = (t-1)t^2\mathrm{d}\ln(t-1) = t^2\mathrm{d}t.$$

由变量变换式 $x=\ln(t-1)$ 可得,当 $x=0$ 时,$t=2$,$x=\ln 2$ 时,$t=3$,于是
$$\int_0^{\ln 2} e^x(1+e^x)^2\mathrm{d}x = \int_2^3 t^2\mathrm{d}t = \frac{1}{3}t^3\bigg|_2^3$$
$$= \frac{1}{3}(3^3-2^3) = \frac{19}{3}.$$

在换元积分的方法运用熟练后,也可不必写出替换的变量而借助于凑微分进行直接计算.

在例 3 中,
$$\int_1^e \frac{\ln^2 x}{x}\mathrm{d}x = \int_1^e \ln^2 x\,\mathrm{d}\ln x = \frac{1}{3}\ln^3 x\bigg|_1^e$$
$$= \frac{1}{3}(\ln^3 e - \ln^3 1) = \frac{1}{3}.$$

在例 4 中,
$$\int_0^{\ln 2} e^x(1+e^x)^2\mathrm{d}x = \int_0^{\ln 2}(1+e^x)^2\mathrm{d}(1+e^x)$$

$$= \frac{1}{3}(1+e^x)^3 \Big|_0^{\ln 2}$$

$$= \frac{1}{3}(27-8) = \frac{19}{3}.$$

例 5 求 $\int_0^1 \sqrt{1-x^2}\,dx$.

解 为了去掉被积函数中的根号,作变量替换 $x=\sin t$, $\sqrt{1-x^2}\,dx = \sqrt{1-\sin^2 t}\,d\sin t = \cos^2 t\,dt$.

当 $x=0$ 时, $t=0$, $x=1$ 时, $t=\frac{\pi}{2}$, 于是

$$\int_0^1 \sqrt{1-x^2}\,dx = \int_0^{\frac{\pi}{2}} \cos^2 t\,dt$$

$$= \frac{1}{2}\int_0^{\frac{\pi}{2}}(1+\cos 2t)\,dt$$

$$= \frac{1}{2}\left(\int_0^{\frac{\pi}{2}}dt + \int_0^{\frac{\pi}{2}}\cos 2t\,dt\right)$$

$$= \frac{1}{2}\left(t\Big|_0^{\frac{\pi}{2}} + \frac{1}{2}\int_0^{\frac{\pi}{2}}\cos 2t\,d2t\right)$$

$$= \frac{1}{2}\left(\frac{\pi}{2} + \frac{1}{2}\sin 2t\Big|_0^{\frac{\pi}{2}}\right) = \frac{\pi}{4}.$$

例 6 设函数 $y=f(x)$ 在 $[-a,a]$ 上连续. 试证:

(1) 若 $f(x)$ 为偶函数, 则 $\int_{-a}^{a} f(x)\,dx = 2\int_0^a f(x)\,dx$;

(2) 若 $f(x)$ 为奇函数, 则 $\int_{-a}^{a} f(x)\,dx = 0$.

证明 由定积分性质 6,

$$\int_{-a}^{a} f(x)\,dx = \int_{-a}^{0} f(x)\,dx + \int_0^a f(x)\,dx.$$

用定积分换元积分法计算 $\int_{-a}^{0} f(x)\,dx$, 令 $x=-t$.

当 $x=-a$ 时 $t=a$, $x=0$ 时, $t=0$.

(1) 当 $f(x)$ 为偶函数时, $f(x)\,dx = f(-t)\,d(-t) = -f(t)\,dt$, 于是

$$\int_{-a}^{0} f(x)\,dx = \int_a^0 (-f(t))\,dt = \int_0^a f(t)\,dt = \int_0^a f(x)\,dx,$$

所以 $\int_{-a}^{a} f(x)\,dx = \int_0^a f(x)\,dx + \int_0^a f(x)\,dx = 2\int_0^a f(x)\,dx.$

(2) 当 $f(x)$ 为奇函数时, $f(x)\,dx = f(-t)\,d(-t) = -f(t)(-dt) = f(t)\,dt$

于是

$$\int_{-a}^{0} f(x)\mathrm{d}x = \int_{a}^{0} f(t)\mathrm{d}t = -\int_{0}^{a} f(t)\mathrm{d}t = -\int_{0}^{a} f(x)\mathrm{d}x,$$

所以 $\int_{-a}^{a} f(x)\mathrm{d}x = -\int_{0}^{a} f(x)\mathrm{d}x + \int_{0}^{a} f(x)\mathrm{d}x = 0.$

从几何上看,当 $f(x)$ 为偶函数时,函数 $y=f(x)$ 的图形是关于 y 轴对称的,不妨设 $f(x)>0$,这时曲边梯形 $ABCD$ 的面积等于曲边梯形 $AOED$ 面积的两倍(图 3-12(A)),当 $f(x)$ 有正有负时亦然.

当 $f(x)$ 为奇函数时,函数 $y=f(x)$ 的图形是关于原点对称的,此时面积的代数和为零(图 3-12(B)).

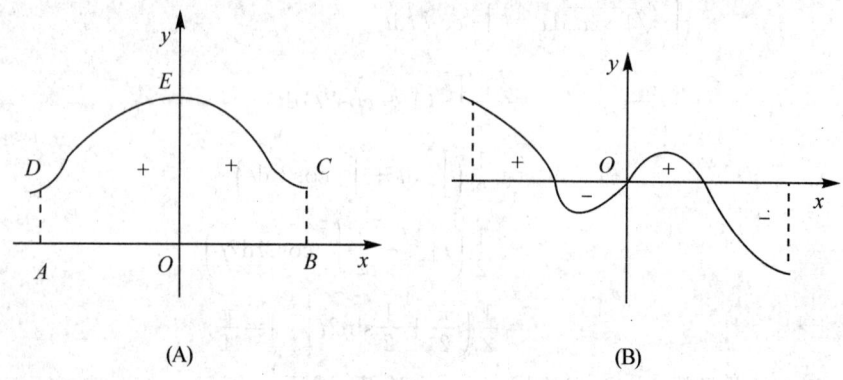

图 3-12

例 7 计算定积分:

(1) $\int_{-1}^{1} (x^5 + 2\sin x - 5x^2)\mathrm{d}x$;

(2) $\int_{-\pi}^{\pi} x^3 \mathrm{e}^{\cos x}\mathrm{d}x.$

解 (1) $\int_{-1}^{1} (x^5 + 2\sin x - 5x^2)\mathrm{d}x$

$= \int_{-1}^{1} (x^5 + 2\sin x)\mathrm{d}x - 5\int_{-1}^{1} x^2\mathrm{d}x$

$= 0 - 10\int_{0}^{1} x^2\mathrm{d}x = -\dfrac{10}{3}x^3 \Big|_{0}^{1} = -\dfrac{10}{3}.$

(2) 因被积函数 $x^3 \mathrm{e}^{\cos x}$ 是奇函数,且积分区间是关于原点对称的,故

$$\int_{-\pi}^{\pi} x^3 \mathrm{e}^{\cos x}\mathrm{d}x = 0.$$

三、定积分分部积分法

定积分的分部积分法有如下公式：

$$\int_a^b u(x)dv(x) = u(x)v(x)\Big|_a^b - \int_a^b v(x)du(x).$$

这与不定积分的分部积分公式很相似.

例 8 求 $\int_0^1 xe^x dx$.

解 $\int_0^1 xe^x dx = \int_0^1 xde^x = xe^x\Big|_0^1 - \int_0^1 e^x dx = e - e^x\Big|_0^1$

$= e - (e^1 - e^0) = 1.$

从上例可以看出，用分部积分法求定积分与用分部积分法求不定积分一样. 开始将 $e^x dx$ 凑成微分式 de^x，被积表达式 $xe^x dx = xde^x$，于是可选 $u(x) = x, v(x) = e^x$，然后用分部积分公式.

例 9 求 $\int_0^\pi x\cos x dx$.

解 $\int_0^\pi x\cos x dx = \int_0^\pi xd\sin x = x\sin x\Big|_0^\pi - \int_0^\pi \sin x dx$

$= \pi\sin\pi - 0\sin 0 + \cos x\Big|_0^\pi$

$= \cos\pi - \cos 0 = -1 - 1$

$= -2$

例 10 求 $\int_0^1 x\arctan x dx$.

解 $\int_0^1 x\arctan x dx = \frac{1}{2}\int_0^1 \arctan x dx^2$

$= \frac{1}{2}\left(x^2 \arctan x\Big|_0^1 - \int_0^1 x^2 d\arctan x\right)$

$= \frac{1}{2}\left(1^2\arctan 1 - \int_0^1 x^2 \frac{1}{1+x^2}dx\right)$

$= \frac{1}{2}\left(\frac{\pi}{4} - \int_0^1 \frac{1+x^2-1}{1+x^2}dx\right)$

$= \frac{1}{2}\left(\frac{\pi}{4} - \int_0^1 dx + \int_0^1 \frac{1}{1+x^2}dx\right)$

$= \frac{1}{2}\left(\frac{\pi}{4} - x\Big|_0^1 + \arctan x\Big|_0^1\right)$

$= \frac{1}{2}\left(\frac{\pi}{4} - 1 + \arctan 1 - \arctan 0\right)$

$$= \frac{1}{2}\left(\frac{\pi}{2} - 1\right).$$

四、平面面积计算

利用定积分的几何意义,平面图形的面积可以很方便地用定积分来计算.

我们已经知道,由三条直线 $x=a, x=b$ $(a<b)$,x 轴及一条曲线 $y=f(x)$ 围成的曲边梯形的面积为

$$S = \int_a^b f(x)\,dx.$$

这里 $f(x) \geqslant 0$(图 3-6).

如果图形由曲线 $y=f(x), y=g(x)$(不妨设 $f(x) \geqslant g(x)$)及直线 $x=a, x=b, (a<b)$ 围成(图 3-13),那么所求面积为

$$S = \int_a^b f(x)\,dx - \int_a^b g(x)\,dx = \int_a^b (f(x)-g(x))\,dx.$$

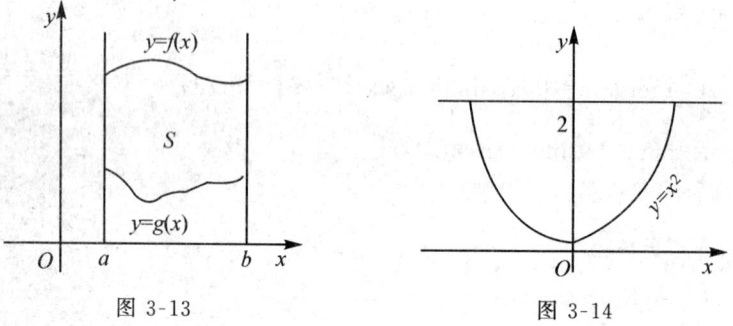

图 3-13   图 3-14

例 11 求由曲线 $y=x^2, y=2$ 所围平面图形的面积 S.

解 如图 3-14 所示,本例中,$f(x)=2, g(x)=x^2$. a、b 是曲线 $y=x^2$ 与直线 $y=2$ 交点的横坐标,$a=-\sqrt{2}, b=\sqrt{2}$. 于是

$$S = \int_{-\sqrt{2}}^{\sqrt{2}} (2-x^2)\,dx = 2\int_0^{\sqrt{2}} (2-x^2)\,dx$$

$$= 2\left(2x - \frac{1}{3}x^3\right)\Big|_0^{\sqrt{2}}$$

$$= 2\left(2\sqrt{2} - \frac{1}{3} \cdot 2\sqrt{2}\right) = \frac{8}{3}\sqrt{2}.$$

例 12 求由曲线 $y=3x^2, y=\frac{1}{2}x$ 及直线 $x=2, x=4$ 所围图形的面积 S.

解 如图 3-15 所示,本例中 $f(x)=3x^2, g(x)=\frac{1}{2}x, a=2, b=4$,于是

$$S=\int_{2}^{4}\left(3x^2-\frac{1}{2}x\right)dx=\left(x^3-\frac{1}{4}x^2\right)\Big|_{2}^{4}=53.$$

例 13 求曲线 $y=x^2, x=y^2$，所围图形的面积 S.

解 如图 3-16, $f(x)=\sqrt{x}, g(x)=x^2$. 为了确定 a,b，要求这两条曲线交点的横坐标. 解方程组 $\begin{cases} x=y^2 \\ y=x^2 \end{cases}$ 得出交点的横坐标, $x=a=0, x=b=1$，于是

$$S=\int_{0}^{1}(\sqrt{x}-x^2)dx=\int_{0}^{1}\sqrt{x}\,dx-\int_{0}^{1}x^2\,dx$$
$$=\frac{2}{3}x^{\frac{3}{2}}\Big|_{0}^{1}-\frac{1}{3}x^3\Big|_{0}^{1}=\frac{2}{3}-\frac{1}{3}$$
$$=\frac{1}{3}.$$

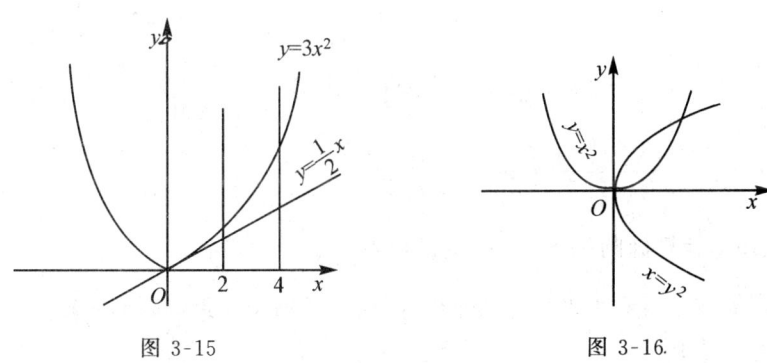

图 3-15   图 3-16.

例 14 求曲线 $y=\dfrac{1}{x}, y=x^2$ 与 $y=4$ 所围图形的面积 S.

解 如图 3-17, $f(x)=4$. 由于 $g(x)$ 是由二条不同曲线所组成，故所求面积 S 要分成二块面积 S_1 与 S_2. 解下列方程组分别得到各交点的横坐标.

$$\begin{cases} y=4, \\ y=\dfrac{1}{x}, \end{cases} \qquad \begin{cases} y=4, \\ y=x^2, \end{cases} \qquad \begin{cases} y=\dfrac{1}{x}, \\ y=x^2, \end{cases}$$

$$x=\frac{1}{4}, \qquad x=2, \qquad x=1.$$

故
$$S=S_1+S_2$$
$$=\int_{\frac{1}{4}}^{1}\left(4-\frac{1}{x}\right)dx+\int_{1}^{2}(4-x^2)dx$$

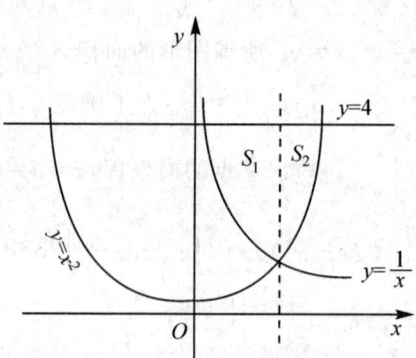

图 3-17

$$=4\cdot\frac{3}{4}-\ln x\Big|_{\frac{1}{4}}^{1}+4(2-1)-\frac{1}{3}x^3\Big|_{1}^{2}$$

$$=3-\ln 1+\ln\frac{1}{4}+4-\frac{1}{3}(8-1)$$

$$=\frac{14}{3}-\ln 4.$$

例 15 计算椭圆 $\dfrac{x^2}{a^2}+\dfrac{y^2}{b^2}=1$ 的面积 S.

解 如图 3-18,阴影部分的面积 S_1 的 4 倍即为所求椭圆的面积.
在第一象限,

$$y=\frac{b}{a}\sqrt{a^2-x^2}.$$

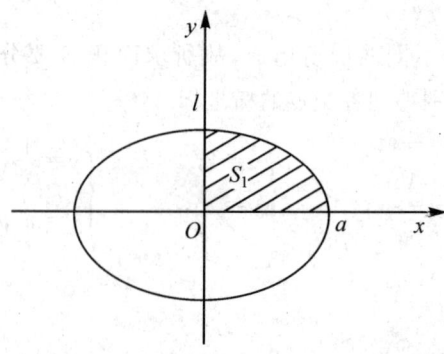

图 3-18

于是

$$S_1 = \int_0^a \frac{b}{a}\sqrt{a^2-x^2}\,dx = \frac{b}{a}\int_0^a \sqrt{a^2-x^2}\,dx$$

$$= \frac{b}{a}\left(\frac{x}{2}\sqrt{a^2-x^2}+\frac{a^2}{2}\arcsin\frac{x}{a}\right)\Big|_0^a$$

$$= \frac{b}{a}\cdot\frac{a^2}{2}\cdot\frac{\pi}{2} = \frac{ab\pi}{4}.$$

故所求椭圆面积 $S=4S_1=4\cdot\dfrac{ab\pi}{4}=\pi ab.$

显然,当椭圆的长、短半轴相等,即 $a=b$ 时,有 $S=\pi a^2$. 这便是圆的面积计算公式.

练 习 3.5

(A)

(一) 填空题

1. 若 $G'(x)=f(x)$,则 $\int_a^b f(x)\,dx=($).

2. 若 $f'(x)=G(x)$,则 $\int_0^4 G(x)\,dx=($).

3. $\int_a^b u(x)v'(x)\,dx = u(x)v(x)\Big|_a^b + ($).

4. $\int_0^1 xe^{-x^2}\,dx = -\dfrac{1}{2}\int_0^1 e^{-x^2}\,d($) $= ($).

5. $\int_0^4 e^{-\sqrt{x}}\,dx = 2\int_{(\ )}^{(\ )} te^t\,dt.$

6. $\int_{-\frac{\pi}{2}}^{\frac{\pi}{2}} \dfrac{x^2\sin x}{1+\cos x}\,dx = ($).

7. $\int_{-\frac{\pi}{2}}^{\frac{\pi}{2}} \dfrac{x\sin x^2}{1+\cos x}\,dx = ($).

8. 曲线 $y=f(x),y=g(x)(f(x)\leqslant g(x))$ 与直线 $x=a,x=b(a<b)$ 所围图形的面积为( ).

(二) 选择题

1. $\int_0^2 \dfrac{1}{4+x^2}\,dx = ($).

(A) π (B) $\dfrac{\pi}{4}$ (C) $\dfrac{\pi}{8}$ (D) $\dfrac{\pi}{12}$

2. $\int_0^{\frac{\pi}{2}} \sin^2 \frac{x}{2} dx = ($ $)$.

(A) $\frac{\pi}{4}$ (B) $\frac{1}{2}$ (C) $\frac{\pi}{4} + \frac{1}{2}$ (D) $\frac{\pi}{4} - \frac{1}{2}$

3. $\int_{-1}^{1} \sqrt{x^2} dx = ($ $)$.

(A) 0   (B) $\frac{1}{2}$ (C) 1   (D) 2

4. 下列定积分为 0 的有(   ).

(A) $\int_{-2}^{2} \frac{x\cos x}{1+\sin^2 x} dx$ (B) $\int_{-2}^{2} \frac{x\sin x}{1+\sin^2 x} dx$

(C) $\int_{-2}^{2} \frac{x\cos x}{x+\sin x} dx$ (D) $\int_{-2}^{2} \frac{x\sin x}{x+\sin x} dx$

5. 下列各式中正确的有(   ).

(A) 若 $f(-x) = -f(x)$，则 $\int_{-a}^{0} f(x) dx = \int_{0}^{a} f(x) dx$

(B) 若 $f(-x) = -f(x)$，则 $\int_{-a}^{0} f(x) dx = -\int_{a}^{0} f(x) dx$

(C) 若 $f(-x) = f(x)$，则 $\int_{-a}^{0} f(x) dx = \int_{0}^{a} f(x) dx$

(D) 若 $f(-x) = f(x)$，则 $\int_{-a}^{0} f(x) dx = -\int_{0}^{a} f(x) dx$

6. $\int_0^a f(x) dx = ($ $)$.

(A) $\int_a^0 f(a-x) dx$ (B) $\int_0^a f(x-a) dx$

(C) $\int_0^a f(a-x) dx$ (D) $\int_a^0 f(x-a) dx$

(B)

1. 计算定积分：

(1) $\int_0^3 2x dx$;

(2) $\int_1^4 (x^2 - \sqrt{x}) dx$;

(3) $\int_0^2 (4-2x)(4-x^2) dx$;

(4) $\int_1^2 \left(x - \frac{1}{x}\right)^2 dx$;

(5) $\int_1^2 \left(e^x + \frac{2}{x}\right) dx$;

(6) $\int_0^{\frac{1}{2}} \frac{1}{\sqrt{1-x^2}} dx$;

(7) $\int_0^{\pi} \cos x dx$;

(8) $\int_0^{\frac{\pi}{2}} \sin^2 \frac{1}{2} x dx$.

2. 求下列定积分:

(1) $\int_2^3 \left(\sqrt{x} - \dfrac{1}{\sqrt{x}}\right)^2 dx$;

(2) $\int_1^2 \dfrac{1}{x^3} dx$;

(3) $\int_{-\frac{\pi}{2}}^{\frac{\pi}{2}} \cos 2x\, dx$;

(4) $\int_0^{\frac{\pi}{6}} \dfrac{1}{\cos^2 2x} dx$;

(5) $\int_0^1 \dfrac{1}{9+x^2} dx$;

(6) $\int_{-1}^1 \dfrac{1}{\sqrt{5-4x}} dx$;

(7) $\int_0^1 \dfrac{x}{(1+x^2)^3} dx$;

(8) $\int_1^e \dfrac{2+\ln x}{x} dx$;

(9) $\int_0^{\ln 2} \sqrt{e^x - 1}\, dx$;

(10) $\int_1^5 \dfrac{\sqrt{x-1}}{x} dx$.

3. 求下列定积分:

(1) $\int_0^{\frac{\pi}{2}} x\sin x\, dx$;

(2) $\int_0^{\pi} x^2 \cos 2x\, dx$;

(3) $\int_0^{2\pi} x\cos x\, dx$;

(4) $\int_1^2 \ln x\, dx$;

(5) $\int_0^1 x e^{-2x} dx$;

(6) $\int_0^1 x \ln(x+1) dx$.

4. 求下列由曲线围成的平面图形的面积:

(1) 由 $y = x^2$ 与 $y = 2x+3$ 所围成的图形;

(2) 由 $y = x^2$ 与 $y = 2 - x^2$ 所围成的图形;

(3) 由 $y = \dfrac{1}{x}$, $y = x$ 与 $y = 2$ 所围成的图形;

(4) 由 $y = \dfrac{1}{x}$, $y = x$ 与 $x = 2$ 所围成的图形;

(5) 由 $y^2 = x$ 与 $y = x - 2$ 所围成的图形.

§3.6 无穷限积分

从前面的讨论中可以知道, 定积分的积分区间是有限的, 但是在实际中, 往往会遇到积分区间是无穷的情形. 无穷区间一般有三种情形 $[a, +\infty)$, $(-\infty, b]$, $(-\infty, +\infty)$, 因此无穷限积分也有三种情形. 这里我们主要讨论第一种无穷区间 $[a, +\infty)$ 的情形.

定义 3.4 设函数 $y = f(x)$ 在区间 $[a, +\infty)$ 上有定义, 且对任意数 $b(b > a)$, 函数 $f(x)$ 在 $[a, b]$ 上可积. 如果极限

$$\lim_{b\to+\infty}\int_a^b f(x)\mathrm{d}x$$

存在,则称此极限为函数 $f(x)$ 在 $[a,+\infty)$ 上的无穷限积分. 记为

$$\int_a^{+\infty} f(x)\mathrm{d}x,$$

即

$$\int_a^{+\infty} f(x)\mathrm{d}x = \lim_{b\to+\infty}\int_a^b f(x)\mathrm{d}x.$$

并称无穷限积分 $\int_a^{+\infty} f(x)\mathrm{d}x$ 收敛,若上述极限不存在,则称无穷限积分 $\int_a^{+\infty} f(x)\mathrm{d}x$ 发散.

类似地,可以定义 $f(x)$ 在 $(-\infty,b]$ 及 $(-\infty,+\infty)$ 上的无穷限积分:

$$\int_{-\infty}^b f(x)\mathrm{d}x = \lim_{a\to-\infty}\int_a^b f(x)\mathrm{d}x,$$

$$\int_{-\infty}^{+\infty} f(x)\mathrm{d}x = \lim_{a\to-\infty}\int_a^c f(x)\mathrm{d}x + \lim_{b\to+\infty}\int_c^b f(x)\mathrm{d}x.$$

其中 $c\in(-\infty,+\infty)$.

无穷限积分 $\int_{-\infty}^{+\infty} f(x)\mathrm{d}x$ 收敛的充分必要条件是上式右端两个无穷限积分都收敛. 若两个积分之一发散,则左边的无穷限积分发散.

例1 求 $\int_1^{+\infty} \dfrac{1}{x^3}\mathrm{d}x$.

解 $\int_1^{+\infty} \dfrac{1}{x^3}\mathrm{d}x = \lim\limits_{b\to+\infty}\int_1^b \dfrac{1}{x^3}\mathrm{d}x = \lim\limits_{b\to+\infty}\left(-\dfrac{1}{2x^2}\right)\Big|_1^b$

$= \lim\limits_{b\to+\infty}\left(-\dfrac{1}{2b^2}+\dfrac{1}{2}\right) = \dfrac{1}{2}.$

即此无穷限积分收敛,其值为 $\dfrac{1}{2}$.

例2 求 $\int_1^{+\infty} \dfrac{1}{x}\mathrm{d}x$.

解 $\int_1^b \dfrac{1}{x}\mathrm{d}x = \ln|x|\Big|_1^b = \ln|b|.$

当 $b\to+\infty$ 时,$\ln|b|\to+\infty$.

因 $\lim\limits_{b\to+\infty}\int_1^b \dfrac{1}{x}\mathrm{d}x$ 不存在,

故此无穷限积分发散.

例3 求 $\int_1^{+\infty} \dfrac{1}{\sqrt{x}}\mathrm{d}x$.

解 $\int_1^b \frac{1}{\sqrt{x}}dx = \int_1^b x^{-\frac{1}{2}}dx = 2\sqrt{x}\Big|_1^b = 2(\sqrt{b}-1).$

当 $b \to +\infty$ 时,$2(\sqrt{b}-1) \to +\infty.$

因 $\lim\limits_{b \to +\infty}\int_1^b \frac{1}{\sqrt{x}}dx$ 不存在,

故此无穷限积分发散.

一般地,无穷限积分 $\int_1^{+\infty} \frac{1}{x^p}dx$ 有如下结果:

当 $p > 1$ 时,$\int_1^{+\infty} \frac{1}{x^p}dx = \frac{1}{p-1}$;

当 $p \leqslant 1$ 时,$\int_1^{+\infty} \frac{1}{x^p}dx$ 发散.

例 4 求 $\int_0^{+\infty} e^{-2x}dx.$

解 $\int_0^b e^{-2x}dx = -\frac{1}{2}\int_0^b e^{-2x}d(-2x)$

$= -\frac{1}{2}e^{-2x}\Big|_0^b$

$= -\frac{1}{2}(e^{-2b}-1).$

故 $\int_0^{+\infty} e^{-2x}dx = \lim\limits_{b \to +\infty} -\frac{1}{2}(e^{-2b}-1)$

$= -\frac{1}{2}(0-1) = \frac{1}{2}.$

图 3-19 示意了此无穷限积分的几何意义.

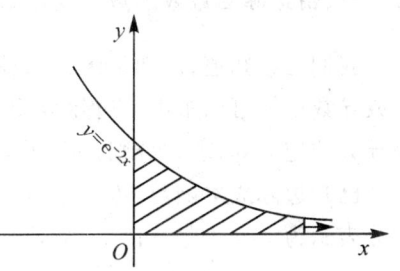

图 3-19

例 5 计算 $\int_{-\infty}^{+\infty} \frac{1}{1+x^2}dx.$

解 $\int_{-\infty}^{+\infty} \frac{1}{1+x^2}dx = \int_{-\infty}^0 \frac{1}{1+x^2}dx + \int_0^{+\infty} \frac{1}{1+x^2}dx$

$= \lim\limits_{a \to -\infty}\int_a^0 \frac{1}{1+x^2}dx + \lim\limits_{b \to +\infty}\int_0^b \frac{1}{1+x^2}dx$

$= \lim\limits_{a \to -\infty}(-\arctan a) + \lim\limits_{b \to +\infty}\arctan b$

$= -\left(-\frac{\pi}{2}\right) + \frac{\pi}{2} = \pi.$

练习 3.6

求下列无穷限积分：

(1) $\int_1^{+\infty} \frac{1}{x^2} dx$；

(2) $\int_1^{+\infty} \frac{1}{\sqrt[3]{x}} dx$；

(3) $\int_0^{+\infty} x e^{-x} dx$；

(4) $\int_0^{+\infty} \sin x \, dx$；

(5) $\int_e^{+\infty} \frac{1}{x \ln x} dx$；

(6) $\int_e^{+\infty} \frac{1}{x \ln^2 x} dx$；

(7) $\int_{-\infty}^{+\infty} \frac{1}{4+x^2} dx$.

§3.7 经济应用Ⅲ

一、由边际函数或函数的变化率求此函数及与此函数相关的量

我们已经知道,已知某函数(如成本函数、收入函数、需求函数等)利用微分或导数运算可以求出其边际函数(如边际成本、边际收入、边际需求等).作为导数的逆运算,求积分则是由已知的边际函数确定原函数.

已知边际成本函数 $MC = C'(Q)$,则产量为 Q 时的总成本函数 $C(Q)$ 用定积分表示为

$$C(Q) = \int_0^Q C'(Q) dQ + C_0.$$

上式右端的第一项为变动成本, C_0 为固定成本.

用不定积分表示为

$$C(Q) = \int C'(Q) dQ.$$

上述不定积分中的积分常数由所给的固定成本确定.

例1 某企业的边际成本是产量 Q 的函数 $C'(Q) = 2e^{0.2Q}$,假设固定成本为 $C_0 = 90$,求总成本函数.

解 用定积分求解可得

$$C(Q) = \int_0^Q C'(Q) dQ + C_0 = \int_0^Q 2e^{0.2Q} dQ + 90$$

$$= \frac{2}{0.2}(e^{0.2Q} - 1) + 90$$

经济应用 Ⅲ 3.7

$$= 10e^{0.2Q} + 80.$$

用不定积分求解

$$C(Q) = \int C'(Q)\,dQ = \int 2e^{0.2Q}\,dQ$$

$$= \frac{2}{0.2}\int e^{0.2Q}\,d(0.2Q) = \frac{2}{0.2}e^{0.2Q} + C$$

$$= 10e^{0.2Q} + C.$$

由于固定成本为 90，即 $C(0) = 90$ 代入上式，

$$90 = 10e^{0.2Q} + C, \quad 得 C = 80.$$

于是总成本为

$$C(Q) = 10e^{0.2Q} + 80.$$

当产量由 a 个单位变到 b 个单位时，总成本的改变量为

$$\Delta C = \int_a^b MC\,dQ$$

上例中若要求产量为 100 到 200 时总成本的改变量，则直接用上式可得

$$\Delta C = \int_{100}^{200} 2e^{0.2Q}\,dQ = 10e^{0.2Q}\Big|_{100}^{200}$$

$$= 10(e^{40} - e^{20}) = 10e^{20}(e^{20} - 1).$$

同理，若已知边际收益为 $R'(Q) = MR$，则总收入函数可表示为

$$R = R(Q) = \int_0^Q MR\,dQ.$$

当销售量由 a 个单位变到 b 个单位时，总收入的改变量为

$$\Delta R = \int_a^b MR\,dQ.$$

因边际利润是边际收入与边际成本之差 $L'(Q) = MR - MC$，于是产量为 Q 时的总利润函数 $L(Q)$ 为

$$L = L(Q) = \int_0^Q (MR - MC)\,dQ - C_0.$$

其中 C_0 是固定成本，积分

$$\int_0^Q (MR - MC)\,dQ$$

是不计固定成本下的利润函数．

当产量由 a 个单位变到 b 个单位时，总利润的改变量为

$$\Delta L = \int_a^b (MR - MC)\,dQ.$$

例 2 已知生产某产品 Q 个单位时的边际收益是 $MR = 100 - 2Q$，求：

(1) 生产 40 个单位时的总收益；

(2) 生产 40 到 50 个单位时的总收益．

解 (1) 生产 40 个单位的总收入为
$$\int_0^{40} MR\,dQ = \int_0^{40}(100-2Q)\,dQ = (100Q-Q^2)\Big|_0^{40} = 2400.$$

(2) 生产 40 到 50 个单位时的总收入为
$$\int_{40}^{50} MR\,dQ = \int_{40}^{50}(100-2Q)\,dQ = (100Q-Q^2)\Big|_{40}^{50} = 100.$$

例3 已知某产品的边际成本 $C'(Q)=2$(元/件),固定成本为 0,边际收入为 $R'(Q)=20-0.02Q$,问:

(1) 产量为多少时利润最大?

(2) 在最大利润的基础上再生产 40 件,利润会发生什么变化?

解 (1) 由已知条件,
$$L'(Q) = R'(Q) - C'(Q) = 20 - 0.02Q - 2$$
$$= 18 - 0.02Q.$$

令 $L'(Q)=0$,即 $18-0.02Q=0$,得驻点 $Q_0=900$.

又 $L''(Q)=-0.02<0$,驻点 $Q=900$ 为 $L(Q)$ 的极大值点,即为所求的最大值点.

于是,当产量为 900 件时,可得到最大利润.

(2) 当产量由 900 件增加到 940 件时,利润的改变量为
$$\Delta L = \int_{900}^{940}(18-0.02Q)\,dQ$$
$$= (18Q - 0.01Q^2)\Big|_{900}^{940}$$
$$= 720 - 736 = -16 \text{(元)}$$

此时利润将减少 16 元.

例4 已知生产某产品 Q 件的边际成本为 $MC = 8 + \dfrac{1}{2}Q$,边际收益 $MR = 16-2Q$,固定成本为零,试求:

(1) 成本函数,收入函数;

(2) 取得最大利润时的产量及最大利润.

解 (1) $C(Q) = \int_0^Q MC\,dQ + C_0 = \int_0^Q \left(8+\dfrac{1}{2}Q\right)dQ + 0$
$$= 8Q + \dfrac{1}{4}Q^2\Big|_0^Q = 8Q + \dfrac{1}{4}Q^2.$$

$R(Q) = \int_0^Q MR\,dQ = \int_0^Q (16-2Q)\,dQ$
$$= 16Q - Q^2\Big|_0^Q = 16Q - Q^2.$$

(2) $L'(Q) = MR - MC = 16 - 2Q - 8 - \dfrac{1}{2}Q$

$$= 8 - \frac{5}{2}Q.$$

令 $L'(Q)=0$，即 $8-\frac{5}{2}Q=0$，得驻点 $Q_0=3.2$.

$L''(Q)=-\frac{5}{2}<0$，故 $Q_0=3.2$ 是使总利润最大的产量，此时的最大利润是

$$L_0 = \int_0^{3.2}(MR-MC)\mathrm{d}Q = \int_0^{3.2}\left(8-\frac{5}{2}Q\right)\mathrm{d}Q$$

$$=\left(8Q-\frac{5}{4}Q^2\right)\Big|_0^{3.2}$$

$$=8\times 3.2 - \frac{5}{4}\times 3.2^2$$

$$=12.80.$$

以上各例，均可用不定积分求解，如上例，成本函数 $C(Q)$ 可表示为

$$C(Q)=\int MC\mathrm{d}Q = \int\left(8+\frac{1}{2}Q\right)\mathrm{d}Q$$

$$=8Q+\frac{1}{4}Q^2+C.$$

由题设固定成本为零，即 $C(0)=0$，可求出上式中的积分常数 $C=0$，故

$$C(Q)=8Q+\frac{1}{4}Q^2.$$

收入函数 $R(Q)$ 为

$$R(Q)=\int MR\mathrm{d}Q = \int(16-2Q)\mathrm{d}Q$$

$$=16Q-Q^2+C.$$

由条件 $R(0)=0$，可确定上式中的积分常数为 0，故

$$R(Q)=16Q-Q^2.$$

这样，用不定积分求出成本函数和收入函数后，得利润函数

$$L(Q)=R(Q)-C(Q)=8Q-\frac{5}{4}Q^2.$$

如同上例方法，求出使利润最大的产量 $Q_0=3.2$，最大利润为

$$L(3.2)=8\times 3.2-\frac{5}{4}\times 3.2^2=12.80.$$

其他各例的不定积分求解，留给读者作为练习.

产品生产的生产率，生产总值的增长率，人口的增长率，产品的销售率等

都是某些特定量的变化率,在数学上表示为导数.由这些变化率,利用积分可以求出这些特定的量.

例 5 若国民生产总值每年的递增率是 7%,多少年后能使国民生产总值翻两番?

解 设国民生产总值为 $N=N(t)$,$N_0=N(0)$,国民生产总值每年的递增率为 7%,即

$$\frac{dN(t)}{dt}=0.07N(t),$$

即
$$\frac{dN(t)}{N(t)}=0.07dt.$$

两边积分
$$\int \frac{dN(t)}{N(t)}=\int 0.07dt,$$

得
$$\ln|N(t)|=0.07t+C_0,$$

即
$$N(t)=Ce^{0.07t}, C=e^{C_0}.$$

由 $N(0)=N_0$,求得 $C=N_0$

故
$$N(t)=N_0 e^{0.07t}.$$

那么多少年后国民生产总值可翻两番,即
$$4N_0=N_0 e^{0.07t}.$$

得出 $t\approx 20$,即是说,按每年 7% 的递增率,国民生产总值将用 20 年的时间实现翻两番的目标.

例 6 某公司每月的销售额为 100 万元,公司的平均利润是销售额的 10%.根据预测,公司在一年内做广告,则月销售率为 $100e^{0.02t}$(t 的单位为月),广告总费用为 11 万元.试确定公司的广告利润.

解 在做广告的情形下,一年后的总销售额为

$$\int_0^{12} 100 e^{0.02t} dt = \frac{100}{0.02}\int_0^{12} e^{0.02t} d0.02t$$
$$=5 000(e^{0.24}-1)\approx 1 355(万元).$$

在正常情况下一年后的销售额为
$$100\times 12=1 200(万元).$$

销售增加所产生的平均利润是
$$(1 355-1 200)\times 10\%=15.5(万元).$$

这是由做广告而取得的利润.减去做广告的费用,做广告的利润为
$$15.5-11=4.5(万元).$$

例 7 某商品需求量 Q 对价格 P 的弹性为 $-P\ln 3$.已知该商品的最大需求量为 1 200(即设 $P=0$ 时 $Q=1 200$),试求需求函数.

解 由需求弹性的定义,
$$\frac{P}{Q}\frac{dQ}{dP} = -P\ln 3.$$

经化简恒等变形后,
$$\frac{dQ}{Q} = -\ln 3 dP.$$

两边积分,有
$$\int \frac{dQ}{Q} = \int -\ln 3 dP,$$

得
$$\ln Q = -(\ln 3)P + C_0,$$

或
$$Q = Ce^{\ln\left(\frac{1}{3}\right)P} = C\left(\frac{1}{3}\right)^P.$$

其中
$$C = e^{C_0}.$$

由条件 $P=0$ 时,$Q=1\,200$,代入上式,求得 $C=1\,200$.

故得需求函数为
$$Q = 1\,200\left(\frac{1}{3}\right)^P.$$

二、非均匀资金流量的现值与未来值

在 §1.8 经济应用 I 中,我们曾讨论过资金流量的现值和未来值问题,但那里所涉及的每期或每年的资金流量是固定的,是不随时间变化的均匀的量. 若资金流量是随时间变化的非均匀的量,则其现值和未来值要用积分来解决.

在连续的情况下,设资金流 A 是时间 t 的函数 $A = A(t)$,这样在很短的时间间隔 $[t, t+\Delta t]$ 内资金流量的近似值是
$$A(t)dt.$$

在利率为 R 时,由式(1-7-4),其现值为
$$A(t)dt \cdot e^{-Rt} = A(t)e^{-Rt}dt.$$

于是,到第 T 年末资金流量总和的现值就是从 0 到 T 的定积分,即
$$P = \int_0^T A(t)e^{-Rt}dt.$$

特别地,若每年的资金流量不变,均为常数 A,按连续复利贴现,则其现值为
$$P = \int_0^T Ae^{-Rt}dt = -\frac{A}{R}\int_0^T e^{-Rt}d(-Rt)$$
$$= \frac{A}{R}(1 - e^{-RT}).$$

由式(1-7-3),在 $[t, t+\Delta t]$ 时间间隔内,资金流量近似值 $A(t)dt$ 的未来

值为
$$A(t)\mathrm{d}t e^{Rt}=A(t)e^{Rt}\mathrm{d}t.$$
于是,在 0 到 T 年内,总的资金流量化为未来 T 年值为
$$F=\int_0^T A(t)e^{Rt}\mathrm{d}t.$$

特别地,若每年的资金流量 $A(t)$ 不变,均为常数 A,按连续复利计算,则 T 年末的未来值为
$$F=\int_0^T Ae^{Rt}\mathrm{d}t=\frac{A}{R}\int_0^T e^{Rt}\mathrm{d}Rt$$
$$=\frac{A}{R}(e^{RT}-1).$$

例 8 某一机床使用寿命为 10 年.若购进此机床需 3.5 万元,若租用此机床,每月租金为 0.06 万元.设资金的年利率为 14%,按连续复利计算,购进机床合算还是租用机床合算?

解 (1)计算租金流量总值的现值,然后与购进费用比较.

由每月租金 600 元知该机床的年租金为 7 200 元,则租金流量总值的现值为
$$P=\int_0^{10}7\,200e^{-0.14t}\mathrm{d}t=\frac{7\,200}{0.14}(1-e^{-0.14\times 10})$$
$$\approx 54\,128.5\times(1-0.246\,6)$$
$$=38\,756(元).$$

因购进费用只需要 35 000 元,显然购进机床比租用机床合算.

(2)将购进机床款与租用机床款都化为 10 年末的未来值,然后加以比较.

35 000 元 10 年末的未来值为
$$F_1=35\,000e^{0.14\times 10}\approx 141\,932(元).$$
年租金 7 200 元 10 年末的未来值为
$$F_2=\int_0^{10}7\,200e^{0.14t}\mathrm{d}t=\frac{7\,200}{0.1}(e^{0.14\times 10}-1)$$
$$=219\,974(元).$$

因此,按照未来值比较,购进机床比租用机床合算.

假设资金流量 $A(t)$ 长久持续下去,这种流量的现值可表示为无穷限积分
$$P=\int_0^{+\infty}A(t)e^{-Rt}\mathrm{d}t.$$
当 $A(t)=A$ 为常量时,有
$$P=\int_0^{+\infty}Ae^{-Rt}\mathrm{d}t=A\lim_{b\to+\infty}\int_0^b e^{-Rt}\mathrm{d}t$$

$$= \frac{A}{R} \lim_{b \to +\infty} (1 - e^{-Rb}) = \frac{A}{R}.$$

这样得到了与§1.8永续年金相同的结果.

练 习 3.7

(A)

填空题

1. 设边际成本函数为 $MC = C'(Q)$,则成本函数为 $C(Q) = ($　　　$)$.

2. 设边际收入函数为 $MR = R'(Q)$,则收入函数为 $R(Q) = ($　　　$)$.

3. 设边际需求为 $f'(P) = -5$,且 $f(0) = 1\,200$,则需求函数为 $Q = f(P) = ($　　　$)$.

4. 设边际收入与边际成本分别为 MR 与 MC,则产量由 a 个单位提高到 b 个单位时,总利润的改变量是($　　$),在($　　$)时总利润最大.

5. 设某产品的月销售率为 $10 + t$,则此产品全年的销售量是($　　　$).

6. 设某商品的现价为 120 元,月价格提高率为 6%,一年后此种商品的价格为($　　　$).

7. 设 t 时刻的资金流量是 $A = A(t)$,则 10 年末,资金流量总和的未来值是($　　　$).

8. 设每年的资金流量是 10 万元,则 5 年末资金流量总和的现值是($　　　$).

(B)

1. 设某企业的边际成本是产量 Q 的函数 $MC = 2e^{0.2Q}$.设固定成本为 $C_0 = 90$,求总成本函数.

2. 某厂生产某产品的边际费用为 $C'(Q) = Q^2 + 10Q + 100$.已知生产 6 件产品的费用为 1 052 元,求总费用函数.

3. 已知某厂生产 Q 台机床的边际平均成本为 $\overline{C}'(Q) = -\dfrac{38.4}{Q^2} + 0.4$(万元/台),并且产量为 10 台时平均成本为 11.64(万元).试求总成本函数.

4. 设某产品的边际收益为产量 Q 的函数 $MR = 15 - 2Q$.试求总收益函数与需求函数.

5. 对某产品的需求函数是 $Q=f(P)$. 已知边际需求为 $f'(P)=\dfrac{20}{1+P}$,且 $f(0)=100$,求需求函数与收益函数.

6. 已知在某期间内生产某产品的边际成本是 $MC=0.6Q-9$(元/单位). 如果这种产品的销售单价是 21(元),试求总利润函数,在此期间,生产该产品多少时,所获得的利润最大.

7. 某工厂生产某产品,每天生产 x(吨)时的总成本是 $C(x)$,(单位:百元),已知其边际成本为

$$MC=100+6x-0.6x^2.$$

试求:产量从 2 吨增加到 4 吨时的总成本及平均成本.

8. 某厂生产某产品 x 单位的边际成本是 $MC=16+0.002x$(元/单位),固定成本为 200 元,此种产品的价格 P 是产量 x 的函数:

$$P=20-0.001x.$$

求:(1) 生产 x 单位产品的总成本 $C(x)$;

(2) 生产 x 单位产品的总利润 $L(x)$;

(3) 生产多少单位产品才能获得最大利润;

(4) 最大利润是多少.

9. 生产某产品在时刻 t 时的生产率为

$$Q=f(t)=56+8t-0.9t^2 \quad (单位/小时).$$

求从 $t=0$ 到 $t=8$ 这 8 小时内的总产量 Q.

10. 某商品的年销售率是

$$f(t)=1\,340-850\mathrm{e}^{-t}.$$

求前 5 年的总销售量.

11. 某空调生产厂家生产第 x 个单位(百台)空调机,所需劳动工时(即空调机产量对劳动工时的变化率)为

$$f(x)=1\,272x^{-0.25}.$$

求该厂生产 1 万台空调机所需的总劳动工时.

12. 设某项投资的资金流量是 $A(t)=0.2t$ 万元,年利率为 13%,该项工程三年内完工. 求工程结束时,总的资金流量的现值和未来值.

13. 设 5 年内资金流量总值的现值为 4 万元,年利率为 18%,每年的资金流量不变. 试求每年的资金流量.

复习题三

1. 求不定积分：

(1) $\int x(3x^2-4)\mathrm{d}x$；

(2) $\int \left(\dfrac{2x^2-1}{x}\right)^2 \mathrm{d}x$；

(3) $\int \dfrac{2x}{1+x^2}\mathrm{d}x$；

(4) $\int (\mathrm{e}^{\frac{x}{2}}+\mathrm{e}^{-\frac{x}{2}})^2 \mathrm{d}x$.

2. 求不定积分：

(1) $\int x\sqrt[3]{1-2x^2}\,\mathrm{d}x$；

(2) $\int \mathrm{e}^x(\mathrm{e}^x-2)^2 \mathrm{d}x$；

(3) $\int \sin\theta \mathrm{e}^{\cos\theta}\mathrm{d}\theta$；

(4) $\int \dfrac{(1-\ln x)^2}{x}\mathrm{d}x$；

(5) $\int \dfrac{1}{x\sqrt{x^2-1}}\mathrm{d}x$；

(6) $\int \dfrac{\sqrt{x^2-4}}{x}\mathrm{d}x$；

(7) $\int \dfrac{1}{x+\sqrt{x}}\mathrm{d}x$；

(8) $\int \dfrac{x^3}{\sqrt{1-x^2}}\mathrm{d}x$.

3. 求不定积分：

(1) $\int (1-x)\mathrm{e}^{-3x}\mathrm{d}x$；

(2) $\int \dfrac{x}{\cos^2 x}\mathrm{d}x$；

(3) $\int \dfrac{\ln x}{\sqrt{x}}\mathrm{d}x$；

(4) $\int x^2 \sin x\,\mathrm{d}x$；

(5) $\int x^2 \mathrm{e}^{-2x}\mathrm{d}x$；

(6) $\int \cos\ln x\,\mathrm{d}x$.

4. 求定积分：

(1) $\int_{-1}^{0} x^2(x-2)^2 \mathrm{d}x$；

(2) $\int_{1}^{2} \left(\sqrt{x}-\dfrac{1}{x^3}\right)\mathrm{d}x$；

(3) $\int_{0}^{\frac{1}{3}} \dfrac{1}{4-3x}\mathrm{d}x$；

(4) $\int_{\frac{1}{2}}^{1} \sqrt{3-2x}\,\mathrm{d}x$；

(5) $\int_{-1}^{1} \left(x^2-\dfrac{x^3}{1+x^2}\right)\mathrm{d}x$；

(6) $\int_{0}^{1} \dfrac{\mathrm{e}^x}{1+\mathrm{e}^{2x}}\mathrm{d}x$；

(7) $\int_{\frac{1}{4}}^{\frac{3}{4}} \dfrac{1}{\sqrt{x-x^2}}\mathrm{d}x$；

(8) $\int_{1}^{2} \dfrac{\sqrt{x^2-1}}{x}\mathrm{d}x$；

(9) $\int_{0}^{1} \ln(x+1)\mathrm{d}x$；

(10) $\int_{0}^{1} x\arctan x\,\mathrm{d}x$.

5. 已知某商品每周生产 x 个单位时的边际成本是 $MC=0.4x-12$,固定成本为 120,商品的销售单价是 20 元.

(1) 求每周的总成本函数和利润函数.

(2) 生产多少单位商品时,才能获得最大利润,最大利润是多少?

6. 已知某产品在第 Q 个单位时的边际成本是 $C'(Q)=Q+4$,该产品产量 Q 与价格 P 的关系是 $Q+2P=280$. 求使利润最大时的产量及最大利润(已知固定成本为 180).

7. 生产某产品 Q 件的总成本是 $C(Q)=\dfrac{1}{2}Q^2+4Q+1\,800$. 若该产品的边际需求量为 $Q'(P)=-2$,$Q(0)=280$. 求最大利润以及最大利润时的需求量与价格.

8. 某机床使用寿命为 10 年. 若购进此机床需 4 万元,若租用此种机床,每月付租金为 700 元. 设资金的利率为 18%,按连续复利计算,是购进机床还是租用机床合算?

第四章 多元函数微分学

在前三章,主要研究两个变量间的函数 $y=f(x)$ 及其微积分. 可是,在一些自然(经济)现象或技术过程中,相互约束在一起的、产生显著影响的变量一般不只两个,这就要研究两个以上变量之间相互依赖关系.

本章主要介绍三个变量之间相互依赖关系,即二元函数及其偏导数、全微分、极值及经济应用.

§4.1 多元函数的基本概念

建立在两个以上变量之间相互依赖的关系,称为多元函数.

一、例

例 1 在几何学中,一个矩形面积 S 依赖于边长 x 与 y,并且
$$S = x \cdot y.$$
这里 S 随着 x 和 y 的变化而变化. 当 x,y 在一定范围内 $(x>0,y>0)$ 取定一组值时,S 的对应值就随之确定.

例 2 在物理学中,理想气体状态方程:
$$PV = RT \quad (R \text{ 为常数}).$$
若将绝对温度 T 与体积 V 看做自变量,那么压力 P 依赖于 T 与 V,并且
$$P = RT/V.$$

例 3 在经济分析中,第一章曾介绍需求函数 $Q=Q(P)$. 其实,需求量 Q 不只依赖于价格 P,还依赖于家庭收入 M、时间(季节)t 等因素. 一般有关系式:
$$Q = Q(P, M, t, \cdots).$$
例如,1981 年武汉市家计与市场调查,市场猪肉需求函数为
$$Q = 12.3146 - 10.6184P + 0.2581M$$
$$+ 1.6983\sin(1.57t + 0.7857).$$

式中表明：在季度 t 下，人均需求量为 Q(斤)，每斤平均价格为 P(元)，人均收入为 M(元).

例 4 在经济活动中，投入生产要素为劳动力 L 与资本 K，其产出量为 Z. 如果投入与产出满足关系式

$$Z = AL^\alpha K^\beta \quad (A, \alpha, \beta > 0).$$

则产出 Z 依赖于 L 与 K. 该函数称为库柏-道格拉斯生产函数.

如果考虑时间 t，那么在动态下产出 Z 还依赖于时间 t：

$$Z = Ae^{lt} L^\alpha K^\beta.$$

例如，我国 1952～1979 年全民所有制工业企业生产函数为

$$Z = 240.3990 e^{0.0153 t} L^{0.5633} K^{0.4367}$$

大量实例表明存在两个以上变量之间相互依赖关系. 撇开具体的函数形式，可以建立多元函数定义.

二、多元函数

定义 4.1 设在同一过程中有三个变量 x, y 与 z. 如果 x 与 y 在某一范围 D 内各取一确定值，按照某一对应法则有唯一确定的 z 值与之对应，则称变量 z 为变量 x 与 y 的二元函数. 记作

$$z = f(x, y) \quad x, y \in D. \tag{4-1-1}$$

其中变量 z 又称为因变量，x 与 y 称为自变量，"f"称为对应法则，D 称为函数定义域.

类似地，还可建立三元函数、四元函数等. 由于二元函数是最简单的多元函数，所以本书主要介绍二元函数，它的一些性质和运算可以推广到一般多元函数.

函数 $z = f(x, y)$ 中的"f"实际上还表示一种运算. 当 $x = x_0$，$y = y_0$ 并代入函数中可得函数值 z_0：

$$z_0 = f(x_0, y_0) \text{ 或 } z_0 = f(x, y)|_{x = x_0, y = y_0}.$$

例如，将 $x = 1, y = 2$ 代入函数

$$z = f(x, y) = \frac{x}{x^2 + y^2}$$

中，函数值为：

$$f(1, 2) = \frac{1}{1^2 + 2^2} = \frac{1}{5}.$$

同求一元函数 $y = f(x)$ 的定义域一样，若不考虑函数的实际意义，凡使函数 $z = f(x, y)$ 有意义的自变量 x 与 y 的变化范围 D 称为函数定义域. 不过，

二元函数定义域通常是一平面区域,即可用平面上的图形表示.如果平面区域含边界,则称为闭区域,不含边界就称为开区域.

例 5 求函数 $z=\ln xy$ 的定义域.

解 为使函数有意义,要求对数的真数 $xy>0$.于是定义域为 $x>0,y>0$ 或 $x<0,y<0$.它是一、四象限的开区域(图 4-1).

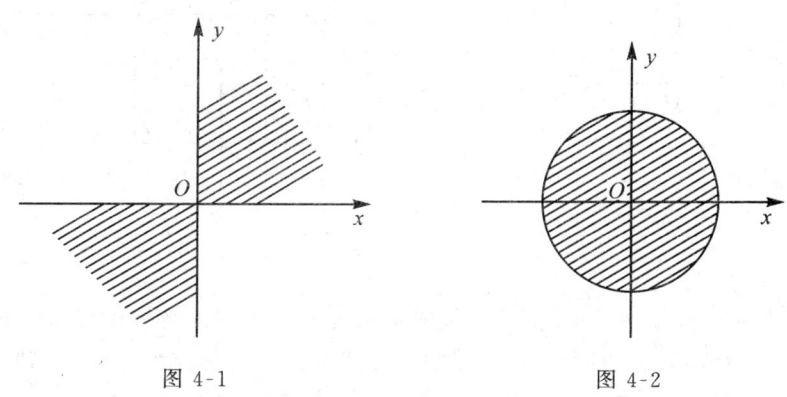

图 4-1   图 4-2

例 6 求函数 $z=\sqrt{1-x^2-y^2}$ 的定义域.

解 开方号内 $1-x^2-y^2 \geqslant 0$ 才使函数有意义,于是定义域为
$$x^2+y^2 \leqslant 1,$$
它是含圆周的闭区域(图 4-2).

三、二元函数的几何表示

一元函数 $y=f(x)$ 或方程 $F(x,y)=0$,在平面直角坐标系 oxy 下一般表示一条平面曲线.为了研究二元函数 $z=f(x,y)$ 的几何表示,需要引入空间直角坐标系才能表示出来.

1. 空间直角坐标系

在平面直角坐标系 Oxy 的原点处添加一条与该坐标平面垂直的数轴 Oz,就得到两两垂直的数轴 Ox、Oy、Oz,分别称为 x 轴、y 轴、z 轴,统称坐标轴,O 仍称坐标原点.它们的方向规定如下:以右手握住 z 轴,当右手四个手指从 x 轴逆时针方向旋转 $\dfrac{\pi}{2}$ 后正好是 y 轴的正向,这时大姆指的指向就是 z 轴的正向.这种用右手法则建立起来的坐标系称为空间直角坐标系,记作 $Oxyz$ (图 4-3).

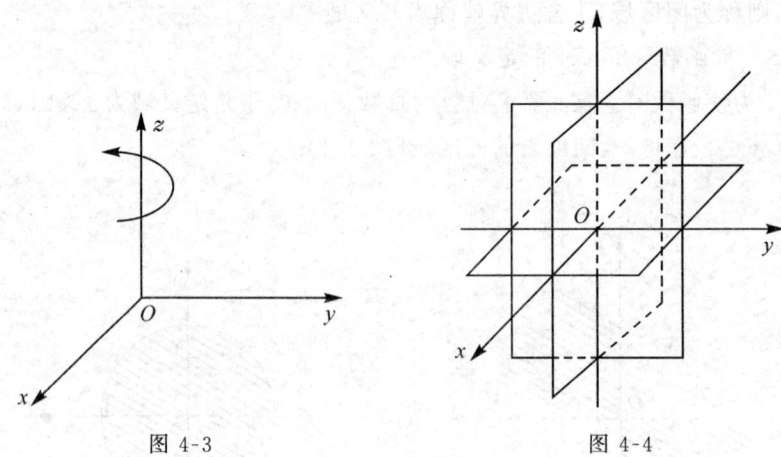

图 4-3　　　　　　　　　图 4-4

在空间直角坐标系 $Oxyz$ 中,每两轴确定的平面称为坐标平面或简称平面. 如 $x=0$ 表示由 y 轴与 z 轴确定的 Oyz 平面; $y=0$ 表示由 x 轴与 z 轴确定的 Oxz 平面, $z=0$ 表示 Oxy 平面. 这三个平面两两垂直,并且把空间分成八个部分,每一部分称为一个卦限(图 4-4).

有了空间直角坐标系,空间中任一点 M 就可以与三个有序数 x、y、z 一一对应:过点 M 分别作垂直于 x 轴、y 轴、z 轴的三个平面交于坐标轴上点 x, y, z. 这样,任一点 M 的坐标为 $M(x,y,z)$(图 4-5).

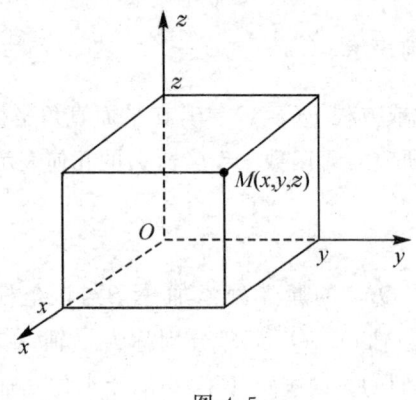

图 4-5

2. 空间两点间距离

在空间直角坐标系下,可以求出空间任意两点 $M_1(x_1,y_1,z_1)$ 与 $M_2(x_2,$

4.1 多元函数的基本概念

y_2, z_2)之间的距离 M_1M_2.

如图 4-6 所示,过点 M_1 与 M_2 各作三个分别垂直于三个坐标轴的平面,这六个平面围成以 M_1M_2 为对角线的长方体.

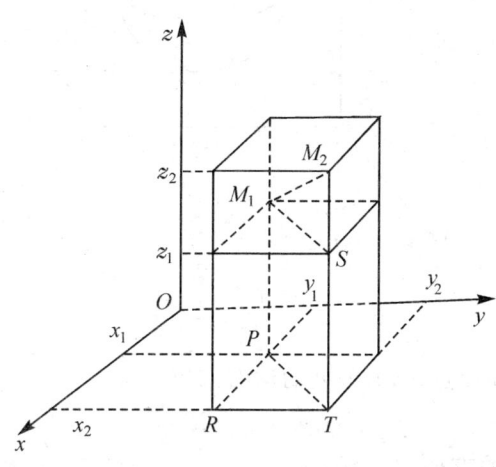

图 4-6

在直角三角形 M_1SM_2 中,$M_1M_2=\sqrt{(M_1S)^2+(M_2S)^2}$.

在直角三角形 PRT 中,$(PT)^2=(RP)^2+(RT)^2$.

由于 $PT=M_1S$,所以

$$\begin{aligned}M_1M_2 &=\sqrt{(RP)^2+(RT)^2+(M_2S)^2}\\&=\sqrt{|x_2-x_1|^2+|y_2-y_1|^2+|z_2-z_1|^2}\\&=\sqrt{(x_2-x_1)^2+(y_2-y_1)^2+(z_2-z_1)^2}.\end{aligned} \qquad (4\text{-}1\text{-}2)$$

式(4-1-2)就是空间两点间距离公式.

例7 求点 $M_1(2,5,-3)$ 与点 $M_2(-2,1,-1)$ 的距离.

解 由公式(4-1-2)得

$$M_1M_2=\sqrt{(-2-2)^2+(1-5)^2+[-1-(-3)]^2}=6.$$

例8 求以点 $M_0(x_0,y_0,z_0)$ 为中心,R 为半径的球面方程.

解 由题设,球面上任一点 $M(x,y,z)$ 到球心 $M_0(x_0,y_0,z_0)$ 的距离为 R. 于是,由(4-1-2)得

$$R=\sqrt{(x-x_0)^2+(y-y_0)^2+(z-z_0)^2},$$

或 $$(x-x_0)^2+(y-y_0)^2+(z-z_0)^2=R^2$$

为所求球面方程(图 4-7).

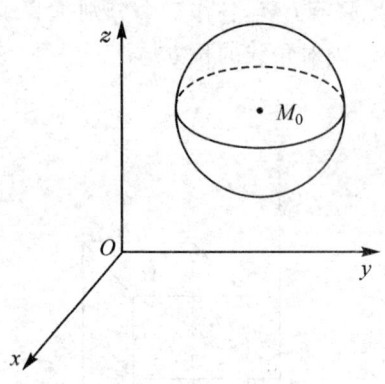

图 4-7

特别的,球心在原点$(0,0,0)$处的球面方程为:
$$x^2+y^2+z^2=R^2.$$

例 9 求圆柱面方程.

在空间直角坐标系下,把与 z 轴平行且距离为 R 的直线 l 绕 z 轴一周就可得到一个圆柱面方程.

设直线 l 上一点 $M(x,y,z)$,当直线 l 绕 z 轴一周,点 M 的轨迹便是以 $M_0(0,0,z)$ 为中心、以 R 为半径的圆.由该动点 M 在直线 l 上的任意性以及公式(4-1-2)可知圆柱面方程为
$$(x-0)^2+(y-0)^2+(z-z)^2=R^2,$$
或
$$x^2+y^2=R^2.$$

由此看出:$x^2+y^2=R^2$ 在平面直角坐标系下表示一个圆;但在空间直角坐标系下却表示一个圆柱面方程(图 4-8).一般地,一个不含 z 的方程 $F(x,y)=0$,在空间直角坐标系下表示平行于定直线 z 轴并沿定曲线 $F(x,y)=0$ 移动的直线 l 形成的轨迹,即柱面.

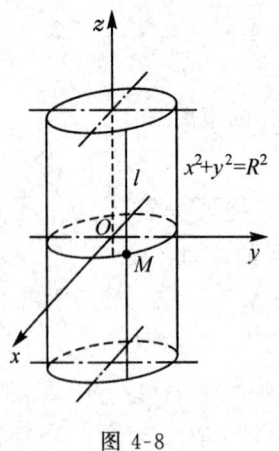

图 4-8

3.二元函数的几何意义

有了以上的准备知识,就可以在几何上把二元函数表示出来.由二元函数定义,当变量 x 与 y 在平面 Oxy 的定义域 D 内取一切

值时,对应的 z 值便在空间中变动,从而空间中的点 (x,y,z) 的轨迹便形成一张曲面.于是,$z=f(x,y)$ 或方程 $F(x,y,z)=0$ 在空间直角坐标系下,表示一张曲面(图 4-9).

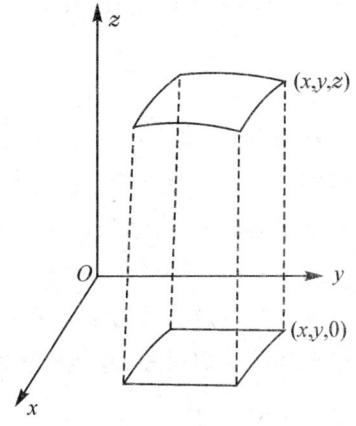

图 4-9

四、极限与连续

二元函数 $z=f(x,y)$ 极限与连续定义,可仿照一元函数 $y=f(x)$ 极限与连续定义给出,但是其计算要比一元函数情形复杂得多.

定义 4.2 设函数 $z=f(x,y)$ 在点 $M_0(x_0,y_0)$ 的某个邻域内有定义(可以不考虑 M_0 点).如果当点 $M(x,y)$ 以任意方式无限趋近点 $M_0(x_0,y_0)$,对应的函数 $z=f(x,y)$ 也无限趋近某个常数 A,则称 A 为 $z=f(x,y)$ 当 $M(x,y)$ 趋近 $M_0(x_0,y_0)$ 时的极限.记作

$$\lim_{\substack{x \to x_0 \\ y \to y_0}} f(x,y) = A \text{ 或 } \lim_{M \to M_0} f(x,y) = A. \tag{4-1-3}$$

*例 10 计算当点 $(x,y) \to (0,0)$ 时 $f(x,y) = \dfrac{xy}{x^2+y^2}$ 的极限.

解 由定义,要求点 (x,y) 以任意方式趋近点 $(0,0)$ 时的极限存在,不妨沿直线 $y=x$ 趋近 $(0,0)$:

$$\lim_{\substack{x \to 0 \\ y \to 0}} f(x,y) = \lim_{\substack{x \to 0 \\ y \to 0}} \frac{x \cdot x}{x^2+x^2} = \frac{1}{2}.$$

若沿直线 $y=Kx(K \neq 1)$ 趋近 $(0,0)$:

$$\lim_{\substack{x \to 0 \\ y \to 0}} \frac{xy}{x^2+y^2} = \lim_{\substack{x \to 0 \\ y \to 0}} \frac{x \cdot Kx}{x^2+(Kx)^2} = \frac{K}{1+K^2}.$$

当斜率 K 不同,其极限值不同.

若沿抛物线 $y=x^2$ 趋近 $(0,0)$:

$$\lim_{\substack{x \to 0 \\ y \to 0}} \frac{xy}{x^2+y^2} = \lim_{\substack{x \to 0 \\ y \to 0}} \frac{x \cdot x^2}{x^2+x^4} = 0.$$

显然,沿不同路径趋近原点,其极限值不同,因此该极限不存在.可见二元函数极限计算比较复杂.不过,一元函数的极限运算法则可以推广到二元函数极限运算中,这里不再详述.

定义 4.3 设函数 $z=f(x,y)$ 在点 $M_0(x_0,y_0)$ 的某个邻域内有定义. 如果 $z=f(x,y)$ 当点 $M(x,y)$ 趋于点 $M_0(x_0,y_0)$ 时极限存在,并且

$$\lim_{\substack{x\to x_0 \\ y\to y_0}} f(x,y)=f(x_0,y_0), \qquad (4\text{-}1\text{-}4)$$

则称函数 $z=f(x,y)$ 在点 $M_0(x_0,y_0)$ 处连续.

由定义 4.3,若函数 $z=f(x,y)$ 在定义域 D 内每点连续,则称 $z=f(x,y)$ 为 D 内连续函数.

如同一元函数一样,二元函数也有类似的重要结论:

初等函数在定义域内是连续函数;连续函数的复合函数是连续函数;在同一区域上连续函数的和、差与积是连续函数;有界闭域 D 上连续的函数,在 D 上必有最大、最小值等.

练 习 4.1

(A)

(一)填空题

1. $z=1/\ln(x+y)$ 的定义域为_____.

2. $z=\sqrt{x}+\sqrt{y}$ 的定义域为_____.

3. 在空间直角坐标系 $Oxyz$ 下,方程 $y=4$ 表示_____.

4. 点 $(-1,-1,-1)$ 到点 $(3,3,3)$ 的距离为_____.

(二)选择题

1. 下面方程中( )是坐标平面 Oxz:
(A) $x=0$ (B) $y=0$ (C) $z=0$ (D) $y=1$

2. 点( )在平面 $2x+5y=0$ 上:
(A) $M_1(0,3,0)$ (B) $M_2(5,-2,0)$
(C) $M_3(-5,0,0)$ (D) $M_3(0,2,1)$

3. $z=\sqrt{\sqrt{x}-y}$ 的定义域为( ):
(A) $x\leqslant 0, y^2\geqslant x$ (B) $x\geqslant 0, y^2\geqslant x$
(C) $x\geqslant 0, y^2\leqslant x$ (D) $x\leqslant 0, y^2\leqslant x$

4. $z=\ln[x\ln(y-x)]$ 定义域为( ).
(A) $x>0, y-x>0$ (B) $x>0, y-x>1$
(C) $x<0, y-x<0$ (D) $x<0, 0<y-x<1$

5. 在 $Oxyz$ 下,圆柱面方程是( ).
   (A) $x^2=a^2$ (B) $y^2+z^2=a^2$
   (C) $x^2+z^2=a^2$ (D) $z^2=a^2$

(B)

1. 求出下列函数定义域:
   (1) $f(x,y)=\sqrt{16-x^2-y^2}+\sqrt{x^2-y^2-4}$;
   (2) $f(x,y)=\sqrt{x}-\sqrt{1-y}$;
   (3) $f(x,y)=\ln(-x-y)$;
   (4) $f(x,y)=1/\sqrt{x^2+y^2}$;
   (5) $f(x,y)=\arcsin\dfrac{x}{y}$.

2. 在 $Oxyz$ 下,下列方程表示什么曲面?
   (1) $z=-2$; (2) $y=4$; (3) $x=1$; (4) $x^2+y^2=4$.

§4.2　偏导数与全微分

与一元函数 $y=f(x)$ 一样,二元函数 $z=f(x,y)$ 也有个变化率问题,但比一元函数变化率复杂.

设函数 $z=f(x,y)$,由于 x 与 y 是两个独立自变量,所以有各自独立的改变量 Δx 与 Δy,于是函数改变量:
$$\Delta z=f(x+\Delta x,y+\Delta y)-f(x,y)$$
同时与改变量 Δx 和 Δy 有关.当变量 x 与 y 同时改变,笼统讲 z 对 x 或 y 的变化率就没有什么意义.为了解决这个问题,先把问题简化:假设自变量中只有一个在改变,如 x 改变而 y 保持不变.再设 y 改变而 x 保持不变,把这两个问题搞清楚了,那么当 x 与 y 同时改变,函数 $z=f(x,y)$ 的变化规律也就容易掌握.这种处理问题的方法就是本节所要介绍的偏导数与全微分.

一、偏导数

定义 4.4　设函数 $z=f(x,y)$ 在点 $P_0(x_0,y_0)$ 的某邻域内有定义.让自变量保持 $y=y_0$,且自变量 x 在 x_0 处有改变量 Δx,当 $\Delta x\to 0$ 时,如果极限

$$\lim_{\Delta x\to 0}\dfrac{f(x_0+\Delta x,y_0)-f(x_0,y_0)}{\Delta x} \quad (4\text{-}2\text{-}1)$$

存在，则称(4-2-1)为函数 $z=f(x,y)$ 在点 $P_0(x_0,y_0)$ 处对 x 的偏导数. 记作

$$\left.\frac{\partial z}{\partial x}\right|_{(x_0,y_0)} \text{或} \frac{\partial f(x_0,y_0)}{\partial x}, \quad f_x(x_0,y_0) \text{等}.$$

同样，如果让自变量保持 $x=x_0$，且 y 在 y_0 处有改变量 Δy，则当 $\Delta y \to 0$ 时，如果极限

$$\lim_{\Delta y \to 0} \frac{f(x_0, y_0+\Delta y)-f(x_0,y_0)}{\Delta y} \qquad (4\text{-}2\text{-}2)$$

存在，则称(4-2-2)为函数 $z=f(x,y)$ 在点 $P_0(x_0,y_0)$ 处对 y 的偏导数. 记作

$$\left.\frac{\partial z}{\partial y}\right|_{(x_0,y_0)} \text{或} \frac{\partial f(x_0,y_0)}{\partial y}, \quad f_y(x_0,y_0) \text{等}.$$

由定义 4.4，如果函数 $z=f(x,y)$ 在定义域 D 内每点 $P(x,y)$ 处对 x 与 y 的偏导数都存在，则称 $z=f(x,y)$ 在 D 内的偏导(函)数(或简称为偏导数)存在. 记之为

$$\frac{\partial z}{\partial x}, \quad \frac{\partial f(x,y)}{\partial x}, \quad f_x(x,y) \text{等};$$

$$\frac{\partial z}{\partial y}, \quad \frac{\partial f(x,y)}{\partial y}, \quad f_y(x,y) \text{等}.$$

一般的，函数 $z=f(x,y)$ 的偏导数仍然是 x 与 y 的二元函数.

例 1 设 $z=xy$，求 $\frac{\partial z}{\partial x}, \frac{\partial z}{\partial y}$.

解 $\frac{\partial z}{\partial x} = \frac{\partial}{\partial x}(xy) = y$ （让 y 保持不变），

$\frac{\partial z}{\partial y} = \frac{\partial}{\partial y}(xy) = x$ （让 x 保持不变）.

例 2 设 $z=\ln(1+x^2+y^2)$，求 $\left.\frac{\partial z}{\partial x}\right|_{(1,2)}, \left.\frac{\partial z}{\partial y}\right|_{(1,2)}$.

解 把 y 看做常量，对 x 求偏导数：

$$\frac{\partial z}{\partial x} = \frac{\partial}{\partial x} \ln(1+x^2+y^2)$$

$$= \frac{1}{1+x^2+y^2} \cdot (1+x^2+y^2)'_x$$

$$= \frac{2x}{1+x^2+y^2}$$

把 x 看做常量，对 y 求偏导数：

$$\frac{\partial z}{\partial y} = \frac{1}{1+x^2+y^2} \cdot (1+x^2+y^2)'_y = \frac{2y}{1+x^2+y^2}$$

$$\left.\frac{\partial z}{\partial x}\right|_{(1,2)}=\frac{1}{3}, \quad \left.\frac{\partial z}{\partial y}\right|_{(1,2)}=\frac{2}{3}.$$

例 3 设 $z=\cos\dfrac{x}{y}$,求在点 $(\pi,2)$ 处偏导数.

解 $\because \dfrac{\partial z}{\partial x}=-\sin\dfrac{x}{y}\cdot\left(\dfrac{x}{y}\right)'_x=-\dfrac{1}{y}\sin\dfrac{x}{y}.$

$\dfrac{\partial z}{\partial y}=-\sin\dfrac{x}{y}\cdot\left(\dfrac{x}{y}\right)'_y=\dfrac{x}{y^2}\sin\dfrac{x}{y}.$

$\therefore \left.\dfrac{\partial z}{\partial x}\right|_{(\pi,2)}=-\dfrac{1}{2}, \quad \left.\dfrac{\partial z}{\partial y}\right|_{(\pi,2)}=\dfrac{\pi}{4}.$

由此说明:求二元函数偏导数,只须将其中一个变量看做常量,对另一个变量求导数.因此,偏导数计算与运算法则与一元函数求导法则一样.

二、高阶偏导数

由于多元函数的偏导数仍是多元函数,所以可对偏导数再求偏导数,称为高阶偏导数.以函数 $z=f(x,y)$ 来说,对它的偏导数 $\dfrac{\partial f}{\partial x}$ 与 $\dfrac{\partial f}{\partial y}$ 再求偏导数,称为 $z=f(x,y)$ 的二阶偏导数($\dfrac{\partial f}{\partial x}$ 与 $\dfrac{\partial f}{\partial y}$ 称为一阶偏导数). 记作

$$\frac{\partial^2 f}{\partial x^2}=\frac{\partial}{\partial x}\left(\frac{\partial f}{\partial x}\right), \text{ 或} \frac{\partial^2 z}{\partial x^2}, \ f_{xx}(x,y) \text{等};$$

$$\frac{\partial^2 f}{\partial y^2}=\frac{\partial}{\partial y}\left(\frac{\partial f}{\partial y}\right), \text{ 或} \frac{\partial^2 z}{\partial y^2}, \ f_{yy}(x,y) \text{等};$$

$$\frac{\partial^2 f}{\partial x\partial y}=\frac{\partial}{\partial x}\left(\frac{\partial f}{\partial y}\right), \text{ 或} \frac{\partial^2 z}{\partial x\partial y}, \ f_{yx}(x,y) \text{等};$$

$$\frac{\partial^2 f}{\partial y\partial x}=\frac{\partial}{\partial y}\left(\frac{\partial f}{\partial x}\right), \text{ 或} \frac{\partial^2 z}{\partial y\partial x}, \ f_{xy}(x,y) \text{等}. \quad (4\text{-}2\text{-}3)$$

后两个称为二阶混合偏导数.如果函数 $z=f(x,y)$ 的二阶混合偏导数连续,则它们必相等,即与求偏导数次序无关.

例 4 求 $z=x^2 y$ 的二阶偏导数.

解 $\dfrac{\partial z}{\partial x}=2xy \quad \dfrac{\partial z}{\partial y}=x^2,$

$\dfrac{\partial^2 z}{\partial x^2}=\dfrac{\partial}{\partial x}(2xy)=2y.$

$\dfrac{\partial^2 z}{\partial y^2}=\dfrac{\partial}{\partial y}(x^2)=0.$

$\dfrac{\partial^2 z}{\partial x\partial y}=\dfrac{\partial}{\partial x}\left(\dfrac{\partial z}{\partial y}\right)=\dfrac{\partial}{\partial x}(x^2)=2x.$

$$\frac{\partial^2 z}{\partial y \partial x} = \frac{\partial}{\partial y}\left(\frac{\partial z}{\partial x}\right) = \frac{\partial}{\partial y}(2xy) = 2x.$$

例 5 求 $f(x, y) = xe^x \sin y$ 的二阶偏导数。

解 $f_x = e^x \sin y + xe^x \sin y = (x+1)e^x \sin y,$

$f_{xx} = (x+1+1)e^x \sin y = (x+2)e^x \sin y.$

$f_{xy} = (x+1)e^x \cos y.$

$f_y = xe^x \cos y,$

$f_{yy} = -xe^x \sin y.$

$f_{yx} = (x+1)e^x \cos y.$

由此看出：二阶混合偏导数 f_{xy} 与 f_{yx} 在点 (x, y) 处连续，因而与先对 x 或是先对 y 求偏导数的次序无关，它们是相等的。

类似地，还可以建立三阶、四阶乃至 n 阶偏导数。二阶及二阶以上的偏导数称为高阶偏导数，这里不赘述了。

三、全微分

在本节开始曾指出，对二元函数 $z = f(x, y)$，若自变量 x 与 y 同时在点 (x, y) 处改变，那么函数有改变量：

$$\Delta z = f(x + \Delta x, y + \Delta y) - f(x, y).$$

按照偏导数定义方式，我们可作如下处理：

$$\Delta z = f(x + \Delta x, y + \Delta y) - f(x, y + \Delta y)$$
$$+ f(x, y + \Delta y) - f(x, y)$$
$$= \frac{f(x + \Delta x, y + \Delta y) - f(x, y + \Delta y)}{\Delta x} \cdot \Delta x$$
$$+ \frac{f(x, y + \Delta y) - f(x, y)}{\Delta y} \cdot \Delta y$$

当 Δx 很小以至 $\Delta x \to 0$ 时，比值的极限

$$\frac{f(x + \Delta x, y + \Delta y) - f(x, y + \Delta y)}{\Delta x} \to \frac{\partial f}{\partial x}.$$

当 Δy 很小以至 $\Delta y \to 0$ 时，比值的极限

$$\frac{f(x, y + \Delta y) - f(x, y)}{\Delta y} \to \frac{\partial f}{\partial y}.$$

于是函数改变量为

$$\Delta z \approx \frac{\partial f}{\partial x} \cdot \Delta x + \frac{\partial f}{\partial y} \Delta y. \tag{4-2-4}$$

定义 4.5 设函数 $z = f(x, y)$ 在点 (x, y) 及其邻域内有定义，则称(4-2-

4) 为在点 (x,y) 处的全微分. 记作

$$dz = \frac{\partial f}{\partial x}\Delta x + \frac{\partial f}{\partial y}\Delta y. \tag{4-2-5}$$

由于自变量的全微分等于它的改变量,所以改变量 Δx 与 Δy 常记为 dx 与 dy,于是全微分公式(4-2-5)又可写为

$$dz = \frac{\partial f}{\partial x}dx + \frac{\partial f}{\partial y}dy. \tag{4-2-6}$$

由定义,如果函数 $z=f(x,y)$ 在点 (x,y) 处全微分存在,则称函数 $z=f(x,y)$ 在该点 (x,y) 处可微.

例 6 求 $z = x^2y + xy^2$ 的全微分.

解 在任一点 (x,y) 处:

$$\because \quad \frac{\partial z}{\partial x} = 2xy + y^2, \quad \frac{\partial z}{\partial y} = x^2 + 2xy,$$

$$\therefore \quad dz = \frac{\partial z}{\partial x}dx + \frac{\partial z}{\partial y}dy = (2xy+y^2)dx + (x^2+2xy)dy.$$

例 7 求 $f(x,y) = \ln(xy)$ 的全微分.

解 $\because \quad \dfrac{\partial f}{\partial x} = \dfrac{1}{xy} \cdot y = \dfrac{1}{x}, \quad \dfrac{\partial f}{\partial y} = \dfrac{1}{xy} \cdot x = \dfrac{1}{y},$

$$\therefore \quad dz = \frac{\partial f}{\partial x}dx + \frac{\partial f}{\partial y}dy = \frac{1}{x}dx + \frac{1}{y}dy.$$

必须指出:函数 $z=f(x,y)$ 在点 (x,y) 处可微,即全微分存在,那么在该点处两个偏导数 $\dfrac{\partial f}{\partial x}$ 与 $\dfrac{\partial f}{\partial y}$ 一定存在,反之不一定成立. 仅当这两个一阶偏导数在点 (x,y) 处连续,则函数 $z=f(x,y)$ 才在该点可微. 这与一元函数可导与可微等价有根本区别.

练 习 4.2

(A)

(一) 填空题

1. 设 $f(x,y) = x+y$,则 $\dfrac{\partial f}{\partial x} = $ _____ ,$\dfrac{\partial f}{\partial y} = $ _____ .

2. 设 $z = \ln\left(x + \dfrac{y}{2x}\right)$,则 $\dfrac{\partial z}{\partial y}\bigg|_{\substack{x=1 \\ y=0}} = $ _____ .

3. 设 $z=\sin xy$, 则 $dz=$ _____.

(二) 选择题

1. 设 $f(x,y)=\arctan\dfrac{y}{x}$, $g(x)=\ln\sqrt{x^2+y^2}$, 则下列等式成立的是（　　）.

(A) $\dfrac{\partial f}{\partial x}=\dfrac{\partial g}{\partial y}$ (B) $\dfrac{\partial f}{\partial x}=\dfrac{\partial g}{\partial x}$

(C) $\dfrac{\partial f}{\partial y}=\dfrac{\partial g}{\partial y}$ (D) $\dfrac{\partial f}{\partial y}=\dfrac{\partial g}{\partial x}$

2. $z=x^2+y^2-x^2y^2$ 在点 $(1,1)$ 处 $dz=$（　　）.

(A) 0 (B) $dx+dy$

(C) $2dx+2dy$ (D) $2dx-2dy$

3. 设 $z=x/\sqrt{x^2+y^2}$, 则下列计算正确的有（　　）:

(A) $z_x(0,1)=1$ (B) $z_y(0,1)=1$

(C) $z_x(0,1)=0$ (D) $z_y(0,1)=0$

4. 设 $z=x^2y^2$, 则下列结果正确的有（　　）:

(A) $dz|_{(0,1)}=0$ (B) $dz|_{(1,0)}=0$

(C) $dz|_{(1,1)}=dx+dy$ (D) $dz|_{(1,1)}=2dx+2dy$

（B）

1. 求下列函数一阶偏导数:

(1) $z=x^4-x^2y^2-3y^2$, $\dfrac{\partial z}{\partial x}\Big|_{(2,1)}$, $\dfrac{\partial z}{\partial y}\Big|_{(2,1)}$;

(2) $z=\ln(3x+y^2)$, $\dfrac{\partial z}{\partial x}\Big|_{(1,1)}$, $\dfrac{\partial z}{\partial y}\Big|_{(1,1)}$;

(3) $z=xy+\dfrac{x}{y}+\dfrac{y}{x}$, $\dfrac{\partial z}{\partial x}\Big|_{(1,1)}$, $\dfrac{\partial z}{\partial y}\Big|_{(1,1)}$;

(4) $z=x+y-\sqrt{x^2+y^2}$, $\dfrac{\partial z}{\partial x}\Big|_{(3,4)}$, $\dfrac{\partial z}{\partial y}\Big|_{(1,2)}$.

2. 求下列函数二阶偏导数:

(1) $z=x^3y-xy$;   (2) $z=e^x\sin(x+y)$;

(3) $z=x\ln(x+y)$;   (4) $z=ye^x$.

3. 求下列函数全微分:

(1) $z=e^x\sin y$;   (2) $z=\sqrt{\dfrac{x}{y}}$;   (3) $z=e^{xy}$;   (4) $z=x^y y^x$.

§4.3 复合函数与隐函数求导法

这一节介绍二元函数的复合函数求偏导数公式,以及由方程 $F(x,y,z)=0$ 所确定的隐函数求导法.

一、求复合函数偏导数的链式法则

我们已在第二章介绍一元函数的复合函数求导数的链式法则.同样地,对二元函数的复合函数求偏导数也有链式法则.

设函数 $z=f(u,v)$,如果变量 u 与 v 又都是变量 x 与 y 的二元函数:
$$u=u(x,y), \qquad v=v(x,y),$$
那么 $z=f(u,v)=f(u(x,y),v(x,y))$ 仍是 x 与 y 的二元函数,称为 x 与 y 的二元复合函数.

这里,$u=u(x,y)$ 与 $v=v(x,y)$ 又称为中间变量.

对于函数 $z=f(u,v)$,若在点 (u,v) 可微,那么
$$\mathrm{d}z = \frac{\partial f}{\partial u}\mathrm{d}u + \frac{\partial f}{\partial v}\mathrm{d}v.$$

对于 $u=u(x,y)$ 与 $v=v(x,y)$,若在点 (x,y) 可微,那么
$$\mathrm{d}u = \frac{\partial u}{\partial x}\mathrm{d}x + \frac{\partial u}{\partial y}\mathrm{d}y,$$
$$\mathrm{d}v = \frac{\partial v}{\partial x}\mathrm{d}x + \frac{\partial v}{\partial y}\mathrm{d}y.$$

于是
$$\mathrm{d}z = \frac{\partial f}{\partial u}\left(\frac{\partial u}{\partial x}\mathrm{d}x + \frac{\partial u}{\partial y}\mathrm{d}y\right) + \frac{\partial f}{\partial v}\left(\frac{\partial v}{\partial x}\mathrm{d}x + \frac{\partial v}{\partial y}\mathrm{d}y\right)$$
$$= \left(\frac{\partial f}{\partial u}\frac{\partial u}{\partial x} + \frac{\partial f}{\partial v}\frac{\partial v}{\partial x}\right)\mathrm{d}x + \left(\frac{\partial f}{\partial u}\frac{\partial u}{\partial y} + \frac{\partial f}{\partial v}\frac{\partial v}{\partial y}\right)\mathrm{d}y.$$

把上式与公式(4-2-6)比较可知:
$$\begin{cases} \dfrac{\partial f}{\partial x} = \dfrac{\partial f}{\partial u}\dfrac{\partial u}{\partial x} + \dfrac{\partial f}{\partial v}\dfrac{\partial v}{\partial x}, \\ \dfrac{\partial f}{\partial y} = \dfrac{\partial f}{\partial u}\dfrac{\partial u}{\partial y} + \dfrac{\partial f}{\partial v}\dfrac{\partial v}{\partial y}. \end{cases} \tag{4-3-1}$$

公式(4-3-1)便是二元复合函数 $z=f(u(x,y),v(x,y))$ 求偏导数的链式法则.

例1 设 $z = \dfrac{u}{v}$, $u = x^2 + y^2$, $v = x^2 - y^2$. 求 $\dfrac{\partial z}{\partial x}, \dfrac{\partial z}{\partial y}$.

解 $\dfrac{\partial u}{\partial x} = 2x$, $\dfrac{\partial u}{\partial y} = 2y$, $\dfrac{\partial v}{\partial x} = 2x$, $\dfrac{\partial v}{\partial y} = -2y$,

$\dfrac{\partial z}{\partial u} = \dfrac{1}{v}$, $\dfrac{\partial z}{\partial v} = -\dfrac{u}{v^2}$.

由公式(4-3-1)得

$$\dfrac{\partial z}{\partial x} = \dfrac{\partial z}{\partial u}\dfrac{\partial u}{\partial x} + \dfrac{\partial z}{\partial v}\dfrac{\partial v}{\partial x} = \dfrac{1}{v} \cdot 2x + \left(-\dfrac{u}{v^2}\right) \cdot 2x$$

$$= \dfrac{1}{x^2 - y^2} \cdot 2x + \left(-\dfrac{x^2 + y^2}{(x^2 - y^2)^2}\right) \cdot 2x$$

$$= -\dfrac{4xy^2}{(x^2 - y^2)^2}.$$

$$\dfrac{\partial z}{\partial y} = \dfrac{\partial z}{\partial u} \cdot \dfrac{\partial u}{\partial y} + \dfrac{\partial z}{\partial v}\dfrac{\partial v}{\partial y} = \dfrac{1}{v} \cdot 2y + \left(-\dfrac{u}{v^2}\right) \cdot (-2y)$$

$$= \dfrac{1}{x^2 - y^2} \cdot 2y + \dfrac{x^2 + y^2}{(x^2 - y^2)^2} \cdot 2y$$

$$= \dfrac{4x^2 y}{(x^2 - y^2)^2}.$$

例2 设 $f(x, y) = e^x \sin y$, $x = 2st$, $y = t + s^2$, 求 $\dfrac{\partial f}{\partial t}, \dfrac{\partial f}{\partial s}$.

解 $\dfrac{\partial x}{\partial t} = 2s$, $\dfrac{\partial x}{\partial s} = 2t$, $\dfrac{\partial y}{\partial t} = 1$, $\dfrac{\partial y}{\partial s} = 2s$.

$\dfrac{\partial f}{\partial x} = e^x \sin y$, $\dfrac{\partial f}{\partial y} = e^x \cos y$.

$$\dfrac{\partial f}{\partial t} = \dfrac{\partial f}{\partial x}\dfrac{\partial x}{\partial t} + \dfrac{\partial f}{\partial y}\dfrac{\partial y}{\partial t}$$

$$= e^x \sin y \cdot 2s + e^x \cos y \cdot 1$$

$$= e^x (2s \sin y + \cos y)$$

$$\dfrac{\partial f}{\partial s} = \dfrac{\partial f}{\partial x}\dfrac{\partial x}{\partial s} + \dfrac{\partial f}{\partial y}\dfrac{\partial y}{\partial s}$$

$$= e^x \sin y \cdot 2t + e^x \cos y \cdot 2s$$

$$= 2e^x (t \sin y + s \cos y).$$

例3 求 $z = (x + y)^{xy}$ 的偏导数.

解 如果设 $u = x + y, v = xy$, 那么函数成为 $z = u^v$ 形式, 利用链式法则求偏导数较方便.

$\because \dfrac{\partial z}{\partial u} = v \cdot u^{v-1}$, $\dfrac{\partial z}{\partial v} = u^v \cdot \ln u$,

4.3 复合函数与隐函数求导法

$$\frac{\partial u}{\partial x}=\frac{\partial u}{\partial y}=1, \quad \frac{\partial v}{\partial x}=y, \quad \frac{\partial v}{\partial y}=x,$$

$$\therefore \frac{\partial z}{\partial x}=\frac{\partial z}{\partial u}\frac{\partial u}{\partial x}+\frac{\partial z}{\partial v}\frac{\partial v}{\partial x}$$

$$=vu^{v-1}\cdot 1+u^v\ln u \cdot y$$

$$=xy(x+y)^{xy-1}+y(x+y)^{xy}\ln(x+y).$$

$$\frac{\partial z}{\partial y}=\frac{\partial z}{\partial u}\frac{\partial u}{\partial y}+\frac{\partial z}{\partial v}\frac{\partial v}{\partial y}$$

$$=vu^{v-1}\cdot 1+u^v\ln u \cdot x$$

$$=xy(x+y)^{xy-1}+x(x+y)^{xy}\ln(x+y).$$

特别地,对函数 $z=f(u,v)$,若 $u=u(x),v=v(x)$,那么 $z=f(u,v)=f(u(x),v(x))$ 仅是 x 的一元复合函数,链式法则成为以下形式:

$$\frac{dz}{dx}=\frac{\partial f}{\partial u}\frac{du}{dx}+\frac{\partial f}{\partial v}\frac{dv}{dx}. \tag{4-3-2}$$

例 4 设 $z=uv$, $u=\ln x$, $v=e^x$,求 $\dfrac{dz}{dx}$.

解 $\because \dfrac{\partial z}{\partial u}=v, \dfrac{\partial z}{\partial v}=u, \dfrac{du}{dx}=\dfrac{1}{x}, \dfrac{dv}{dx}=e^x,$

$$\therefore \frac{dz}{dx}=\frac{\partial z}{\partial u}\frac{du}{dx}+\frac{\partial z}{\partial v}\frac{dv}{dx}$$

$$=v\cdot\frac{1}{x}+u\cdot e^x=e^x\left(\frac{1}{x}+\ln x\right).$$

利用链式法则求偏导数时,要时时注意是哪个函数对哪个变量求导,不要混淆.

二、隐函数求偏导法

以上,我们解决了函数 $z=f(x,y)$ 这类显函数求偏导数方法.但是,函数 $z=f(x,y)$ 有时存在于方程 $F(x,y,z)=0$ 或 $F(x,y,f(x,y))=0$ 之中,不解出 $z=f(x,y)$(通常不一定能够解出)也能求出偏导数.

在第二章,曾对形如 $F(x,y)=0$ 的方程,设定 y 是 x 的函数(隐函数),不解出 $y=f(x)$ 也能求出其导数.不过,那里只是就具体方程求出的,利用偏导数就可以得出隐函数求导的一般方法(4-3-3):

根据复合函数求导法则,在方程 $F(x,y)=0$ 两边同时对 x 求导,得到

$$\frac{\partial F}{\partial x}+\frac{\partial F}{\partial y}\frac{dy}{dx}=0.$$

当 $\dfrac{\partial F}{\partial y}\neq 0$,有

$$\frac{\mathrm{d}y}{\mathrm{d}x} = -\frac{\frac{\partial F}{\partial x}}{\frac{\partial F}{\partial y}}. \tag{4-3-3}$$

同样地,设函数 $z=f(x,y)$ 存在于方程 $F(x,y,z)=F(x,y,f(x,y))=0$ 之中,或者设方程 $F(x,y,z)=0$ 确定了 z 是 x 与 y 的函数. 为了求偏导数 $\frac{\partial z}{\partial x}$, $\frac{\partial z}{\partial y}$,按照同样方法可将方程分别对 x 与 y 求偏导数,而把 z 看成是 x 与 y 的函数,就有

$$\frac{\partial F}{\partial x}+\frac{\partial F}{\partial z}\frac{\partial z}{\partial x}=0, \qquad \frac{\partial F}{\partial y}+\frac{\partial F}{\partial z}\frac{\partial z}{\partial y}=0.$$

当 $\frac{\partial F}{\partial z} \neq 0$,得到

$$\frac{\partial z}{\partial x}=-\frac{\frac{\partial F}{\partial x}}{\frac{\partial F}{\partial z}}, \qquad \frac{\partial z}{\partial y}=-\frac{\frac{\partial F}{\partial y}}{\frac{\partial F}{\partial z}}. \tag{4-3-4}$$

公式(4-3-4)便是求方程 $F(x,y,z)=0$ 所确定的函数 $z=f(x,y)$ 的偏导数公式.

例 5 设 $\mathrm{e}^z = xyz$,求 $z=f(x,y)$ 的偏导数.

解 设 $F(x,y,z)=\mathrm{e}^z-xyz$.

$\because \quad \dfrac{\partial F}{\partial z}=\mathrm{e}^z-xy, \qquad \dfrac{\partial F}{\partial x}=-yz, \qquad \dfrac{\partial F}{\partial y}=-xz,$

$\therefore \quad \dfrac{\partial z}{\partial x}=-\dfrac{\frac{\partial F}{\partial x}}{\frac{\partial F}{\partial z}}=-\dfrac{-yz}{\mathrm{e}^z-xy}=\dfrac{yz}{\mathrm{e}^z-xy},$

$\dfrac{\partial z}{\partial y}=-\dfrac{\frac{\partial F}{\partial y}}{\frac{\partial F}{\partial z}}=-\dfrac{-xz}{\mathrm{e}^z-xy}=\dfrac{xz}{\mathrm{e}^z-xy}.$

例 6 求方程 $x+y+z+\ln(x^2+y^2+z^2)=3$ 所确定的函数 $z=f(x,y)$ 的偏导数.

解 设 $F(x,y,z)=x+y+z+\ln(x^2+y^2+z^2)-3$

$\because \quad \dfrac{\partial F}{\partial x}=1+\dfrac{2x}{x^2+y^2+z^2}, \qquad \dfrac{\partial F}{\partial y}=1+\dfrac{2y}{x^2+y^2+z^2},$

$\dfrac{\partial F}{\partial z}=1+\dfrac{2z}{x^2+y^2+z^2},$

$$\therefore \frac{\partial z}{\partial x} = -\frac{\dfrac{\partial F}{\partial x}}{\dfrac{\partial F}{\partial z}} = -\frac{x^2+y^2+z^2+2x}{x^2+y^2+z^2+2z},$$

$$\frac{\partial z}{\partial y} = -\frac{\dfrac{\partial F}{\partial y}}{\dfrac{\partial F}{\partial z}} = -\frac{x^2+y^2+z^2+2y}{x^2+y^2+z^2+2z}.$$

练 习 4.3

(A)

(一)填空题

1. $z=uv, u=x^2+y^2, v=x^2-y^2$, 则 $\dfrac{\partial z}{\partial x}=$ _____, $\dfrac{\partial z}{\partial y}=$ _____.

2. $z=e^{x-2y}, x=\sin t, y=t^2$, 则 $\dfrac{dz}{dt}=$ _____.

3. $y=y(x)$ 由 $x+y-\cos y=0$ 确定, 则 $\dfrac{dy}{dx}=$ _____.

4. 设 $z=xy+xF(u), u=\dfrac{y}{x}$, 则 $x\dfrac{\partial z}{\partial x}+y\dfrac{\partial z}{\partial y}=$ _____.

(二)选择题

1. $z=\dfrac{u}{v}, u=e^{x+y}, v=1+e^{x-y}$, 则 $\dfrac{\partial z}{\partial x}=$ (   ).

   (A) $\dfrac{e^{x+y}}{(1+e^{x-y})^2}$　　　　　　　　(B) $\dfrac{e^{x+y}+2e^{2x}}{(1+e^{x-y})^2}$

   (C) $\dfrac{e^{x+y}+e^{2x}}{(1+e^{x-y})^2}$　　　　　　　(D) $\dfrac{e^{2x}}{(1+e^{x-y})^2}$

2. 设 $x=f_1(y,z), y=f_2(x,z), z=f_3(x,y)$ 由方程 $F(x,y,z)=0$ 确定, 则 $\dfrac{\partial z}{\partial x} \cdot \dfrac{\partial x}{\partial y} \cdot \dfrac{\partial y}{\partial z}=$ (   ).

   (A) 1　　　　(B) -1　　　　(C) 0　　　　(D) -2

3. 设 $z=f(x,y)$ 由 $x^2+y^2-z^2=0$ 确定, 则 (   ) 成立.

   (A) $x\dfrac{\partial z}{\partial x}-y\dfrac{\partial z}{\partial y}=0$　　　　　　(B) $x\dfrac{\partial z}{\partial x}+y\dfrac{\partial z}{\partial y}=z$

   (C) $y\dfrac{\partial z}{\partial x}-x\dfrac{\partial z}{\partial y}=0$;　　　　　(D) $\left(\dfrac{\partial z}{\partial x}\right)^2+\left(\dfrac{\partial z}{\partial y}\right)^2=1$

4. $z = e^{xyz}$ 在点 $(1,2,3)$ 处偏导数值为 (   ).

(A) $\dfrac{\partial z}{\partial x} = -\dfrac{6e^6}{1-2e^6}$ (B) $\dfrac{\partial z}{\partial y} = -\dfrac{3e^6}{1-2e^6}$

(C) $\dfrac{\partial z}{\partial x} = \dfrac{6e^6}{1-2e^6}$ (D) $\dfrac{\partial z}{\partial y} = \dfrac{3e^6}{1-2e^6}$

(B)

1. 求下列复合函数关于 x 与 y 的偏导数:

(1) 设 $z = \sqrt{uv}, u = x^2 - y^2, v = x^2 + y^2$;

(2) 设 $z = e^{u-2v}, u = x\sin y, v = y\cos x$;

(3) 设 $z = u \arcsin v, u = \ln(x^4 + y^4), v = \sqrt{1 - x^2 - y^2}$;

(4) 设 $z = \dfrac{x - 2y}{(2x + y)^2}$;

(5) 设 $z = u^2 \ln v, u = \dfrac{x}{y}, v = 3x - 2y$.

2. 求下列函数关于 t 的导数 $\dfrac{dz}{dt}$.

(1) $z = \dfrac{y}{x}, x = e^t, y = 1 - e^t$;

(2) $z = x\ln(xy), x = \sin t, y = \cos t$;

(3) $z = \ln(e^x + e^y), x = t^2, y = 1 - t^2$.

3. 求下列隐函数方程所确定的 $z = f(x, y)$ 的一阶偏导数:

(1) $x + y + z - \sqrt{xyz} = 0$;   (2) $x + y + z = e^z$;

(3) $x + y + z = xyz$;   (4) $x + y + z = e^{-(x+y+z)}$;

(5) $e^{xy} = 4z - x^2 - y^2 - z^2$;   (6) $\dfrac{x}{z} = \ln\dfrac{z}{y}$;

(7) $\dfrac{x^2}{a^2} + \dfrac{y^2}{b^2} + \dfrac{z^2}{c^2} = 1$.

4. 求下列方程所确定的 $y = f(x)$ 的 $\dfrac{dy}{dx}$.

(1) $xy - \ln y = 0$;   (2) $xe^y + ye^x - e^{xy} = 0$;

(3) $e^x + \sin y - xy^2 = 0$;   (4) $x^2 y + xy^2 + 2xy = 6$.

§4.4 二元函数的极值

在第二章已介绍一元函数的极值及其广泛应用.同样,二元函数也有极值问题,应用也很广泛.不过,求解二元函数极值问题一般有无条件极值和有条件极值之分.

一、(无条件)极值

定义 4.6 若函数 $z=f(x,y)$ 在点 $M_0(x_0,y_0)$ 的一个邻域内有定义且总有如下不等式成立:
$$f(x,y) \leqslant f(x_0,y_0)(或 f(x,y) \geqslant f(x_0,y_0)), \quad (4\text{-}4\text{-}1)$$
则称函数 $z=f(x,y)$ 在该点 $M_0(x_0,y_0)$ 处有极大(或极小)值.极大(或极小)值为 $f(x_0,y_0)$,极大(或极小)点为 $M_0(x_0,y_0)$.

极大值或极小值统称为函数的极值,极大点或极小点统称为函数的极值点.

二、极值存在的条件

由定义 4.6,若函数 $z=f(x,y)$ 在点 $M_0(x_0,y_0)$ 处有极值,那么当 $y=y_0$ 保持不变时,在该点邻域内只随 x 变化的函数 $f(x,y_0)$ 在 x_0 处也必有极值.事实上,这时 $f(x,y_0)$ 为 x 的一元函数,由一元函数在该点 x_0 处有极值的必要条件,有
$$\left.\frac{\partial f(x,y_0)}{\partial x}\right|_{x=x_0}=0.$$
同理,当 $x=x_0$ 保持不变,有
$$\left.\frac{\partial f(x_0,y)}{\partial y}\right|_{y=y_0}=0.$$
于是,可得函数 $z=f(x,y)$ 的极值存在的必要条件:

定理 4.1(一阶条件) 设函数 $z=f(x,y)$ 在点 $M_0(x_0,y_0)$ 处有一阶偏导数.如果在该点取极值,则
$$\left.\frac{\partial f(x,y)}{\partial x}\right|_{(x_0,y_0)}=0, \quad \left.\frac{\partial f(x,y)}{\partial y}\right|_{(x_0,y_0)}=0. \quad (4\text{-}4\text{-}2)$$
式中,同时满足这两个偏导数为零的点 $M_0(x_0,y_0)$ 称为函数的驻点.

这个定理表明:对偏导数存在的函数 $z=f(x,y)$,它的极值点必为驻点,

但与一元函数一样,驻点并非都是极值点.因此,定理 4.1 是函数极值存在的必要条件,又称一阶条件,并非充分条件.

下面,给出极值存在的一个充分条件:

定理 4.2(二阶条件) 设函数 $z=f(x,y)$ 在点 $M_0(x_0,y_0)$ 的邻域内有连续二阶偏导数,且点 $M_0(x_0,y_0)$ 为驻点.若记

$$A=\frac{\partial^2 f}{\partial x^2}\bigg|_{(x_0,y_0)}, \quad B=\frac{\partial^2 f}{\partial x \partial y}\bigg|_{(x_0,y_0)}, \quad C=\frac{\partial^2 f}{\partial y^2}\bigg|_{(x_0,y_0)},$$

则

$$\begin{cases} B^2-AC<0, & \text{有极值}; \\ A<0, & \text{有极大值}; \\ A>0, & \text{有极小值}. \end{cases} \quad (4\text{-}4\text{-}3)$$

否则,如果 $B^2-AC>0$,则无极值;如果 $B^2-AC=0$,则无法确定有无极值,可用定义去判别.

三、求(无条件)极值的一般方法

把定理 4.1 与定理 4.2 结合在一起,对具有二阶连续偏导函数 $z=f(x,y)$ 的极值求法叙述如下:

(1) 求一阶偏导数 $\dfrac{\partial f}{\partial x}, \dfrac{\partial f}{\partial y}$;

(2) 求驻点,即令两个一阶偏导数为零,解方程组:$\dfrac{\partial f}{\partial x}=0, \dfrac{\partial f}{\partial y}=0$;

(3) 求二阶偏导数,并计算驻点处 A,B,C 值;

(4) 计算 B^2-AC,按(4-4-3)判别.

例 1 求函数 $z=f(x,y)=x^2-xy+y^2-2x+y$ 的极值.

解 $\dfrac{\partial f}{\partial x}=2x-y-2, \quad \dfrac{\partial f}{\partial y}=-x+2y+1,$

令 $\dfrac{\partial f}{\partial x}=0, \dfrac{\partial f}{\partial y}=0$ 解下述方程组:

$$\begin{cases} 2x-y-2=0, \\ -x+2y+1=0, \end{cases}$$

得到 $x=1, y=0$,驻点为 $(1,0)$.

由于 $\dfrac{\partial^2 f}{\partial x^2}=2, \quad \dfrac{\partial^2 f}{\partial x \partial y}=-1, \quad \dfrac{\partial^2 f}{\partial y^2}=2,$

所以在 $(1,0)$ 处:

$$A=2, \quad B=-1, \quad C=2,$$

又由于 $B^2-AC=(-1)^2-2\cdot 2=-3<0$，所以函数有极值，且 $A=2>0$，于是函数 $z=f(x,y)$ 在点 $(1,0)$ 处有极小值. 极小值为：
$$f(1,0)=-1.$$
这里，极小值点为 $(1,0)$.

例 2 求函数 $f(x,y)=x^2+\dfrac{1}{3}y^3-xy-3x+5$ 的极值.

解 $\dfrac{\partial f}{\partial x}=2x-y-3, \qquad \dfrac{\partial f}{\partial y}=y^2-x,$

令 $\dfrac{\partial f}{\partial x}=0,\ \dfrac{\partial f}{\partial y}=0$，解方程组：
$$\begin{cases}2x-y-3=0,\\ y^2-x=0,\end{cases}$$
可解出 $y_1=-1,\ y_2=\dfrac{3}{2}$，相应的 $x_1=1,\ x_2=\dfrac{9}{4}$，驻点有两个：$(1,-1)$，$\left(\dfrac{9}{4},\dfrac{3}{2}\right)$.

$$\dfrac{\partial^2 f}{\partial x^2}=2, \quad \dfrac{\partial^2 f}{\partial x \partial y}=-1, \quad \dfrac{\partial^2 f}{\partial y^2}=2y.$$

在驻点 $(1,-1)$ 处：

$A=2,\ B=-1,\ C=\dfrac{\partial^2 f}{\partial y^2}\bigg|_{(1,-1)}=2y|_{(1,-1)}=-2,$

$B^2-AC=(-1)^2-2\cdot(-2)=5>0$，无极值.

该点不是极值点（可舍去）.

在驻点 $\left(\dfrac{9}{4},\dfrac{3}{2}\right)$ 处：

$$A=2,\quad B=-1,\quad C=\dfrac{\partial^2 f}{\partial y^2}\bigg|_{\left(\frac{9}{4},\frac{3}{2}\right)}=2y\bigg|_{\left(\frac{9}{4},\frac{3}{2}\right)}=3.$$

$B^2-AC=(-1)^2-2\cdot 3=-5<0$，有极值，因为 $A=2>0$，所以在 $\left(\dfrac{9}{4},\dfrac{3}{2}\right)$ 处有极小值. 极小值为：
$$f\left(\dfrac{9}{4},\dfrac{3}{2}\right)=\dfrac{17}{16}.$$

点 $\left(\dfrac{9}{4},\dfrac{3}{2}\right)$ 为极小值点.

例 3 若用铝材设计容积为 V 的一个无盖长方体盒子，如何设计尺寸使铝材最节省？

解 要使铝材最节省，要求盒子表面积最小. 设盒子长、宽、高为 x,y,z，

由题意，
$$xyz = V \quad (V \text{ 为定值}).$$
表面面积 $S = xy + 2xz + 2yz$.

不妨把 $z = V/xy$ 代入 S 中 $(x>0, y>0)$，
$$S = xy + \frac{2V}{y} + \frac{2V}{x}.$$
问题转化为求表面面积 S 的极值：
$$\frac{\partial S}{\partial x} = y - \frac{2V}{x^2}, \qquad \frac{\partial S}{\partial y} = x - \frac{2V}{y^2},$$
令
$$\frac{\partial S}{\partial x} = 0, \quad \frac{\partial S}{\partial y} = 0 \text{ 解出：}$$
$$x = \sqrt[3]{2V}, \qquad y = \sqrt[3]{2V},$$
并且
$$z = \frac{1}{2}\sqrt[3]{2V}.$$

由于只有一个驻点 $(\sqrt[3]{2V}, \sqrt[3]{2V})$，且在容积一定条件下必存在最小表面积 S. 所以当底面边长为正方形且高为边长一半时，所用铝材最节省.

一般来说，在实际问题中，由问题的性质知道函数 $z = f(x, y)$ 在区域 D 内一定能取最大（或最小）值，并且若在 D 内只有一个驻点，那么可以肯定该驻点处的函数值是最大（或最小）值.

*四、最小二乘法

函数极值理论还有一个重要应用，这就是最小二乘法.

在实际工作中，我们知道各种测量会有误差，即使经济活动分析或预测，也总不可避免地带有误差，问题是如何确定"最可靠"的测量值或观测数据，表达变量间函数关系，这就要寻求经验公式. 用来解决这一类普遍问题的方法，就是最小二乘法.

最小二乘法的一般原理是：

假设有变量 x 与 y 的一批观测数据，列表如下：

x	x_1	x_2	x_3	$\cdots$	x_n
y	y_1	y_2	y_3	$\cdots$	y_n

要确定变量 x 与 y 的函数关系 $y = f(x)$.

把这批数据 $(x_i, y_i)(i = 1, 2, \cdots, n)$ 描述在方格纸上，如这些点大致散布

二元函数的极值 4.4

在一条直线上,则可用直线方程 $y = ax + b$ 来表达(如图 4-10).于是问题在于合理选择 a 与 b,因而 a 与 b 为待定参数.

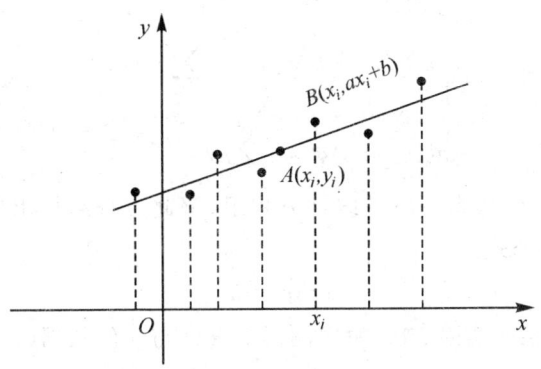

图 4-10

由图 4-10 看出:如果点 (x_i, y_i) 在直线 $y = ax + b$ 上,显然有 $y_i = ax_i + b$,即 $y_i - (ax_i + b) = 0$,这时该直线准确地表达了 x_i 与 y_i 的函数关系.如果点 (x_i, y_i) 不在直线上面,那么对同一横坐标 x_i 有两个纵坐标的点 $A(x_i, y_i)$ 与 $B(x_i, ax_i + b)(i = 1, 2, \cdots, n)$.其误差为

$$y_i - (ax_i + b) = E_i \quad (i = 1, 2, \cdots, n).$$

我们当然希望误差 E_i 越小越好.为了保证每一项误差都很小,且便于计算,于是把这些误差的平方和记作总误差 E,即

$$E = \sum_{i=1}^{n} E_i^2 = \sum_{i=1}^{n} (y_i - ax_i - b)^2.$$

它是 a 与 b 的二元函数.

下面,根据这样一个要求确定参数 a 与 b,使误差平方和最小.

由极值存在的一阶条件,有

$$\begin{cases} \dfrac{\partial E}{\partial a} = \sum_{i=1}^{n} 2(y_i - ax_i - b) \cdot (-x_i) = 0, \\ \dfrac{\partial E}{\partial b} = \sum_{i=1}^{n} 2(y_i - ax_i - b) \cdot (-1) = 0, \end{cases}$$

即

$$\begin{cases} \sum_{i=1}^{n}(-x_i y_i + ax_i^2 + bx_i) = 0, \\ \sum_{i=1}^{n}(-y_i + ax_i + b) = 0, \end{cases}$$

亦即
$$\begin{cases} \sum_{i=1}^{n} ax_i^2 + \sum_{i=1}^{n} bx_i = \sum_{i=1}^{n} x_i y_i, \\ \sum_{i=1}^{n} ax_i + \sum_{i=1}^{n} b = \sum_{i=1}^{n} y_i, \end{cases}$$

或
$$\begin{cases} a\sum_{i=1}^{n} x_i^2 + b\sum_{i=1}^{n} x_i = \sum_{i=1}^{n} x_i y_i, \\ a\sum_{i=1}^{n} x_i + nb = \sum_{i=1}^{n} y_i. \end{cases} \tag{4-4-4}$$

(4-4-4)是关于参数 a,b 的线性方程组,解此方程组可求出 a 与 b 的值,从而可得到经验公式
$$y = ax + b.$$

例 4 设做某一实验 5 次,每次测得变量 x 与 y 的数据 (x_i, y_i) 如下表,求出经验公式.

x	-2	0	1	2	4
y	0.5	1	1.5	2	3

解 描述散点图(图 4-11),由图看出各点 (x_i, y_i) 大致散布在一条直线上,因此可用直线 $y = ax + b$ 近似表达出变量间关系.

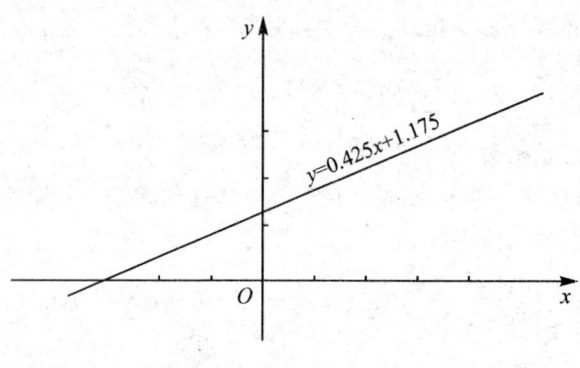

图 4-11

为确定 a 与 b,计算下列数据:
$$\sum_{i=1}^{5} x_i^2 = (-2)^2 + 0^2 + 1^2 + 2^2 + 4^2 = 25.$$

$$\sum_{i=1}^{5} x_i = (-2) + 0 + 1 + 2 + 4 = 5.$$

$$\sum_{i=1}^{5} y_i = 0.5 + 1 + 1.5 + 2 + 3 = 8.$$

$$\sum_{i=1}^{5} x_i y_i = (-2) \times 0.5 + 0 \times 1 + 1 \times 1.5 + 2 \times 2 + 4 \times 3$$
$$= 16.5.$$

由公式(4-4-4)得到线性方程组：

$$\begin{cases} 25a + 5b = 16.5, \\ 5a + 5b = 8, \end{cases}$$

解出 $a = 0.425$, $b = 1.175$.

于是经验公式为

$$y = 0.25x + 1.175.$$

练 习 4.4

（A）

(一)填空题

1. $z = x^2 + (1-y^2)$ 的驻点是_____.

2. 如果 $z = f(x,y)$ 在点 (x,y) 处有极值，则在该点处 $A<0$, 有_____值；$A>0$, 有_____.

3. 最小二乘法是用_____近似表达散点图求出变量之间经验公式的一种方法.

(二)选择题

1. 点 $(0,0)$ 是 $z = \dfrac{x^2}{4} + \dfrac{y^2}{9}$ 的（　　）.

　(A) 极大值点　　　　　　　　　(B) 极小值点
　(C) 不是极值点　　　　　　　　(D) 可能是极值点

2. $z = xy$ 在点 $(0,0)$ 处有（　　）.

　(A) 极大值　　　　　　　　　　(B) 极小值
　(C) 无极值　　　　　　　　　　(D) 无法判别有无极值

3. 对于 $z = x^2 + yx$, 点 $(0,0)$（　　）.

　(A) 不是驻点　　　　　　　　　(B) 是极小值点
　(C) 是极大值点　　　　　　　　(D) 是驻点但不是极值点

4. 点 $P_1(1,0), P_2(1,2), P_3(-3,0), P_4(-3,2)$ 是 $z=x^3-y^3+3x^2+3y^2-9x$ 的驻点，则以下正确的是(　　).

(A) $P_2(1,2), P_3(-3,0)$ 不是极值点

(B) $P_1(1,0), P_4(-3,2)$ 是极值点

(C) $P_1(1,0)$ 处有极小值，$P_4(-3,2)$ 处有极大值

(D) $P_1(1,0)$ 处有极大值，$P_4(-3,2)$ 处有极小值

5. 下列说法正确的是(　　).

(A) 函数在驻点处有 $B^2-AC=0$，必无极值

(B) 函数在驻点处有 $B^2-AC>0$，必无极值

(C) 函数在驻点处有 $B^2-AC<0$，必无极值

(D) 函数在驻点处有 $B^2-AC<0$，必有极值

(B)

1. 求下列函数极值：

(1) $f(x,y)=x^3+y^3-3xy$；

(2) $f(x,y)=x^2+y^2-6xy-39x+18y+20$；

(3) $f(x,y)=x^2-x+2y^2-11y+xy+10$；

(4) $f(x,y)=xy+\dfrac{50}{x}+\dfrac{20}{y}$；

(5) $f(x,y)=y^2-x^2+1$；

(6) $f(x,y)=xy(1-x-y)$.

2. 求周长为 a，面积为 S 的最大矩形.

3. 某厂用铁板做一个容积为 2 立方米的有盖长方体水箱，问长、宽、高尺寸多大时，才能使用料最省？

4. 观测量 x 与 y 的结果如下表：

x	1	2	3	4	5	6
y	15	10	40	0	-6	-10

试确定变量 x 与 y 之间的经验公式.

§4.5 二元函数的极值(续)

在实际问题中，多元函数所依赖的变量并不都是相互独立，而可能是由某

些方程联系着的. 这种在一定条件下求函数极值称为条件极值.

一、条件极值

定义 4.7 函数 $z=f(x,y)$ 在满足约束条件 $g(x,y)=0$ 下的极值, 称为条件极值.

例如, §4.4 例 3 可表示为如下条件极值问题:

求表面积 $S=xy+2xz+2yz$ 在满足 $g(x,y)=V-xyz=0$ 下的条件极值, 或求在 $g(x,y)=V-xyz=0$ 下 S 的极值.

不过, 在那里已化成依赖于两个变量 x 与 y 的二元函数求无条件极值问题. 但是许多实际问题并不总是这样容易处理的, 求解也不一定方便. 下面介绍求条件极值常用方法.

二、拉格朗日乘数法

对于条件极值问题, 它的简单原理①如下:

由条件方程 $g(x,y)=0$ 解出 $y=y(x)$ 代入 $z=f(x,y)=f(x,y(x))$ 中, 成为一元复合函数, 于是

$$dz=\frac{\partial f}{\partial x}dx+\frac{\partial f}{\partial y}dy,$$

或

$$\frac{dz}{dx}=\frac{\partial f}{\partial x}+\frac{\partial f}{\partial y}\frac{dy}{dx}.$$

若函数在点 (x,y) 处有极值, 则由极值存在的一阶条件有:

$$\left.\frac{dz}{dx}\right|_{(x,y)}=0 \quad \text{或} \quad \frac{\partial f}{\partial x}+\frac{\partial f}{\partial y}\frac{dy}{dx}=0.$$

对 $g(x,y)=0$ 按同样方法得

$$\frac{\partial g}{\partial x}+\frac{\partial g}{\partial y}\frac{dy}{dx}=0.$$

于是

$$-\frac{\frac{\partial f}{\partial x}}{\frac{\partial g}{\partial x}}=-\frac{\frac{\partial f}{\partial y}}{\frac{\partial g}{\partial y}}=\lambda,$$

或

$$\begin{cases}\frac{\partial f}{\partial x}+\lambda\frac{\partial g}{\partial x}=0,\\ \frac{\partial f}{\partial y}+\lambda\frac{\partial g}{\partial y}=0.\end{cases}$$

---

① 这部分内容可省去不阅读.

式中 λ 为比例系数,称为拉格朗日系数.用这种方法解条件极值问题称为拉格朗日乘数法.

具体地讲,求解函数 $z=f(x,y)$ 在满足约束条件 $g(x,y)=0$ 下的条件极值问题,用拉格朗日乘数法计算步骤如下:

(1) 写出拉格朗日函数:
$$F(x,y,\lambda)=f(x,y)+\lambda g(x,y)$$

(2) 对 $F(x,y,\lambda)$ 分别求 x,y,λ 的一阶偏导数,并解如下方程组求出驻点:
$$\begin{cases} \dfrac{\partial F}{\partial x} \equiv \dfrac{\partial f}{\partial x}+\lambda\dfrac{\partial g}{\partial x}=0, \\ \dfrac{\partial F}{\partial y} \equiv \dfrac{\partial f}{\partial y}+\lambda\dfrac{\partial g}{\partial y}=0, \\ \dfrac{\partial F}{\partial \lambda} \equiv g(x,y)=0. \end{cases}$$

(3) 通常由实际问题的实际意义判别驻点是极大值点还是极小值点,从而极值可以求出.

这个方法不难推广到三元函数、四元函数等多元函数求条件极值问题,从应用角度看,这类极值更具有实际意义.

例 1 求函数 $f(x,y)=x^2+y^2$ 在条件 $x+y=a$ 下的最小值.

解 由题设,条件方程为 $g(x,y)=x+y-a=0$.
拉格朗日函数为:
$$F(x,y,\lambda)=(x^2+y^2)+\lambda(x+y-a).$$
解方程组:
$$\begin{cases} \dfrac{\partial F}{\partial x}=2x+\lambda=0, \\ \dfrac{\partial F}{\partial y}=2y+\lambda=0, \\ \dfrac{\partial F}{\partial \lambda}=x+y-a=0. \end{cases}$$

得到 $x=y=\dfrac{a}{2}$,于是驻点为 $\left(\dfrac{a}{2},\dfrac{a}{2}\right)$.

显然,$f(x,y)=x^2+y^2 \geqslant 0$,没有最大值,因而在条件 $x+y-a=0$ 下最小值一定存在,又驻点只有一个,因此 $x=y=\dfrac{a}{2}$ 就是使函数达到最小值的点. 最小值为:
$$f\left(\dfrac{a}{2},\dfrac{a}{2}\right)=\left(\dfrac{a}{2}\right)^2+\left(\dfrac{a}{2}\right)^2=\dfrac{1}{2}a^2.$$

4.5 二元函数的极值(续)

例2 利用拉格朗日乘数法求§4.4例3极值.

解 条件方程为 $g(x,y)=V-xyz=0$,
$$F(x,y,z,\lambda)=f(x,y,z)+\lambda g(x,y,z)$$
$$=xy+2xz+2yz+\lambda(V-xyz).$$

解方程组:
$$\begin{cases} \dfrac{\partial F}{\partial x}=y+2z-\lambda yz=0, & \text{①} \\ \dfrac{\partial F}{\partial y}=x+2z-\lambda xz=0, & \text{②} \\ \dfrac{\partial F}{\partial z}=2x+2y-\lambda xy=0, & \text{③} \\ \dfrac{\partial F}{\partial \lambda}=V-xyz=0. & \text{④} \end{cases}$$

利用 x,y,z 分别乘①,②,③可得唯一驻点:
$$x=y, \qquad z=\frac{x}{2}.$$

由于这个实际问题,当容积为定值时最小表面积一定存在,所以当底面边长相等,高为边长的一半时,其表面积最小,与所求结果一致.

练 习 4.5

(A)

(一)填空题

1. $z=xy$ 在 $x+y=1$ 下条件极值,如用拉格朗日乘数法求解,则 $\lambda=$ _____.

2. $z=x^2+2y^2-xy$ 在 $x+y=8$ 下的极小值点为 _____.

(二)选择题

1. 试制一产品其利润 $L=L(x,y)=-10x^2-2y^2-8xy+73x+33y$,其中 x 为科研费,y 为广告费.若计划这两笔费用不超过4 000元,求这两项费用为多少可获利润最高.这是一个( ).

(A) 条件极值问题,不能化为无条件极值

(B) 无条件极值问题

(C) 条件极值问题,可化为无条件极值

(D) 条件极值问题,条件是 $L(x,y)=0$

2. $f(x,y)=6x^2+3y^2$ 在 $x+y=18$ 下的极值点为( ).
(A) 极大值点 $(6,12)$ (B) 极小值点 $(6,12)$
(C) 极大值点 $(12,6)$ (D) 极小值点 $(12,6)$

3. 设 $f(x,y)=y^2-x^2+1$ 在 $y=1$ 的条件下,下述结果正确的是( ).
(A) $F(x,y,\lambda)=(y-1)+\lambda(y^2-x^2+1)$
(B) $F(x,y,\lambda)=(y^2-x^2+1)+\lambda(1-y)$
(C) $F(x,y,\lambda)=(y^2-x^2+1)+\lambda(y-1)$
(D) $f(x,y)$ 的极大值点是 $(0,1)$

(B)

1. 求下列函数条件极值:

(1) $f(x,y)=x+y$ 在 $x^2+y^2=1$ 下的极值;

(2) $f(x,y)=xy$ 在 $\dfrac{1}{x}+\dfrac{1}{y}=\dfrac{1}{a}$ 下的极值 $(x,y,a>0)$;

(3) $f(x,y,z)=x-2y+2z$ 在 $x^2+y^2+z^2=1$ 下的极值;

(4) $f(x,y,z)=x+y+z$ 在 $xyz=a$ 下最小值.

2. 求表面积为 2π 而体积为最大的圆柱体.

§4.6 经济应用 Ⅳ

在第二章,我们利用导数描述经济学中边际与弹性概念及其应用.同样地,可利用偏导函数知识对经济学中许多问题作定性和定量分析.

一、用偏导数作经济分析

1. 边际分析

在经济活动分析中,"边际"一词通常指一个量的变化率.当一个或几个自变量发生微小变动,研究因变量如何随之变动,这就是边际分析.

一般地,对多元经济函数往往假定其他变量不变,考察其中一个变量发生的微小变化,如何引起因变量的变化,这就要用偏导函数作分析.

我们以生产函数为例来说明边际分析,设生产函数为:
$$Q=Q(L,K). \tag{4-6-1}$$

式中,L 表示劳动投入量,K 表示资本投入量,Q 表示产出量.

在现代西方经济学中,"劳动"是指生产中一切体力和智力的消耗;"资本"是指用于生产的一切资本品,如厂房、设备等,而不是指货币.并把这些投入生产的各种人力、物力、财力等称作生产要素.因此,生产函数是表示在生产技术为一定的条件下,生产要素的投入量与产品的最大产出量之间的技术经济关系.

如果对(4-6-1)求全微分,有

$$dQ = \frac{\partial Q}{\partial L}dL + \frac{\partial Q}{\partial K}dK. \qquad (4\text{-}6\text{-}2)$$

它表明:产品的产出增加量 dQ,等于增加劳动投入量而增加的产量 $\frac{\partial Q}{\partial L}dL$ 与增加资本投入量而增加的产量 $\frac{\partial Q}{\partial K}dK$ 的和.

(1) 当资本投入量 K 在某一水平上保持不变($K=K_0$),则称 $\frac{\partial Q}{\partial L}$ 为劳动的边际产量,或劳动边际生产力.表示劳动投入量发生一个单位变化时,产出量所发生的变化量.

(2) 当劳动投入量 L 在某一水平上保持不变($L=L_0$),则称 $\frac{\partial Q}{\partial K}$ 为资本的边际产量,或资本边际生产力.表示资本投入量发生一个单位变化时,产出量所发生的变化量.

(3) 当产出量在某个水平上保持不变($Q=Q_0$),由(4-6-2)中知 $dQ=0$,于是

$$\frac{\partial Q}{\partial L}dL = -\frac{\partial Q}{\partial K}dK,$$

或

$$\frac{dK}{dL} = -\frac{\frac{\partial Q}{\partial L}}{\frac{\partial Q}{\partial K}}. \qquad (4\text{-}6\text{-}3)$$

称(4-6-3)为劳动对资本的边际技术替代率或简称边际替代率,表示产出量 Q 在某个水平上保持不变时,增加一个单位的劳动投入量,可以减少多少资本投入量,反映了劳动替代资本的程度.

实际上,边际替代率表示产出量要维持在某一水平,增加一个单位的某种投入所能替代另一种投入的数量.由此,资本对劳动的边际替代率

$$\frac{dL}{dK} = -\frac{\frac{\partial Q}{\partial K}}{\frac{\partial Q}{\partial L}} \qquad (4\text{-}6\text{-}4)$$

表示增加一个单位资本投入量可以减少多少劳动投入量而保持产出水平不变.

在实践中,生产函数往往是非线性的,为简单起见,通常把近似线性的生产函数假设为线性生产函数,其中线性齐次生产函数尤为常见,即满足
$$\lambda Q = f(\lambda L, \lambda K) = \lambda f(L, K) \tag{4-6-5}$$
的函数 $Q = f(L, K)$ 称为线性齐次生产函数.

例 1 库柏—道格拉斯生产函数:
$$Q = AL^{\alpha} K^{\beta} \quad (A, \alpha, \beta > 0) \tag{4-6-6}$$
是典型的生产函数,简称 C—D 函数.

劳动边际生产力为:
$$\frac{\partial Q}{\partial L} = A\alpha L^{\alpha-1} K^{\beta}.$$

资本边际生产力为:
$$\frac{\partial Q}{\partial K} = A\beta L^{\alpha} K^{\beta-1}.$$

边际替代率为:
$$\frac{dK}{dL} = -\frac{\frac{\partial Q}{\partial L}}{\frac{\partial Q}{\partial K}} = -\frac{\alpha K}{\beta L},$$

或
$$\frac{dL}{dK} = -\frac{\frac{\partial Q}{\partial K}}{\frac{\partial Q}{\partial L}} = -\frac{\beta L}{\alpha K}.$$

可以证明:当 $\alpha + \beta = 1$ 时,C—D 函数就是线性齐次生产函数.

*例 2 CES 生产函数:
$$Q = A(\alpha L^{-\rho} + \beta K^{-\rho})^{-\frac{\mu}{\rho}}, \tag{4-6-7}$$
式中 $\mu, \alpha, \beta > 0, \rho > -1$. 这是近年来深受人们注目的生产函数.

劳动边际生产力为:
$$\frac{\partial Q}{\partial L} = -\frac{\mu}{\rho} \cdot A \cdot (\alpha L^{-\rho} + \beta K^{-\rho})^{-\frac{\mu}{\rho}-1} \cdot (-\rho \alpha L^{-\rho-1})$$
$$= \alpha \mu L^{-\rho-1} A (\alpha L^{-\rho} + \beta K^{-\rho})^{-\frac{\mu}{\rho}-1}.$$

资本边际生产力为:
$$\frac{\partial Q}{\partial K} = -\frac{\mu}{\rho} \cdot A \cdot (\alpha L^{-\rho} + \beta K^{-\rho})^{-\frac{\mu}{\rho}-1} \cdot (-\rho \beta K^{-\rho-1})$$
$$= \beta \mu K^{-\rho-1} A (\alpha L^{-\rho} + \beta K^{-\rho})^{-\frac{\mu}{\rho}-1}.$$

边际替代率为：
$$\frac{dK}{dL} = -\frac{\alpha\mu L^{-\rho-1}A(\alpha L^{-\rho}+\beta K^{-\rho})}{\beta\mu K^{-\rho-1}A(\alpha L^{-\rho}+\beta K^{-\rho})}$$
$$= -\frac{\alpha}{\beta}\left(\frac{K}{L}\right)^{\rho+1},$$

或
$$\frac{dL}{dK} = -\frac{\beta}{\alpha}\left(\frac{L}{K}\right)^{\rho+1}.$$

2. 弹性分析

弹性分析是通过计算函数弹性对函数进行分析的一种定量方法. 以生产函数和需求函数为例来说明偏弹性计算及其应用.

(1) 生产函数弹性

生产函数弹性又称生产力弹性，是表示在技术水平、投入价格不变的条件下，所有投入都按同一比例变化时产出量的相对变化值.

设生产函数 $Q = f(L, K)$，则称

$$E_L = \frac{\partial Q}{\partial L} \cdot \frac{L}{Q} \tag{4-6-8}$$

为产出 Q 对劳动投入 L 的偏弹性，表示资本投入在某个水平上保持不变，劳动投入增加 1% 时产出量增加的百分数.

称

$$E_K = \frac{\partial Q}{\partial K} \cdot \frac{K}{Q} \tag{4-6-9}$$

为产出 Q 对资本投入 K 的偏弹性，表示劳动投入在某个水平上保持不变，资本投入增加 1% 时产出量增加的百分数.

称

$$E = E_L + E_K = \frac{L}{Q}\frac{\partial Q}{\partial L} + \frac{K}{Q}\frac{\partial Q}{\partial K} \tag{4-6-10}$$

为生产函数弹性，它是两个偏弹性之和，表示劳动投入和资本投入同时增加 1% 时产出量增加的百分数.

* 公式 (4-6-10) 可证明如下：设 $Q = Q(L, K)$，则

$$dQ = \frac{\partial Q}{\partial L}dL + \frac{\partial Q}{\partial K}dK$$

$$= \frac{\partial Q}{\partial L}\frac{dL}{L} \cdot L + \frac{\partial Q}{\partial K}\frac{dK}{K} \cdot K,$$

$$\frac{dQ}{Q} = \frac{\partial Q}{\partial L}\frac{dL}{L} \cdot \frac{L}{Q} + \frac{\partial Q}{\partial K}\frac{dK}{K} \cdot \frac{K}{Q}.$$

由生产函数弹性定义，所有投入量按同一比例变化，于是

$$\frac{\mathrm{d}L}{L}=\frac{\mathrm{d}K}{K}=\frac{\mathrm{d}T}{T}.$$

因此
$$\frac{\mathrm{d}Q}{Q}=\left(\frac{\partial Q}{\partial L}\frac{L}{Q}+\frac{\partial Q}{\partial K}\frac{K}{Q}\right)\frac{\mathrm{d}T}{T},$$

或
$$E=\frac{\frac{\mathrm{d}Q}{Q}}{\frac{\mathrm{d}T}{T}}=E_L+E_K.$$

例 3 计算 C—D 函数生产力弹性.

解 $Q=AL^{\alpha}K^{\beta}$,

$$E_L=\frac{L}{Q}\frac{\partial Q}{\partial L}=\frac{L}{AL^{\alpha}K^{\beta}}\cdot A\alpha L^{\alpha-1}K^{\beta}=\alpha,$$

$$E_K=\frac{K}{Q}\frac{\partial Q}{\partial K}=\frac{K}{AL^{\alpha}K^{\beta}}\cdot A\beta L^{\alpha}K^{\beta-1}=\beta,$$

$$E=E_L+E_K=\alpha+\beta.$$

由此说明:α 为产出对劳动的偏弹性;β 为产出对资本的偏弹性,并且 $0<\alpha,\beta<1$. 而生产力弹性 E 表示劳动投入和资本投入都按同一比例 l 增加时,产出量增加 $l(\alpha+\beta)$ 倍.

*例 4 计算 CES 生产函数生产力弹性.

解 $Q=A(\alpha L^{-\rho}+\beta K^{-\rho})^{-\frac{\mu}{\rho}}$,

$$E_L=\frac{L}{Q}\frac{\partial Q}{\partial L}=\frac{\mu}{1+\frac{\beta}{\alpha}\left(\frac{K}{L}\right)^{-\rho}},$$

$$E_K=\frac{K}{Q}\frac{\partial Q}{\partial K}=\frac{\mu}{1+\frac{\alpha}{\beta}\left(\frac{L}{K}\right)^{-\rho}},$$

$$E=E_K+E_L=\mu.$$

表示劳动 L 和资本 K 都按同一比例 l 增加其产出量增加 $l\mu$ 倍.

例 3 与例 4 说明:产出对劳动的偏弹性随 α 的增大而增大,对资本的偏弹性随 β 的增大而增大. 因此,α 称为劳动密集系数,β 称为资本密集系数. 并且,如果 $\alpha+\beta=1$,则 CES 生产函数是 μ 次齐次生产函数,显然是 C—D 生产函数的一般形式,因而 C—D 生产函数是 CES 生产函数的特例.

(2)需求函数弹性

我们知道,不同商品由于价格差异等因素相互影响,市场需求量会各不相同. 假设市场仅有两种商品 A,B,价格分别为 P_1,P_2,需求量分别为 Q_1,Q_2. 若同期内消费者收入保持在 m 水平,那么两种商品需求函数一般具有以下形式:

$$\begin{cases} Q_1 = Q_1(P_1, P_2, m), \\ Q_2 = Q_2(P_1, P_2, m). \end{cases} \tag{4-6-11}$$

1° 自价格弹性

自价格弹性表示在其他因素不变条件下,一商品自身价格变化百分之一,其需求量变化的百分数.

由(4-6-11),对商品 A 来讲,自价格弹性为

$$E_{11} = \frac{P_1}{Q_1} \frac{\partial Q_1}{\partial P_1}, \tag{4-6-12}$$

表示商品 A 在 m 及 P_2 不变时,自身价格 P_1 变化百分之一,对 A 的需求量 Q_1 变化的百分数.

同样,下式

$$E_{22} = \frac{P_2}{Q_2} \frac{\partial Q_2}{\partial P_2} \tag{4-6-13}$$

表示商品 B 在 m 及 P_1 不变时,自身价格 P_2 变化百分之一,对 B 的需求量 Q_2 变化的百分数.

2° 收入弹性

如果商品 A,B 的价格 P_1 与 P_2 都不变,只是消费者收入 m 有变化,那么

$$E_1 = \frac{m}{Q_1} \frac{\partial Q_1}{\partial m}, \tag{4-6-14}$$

$$E_2 = \frac{m}{Q_2} \frac{\partial Q_2}{\partial m}, \tag{4-6-15}$$

分别表示在 P_1 与 P_2 都不变条件下,消费者收入 m 变化百分之一,商品 A,B 的需求量 Q_1,Q_2 变化的百分数,这就是收入弹性.

以收入弹性 E_1 为例,如果 $E_1 > 0$,则称商品 A 为正常商品,表示消费者收入增加后,对 A 的需求量会增加. 如果 $E_1 < 0$,则称商品 A 为低劣商品,表示 m 增加后对 A 的需求量会减少. 如果 $E_1 = 0$,表示商品 A 的需求量不受消费者收入变化的影响. 有关这类商品将在经济学中介绍.

3° 交叉价格弹性

一商品价格变化百分之一对另一商品需求量变化的程度,这就是交叉价格弹性. 例如:

当商品 A 的价格 P_1 及消费者收入 m 不变,而商品 B 的价格 P_2 变化百分之一,对商品 A 需求量 Q_1 变化的百分数,用下式表示其交叉价格弹性:

$$E_{12} = \frac{P_2}{Q_1} \frac{\partial Q_1}{\partial P_2}. \tag{4-6-16}$$

同样,当商品 B 价格 P_2 及 m 不变,而商品 A 价格 P_1 变化百分之一,对

商品 B 需求量 Q_2 变化的百分数,其交叉价格弹性为

$$E_{21} = \frac{P_1}{Q_2} \frac{\partial Q_2}{\partial P_1}. \tag{4-6-17}$$

以 E_{12} 为例:可以依交叉价格弹性值的大小测定出一商品 B 价格 P_2 变化对商品 A 需求量影响的程度,并且可按弹性值的正、负号把这两种商品关系分为以下三类:

①替代品. 如果 $E_{12}>0$,则称商品 A,B 为替代品,表示 B 的价格 P_2 上涨会引起对 A 的需求量的增加. 如牛肉与猪肉等为替代品.

②互补品. 如果 $E_{12}<0$,则称商品 A,B 为互补品,表示 B 的价格 P_2 上涨反而引起对 A 的需求量的减少. 如汽车与汽油等这种必须同时使用的商品.

③独立品. 如果 $E_{12}=0$,则称商品 A,B 为独立品,表示 B 的价格 P_2 上涨不会引起对 A 的需求量的变化.

同样,也可依 E_{21} 的值的大小测定出 A 的价格 P_1 变化对 B 的需求量影响的程度,按弹性值的正、负号把这两种商品关系分为三类.

*例 5 一商品市场需求函数为

$$Q_1 = A m^\alpha P_1^\beta P_2^\gamma \quad (A, \alpha, \beta, \gamma > 0).$$

求 E_{11}, E_1, E_{12}.

解 自价格弹性:

$$E_{11} = \frac{P_1}{Q_1} \frac{\partial Q_1}{\partial P_1} = \frac{P_1}{Q_1} \cdot A\beta m^\alpha P_1^{\beta-1} P_2^\gamma = \beta.$$

收入弹性:

$$E_1 = \frac{m}{Q_1} \frac{\partial Q_1}{\partial m} = \frac{m}{Q_1} \cdot A\alpha m^{\alpha-1} P_1^\beta P_2^\gamma = \alpha.$$

交叉价格弹性:

$$E_{12} = \frac{P_2}{Q_1} \frac{\partial Q_1}{\partial P_2} = \frac{P_2}{Q_1} \cdot A\gamma m^\alpha P_1^\beta P_2^{\gamma-1} = \gamma.$$

二、经济函数优化问题

以下介绍在完全竞争市场中生产者最大化行为的优化问题.

按照经济学假设,在完全竞争市场中产品价格和生产要素价格都是既定的. 我们来考察最简单情形.

假设生产函数:

$$Q = f(x, y). \tag{4-6-18}$$

其中 x 与 y 为两种要素的投入,Q 为产品产量. 记产品价格为 P,两生产要素 x 与 y 的价格分别是 P_1 与 P_2,那么

收入函数为:
$$R(x,y)=P\cdot Q=P\cdot f(x,y). \qquad (4\text{-}6\text{-}19)$$
成本函数为:
$$C(x,y)=P_1 x+P_2 y. \qquad (4\text{-}6\text{-}20)$$
利润函数为:
$$\begin{aligned}L(x,y)&=R(x,y)-C(x,y)\\&=P\cdot f(x,y)-P_1 x-P_2 y.\end{aligned} \qquad (4\text{-}6\text{-}21)$$

生产者最大化行为就是寻求最优的生产要素投入组合使其产出最大化. 这可从以下三个方面来实现:

1. 成本固定时产出最大化

假设在一定生产技术条件下总成本不变,也就是在约束条件
$$C(x,y)=P_1 x+P_2 y=C_0 (常数)$$
下如何使产出最大. 这是一个条件极值问题. 可用拉格朗日乘数法求解,拉格朗日函数为
$$F(x,y,\lambda)=f(x,y)+\lambda(C_0-P_1 x-P_2 y).$$

例6 某企业生产一产品生产函数为 $Q=30xy$. 其中投入 x 与 y 且价格分别为 25 元与 16 元,已知生产费用预算为 5 000 元,试问应如何安排生产,才能使产量最高?

解 投入费用(成本)为 $25x+16y=5\,000$,这是一个条件极值问题:
$$F(x,y,\lambda)=30xy+\lambda(5\,000-25x-16y).$$

解下面方程组:
$$\begin{cases}\dfrac{\partial F}{\partial x}=30y-25\lambda=0,\\[4pt]\dfrac{\partial F}{\partial y}=30x-16\lambda=0,\\[4pt]\dfrac{\partial F}{\partial \lambda}=5\,000-25x-16y=0,\end{cases}$$

得到 $x=100$, $y=156.25$.

由于只有一个驻点 $(100,156.25)$,所以根据该问题的性质,当投入 x 为 100 个单位, y 为 156.25 个单位时其产出最高,最高产量为:
$$Q=f(100,156.25)=468\,750.$$

当然,该问题也可化为无条件极值问题,这里不赘述了.

2. 产出一定时成本最小化

在一定生产技术条件下,假设产出保持一定水平,即在 $Q=Q_0$(常数)下,使总成本 $C(x,y)=P_1 x+P_2 y$ 最小,它是上述成本固定时产出最大化的对偶

问题,也是一个条件极值问题.拉格朗日函数为:
$$F(x,y,\lambda)=P_1 x+P_2 y+\lambda(Q_0-f(x,y)).$$

例7 某企业生产一产品,由经验知生产函数 $Q=4x^{\frac{1}{2}}y^{\frac{1}{2}}$,已知投入 x 与 y 的价格分别为 2 元与 8 元.试问当产出固定在某一水平,如何安排生产使总成本最低.

解 在 $Q=Q_0$(常数)下,拉格朗日函数为
$$F(x,y,\lambda)=2x+8y+\lambda(Q_0-4x^{\frac{1}{2}}y^{\frac{1}{2}}).$$
解下面方程组:
$$\begin{cases} \dfrac{\partial F}{\partial x}=2-2x^{-\frac{1}{2}}y^{\frac{1}{2}}\lambda=0, \\ \dfrac{\partial F}{\partial y}=8-2x^{\frac{1}{2}}y^{-\frac{1}{2}}\lambda=0, \\ \dfrac{\partial F}{\partial \lambda}=Q_0-4x^{\frac{1}{2}}y^{\frac{1}{2}}=0, \end{cases}$$

得到 $x=\dfrac{1}{2}Q_0$,$y=\dfrac{1}{8}Q_0$(投入 x 与 y 不可能为负,其负值舍去).

据该问题可知,为保持产出 Q_0 一定,投入 x 为 $\dfrac{1}{2}Q_0$ 与 $y=\dfrac{1}{8}Q_0$ 可使总成本最低.例如,若产量为 32 个单位时,那么投入 16 个单位 x 与 4 个单位 y 可使成本费用最低.最低成本为:
$$C(16,4)=64(元).$$

3. 利润最大化

一般来讲,生产者追求最大利润选择最优投入组合,不仅取决于技术方面的可能性,还取决于经济方面的合理性.即既考虑生产函数,还考虑成本函数,这两者通常在变动着.为求最大利润,就是求以下利润函数
$$\begin{aligned}L(x,y)&=R(x,y)-C(x,y)\\&=P\cdot f(x,y)-P_1 x-P_2 y\end{aligned}$$
的最大值,这是一个无条件极值问题.

例8 某厂生产两种产品,产量分别为 Q_1 与 Q_2,销售价分别为 $P_1=4$,$P_2=8$.已知生产成本为 $C(Q_1,Q_2)=Q_1^2+2Q_1 Q_2+3Q_2^2+2$.试问应如何安排生产,才能使利润最大?

解 收入函数为:$R(Q_1,Q_2)=4Q_1+8Q_2$.
利润函数为:
$$\begin{aligned}L(Q_1,Q_2)&=R(Q_1,Q_2)-C(Q_1,Q_2)\\&=4Q_1+8Q_2-Q_1^2-2Q_1 Q_2-3Q_2^2-2.\end{aligned}$$

解下面方程组：
$$\begin{cases} \dfrac{\partial L}{\partial Q_1} = 4 - 2Q_1 - 2Q_2 = 0, \\ \dfrac{\partial L}{\partial Q_2} = 8 - 2Q_1 - 6Q_2 = 0, \end{cases}$$

得 $\qquad Q_1 = 1, \qquad Q_2 = 1.$

在驻点 $(1,1)$ 处：

$A = \dfrac{\partial^2 L}{\partial Q_1^2} = -2 < 0, \quad B = \dfrac{\partial^2 L}{\partial Q_1 \partial Q_2} = -2, \quad C = \dfrac{\partial^2 L}{\partial Q_2^2} = -6, \ B^2 - AC = -8 < 0.$

由于驻点唯一，因此 $Q_1 = Q_2 = 1$ 可获最大利润. 最大利润为：
$$L(1,1) = 4.$$

以上除了生产要素最优投入外，厂家对不同市场需求在国家允许政策范围内可以自定产品价格，同样可获得最大利润.

例 9 一厂家生产一种产品，成本为
$$C(Q) = 10Q + 6.$$
该产品 Q 个单位在两个市场销售，销售价分别为 P_1 与 P_2，经预测两市场对该产品需求分别为
$$Q_1 = 10 - \dfrac{1}{5} P_1, \qquad Q_2 = 15 - \dfrac{1}{2} P_2 \quad (Q_1 + Q_2 = Q).$$
试确定投入两市场产品量及其价格使其获利最大.

解 由题设，两市场价格函数分别为
$$P_1 = 50 - 5Q_1, \qquad P_2 = 30 - 2Q_2.$$
两市场销售收入分别为
$$R_1(Q_1) = P_1 \cdot Q_1 = (50 - 5Q_1) \cdot Q_1,$$
$$R_2(Q_2) = P_2 \cdot Q_2 = (30 - 2Q_2) \cdot Q_2.$$
总利润函数为
$$L(Q_1, Q_2) = R_1(Q_1) + R_2(Q_2) - C(Q)$$
$$= 40Q_1 - 5Q_1^2 + 20Q_2 - 2Q_2^2 - 6.$$
解下述方程组：
$$\begin{cases} \dfrac{\partial L}{\partial Q_1} = 40 - 10Q_1 = 0, \\ \dfrac{\partial L}{\partial Q_2} = 20 - 4Q_2 = 0, \end{cases}$$

得 $\qquad Q_1 = 4, \qquad Q_2 = 5.$

在驻点 $(4,5)$ 处：

$$A=\frac{\partial^2 L}{\partial Q_1^2}=-10<0, \quad B=\frac{\partial^2 L}{\partial Q_1 \partial Q_2}=0, \quad C=\frac{\partial^2 L}{\partial Q_2^2}=-4, \quad B^2-AC=-40<0.$$

由于驻点唯一,所以投放两市场产品量分别为 4 与 5 个单位可获利最大,最大利润为

$$L(4,5)=124.$$

此时,两市场销售价分别为

$$P_1=50-5\times 4=30, \quad P_2=30-2\times 5=20.$$

*三、拉格朗日乘数 λ 的经济解释

解优化问题引入的拉格朗日乘数 λ,实际上就是目标函数对约束条件的一阶偏导数.

例如,成本固定时产出最大化问题,拉格朗日函数为

$$F(x,y,\lambda)=f(x,y)+\lambda(C_0-P_1 x-P_2 y).$$

式中目标函数为 $Q=f(x,y)$,约束条件为 $C_0=P_1 x+P_2 y$.

由一阶条件:

$$\begin{cases} \dfrac{\partial F}{\partial x}=\dfrac{\partial f}{\partial x}-P_1\lambda=0, \\[2pt] \dfrac{\partial F}{\partial y}=\dfrac{\partial f}{\partial y}-P_2\lambda=0, \\[2pt] \dfrac{\partial F}{\partial \lambda}=C_0-P_1 x-P_2 y=0, \end{cases}$$

得

$$\frac{\dfrac{\partial f}{\partial x}}{\dfrac{\partial f}{\partial y}}=\frac{P_1}{P_2}. \tag{4-6-22}$$

由于左边等于 $-\dfrac{\mathrm{d}y}{\mathrm{d}x}$,所以上式表示边际技术替代率等于投入价格的比,还可以得出

$$\frac{\dfrac{\partial f}{\partial x}}{P_1}=\frac{\dfrac{\partial f}{\partial y}}{P_2}=\lambda. \tag{4-6-23}$$

该式表明 λ 是花在每一种投入最后一个单位成本所增加的产出量.

如果取目标函数与约束条件的全微分,则其比值

$$\frac{\mathrm{d}Q}{\mathrm{d}C}=\frac{\dfrac{\partial f}{\partial x}\mathrm{d}x+\dfrac{\partial f}{\partial y}\mathrm{d}y}{P_1\mathrm{d}x+P_2\mathrm{d}y}=\frac{P_1\lambda\mathrm{d}x+P_2\lambda\mathrm{d}y}{P_1\mathrm{d}x+P_2\mathrm{d}y}=\lambda \tag{4-6-24}$$

表明 λ 是产出 Q 对成本 C 的导数,即边际产出.

经济应用 Ⅳ 4.6

同样可证明:对产出固定其成本最小问题引入的 λ,表示增加一个单位产出所需的每一种投入,并且是成本对产出的导数,即边际成本;对最大利润问题引入的 λ,表示增加一个单位投入所获利润,即边际利润.

边际产量,边际成本,边际利润在经济分析中表示影子价格.影子价格不是现行价格,而是反映资源合理利用的经济效果的价格,即一项资源在现有情况下变动一个单位的边际价值(计算价格).因此,拉格朗日乘数 λ 的经济解释就是影子价格.

练 习 4.6

(A)

(一)填空题

1. 设生产函数 $Q=f(L,K)$,则 $dQ=\dfrac{\partial Q}{\partial L}dL+\dfrac{\partial Q}{\partial K}dK$ 中,$\dfrac{\partial Q}{\partial L}$ 表示_____,$\dfrac{\partial Q}{\partial L}dL$ 表示_____,$\dfrac{\partial Q}{\partial K}$ 表示_____,$\dfrac{\partial Q}{\partial K}dK$ 表示_____.

2. 若 $Q=f(L,K)$,则 $\dfrac{dK}{dL}=$_____,表示_____.

3. 设生产函数 $Q=f(L,K)$,产出 Q 对劳动 L 的偏弹性 $E_L=$_____,表示_____;$E_K=$_____,表示_____.

4. 设 $Q_1=Q_1(P_1,P_2,m),Q_2=Q_2(P_1,P_2,m)$,则 $E_{11}=$_____,$E_{22}=$_____,$E_1=$_____,$E_2=$_____.

(二)选择题

1. 设 $Q=3L^{\frac{1}{3}}K^{\frac{2}{3}}$,则在 $L=27,K=8$ 时,产出对资本 K 的边际生产力为( ).

(A) 1   (B) 3   (C) 12   (D) $\dfrac{4}{9}$

2. 设 $Q=200L^{\frac{2}{3}}K^{\frac{1}{3}}$,则产出对劳动 L 的偏弹性为( ).

(A) $\dfrac{1}{2}$ (B) $-\dfrac{1}{2}$ (C) $\dfrac{2}{3}$ (D) $-\dfrac{2}{3}$

3. 设需求 $Q_1=\dfrac{1}{200}P_1^{-\frac{3}{8}}\cdot P_2^{\frac{2}{5}}\cdot m^{\frac{5}{2}}$,则需求收入弹性为( ).

(A) $-\dfrac{3}{8}$ (B) $\dfrac{2}{5}$ (C) $\dfrac{5}{2}$ (D) $-\dfrac{5}{2}$

4. 设 $Q=200xy-4x^2-5y^2$,则当 $x=8$ 时,投入 $y=10$ 的边际产量为( ).

(A) 1 936　　　(B) 1 500　　　(C) 3 436　　　(D) 744

5. 两种产品销量 Q_1 与 Q_2 分别为自身价格 P_1 与 P_2 的函数: $Q_1=32-2P_1$, $Q_2=22-P_2$,生产这两种产品成本为 $C(Q_1,Q_2)=\frac{1}{2}Q_1^2+2Q_1Q_2+Q_2^2+73$,则使利润 L 最大的价格是( ).

(A) $P_1=5, P_2=3$　　　　　(B) $P_1=5, P_2=28$

(C) $P_1=13, P_2=20$　　　　(D) $P_1=13.5, P_2=19$

6. 设 $Q=4L^{\frac{1}{4}}K^{\frac{3}{4}}$,则当 $L=81, K=16$.以下结果正确的是( ).

(A) 产出 Q 对资本 K 边际产量为 $\frac{9}{2}$

(B) 产出 Q 对资本 K 边际产量为 6

(C) 产出 Q 对劳动 L 边际产量为 $\frac{8}{27}$

(D) 产出 Q 对劳动 L 边际产量为 $\frac{32}{27}$

7. 两种相关商品 A_1 与 A_2 的需求分别为: $Q_1=a_1-b_1P_1+c_1P_2$, $Q_2=a_2+b_2P_1-c_2P_2(a_i,b_i,c_i>0, i=1,2)$.结果正确的是( ).

(A) A_1 自价格弹性 $E_{11}=-b_1\frac{P_1}{Q_1}$

(B) A_1 交叉价格弹性 $E_{12}=b_2\frac{P_1}{Q_2}$

(C) A_2 自价格弹性 $E_{22}=c_2\frac{P_2}{Q_2}$

(D) A_2 交叉价格弹性 $E_{21}=b_2\frac{P_1}{Q_2}$

(B)

1. 设 C—D 生产函数为 $Q=36L^{\frac{1}{2}}K^{\frac{1}{2}}$,试求:

(1) 产出对劳动边际产量;(2) 产出对资本边际产量;(3) 劳动对资本的边际技术替代率;(4) 生产弹性.

2. 商品 A 的市场需求为 $Q_1=2-2P_1-\frac{1}{8}P_2+\frac{1}{5}m$.试计算 $P_1=4, P_2=32$, $m=100$ 时 A 的自价格弹性、收入弹性及交叉弹性.

3. 商品 A 的需求函数为 $Q_1 = \dfrac{1}{100} P_1^{-\frac{3}{8}} \cdot P_2^{-\frac{1}{4}} \cdot m^{\frac{5}{2}}$. 求 A 的自价格弹性、收入弹性、交叉弹性.

4. 某厂生产两种产品,成本为 $C(Q_1, Q_2) = 2Q_1^2 + Q_1 Q_2 + 2Q_2^2$. 假设产品销售价分别为 $P_1 = 12, P_2 = 18$. 试计算两产品各生产多少获利润最大,最大利润为多少.

5. 某厂生产一产品,生产函数为 $Q = 100 L^{0.3} K^{0.7}$,预计成本费用为 $3L + 4K = 1\,800$. 试确定投入的最优组合使产出最大.

6. 一工厂生产两种产品产量为 Q_1 与 Q_2,其市场价格函数分别为 $P_1 = 24 - 2Q_1, P_2 = 30 - \dfrac{4}{3} Q_2$,生产总成本为 $C(Q_1, Q_2) = Q_1^2 + Q_1 Q_2 + 2Q_2^2$. 试计算两种产品产量及价格为多少可获最大利润,最大利润为多少?

7. 某厂生产两种产品总成本为 $C(Q_1, Q_2) = Q_1^2 + Q_1 Q_2 + Q_2^2$,市场需求分别为 $Q_1 = 40 - 2P_1 + P_2, Q_2 = 15 + P_1 - P_2$. 求出两产品产量及价格各为多少可获最大利润,最大利润是多少.

8. 某科研单位研制一产品每月耗煤 Q_1 与电力 Q_2 个单位,所耗费用为
$$C(Q_1, Q_2) = \dfrac{1}{2} Q_1^2 + \dfrac{3}{4} Q_2^2 - 7 Q_1 Q_2 + 134 Q_1 + 12 Q_2 + 250,$$
且 Q_1 与 Q_2 按计划要求 $4Q_1 + Q_2 = 36$,求耗用的最低成本.

9. 某厂生产一产品需两种投入 x 与 y,其成本费用为 $C(x, y) = 6x^2 + 3y^2$. 假设投入之和为 18 个单位,试确定投入各为多少时成本最低.

10. 某厂独家产品供应两个市场,需求分别为 $Q_1 = 103 - \dfrac{1}{6} P_1, Q_2 = 55 - \dfrac{1}{2} P_2$. 总成本为 $C(Q) = 18Q + 750 (Q_1 + Q_2 = Q)$. 试确定投放两市场的产品量及价格,并求全部利润、两市场对该产品的需求价格弹性.

11. 某厂生产甲、乙两种型号机床,当每月产量分别是 Q_1 台和 Q_2 台时,总成本为 $C(Q_1, Q_2) = Q_1^2 - Q_1 Q_2 + \dfrac{1}{2} Q_2^2$(万元). 如果两种机床每月共生产 10 台,试问 Q_1, Q_2 为多少台时总成本最小,最小成本为多少?

12. 某食品厂每天安排 5 000 元生产糖果和糕点,设生产成本为 Q_1(斤) 糖果和 Q_2(斤) 糕点的函数为 $C(Q_1, Q_2) = 1\,000 + Q_1 + Q_2 + 0.000\,2 Q_1^2$. 若糖果每斤可获利润 1.2 元,糕点每斤可获利润 0.8 元,问应如何安排生产才能使利润最大?

复习题四

1. 求 $f(x,y)=\arcsin\dfrac{x^2+y^2}{4}+\sqrt{4x-y^2}$ 的定义域.

2. 设 $z=\ln(\sqrt{x}+\sqrt{y})$,证明 $x\dfrac{\partial z}{\partial x}+y\dfrac{\partial z}{\partial y}=\dfrac{1}{2}$.

3. 设 $z=(2x+y)^{3x-y}$,求 $\dfrac{\partial z}{\partial x},\dfrac{\partial z}{\partial y}$.

4. 设 $z=f(2x,x\ln x)$,求 $\dfrac{\mathrm{d}z}{\mathrm{d}x}$.

5. 设 $z=f(x+y,x-y)$,求 $\mathrm{d}z$.

6. 设 $z=f(xz,z-y)$,求 $\mathrm{d}z$.

7. $f(x+y,y+z,z+x)=0$,求 $\dfrac{\partial z}{\partial x},\dfrac{\partial z}{\partial y}$.

8. 试在 x 轴、y 轴与直线 $x+y=2\pi$ 围成的三角形区域上求函数 $U(x,y)=\sin x+\sin y-\sin(x+y)$ 的最大值.

9. 在已知周长为 $2P$ 的一切三角形中求出面积最大的三角形.

10. 试求抛物线 $y^2=4x$ 上的点,使它与直线 $x-y+4=0$ 相距最近.

11. 某厂生产甲、乙两种具有竞争性产品,两种产品产量与价格的关系是:$Q_1=20-3P_1+2P_2$,$Q_2=16+P_1-P_2$,总成本 $C(Q_1,Q_2)=Q_1^2+Q_1Q_2+Q_2^2$. 求使利润最大的产量和价格.

12. 某工厂近5年的成本和利润数据如下表(单位:万元):

成本 X	5	6	7.5	8	9
利润 Y	7.6	9.1	11.5	12.4	13.6

由表中数据可知 X 与 Y 近似符合线性关系 $Y=aX+b$. 今年计划投入成本10万元,试预算今年可获利润多少.

第五章 线性代数

在经济研究和很多领域中会遇到大量线性问题。为了研究和处理这些线性问题,特别是经济分析中处理线性经济模型的需要,本章介绍线性代数有关知识:矩阵的概念、运算、逆矩阵及其性质,线性方程组消元解法,以及在经济中的应用.

§5.1 矩阵概念

矩阵不是一个具体的数,它是由 $m \times n$ 个数按一定次序排成的一张数表.

一、引例

例1 在初等代数里,我们会用加减消元法求解三元线性方程组,如:

$$\begin{cases} 2x_1 - x_2 + 3x_3 = 1, & \text{①} \\ 4x_1 + 2x_2 + 5x_3 = 4, & \text{②} \\ 2x_1 \quad\quad + 2x_3 = 6, & \text{③} \end{cases}$$

第一次消元(如②+①·(-2),③+①·(-1)),得:

$$\begin{cases} 2x_1 - x_2 + 3x_3 = 1, & \text{④} \\ \quad\quad 4x_2 - x_3 = 2, & \text{⑤} \\ \quad\quad x_2 - x_3 = 5, & \text{⑥} \end{cases}$$

第二次消元(如④+⑥·1,⑤+⑥·(-4)),得:

$$\begin{cases} 2x_1 \quad\quad + 2x_3 = 6, & \text{⑦} \\ \quad\quad\quad 3x_3 = -18, & \text{⑧} \\ \quad\quad x_2 - x_3 = 5, & \text{⑨} \end{cases}$$

第三次消元(如⑨·$\frac{1}{3}$,⑧+⑨·(-1)),得:

$$\begin{cases} x_1 \quad\quad = 9, \\ \quad x_2 \quad = -1, \\ \quad\quad x_3 = -6. \end{cases}$$

观察上述消元过程，容易发现方程中未知量的系数和右端常数项在起变化，但所处位置的次序没有变化。这实际上可以看成一组具有相对位置固定的数，按一定规则演变成另一组保持原有相对位置的数的过程。为了处理问题方便，可以将每一组这种保持原有相对位置的数用一个矩形数表表示出来。

根据以上分析，原线性方程组就可用以下矩形数表（保持原来相对位置）表示：

$$\begin{pmatrix} 2 & -1 & 3 & 1 \\ 4 & 2 & 5 & 4 \\ 2 & 0 & 2 & 6 \end{pmatrix}.$$

每一消元过程得到的方程组，也可用矩形数表表示出来（读者自己完成）。以后会知道，这种矩形数表对解方程组和其他问题处理是很有意义和有用的。

例 2 假设国民经济有 n 个生产（消费）部门，比如有 4 个部门：煤炭、有色金属、石油和电力。由于一个部门的生产要耗用其他部门的产品，所以生产部门同时也是消耗部门，它们之间具有一定的技术经济联系。为了反映生产与消耗这种数量关系，可用 a_{ij} 表示在一个计划期内第 j 个部门耗用第 i 个部门的产品量。上述 4 个部门相互耗用产品量 a_{ij} 可用下述矩形数表来表示：

$$\begin{pmatrix} a_{11} & a_{12} & a_{13} & a_{14} \\ a_{21} & a_{22} & a_{23} & a_{24} \\ a_{31} & a_{32} & a_{33} & a_{34} \\ a_{41} & a_{42} & a_{43} & a_{44} \end{pmatrix}.$$

这样的矩形数表在实际中经常遇到，我们给出它的一般定义。

二、矩阵概念

定义 5.1 由 $m \times n$ 个数 $a_{ij}(i=1,2,\cdots,m; j=1,2,\cdots,n)$ 排成 m 行 n 列的矩形数表称为 $m \times n$ 矩阵。记作

$$\begin{pmatrix} a_{11} & a_{12} & \cdots & a_{1n} \\ a_{21} & a_{22} & \cdots & a_{2n} \\ \vdots & \vdots & & \vdots \\ a_{m1} & a_{m2} & \cdots & a_{mn} \end{pmatrix} \text{或} \begin{pmatrix} a_{11} & a_{12} & \cdots & a_{1n} \\ a_{21} & a_{22} & \cdots & a_{2n} \\ \vdots & \vdots & & \vdots \\ a_{m1} & a_{m2} & \cdots & a_{mn} \end{pmatrix}. \quad (5\text{-}1\text{-}1)$$

其中 a_{ij} 称为矩阵元素（位于第 i 行第 j 列）。

矩阵通常用大写字母 $A, B, C, \cdots$ 简记。上述矩阵可简记为 A，或 $A = (a_{ij})_{mn}$，$A = (a_{ij})$ 等。

若矩阵全部元素都为零，则称为零矩阵。记作

矩阵概念 5.1

$$0^{①} = \begin{pmatrix} 0 & 0 & \cdots & 0 \\ 0 & 0 & \cdots & 0 \\ \vdots & \vdots & & \vdots \\ 0 & 0 & \cdots & 0 \end{pmatrix}. \tag{5-1-2}$$

把矩阵 $A=(a_{ij})$ 的每一个元素都变号得到的矩阵,称为 A 的负矩阵.记作

$$-A = \begin{pmatrix} -a_{11} & -a_{12} & \cdots & -a_{1n} \\ -a_{21} & -a_{22} & \cdots & -a_{2n} \\ \vdots & \vdots & & \vdots \\ -a_{m1} & -a_{m2} & \cdots & -a_{mn} \end{pmatrix}. \tag{5-1-3}$$

例如,下面 $-A$ 就是 A 的负矩阵:

$$A = \begin{pmatrix} 2 & -1 & 3 & 1 \\ 4 & 2 & 5 & 4 \\ 2 & 0 & 2 & 6 \end{pmatrix}, \quad -A = \begin{pmatrix} -2 & 1 & -3 & -1 \\ -4 & -2 & -5 & -4 \\ -2 & 0 & -2 & -6 \end{pmatrix}.$$

显然 $(-A)$ 的负矩阵为 A.

对矩阵 $A=(a_{ij})_{mn}$,如果 $m=1$,则称为行矩阵.记作

$$A_{1 \times n} = (a_{i1} \quad a_{i2} \quad \cdots \quad a_{in}). \tag{5-1-4}$$

如果 $n=1$,则称为列矩阵.记作

$$A_{m \times 1} = \begin{pmatrix} a_{1j} \\ a_{2j} \\ \vdots \\ a_{mj} \end{pmatrix}. \tag{5-1-5}$$

特别地,当 $m=n$,则称为方阵或 n 阶矩阵.记作

$$A = \begin{pmatrix} a_{11} & a_{12} & \cdots & a_{1n} \\ a_{21} & a_{22} & \cdots & a_{2n} \\ \vdots & \vdots & & \vdots \\ a_{n1} & a_{n2} & \cdots & a_{nn} \end{pmatrix}. \tag{5-1-6}$$

对于 n 阶矩阵 A_{nn},称由左上角元素 a_{11} 到右下角元素 a_{nn} 所引联的对角线为 A 的主对角线.显然,主对角线上元素为 $a_{ii}(i=1,2,\cdots,n)$.

对矩阵 $A=(a_{ij})_{mn}$,将它的行与列互换得到 $n \times m$ 矩阵,称为 A 的转置矩阵.记作

---

① 零矩阵用 0 表示,可依上下文分辨是数 0 还是矩阵.

$$A^T = \begin{pmatrix} a_{11} & a_{21} & \cdots & a_{m1} \\ a_{12} & a_{22} & \cdots & a_{m2} \\ \vdots & \vdots & & \vdots \\ a_{1n} & a_{2n} & \cdots & a_{mn} \end{pmatrix}. \tag{5-1-7}$$

例如,一个 2×3 阶矩阵 $A_{2 \times 3}$ 的行与列互换得到 3×2 阶矩阵就是 A 的转置矩阵 A^T:

$$A = \begin{pmatrix} 1 & 2 & 0 \\ -1 & 1 & 3 \end{pmatrix}, \quad A^T = \begin{pmatrix} 1 & -1 \\ 2 & 1 \\ 0 & 3 \end{pmatrix}.$$

显然,$(A^T)^T = A$.

矩阵没有大小之分,只有阶数的区别. 但有相等的概念,定义如下:

定义 5.2 设矩阵 $A = (a_{ij})_{mn}$, $B = (b_{ij})_{mn}$ 是两个 $m \times n$ 矩阵,若对应位置上元素满足 $a_{ij} = b_{ij}$,则称 A 与 B 相等. 记作

$$A = B. \tag{5-1-8}$$

例如:

$$A = \begin{pmatrix} a_{11} & a_{12} & a_{13} \\ a_{21} & a_{22} & a_{23} \end{pmatrix}, B = \begin{pmatrix} 1 & 2 & 3 \\ -3 & -2 & -1 \end{pmatrix}, C = \begin{pmatrix} 1 & -3 \\ 2 & -2 \\ 3 & -1 \end{pmatrix}.$$

显然 A 与 C 不可能相等,同样无法比较 B 与 C 相等与否. 而 A 与 B 的阶数虽然是 2×3 矩阵,未必相等. 如果 $A = B$,那么由定义,对应位置上元素必须满足:

$$a_{11} = 1, \quad a_{12} = 2, \quad a_{13} = 3,$$
$$a_{21} = -3, \quad a_{22} = -2, \quad a_{23} = -1.$$

练 习 5.1

(A)

(一)填空题

1. 矩阵 $A = (a_{ij})_{mn}$ 与 $B = (b_{ij})_{sk}$ 相等的条件是_____.

2. $-A$ 的负矩阵是_____,零矩阵的负矩阵是_____.

3. 若 A 的转置矩阵为 A^T,那么 $(A^T)^T = $_____.

(二)选择题

1. 以下说法正确的是(   ).

(A) 零矩阵都相等

(B) A 与 A^T 都相等

(C) 一行或一列元素全为零的矩阵是零矩阵

(D) 矩阵是矩形数表,不代表任何数

2. 若 $A=(a_{ij})_{mn}$, $B=(b_{ij})_{sp}$ 且 $A=B$,那么( ).

(A) $m=s, n=p$ (B) $m=s, n=p, a_{ij}=b_{ij}$

(C) $m=p, n=s$ (D) $m=p, n=s, a_{ij}=b_{ij}$

3. 设 $A=(1\ 0\ 1)$, $B=(1\ 1)$ 则以下结论不正确的是( ).

(A) $A\neq B$ (B) $A>B$ (C) $A<B$ (D) $A=B$

4. 以下说法正确的是( ).

(A) 不是任一矩阵有主对角线   (B) 零矩阵的数值是零

(C) 矩阵不能比较大小   (D) 矩阵 A 与 A^T 相等

(B)

1. 设 $A=B$,其中

$$A=\begin{pmatrix} 1 & -1 & 2 & 3 \\ -3 & a & 0 & 1 \end{pmatrix}, \quad B=\begin{pmatrix} b & -1 & 2 & 3 \\ c & 0 & d & -1 \end{pmatrix}.$$

求元素 a,b,c,d 的值.

2. 设矩阵

$$A=\begin{pmatrix} 1 & 0 & -1 & 2 \\ -1 & 1 & 2 & -1 \\ 3 & -1 & 0 & 2 \end{pmatrix}.$$

求 A^T 与 $-A$.

§5.2 矩阵代数运算

矩阵的意义不在于将一组数按一定次序排成矩形数表给处理问题带来方便,更在于对它规定了有实际意义的运算.

一、加法与减法

在 §5.1 例 2 中,如果汇总 4 个部门上半年与下半年相互耗用产品量,那么全年相互耗用产品量之和就是两个矩阵之和.

先给出矩阵加法定义：

定义 5.3 设 $A=(a_{ij})_{mn}$，$B=(b_{ij})_{mn}$ 是两个 $m\times n$ 矩阵，则称 $(a_{ij}+b_{ij})$ $(i=1,2,\cdots,m;j=1,2,\cdots,n)$ 为 A 与 B 的和，记作

$$A+B=(a_{ij}+b_{ij})_{mn}. \tag{5-2-1}$$

由定义，矩阵加法是在同阶矩阵中进行的，并且是对应位置上元素相加.

例 1 如§5.1例2，设上半年与下半年相互耗用产品量矩阵分别用 A,B 表示：

$$A=\begin{pmatrix} 2 & 3 & 1 & 4 \\ 1 & 2 & 3 & 2 \\ 3 & 4 & 2 & 1 \\ 2 & 3 & 4 & 2 \end{pmatrix}, \quad B=\begin{pmatrix} 2 & 1 & 3 & 1 \\ 3 & 3 & 2 & 3 \\ 2 & 1 & 2 & 4 \\ 3 & 2 & 1 & 2 \end{pmatrix}.$$

那么全年相互耗用产品总量为：

$$A+B=\begin{pmatrix} 2 & 3 & 1 & 4 \\ 1 & 2 & 3 & 2 \\ 3 & 4 & 2 & 1 \\ 2 & 3 & 4 & 2 \end{pmatrix}+\begin{pmatrix} 2 & 1 & 3 & 1 \\ 3 & 3 & 2 & 3 \\ 2 & 1 & 2 & 4 \\ 3 & 2 & 1 & 2 \end{pmatrix}$$

$$=\begin{pmatrix} 2+2 & 3+1 & 1+3 & 4+1 \\ 1+3 & 2+3 & 3+2 & 2+3 \\ 3+2 & 4+1 & 2+2 & 1+4 \\ 2+3 & 3+2 & 4+1 & 2+2 \end{pmatrix}$$

$$=\begin{pmatrix} 4 & 4 & 4 & 5 \\ 4 & 5 & 5 & 5 \\ 5 & 5 & 4 & 5 \\ 5 & 5 & 5 & 4 \end{pmatrix}.$$

由定义 5.3 以及负矩阵定义，规定矩阵减法如下：

$$A-B=A+(-B). \tag{5-2-2}$$

它也是在同阶矩阵中进行运算的，并且是对应位置上元素相减.

在矩阵可以相加的情形下，不难用定义验证矩阵加法满足以下运算性质：

(1) $A+B=B+A$；   （交换律）

(2) $A+(B+C)=(A+B)+C$；   （结合律）

(3) $A+0=0+A=A$；

(4) $A+(-A)=A-A=0$.

二、数乘矩阵

设在物资调运中,某产品由 3 个产地运往 4 个销地,产地与销地里程(单位:公里)可用矩阵表示如下:

$$\text{产地} \rightarrow A = \begin{pmatrix} 100 & 120 & 200 & 180 \\ 90 & 130 & 150 & 80 \\ 150 & 180 & 140 & 120 \end{pmatrix} \begin{matrix} \text{I} \\ \text{II} \\ \text{III} \end{matrix}$$

（销地对应 I, II, III, IV）

如果每吨公里运价为 2 元,那么从产地运往销地每吨运价(单位:元/吨)为

$$2 \cdot A = \begin{pmatrix} 2\times100 & 2\times120 & 2\times200 & 2\times180 \\ 2\times90 & 2\times130 & 2\times150 & 2\times80 \\ 2\times150 & 2\times180 & 2\times140 & 2\times120 \end{pmatrix}$$

$$= \begin{pmatrix} 200 & 240 & 400 & 360 \\ 180 & 260 & 300 & 160 \\ 300 & 360 & 280 & 240 \end{pmatrix}.$$

因而我们定义数乘矩阵如下:

定义 5.4 设 $A = (a_{ij})_{mn}$,则用数 K 乘矩阵 A 的所有元素得到的矩阵,称为数乘矩阵. 记作 $K \cdot A$,即

$$KA = \begin{pmatrix} Ka_{11} & Ka_{12} & \cdots & Ka_{1n} \\ Ka_{21} & Ka_{22} & \cdots & Ka_{2n} \\ \vdots & \vdots & & \vdots \\ Ka_{m1} & Ka_{m2} & \cdots & Ka_{mn} \end{pmatrix}. \tag{5-2-3}$$

由定义,当矩阵每一元素都有公因子 K 时,可将公因子 K 提出矩阵之外与之相乘.

容易验证数乘矩阵有以下运算性质:

(1) $K(A+B) = KA + KB$;   （分配律）
(2) $(K_1 + K_2)A = K_1 A + K_2 A$;   （分配律）
(3) $(K_1 \cdot K_2)A = K_1(K_2 A)$;   （结合律）
(4) $1 \cdot A = A$, $(-1) \cdot A = -A$.

其中 A, B 为同阶的 $m \times n$ 矩阵,K, K_1, K_2 为任意数.

例 2 设矩阵

$$A = \begin{pmatrix} 2 & 4 & -5 \\ 0 & 7 & -2 \end{pmatrix}, \quad B = \begin{pmatrix} 1 & -3 & 3 \\ 0 & 2 & -4 \end{pmatrix}.$$

验证 $2(A+B) = 2A + 2B$, $(1+2)A = A + 2A = 3A$, $(2 \cdot 3)B = 2 \cdot (3B) = 6B$.

证明 $\because A + B = \begin{pmatrix} 3 & 1 & -2 \\ 0 & 9 & -6 \end{pmatrix}$,

$2A = \begin{pmatrix} 4 & 8 & -10 \\ 0 & 14 & -4 \end{pmatrix}$, $2B = \begin{pmatrix} 2 & -6 & 6 \\ 0 & 4 & -8 \end{pmatrix}$,

$3A = \begin{pmatrix} 6 & 12 & -15 \\ 0 & 21 & -6 \end{pmatrix}$, $3B = \begin{pmatrix} 3 & -9 & 9 \\ 0 & 6 & -12 \end{pmatrix}$,

$\therefore 2A + 2B = \begin{pmatrix} 4 & 8 & -10 \\ 0 & 14 & -4 \end{pmatrix} + \begin{pmatrix} 2 & -6 & 6 \\ 0 & 4 & -8 \end{pmatrix}$

$= \begin{pmatrix} 6 & 2 & -4 \\ 0 & 18 & -12 \end{pmatrix}$

$= 2 \cdot \begin{pmatrix} 3 & 1 & -2 \\ 0 & 9 & -6 \end{pmatrix}$

$= 2(A+B)$.

$A + 2A = \begin{pmatrix} 2 & 4 & -5 \\ 0 & 7 & -2 \end{pmatrix} + \begin{pmatrix} 4 & 8 & -10 \\ 0 & 14 & -4 \end{pmatrix}$

$= \begin{pmatrix} 6 & 12 & -15 \\ 0 & 21 & -6 \end{pmatrix}$

$= 3 \cdot \begin{pmatrix} 2 & 4 & -5 \\ 0 & 7 & -2 \end{pmatrix}$

$= (1+2) \cdot \begin{pmatrix} 2 & 4 & -5 \\ 0 & 7 & -2 \end{pmatrix} = (1+2)A = 3A$.

$2 \cdot (3B) = 2 \cdot \begin{pmatrix} 3 & -9 & 9 \\ 0 & 6 & -12 \end{pmatrix}$

$= \begin{pmatrix} 6 & -18 & 18 \\ 0 & 12 & -24 \end{pmatrix}$

$= 6 \cdot \begin{pmatrix} 1 & -3 & 3 \\ 0 & 2 & -4 \end{pmatrix}$

$= (2 \cdot 3) \cdot \begin{pmatrix} 1 & -3 & 3 \\ 0 & 2 & -4 \end{pmatrix}$

$= (2 \cdot 3)B = 6B$.

三、矩阵乘法

为了说明矩阵的乘法,我们来看一个简单例子. 假设一投资者在某城市三个公司有股份,其股份情况如下表:

公司	股份数	1992 年每股红利(元)	1993 年每股红利(元)
甲	1 000	15	16.5
乙	2 000	20	21.5
丙	3 000	12	13.5

如果投资者要计算每年所得红利总额 S_1 与 S_2,那么计算方法是:

1992 年 $S_1 = 1\,000 \times 15 + 2\,000 \times 20 + 3\,000 \times 12 = 91\,000$(元).

1993 年 $S_2 = 1\,000 \times 16.5 + 2\,000 \times 21.5 + 3\,000 \times 13.5$
$= 100\,000$(元).

以下用矩阵来计算红利总额.

将表中数据分别用以下矩阵表示:

$$A = (1\,000 \quad 2\,000 \quad 3\,000).$$

$$B = \begin{pmatrix} 15 & 16.5 \\ 20 & 21.5 \\ 12 & 13.5 \end{pmatrix}.$$

其中 A 为 1×3 矩阵,B 为 3×2 矩阵.

由以上计算方法和结果,用矩阵 A 去乘矩阵 B,规定以下矩阵乘法运算是有实际意义的.

$$A \cdot B = (1\,000 \quad 2\,000 \quad 3\,000) \cdot \begin{pmatrix} 15 & 16.5 \\ 20 & 21.5 \\ 12 & 13.5 \end{pmatrix}$$

$= (1\,000 \times 15 + 2\,000 \times 20 + 3\,000 \times 12$
$\quad 1\,000 \times 16.5 + 2\,000 \times 21.5 + 3\,000 \times 13.5)$

$= (91\,000 \quad 100\,000).$

容易看出:$A \cdot B$ 恰好是 A 的行上的元素与 B 的对应列上的元素分别相乘再相加,就是 $A \cdot B$ 的元素,该元素所在行与 A 的行相同,所在列与 B 的列相同.

基于这种乘法运算规则,我们把它引申到下面形式的矩阵乘法运算中.

设 $A=(a_{ij})_{3\times 2}$，$B=(b_{ij})_{2\times 2}$，规定：

$$A \cdot B = \begin{pmatrix} a_{11} & a_{12} \\ a_{21} & a_{22} \\ a_{31} & a_{32} \end{pmatrix} \cdot \begin{pmatrix} b_{11} & b_{12} \\ b_{21} & b_{22} \end{pmatrix}$$

$$= \begin{pmatrix} a_{11}b_{11}+a_{12}b_{21} & a_{11}b_{12}+a_{12}b_{22} \\ a_{21}b_{11}+a_{22}b_{21} & a_{21}b_{12}+a_{22}b_{22} \\ a_{31}b_{11}+a_{32}b_{21} & a_{31}b_{12}+a_{32}b_{22} \end{pmatrix}.$$

这种运算规则简称行乘列规则，它是把 A 的各行遍乘 B 的各列，如 A 的第一行元素乘 B 的第一列对应元素以后再相加，得到 $A \cdot B$ 的第一行第一列上元素 $a_{11}b_{11}+a_{12}b_{21}$；$A$ 的第一行元素乘 B 的第二列对应元素以后再相加，得到 $A \cdot B$ 的第一行第二列元素 $a_{11}b_{12}+a_{12}b_{22}$，再从 A 的第二行开始遍乘 B 的各列，等等．

定义 5.5 设 $A=(a_{ij})_{m\times s}$，$B=(b_{ij})_{s\times n}$，则乘积矩阵 $A \cdot B$ 是一个 $m \times n$ 矩阵 $C=(c_{ij})_{m\times n}$：

$$A \cdot B = \begin{pmatrix} c_{11} & c_{12} & \cdots & c_{1n} \\ c_{21} & c_{22} & \cdots & c_{2n} \\ \vdots & \vdots & & \vdots \\ c_{m1} & c_{m2} & \cdots & c_{mn} \end{pmatrix}. \tag{5-2-4}$$

其中 c_{ij} 是 A 的第 i 行元素乘 B 的第 j 列对应元素之和，位于 $A \cdot B$ 的第 i 行第 j 列的位置上：

$$c_{ij}=a_{i1}b_{1j}+a_{i2}b_{2j}+\cdots+a_{is}b_{sj}, \tag{5-2-5}$$
$$(i=1,2,\cdots,m;j=1,2,\cdots,n).$$

根据矩阵乘法定义，$A \cdot B$ 必须具备以下条件：前一矩阵 A 的列数要等于后一矩阵 B 的行数才能相乘，并且乘积矩阵 $A \cdot B$ 的行数与 A 的行数相同，而列数与 B 的列数相同．如下图所示：

$$(a_{ij})_{ms} \cdot \underbrace{(b_{ij})_{sn}}_{\text{相同}} = \overbrace{(c_{ij})_{mn}}^{A \cdot B \text{ 的阶}}$$

例 3 设矩阵

$$A=\begin{pmatrix} 1 & 5 \\ -2 & 0 \end{pmatrix}, \quad B=\begin{pmatrix} 1 & 0 & -6 \\ -2 & 1 & -1 \end{pmatrix}.$$

求 $A \cdot B$．

解 A 为 2 阶矩阵，B 为 2×3 矩阵，A 的列数与 B 的行数相同，可作乘法 $A \cdot B$ 的运算．

$$AB = \begin{pmatrix} 1 & 5 \\ -2 & 0 \end{pmatrix} \begin{pmatrix} 1 & 0 & -6 \\ -2 & 1 & -1 \end{pmatrix}.$$

$$= \begin{pmatrix} 1\times1+5\times(-2) & 1\times0+5\times1 & 1\times(-6)+5\times(-1) \\ (-2)\times1+0\times(-2) & (-2)\times0+0\times1 & (-2)\times(-6)+0\times(-1) \end{pmatrix}$$

$$= \begin{pmatrix} -9 & 5 & -11 \\ -2 & 0 & 12 \end{pmatrix}.$$

显然,该例不能作乘法 $B \cdot A$ 的运算. 因此,两个矩阵相乘有个次序问题,不可随意改动相乘的次序. 如 $A \cdot B$,则称 A 为左乘 B,或 B 右乘 A. 对 $B \cdot A$,称 B 左乘 A,或 A 右乘 B.

有些矩阵相乘,如 A 与 B 既能作 $A \cdot B$ 的运算,也能作 $B \cdot A$ 的运算,然而未必相等.

例 4 设矩阵

$$A = \begin{pmatrix} 2 & 1 & 4 \\ 1 & 3 & -1 \end{pmatrix}, \quad B = \begin{pmatrix} 3 & -1 \\ 0 & 1 \\ 2 & 4 \end{pmatrix}.$$

试计算 $A \cdot B$ 与 $B \cdot A$.

解 A 为 2×3 矩阵,B 为 3×2 矩阵,既能作 $A \cdot B$ 运算,又能作 $B \cdot A$ 运算. 但是 $A \cdot B$ 为 2×2 矩阵,$B \cdot A$ 为 3×3 矩阵,两者不相等.

$$AB = \begin{pmatrix} 2 & 1 & 4 \\ 1 & 3 & -1 \end{pmatrix} \begin{pmatrix} 3 & -1 \\ 0 & 1 \\ 2 & 4 \end{pmatrix}$$

$$= \begin{pmatrix} 2\times3+1\times0+4\times2 & 2\times(-1)+1\times1+4\times4 \\ 1\times3+3\times0+(-1)\times2 & 1\times(-1)+3\times1+(-1)\times4 \end{pmatrix}$$

$$= \begin{pmatrix} 14 & 15 \\ 1 & -2 \end{pmatrix}.$$

$$BA = \begin{pmatrix} 3 & -1 \\ 0 & 1 \\ 2 & 4 \end{pmatrix} \begin{pmatrix} 2 & 1 & 4 \\ 1 & 3 & -1 \end{pmatrix}$$

$$= \begin{pmatrix} 3\times2+(-1)\times1 & 3\times1+(-1)\times3 & 3\times4+(-1)\times(-1) \\ 0\times2+1\times1 & 0\times1+1\times3 & 0\times4+1\times(-1) \\ 2\times2+4\times1 & 2\times1+4\times3 & 2\times4+4\times(-1) \end{pmatrix}$$

$$= \begin{pmatrix} 5 & 0 & 13 \\ 1 & 3 & -1 \\ 8 & 14 & 4 \end{pmatrix}.$$

例 3 与例 4 说明:矩阵乘法一般不满足交换律,这是与数的乘法不同之处. 不过,也有满足交换律的,即如果 $AB=BA$,则称 A 与 B 为可交换矩阵.

例 5 设矩阵

$$A=\begin{pmatrix} 3 & 1 \\ 4 & 0 \end{pmatrix}, \quad B=\begin{pmatrix} 2 & 1 \\ 4 & -1 \end{pmatrix}.$$

求 AB 与 BA.

解 A 与 B 为 2 阶矩阵,乘积矩阵 AB 与 BA 是 2 阶矩阵.

$$AB=\begin{pmatrix} 3 & 1 \\ 4 & 0 \end{pmatrix}\begin{pmatrix} 2 & 1 \\ 4 & -1 \end{pmatrix}=\begin{pmatrix} 10 & 2 \\ 8 & 4 \end{pmatrix},$$

$$BA=\begin{pmatrix} 2 & 1 \\ 4 & -1 \end{pmatrix}\begin{pmatrix} 3 & 1 \\ 4 & 0 \end{pmatrix}=\begin{pmatrix} 10 & 2 \\ 8 & 4 \end{pmatrix},$$

$AB=BA$,称 A 与 B 为可交换矩阵.

有趣的是在矩阵乘法运算中,两个非零矩阵相乘有可能是零矩阵,这是与数的乘法运算又一不同之处.

例 6 设矩阵

$$A=\begin{pmatrix} 1 & 1 \\ 0 & 0 \end{pmatrix}, \quad B=\begin{pmatrix} 1 & 0 \\ -1 & 0 \end{pmatrix},$$

求 $A \cdot B$.

解 A 与 B 皆为非零矩阵.

$$A \cdot B=\begin{pmatrix} 1 & 1 \\ 0 & 0 \end{pmatrix}\begin{pmatrix} 1 & 0 \\ -1 & 0 \end{pmatrix}=\begin{pmatrix} 0 & 0 \\ 0 & 0 \end{pmatrix}.$$

其乘积矩阵 $A \cdot B$ 为零矩阵,但

$$B \cdot A=\begin{pmatrix} 1 & 0 \\ -1 & 0 \end{pmatrix}\begin{pmatrix} 1 & 1 \\ 0 & 0 \end{pmatrix}=\begin{pmatrix} 1 & 1 \\ -1 & -1 \end{pmatrix}$$

不是零矩阵.

不难看出:尽管 $A \cdot B=0$,但不能像数的运算那样推出 $A=0$ 或 $B=0$ 的结论,反之也不能由 $A \neq 0, B \neq 0$ 推出 $AB \neq 0$ 的结论.

还有,矩阵乘法运算与数的乘法运算不同之处不满足消去律. 即若 $AC=BC$,一般不能消去 C 而得出 $A=B$ 的结论.

例 7 设矩阵

$$A=\begin{pmatrix} 3 & 1 \\ 4 & 0 \end{pmatrix}, \quad B=\begin{pmatrix} 2 & 1 \\ 4 & 0 \end{pmatrix}, \quad C=\begin{pmatrix} 0 & 0 \\ 1 & 1 \end{pmatrix},$$

试证 $AC=BC$,但 $A \neq B$.

解 显然 $A \neq B$.

矩阵代数运算 5.2

$$AC = \begin{pmatrix} 3 & 1 \\ 4 & 0 \end{pmatrix} \begin{pmatrix} 0 & 0 \\ 1 & 1 \end{pmatrix} = \begin{pmatrix} 1 & 1 \\ 0 & 0 \end{pmatrix},$$

$$BC = \begin{pmatrix} 2 & 1 \\ 4 & 0 \end{pmatrix} \begin{pmatrix} 0 & 0 \\ 1 & 1 \end{pmatrix} = \begin{pmatrix} 1 & 1 \\ 0 & 0 \end{pmatrix}.$$

$AC = BC$,因此不能消去 C 得出 $A = B$ 的结论。

矩阵乘法不满足交换律和消去律,是矩阵乘法区别于数的乘法的两个重要特点。但是,矩阵乘法也有与数的乘法类似或相同的性质,满足分配律和结合律。列出以下:

(1) $A(B+C) = AB + AC$;   (左分配律)
(2) $(B+C)A = BA + CA$;   (右分配律)
(3) $(AB)C = A(BC)$;   (结合律)
(4) $K(AB) = (KA)B = A(KB)$。 (K 为数)

例 8 设矩阵

$$A = (1\ \ 1\ \ 1),\ B = \begin{pmatrix} 2 & 0 & 5 & 1 \\ 1 & 3 & 1 & 3 \\ 3 & 2 & 4 & 6 \end{pmatrix},\ C = \begin{pmatrix} 1 & 1 \\ 1 & 2 \\ 1 & 5 \\ 1 & 10 \end{pmatrix},$$

求 $ABC, (AB)C, A(BC)$。

解 可看出 AB 为 1×4 矩阵,C 为 4×2 矩阵,作 $(AB)C$ 运算。

$$AB = (1\ \ 1\ \ 1) \cdot \begin{pmatrix} 2 & 0 & 5 & 1 \\ 1 & 3 & 1 & 3 \\ 3 & 2 & 4 & 6 \end{pmatrix} = (6\ \ 5\ \ 10\ \ 10).$$

$$(AB)C = (6\ \ 5\ \ 10\ \ 10) \cdot \begin{pmatrix} 1 & 1 \\ 1 & 2 \\ 1 & 5 \\ 1 & 10 \end{pmatrix} = (31\ \ 166).$$

又 BC 为 3×2 矩阵,所以可作 $A(BC)$ 运算:

$$BC = \begin{pmatrix} 2 & 0 & 5 & 1 \\ 1 & 3 & 1 & 3 \\ 3 & 2 & 4 & 6 \end{pmatrix} \begin{pmatrix} 1 & 1 \\ 1 & 2 \\ 1 & 5 \\ 1 & 10 \end{pmatrix} = \begin{pmatrix} 8 & 37 \\ 8 & 42 \\ 15 & 87 \end{pmatrix},$$

$$A(BC) = (1\ \ 1\ \ 1) \begin{pmatrix} 8 & 37 \\ 8 & 42 \\ 15 & 27 \end{pmatrix} = (31\ \ 166).$$

于是$(AB)C=A(BC)=ABC$.

该例表明:对于可以相乘的矩阵,只要前一矩阵的列数与后一矩阵的行数相同,不仅可依次相乘,而且可以任意结合相乘(次序不能改变!).

另外,对于方阵 A 及自然数 l,k,可定义矩阵的幂:

$$A^k = \underbrace{A \cdot A \cdot \cdots \cdot A}_{k\uparrow},$$

且满足 $A^k A^l = A^{k+l}$,

$$(A^k)^l = A^{kl}.$$

四、转置矩阵

在§5.1介绍了矩阵的转置即转置矩阵的概念.其实,转置矩阵在代数运算中还满足以下运算性质:

(1) $(A+B)^T = A^T + B^T$;

(2) $(KA)^T = K \cdot A^T$(K 为数);

(3) $(AB)^T = B^T A^T$;

(4) $(A^T)^T = A$.

我们用具体例子验证性质(2)与(3),而性质(1)与(4)留作练习,由读者完成.

例9 设矩阵

$$A = \begin{pmatrix} 1 & 2 & 1 \\ -1 & 0 & 1 \\ 2 & 1 & 1 \end{pmatrix}, \quad B = \begin{pmatrix} 1 & 0 \\ 2 & 1 \\ 1 & -1 \end{pmatrix}.$$

验证:$(AB)^T = B^T A^T$; $(3A)^T = 3A^T$.

解

$$A^T = \begin{pmatrix} 1 & -1 & 2 \\ 2 & 0 & 1 \\ 1 & 1 & 1 \end{pmatrix}, \quad B^T = \begin{pmatrix} 1 & 2 & 1 \\ 0 & 1 & -1 \end{pmatrix},$$

$$AB = \begin{pmatrix} 1 & 2 & 1 \\ -1 & 0 & 1 \\ 2 & 1 & 1 \end{pmatrix} \begin{pmatrix} 1 & 0 \\ 2 & 1 \\ 1 & -1 \end{pmatrix} = \begin{pmatrix} 6 & 1 \\ 0 & -1 \\ 5 & 0 \end{pmatrix},$$

$$B^T \cdot A^T = \begin{pmatrix} 1 & 2 & 1 \\ 0 & 1 & -1 \end{pmatrix} \begin{pmatrix} 1 & -1 & 2 \\ 2 & 0 & 1 \\ 1 & 1 & 1 \end{pmatrix}$$

$$= \begin{pmatrix} 6 & 0 & -5 \\ 1 & -1 & 0 \end{pmatrix} = (AB)^T.$$

$$(3A)^T = \begin{pmatrix} 3 & 6 & 3 \\ -3 & 0 & 3 \\ 6 & 3 & 3 \end{pmatrix}^T = \begin{pmatrix} 3 & -3 & 6 \\ 6 & 0 & 3 \\ 3 & 3 & 3 \end{pmatrix}$$

$$= 3 \cdot \begin{pmatrix} 1 & -1 & 2 \\ 2 & 0 & 1 \\ 1 & 1 & 1 \end{pmatrix} = 3A^T.$$

练 习 5.2

（A）

(一)填空题

1. $(1 \ 0 \ 2) \cdot (2 \ 1 \ 3)^T = $ _____.

2. $(1 \ 0 \ 2)^T \cdot (2 \ 1 \ 3) = $ _____.

3. $\begin{pmatrix} 1 & 0 \\ 0 & 0 \end{pmatrix} \begin{pmatrix} 0 & 0 \\ 0 & 1 \end{pmatrix} = $ _____.

4. $\begin{pmatrix} 1 & 2 \\ 4 & 6 \end{pmatrix} \begin{pmatrix} 4 & 5 \\ 2 & 3 \end{pmatrix} = $ _____ , $\begin{pmatrix} 4 & 5 \\ 2 & 3 \end{pmatrix} \begin{pmatrix} 1 & 2 \\ 4 & 6 \end{pmatrix} = $ _____.

$\begin{pmatrix} -2 & 4 \\ 3 & 6 \end{pmatrix} \begin{pmatrix} 2 & 10 \\ 1 & 5 \end{pmatrix} = $ _____ , $\begin{pmatrix} -2 & 4 \\ 3 & 6 \end{pmatrix} \begin{pmatrix} -6 & 4 \\ -3 & 2 \end{pmatrix} = $ _____.

5. 数 K 乘矩阵 A 是将数 K _____.

6. $A+B$ 须满足条件 _____.

7. $A \cdot B$ 须满足条件 _____.

8. 若 $AB = BA$，则 $(A+B)(A-B) = $ _____.

(二)选择题

1. 若乘积矩阵 $AB = 0$，则（　　）.

(A) $A = 0$　　　　　　　　　(B) $A = 0$ 且 $B = 0$

(C) $B = 0$　　　　　　　　　(D) A 与 B 不一定为零矩阵

2. 设 $A = (a_{ij})_{ms}, B = (b_{ij})_{pn}$，则 $A \cdot B$ 满足（　　）.

(A) $m = p$　　(B) $m = n$　　(C) $s = p$　　(D) $s = n$

3. 设矩阵 A_{nn}, B_{nn}, C_{nn}，则以下运算成立的是（　　）.

(A) $C(A+B) = CA + CB$　　　　(B) $(A+B)C = AC + BC$

(C) $C^T(A+B) = C^T A + C^T B$　　(D) $(A^T + B^T)C = A^T C + B^T C$

4. 设 $A_{3\times 2}, B_{2\times 3}, C_{3\times 3}$，则以下运算成立的是（　　）.

(A) AC　　　　(B) AB　　　　(C) BC　　　　(D) CB

5. 以下运算正确的是(　　).

(A) $(A+B)C=CA+CB$　　　　(B) $(A+B)C=AC+BC$

(C) $(AB)^T=A^TB^T$　　　　(D) $(AB)^T=B^TA^T$

6. 以下结果不正确的是(　　).

(A) 若 $AC=AB$, 那么 $B=C$　　　　(B) $A\cdot(3B+2C)=3AB+2AC$

(C) $(A+B)(A+B)=A^2+2AB+B^2$　　(D) $(A+B)(A-B)=A^2-B^2$

(B)

1. 设矩阵

$$A=\begin{pmatrix} -1 & 2 & 1 \\ 0 & -1 & 2 \end{pmatrix}, B=\begin{pmatrix} 1 & 0 & 3 \\ 2 & 1 & -1 \end{pmatrix}, C=\begin{pmatrix} -1 & 1 & 2 \\ 3 & -2 & 1 \\ 0 & 0 & 4 \end{pmatrix}.$$

试求 $(A+2B)C$ 与 $(2A-B)C^T$.

2. 计算矩阵乘积:

(1) $\begin{pmatrix} 3 \\ 2 \\ 1 \end{pmatrix}(1\ 2\ 3);$

(2) $(1\ 2\ 3)\begin{pmatrix} 3 \\ 2 \\ 1 \end{pmatrix};$

(3) $\begin{pmatrix} 4 \\ -1 \\ 2 \\ 1 \end{pmatrix}(1\ 1\ 0\ 2);$

(4) $(1\ 1\ 0\ 2)\begin{pmatrix} 4 \\ -1 \\ 2 \\ 1 \end{pmatrix};$

(5) $(1\ 4\ 3)\begin{pmatrix} 2 & -3 \\ 5 & 7 \\ -4 & 0 \end{pmatrix};$

(6) $\begin{pmatrix} 8 \\ 2 \\ 1 \end{pmatrix}(5\ 6\ 7);$

(7) $\begin{pmatrix} 2 & 1 \\ -1 & 5 \\ 9 & 4 \end{pmatrix}\begin{pmatrix} 1 & 5 \\ 2 & 7 \end{pmatrix};$

(8) $\begin{pmatrix} 0 & 0 & 3 \\ 0 & -1 & 0 \\ 2 & 0 & 0 \end{pmatrix}\begin{pmatrix} 0 & 0 & a \\ 0 & b & 0 \\ c & 0 & 0 \end{pmatrix};$

(9) $\begin{pmatrix} 3 & -2 & 4 \\ 2 & 0 & 5 \end{pmatrix}\begin{pmatrix} 4 & 1 & 0 \\ 2 & -1 & 3 \\ -6 & 2 & 4 \end{pmatrix};$

(10) $\begin{pmatrix} -2 & 0 & 2 \\ 3 & -4 & 0 \\ 0 & 3 & 4 \end{pmatrix}\begin{pmatrix} 3 & -6 & 0 \\ -2 & 0 & 4 \\ 0 & 5 & -1 \end{pmatrix}.$

3. 设矩阵

$$A=\begin{pmatrix} 1 & 2 & 1 \\ -1 & 0 & 1 \\ 2 & 1 & 1 \end{pmatrix}, \quad B=\begin{pmatrix} 1 & 0 \\ 2 & 1 \\ 1 & -1 \end{pmatrix}.$$

试求 $A \cdot B$；$A^T \cdot B$；$B^T A$，并验证 $(AB)^T = B^T A^T$.

4. 解矩阵方程 $A+2X=B$，其中：

$$A=\begin{pmatrix} 3 & -1 & 2 & 0 \\ 1 & 5 & 7 & 9 \\ 2 & 4 & 6 & 8 \end{pmatrix}, \quad B=\begin{pmatrix} 7 & 5 & -2 & 4 \\ 5 & 1 & 9 & 7 \\ 3 & 2 & -1 & 6 \end{pmatrix}.$$

§5.3 常用的几种特殊方阵

为了进一步展开对矩阵的讨论，本节先介绍常用的几种特殊形式的矩阵. 如无特殊说明，以下矩阵皆为 n 阶矩阵的几种特殊矩阵.

一、对角矩阵

定义 5.6 主对角线外元素全为零的 n 阶矩阵，称为对角矩阵. 记作

$$A=\begin{pmatrix} a_{11} & & & \\ & a_{22} & & \\ & & \ddots & \\ & & & a_{nn} \end{pmatrix}. \tag{5-3-1}$$

其中未注明元素的皆为零元素（下同）.

例如

$$\begin{pmatrix} 0 & & \\ & 1 & \\ & & 0 \end{pmatrix} 与 \begin{pmatrix} 2 & & & \\ & 1 & & \\ & & 0 & \\ & & & 4 \end{pmatrix}$$

分别是 3 阶与 4 阶对角矩阵.

由定义，若 n 阶矩阵主对角线上元素也全为零，则成为零矩阵，是对角矩阵的特例.

一般地，若 A 是对角矩阵，则 A^T 也是对角矩阵，且 $A=A^T$，并且对角矩阵的和、差、积及数乘矩阵仍为对角矩阵.

二、数量矩阵

定义 5.7 主对角线上元素全相同的对角矩阵,称为数量矩阵.记作

$$A = \begin{pmatrix} a & & & \\ & a & & \\ & & \ddots & \\ & & & a \end{pmatrix}. \tag{5-3-2}$$

例如

$$\begin{pmatrix} 2 & \\ & 2 \end{pmatrix} \text{和} \begin{pmatrix} 3 & & \\ & 3 & \\ & & 3 \end{pmatrix}$$

分别是 2 阶与 3 阶数量矩阵.

显然,若 n 阶矩阵主对角线上元素全为零,则零矩阵也可看成数量矩阵的特例.

特别地,若主对角线上元素全为 1 的对角矩阵,则又有如下的定义.

三、单位矩阵

定义 5.8 主对角线上元素全为 1 的对角矩阵,称为单位矩阵.记作

$$E = \begin{pmatrix} 1 & & & \\ & 1 & & \\ & & \ddots & \\ & & & 1 \end{pmatrix}, \tag{5-3-3}$$

例如

$$\begin{pmatrix} 1 & \\ & 1 \end{pmatrix} \text{与} \begin{pmatrix} 1 & & \\ & 1 & \\ & & 1 \end{pmatrix}$$

分别是 2 阶与 3 阶单位矩阵.

单位矩阵 E 具有与数 1 类似的性质,如对可以相乘的矩阵的运算有:

$$E_n \cdot B_{nm} = B_{nm},$$
$$B_{mn} E_n = B_{mn}.$$

特别地,对 n 阶矩阵 A 与 E,则有

$$AE = EA = A,$$

并且 $EE = E$.

读者不妨自行验证.

四、三角矩阵

定义 5.9 主对角线右上(左下)方元素全为零的方阵,称为下(上)三角矩阵.记作

$$\begin{pmatrix} a_{11} & & & \\ a_{21} & a_{22} & & \\ \vdots & \vdots & \ddots & \\ a_{n1} & a_{n2} & \cdots & a_{nn} \end{pmatrix} \text{与} \begin{pmatrix} a_{11} & a_{12} & \cdots & a_{1n} \\ & a_{22} & \cdots & a_{2n} \\ & & \ddots & \vdots \\ & & & a_{nn} \end{pmatrix}. \tag{5-3-4}$$

以后,上(下)三角矩阵统称三角矩阵.

例如

$$\begin{pmatrix} 1 & 0 & 0 \\ 0 & 0 & 0 \\ 3 & -1 & 2 \end{pmatrix} \text{与} \begin{pmatrix} 1 & -1 & 0 & 2 \\ 0 & 2 & -3 & 4 \\ 0 & 0 & -2 & 3 \\ 0 & 0 & 0 & -3 \end{pmatrix}$$

分别是 3 阶与 4 阶三角矩阵.

容易验证:同阶上(下)三角矩阵之和、差、数乘矩阵及乘积矩阵,仍然是上(下)三角矩阵.

五、对称矩阵

定义 5.10 如果方阵 A 满足

$$A = A^{\mathrm{T}}, \tag{5-3-5}$$

则称 A 为对称矩阵.

对称矩阵 $A = (a_{ij})_{nn}$ 的特点,除主对角线上元素外,其余元素满足条件 $a_{ij} = a_{ji} (i \neq j)$.

例如

$$\begin{pmatrix} 0 & -1 \\ -1 & 0 \end{pmatrix}, \quad \begin{pmatrix} 1 & 2 & -3 \\ 2 & 0 & 5 \\ -3 & 5 & -1 \end{pmatrix}$$

分别是 2 阶与 3 阶对称矩阵.

容易验证:对角矩阵、数量矩阵、单位矩阵都是对称矩阵.另外,对称矩阵之和、差、数乘矩阵仍然是对称矩阵.

但是,对称矩阵的乘积矩阵不一定是对称矩阵.例如,设对称矩阵为

$$A = \begin{pmatrix} 1 & -1 \\ -1 & 0 \end{pmatrix}, \quad B = \begin{pmatrix} 0 & 1 \\ 1 & 0 \end{pmatrix},$$

$$C = \begin{pmatrix} 1 & 0 \\ 0 & 2 \end{pmatrix}, \qquad D = \begin{pmatrix} 2 & 0 \\ 0 & 1 \end{pmatrix},$$

不难验证 AB 不是对称矩阵，而 CD 是对称矩阵：

$$AB = \begin{pmatrix} 1 & -1 \\ -1 & 0 \end{pmatrix} \begin{pmatrix} 0 & 1 \\ 1 & 0 \end{pmatrix} = \begin{pmatrix} -1 & 1 \\ 0 & -1 \end{pmatrix},$$

$$CD = \begin{pmatrix} 1 & 0 \\ 0 & 2 \end{pmatrix} \begin{pmatrix} 2 & 0 \\ 0 & 1 \end{pmatrix} = \begin{pmatrix} 2 & 0 \\ 0 & 2 \end{pmatrix}.$$

六、反对称矩阵

定义 5.11 如果方阵 A 满足

$$A^{\mathrm{T}} = -A, \tag{5-3-6}$$

则称 A 为反对称矩阵。

反对称矩阵的一个特点是，主对角线上元素全为零，其他元素满足条件：$a_{ij} = -a_{ji} (i \neq j)$。

例如

$$\begin{pmatrix} 0 & 1 \\ -1 & 0 \end{pmatrix} \text{与} \begin{pmatrix} 0 & -2 & 1 \\ 2 & 0 & 3 \\ -1 & -3 & 0 \end{pmatrix}$$

分别是 2 阶与 3 阶反对称矩阵。

不难验证：反对称矩阵之和、差、数乘矩阵仍然是反对称矩阵。但是，反对称矩阵的乘积矩阵也不一定是反对称矩阵。

例如，反对称矩阵

$$A = \begin{pmatrix} 0 & 1 \\ -1 & 0 \end{pmatrix} \text{和} B = \begin{pmatrix} 0 & -2 \\ 2 & 0 \end{pmatrix}$$

的乘积矩阵

$$AB = \begin{pmatrix} 0 & 1 \\ -1 & 0 \end{pmatrix} \begin{pmatrix} 0 & -2 \\ 2 & 0 \end{pmatrix} = \begin{pmatrix} 2 & 0 \\ 0 & 2 \end{pmatrix}$$

是一个数量矩阵。

例 1 设矩阵 $A = (a_{ij})_{mn}$，则 AA^{T} 与 $A^{\mathrm{T}}A$ 都为对称矩阵。

证明 由对称矩阵定义：

$$(AA^{\mathrm{T}})^{\mathrm{T}} = (A^{\mathrm{T}})^{\mathrm{T}} \cdot A^{\mathrm{T}} = AA^{\mathrm{T}},$$

$$(A^{\mathrm{T}}A)^{\mathrm{T}} = A^{\mathrm{T}}(A^{\mathrm{T}})^{\mathrm{T}} = A^{\mathrm{T}}A.$$

于是 AA^{T} 与 $A^{\mathrm{T}}A$ 都为对称矩阵。

例2 设 A 为反对称矩阵,则 $A \cdot A = A^2$ 为对称矩阵.

证明 由对称矩阵定义与题设:
$$(A \cdot A)^T = A^T A^T = (-A) \cdot (-A) = (-1)^2 AA = AA.$$
于是反对称矩阵 A 的乘积矩阵 A^2 是对称矩阵.

***例3** 设 n 阶对称矩阵 A,B,则 $A \cdot B$ 是对称矩阵的充要条件是 $AB = BA$.

证明 先证必要性.

设 $A \cdot B$ 是对称矩阵,那么 $(AB)^T = AB$,即 $B^T A^T = AB$,由题设有 $A^T = A, B^T = B$,于是 $AB = BA$.

再证充分性.

设 $AB = BA$,那么 $(AB)^T = (BA)^T$,而 $(BA)^T = A^T B^T = AB$,因此有 $(AB)^T = AB$,即 $A \cdot B$ 为对称矩阵. 证毕.

练 习 5.3

（A）

(一)填空题

1. 主对角线以外的元素_____的方阵是对角矩阵;主对角线上元素全相同的对角矩阵称为_____.

2. 若方阵 A 满足条件_____,则 A 是对称矩阵;若满足条件_____,则 A 是反对称矩阵.

3. 同阶对角矩阵的乘积矩阵是_____,同阶下三角矩阵的乘积矩阵是_____.

4. 若 A, B 为 n 阶对称矩阵,且 $AB = BA$,则 $(AB)^T =$ _____.

(二)选择题

1. 设 $A = (a_{ij})_{mn}$, E 为 n 阶单位矩阵,则以下运算成立的是( ).

 (A) $E_n + A$　　　(B) $E_n A$　　　(C) AE_n　　　(D) $A - E_n$

2. 设 A 为 n 阶矩阵,则( )是对称矩阵.

 (A) $A + A^T$　　　(B) $A - A^T$　　　(C) $A^T - A$　　　(D) AA^T

3. 设 A, B 为对称矩阵,则正确的是( ).

 (A) AB^T 为对称矩阵　　　　　(B) AB 为对称矩阵

 (C) $A + B^T$ 为对称矩阵　　　　(D) $A - B^T$ 为反对称矩阵

4.若 A 是对角矩阵,B 是上三角矩阵,则以下结果成立的是( ).
(A) $A \cdot B$ 是上三角矩阵　　　　(B) $A+A^T$ 是反对称矩阵
(C) $A-A^T$ 是对称矩阵　　　　　(D) AA^T 是对称矩阵

5.设单位矩阵为 E,K 为数,则 KE 是( ).
(A) 数量矩阵　　　　　　　　(B) 三角矩阵
(C) 对角矩阵　　　　　　　　(D) 对称矩阵

6.设 K_1,K_2 是数,A 为 n 阶矩阵,则正确结论的有( ).
(A) $K_1A+K_2A^T$ 是对称矩阵　　(B) $K_1A+K_2A^T$ 是反对称矩阵
(C) AA^T+A^TA 是对称矩阵　　(D) AA^T-A^TA 是对称矩阵

7.设矩阵 A 如下,则正确结果为( ):
$$A=\begin{pmatrix} 1 & 0 & -2 \\ 0 & 0 & 3 \\ -2 & 3 & 2 \end{pmatrix}.$$
(A) A 为对称矩阵　　　　　　(B) A 为对角矩阵
(C) $A \cdot A$ 为对称矩阵　　　　(D) AA^T 为对称矩阵

(B)

1.设矩阵
$$A=\begin{pmatrix} 1 & 0 & 0 \\ 3 & -1 & 0 \\ 1 & 1 & 2 \end{pmatrix}, \quad B=\begin{pmatrix} 1 & 2 & 1 \\ 0 & 1 & 0 \\ 0 & 0 & 3 \end{pmatrix},$$
验证 $(AB)^T=B^TA^T$.

2.设矩阵
$$A=\begin{pmatrix} a & 0 & 0 \\ 0 & a & 0 \\ 0 & 0 & a \end{pmatrix}, \quad B=\begin{pmatrix} b_{11} & b_{12} \\ b_{21} & b_{22} \\ b_{31} & b_{32} \end{pmatrix},$$
验证:$A \cdot B=aB$.

3.验证:3 阶对角矩阵的和、差、乘积矩阵及数乘矩阵仍为 3 阶对角矩阵.

4.验证:3 阶单位矩阵 E 与任一 3 阶矩阵 A 可交换.

5.验证:3 阶上三角矩阵的和、差、乘积矩阵及数乘矩阵是 3 阶上三角矩阵.

6.验证:3 阶对称矩阵的和、差、数乘矩阵仍是 3 阶对称矩阵.

7.3 阶反对称矩阵的和、差、数乘矩阵是 3 阶反对称矩阵.

§5.4 方阵的行列式

历史上,行列式是在矩阵之前引入的一个重要概念,有着深远的历史渊源,它对研究矩阵及其运算有重要作用.本节对方阵的行列式作一简介.

一、行列式的概念

为了说明行列式的概念,先看几个例子.

例 1 解下面二元线性方程组:

$$\begin{cases} a_{11}x_1+a_{12}x_2=b_1, & ① \\ a_{21}x_1+a_{22}x_2=b_2. & ② \end{cases}$$

我们会用加、减消元法求解.譬如:

由 $a_{22}\cdot① - a_{12}\cdot②$ 得:

$$(a_{11}a_{22}-a_{12}a_{21})x_1=a_{22}b_1-a_{12}b_2.$$

又由 $a_{11}\cdot② - a_{21}\cdot①$ 得:

$$(a_{11}a_{22}-a_{12}a_{21})x_2=a_{11}b_2-a_{21}b_1.$$

当 $a_{11}a_{22}-a_{12}a_{21}\neq 0$,方程组的解为:

$$x_1=\frac{a_{22}b_1-a_{12}b_2}{a_{11}a_{22}-a_{12}a_{21}}, \quad x_2=\frac{a_{11}b_2-a_{21}b_1}{a_{11}a_{22}-a_{12}a_{21}}.$$

容易发现:x_1 与 x_2 的表示式都具有相同的分母,为了记忆和研究的方便,规定用以下记号

$$\begin{vmatrix} a_{11} & a_{12} \\ a_{21} & a_{22} \end{vmatrix}=a_{11}a_{22}-a_{12}a_{21} \tag{5-4-1}$$

表示分母,(5-4-1)左端记号称为 2 阶行列式,它有两行两列,由两边各加一根竖线组成.习惯上横的称为行,竖的称为列.右端称为它的展开式.

按照这种规定,人们通过长期实践发现,x_1 的分子也可用以下 2 阶行列式

$$\begin{vmatrix} b_1 & a_{12} \\ b_2 & a_{22} \end{vmatrix}=a_{22}b_1-a_{12}b_2$$

表示出来,右端是 2 阶行列式的展开式.

同理,x_2 的分子也可用 2 阶行列式表示:

$$\begin{vmatrix} a_{11} & b_1 \\ a_{21} & b_2 \end{vmatrix}=a_{11}b_2-a_{21}b_1.$$

这样,二元线性方程组的解用 2 阶行列式表示如下:

$$x_1 = \frac{\begin{vmatrix} b_1 & a_{12} \\ b_2 & a_{22} \end{vmatrix}}{\begin{vmatrix} a_{11} & a_{12} \\ a_{21} & a_{22} \end{vmatrix}}, \quad x_2 = \frac{\begin{vmatrix} a_{11} & b_1 \\ a_{21} & b_2 \end{vmatrix}}{\begin{vmatrix} a_{11} & a_{12} \\ a_{21} & a_{22} \end{vmatrix}}.$$

利用行列式表示方程组的解,或者说用它解线性方程组,这种方法称为克莱姆规则,将在§5.7 节作进一步介绍.这里,我们要研究 2 阶行列式展开问题.它实际上是将左上角到右下角对角线(称主对角线)上两个元素的乘积,减去右上角到左下角(称次对角线)两个元素的乘积,从而得到 2 阶行列式的数值,即

$$\begin{vmatrix} a_{11} & a_{12} \\ a_{21} & a_{22} \end{vmatrix} = a_{11}a_{22} - a_{12}a_{21}. \quad (5\text{-}4\text{-}2)$$

这种方法,称为对角线法.

对三元线性方程组,同样可用 3 阶行列式表示方程组的解.称以下记号

$$\begin{vmatrix} a_{11} & a_{12} & a_{13} \\ a_{21} & a_{22} & a_{23} \\ a_{31} & a_{32} & a_{33} \end{vmatrix} \quad (5\text{-}4\text{-}3)$$

为 3 阶行列式,它有 3 行、3 列.关于对它的展开问题,也可用对角线法则展开:

$$\begin{vmatrix} a_{11} & a_{12} & a_{13} \\ a_{21} & a_{22} & a_{23} \\ a_{31} & a_{32} & a_{33} \end{vmatrix}$$

$$= a_{11}a_{22}a_{33} + a_{12}a_{23}a_{31} + a_{13}a_{21}a_{32}$$

$$- a_{13}a_{22}a_{31} - a_{12}a_{21}a_{33} - a_{11}a_{23}a_{32}. \quad (5\text{-}4\text{-}4)$$

归纳 2 阶、3 阶行列式定义,下面给出一般行列式定义:

定义 5.12 由 $n \times n$ 个数 $a_{ij}(i,j=1,2,\cdots,n)$ 排成 n 行与 n 列,两边各加一竖线,即

$$\begin{vmatrix} a_{11} & a_{12} & \cdots & a_{1n} \\ a_{21} & a_{22} & \cdots & a_{2n} \\ \vdots & \vdots & & \vdots \\ a_{n1} & a_{n2} & \cdots & a_{nn} \end{vmatrix} \quad (5\text{-}4\text{-}5)$$

称为 n 阶行列式.记作 $|A|$ 或 D.其中 a_{ij} 称为行列式的第 i 行第 j 列上的元素.

该定义(5-4-5)也可看成与 n 阶矩阵 $A=(a_{ij})$ 相应的算式,称为 n 阶矩阵

A 的行列式,或看成方阵 A 的行列式.

方阵 A 与方阵 A 的行列式 $|A|$ 是两个不同的概念. 方阵 A 是数表,行列式 $|A|$ 是一个数,可以展开得出具体的数值. 但是,方阵 A 的有关名词,如行、列、元素、主对角线、转置等概念可以沿用到行列式中来. 例如 n 阶矩阵 A 的相应的 n 阶行列式 $|A|$ 的行与列互换,得到的行列式

$$\begin{vmatrix} a_{11} & a_{21} & \cdots & a_{n1} \\ a_{12} & a_{22} & \cdots & a_{n2} \\ \vdots & \vdots & & \vdots \\ a_{1n} & a_{2n} & \cdots & a_{nn} \end{vmatrix} \tag{5-4-6}$$

称为行列式 $|A|$ 的转置行列式. 记作 $|A|^T$.

显然, $|A^T| = |A|^T = |A|$.

必须指出:关于 n 阶行列式展开,当 $n=2,3$,可以利用上述对角线法展开求出其值. 但是当 $n \geq 4$ 就不能用对角线法展开. 为了寻求普遍有效的展开方法,下面介绍行列式元素的余子式与代数余子式概念.

定义 5.13 n 阶行列式(5-4-5)中,划去元素 a_{ij} 所在的第 i 行第 j 列后剩下的元素组成的子行列式,称为 a_{ij} 的余子式. 记作 M_{ij}.

例如,三阶行列式

$$\begin{vmatrix} 1 & 2 & 3 \\ 4 & 5 & 6 \\ 7 & 8 & 9 \end{vmatrix}$$

中,元素 $a_{11} = 1$ 的余子式 $M_{11} = \begin{vmatrix} 5 & 6 \\ 8 & 9 \end{vmatrix}$,元素 $a_{23} = 6$ 的余子式为 $M_{23} = \begin{vmatrix} 1 & 2 \\ 7 & 8 \end{vmatrix}$,等等.

为了明确余子式 M_{ij} 前面的符号,再引入代数余子式概念.

定义 5.14 n 阶行列式(5-4-5)中元素 a_{ij} 的余子式 M_{ij} 前面冠以符号 $(-1)^{i+j}$,称为 a_{ij} 的代数余子式. 记作

$$A_{ij} = (-1)^{i+j} M_{ij}. \tag{5-4-7}$$

例如,上面 3 阶行列式中,元素 $a_{11}=1$ 的代数余子式为 $A_{11}=(-1)^{1+1}M_{11}=M_{11}$,元素 $a_{23}=6$ 的代数余子式 $A_{23}=(-1)^{2+3}M_{23}=-M_{23}$,等等.

有了以上准备,下面给出行列式展开定理.

二、行列式计算

定理 5.1 n 阶行列式 $|A|$,等于它的任一行所有元素分别与各自代数余

子式的乘积之和,即

$$|A|=a_{i1}A_{i1}+a_{i2}A_{i2}+\cdots+a_{in}A_{in} \quad (i=1,2,\cdots,n). \quad (5\text{-}4\text{-}8)$$

读者不妨验证,定理 5.1 对 2 阶行列式展开也是适用的.

例 2 计算以下行列式 $|A|$:

(1) $\begin{vmatrix} 1 & 2 & -2 \\ 3 & 0 & -1 \\ 2 & 1 & 4 \end{vmatrix}$;   (2) $\begin{vmatrix} 1 & 2 & -1 & 3 \\ 2 & -3 & 5 & 1 \\ -2 & 4 & 1 & -4 \\ 3 & 4 & -2 & 8 \end{vmatrix}$.

解 利用定理 5.1 展开.

(1) 不妨按第二行展开:

$$A_{21}=(-1)^{2+1}M_{21}=-\begin{vmatrix} 2 & -2 \\ 1 & 4 \end{vmatrix}=-10,$$

$$A_{22}=(-1)^{2+2}M_{22}=\begin{vmatrix} 1 & -2 \\ 2 & 4 \end{vmatrix}=8,$$

$$A_{23}=(-1)^{2+3}M_{23}=-\begin{vmatrix} 1 & 2 \\ 2 & 1 \end{vmatrix}=3,$$

$$|A|=3A_{21}+0\cdot A_{22}+(-1)A_{23}$$
$$=3\times(-10)+0\times 8+(-1)\times 3=-33.$$

(2) 不妨按第一行展开:

$$A_{11}=(-1)^{1+1}M_{11}=\begin{vmatrix} -3 & 5 & 1 \\ 4 & 1 & -4 \\ 4 & -2 & 8 \end{vmatrix}=-252,$$

$$A_{12}=(-1)^{1+2}M_{12}=-\begin{vmatrix} 2 & 5 & 1 \\ -2 & 1 & -4 \\ 3 & -2 & 8 \end{vmatrix}=-21,$$

$$A_{13}=(-1)^{1+3}M_{13}=\begin{vmatrix} 2 & -3 & 1 \\ -2 & 4 & -4 \\ 3 & 4 & 8 \end{vmatrix}=64,$$

$$A_{14}=(-1)^{1+4}M_{14}=-\begin{vmatrix} 2 & -3 & 5 \\ -2 & 4 & 1 \\ 3 & 4 & -2 \end{vmatrix}=121,$$

$$|A|=a_{11}A_{11}+a_{12}A_{12}+a_{13}A_{13}+a_{14}A_{14}$$
$$=A_{11}+2A_{12}+(-1)A_{13}+3A_{14}$$
$$=-252-42-64+363=5.$$

由例2看出:定理5.1是n阶$(n\geqslant 2)$行列式展开的一般方法,它是将高阶行列式的计算转化为低一阶的行列式,常称为降阶法.为使展开尽可能简易,利用以下行列式性质是重要的.另外,行列式中某一行所有元素分别与另一行对应元素的代数余子式乘积之和为零,这是一个很重要的结论.这里就不赘述了.

三、行列式的性质

利用(2阶或3阶)行列式,容易验证以下性质:

性质1 行列式D与它的转置行列式D^T相等,即$D=D^T$.

这个性质表明凡是行列式的行具有的性质,对列也同样成立.

例如可将定理5.1的"行"改成"列"也是成立的.

性质2 行列式任意两行(或两列)互换位置,绝对值不变,只改变符号.

该性质还表明:行列式有两行(或两列)相同,其值为零.

性质3 用数K乘行列式D的一行(或一列),等于用数K乘行列式D.

该性质表明:如果行列式的一行(或一列)有公因子K,可将K提出乘以行列式;显然,如果行列式有一行(或一列)全是零,则该行列式值为零.

性质4 若行列式D有一行(或一列)每个元素是两个数的和,则可写成两个行列式的和.其中,这两个行列式分别以这两个数为所在行(或列)对应位置上的元素,其他位置上的元素与D相同.

例如,设3阶行列式D,则

$$D = \begin{vmatrix} a_{11} & a_{12} & a_{13} \\ a_{21}+b_{21} & a_{22}+b_{22} & a_{23}+b_{23} \\ a_{31} & a_{32} & a_{33} \end{vmatrix}$$

$$= \begin{vmatrix} a_{11} & a_{12} & a_{13} \\ a_{21} & a_{22} & a_{23} \\ a_{31} & a_{32} & a_{33} \end{vmatrix} + \begin{vmatrix} a_{11} & a_{12} & a_{13} \\ b_{21} & b_{22} & b_{23} \\ a_{31} & a_{32} & a_{33} \end{vmatrix}.$$

例3 计算行列式D,其中

$$D = \begin{vmatrix} 1 & 2 & 4 \\ 101 & 199 & 302 \\ 1 & 2 & 3 \end{vmatrix}.$$

解 $D = \begin{vmatrix} 1 & 2 & 4 \\ 101 & 199 & 302 \\ 1 & 2 & 3 \end{vmatrix} = \begin{vmatrix} 1 & 2 & 4 \\ 100+1 & 200-1 & 300+2 \\ 1 & 2 & 3 \end{vmatrix}$

$$= \begin{vmatrix} 1 & 2 & 4 \\ 100 & 200 & 300 \\ 1 & 2 & 3 \end{vmatrix} + \begin{vmatrix} 1 & 2 & 4 \\ 1 & -1 & 2 \\ 1 & 2 & 3 \end{vmatrix}$$

$$= 100 \times \begin{vmatrix} 1 & 2 & 4 \\ 1 & 2 & 3 \\ 1 & 2 & 3 \end{vmatrix} + \begin{vmatrix} 1 & 2 & 4 \\ 1 & -1 & 2 \\ 1 & 2 & 3 \end{vmatrix}$$

$$= 100 \times 0 + 3 = 3.$$

性质5 用非零数 K 乘行列式的一行(或一列)每个元素,加到另一行(或另一列)对应元素上,其值不改变.

利用这个性质,可将行列式中元素尽可能多化为零元素,再利用定理 5.1 按零元素较多的那一行(或一列)展开,可以大大节省计算量. 实际计算中,常常先利用行列式性质化简行列式,使其元素尽可能多地成为零元素或简单一些,再用定理 5.1 展开是十分方便的.

例 4 计算例 2(2)行列式.

解 利用性质化简行列式:

$$D = \begin{vmatrix} 1 & 2 & -1 & 3 \\ 2 & -3 & 5 & 1 \\ -2 & 4 & 1 & -4 \\ 3 & 4 & -2 & 8 \end{vmatrix} \xrightarrow[\substack{②+①\cdot(-2) \\ ③+①\cdot 2 \\ ④+①\cdot(-3)}]{} \begin{vmatrix} 1 & 2 & -1 & 3 \\ 0 & -7 & 7 & -5 \\ 0 & 8 & -1 & 2 \\ 0 & -2 & 1 & -1 \end{vmatrix}$$

$$= 1 \cdot A_{11} + 0 \cdot A_{21} + 0 \cdot A_{31} + 0 \cdot A_{41} = A_{11}$$

$$= (-1)^{1+1} \cdot M_{11}$$

$$= \begin{vmatrix} -7 & 7 & -5 \\ 8 & -1 & 2 \\ -2 & 1 & -1 \end{vmatrix} \xrightarrow[\substack{①+②\cdot 2 \\ ③+②\cdot 1}]{} \begin{vmatrix} 7 & 7 & 2 \\ 6 & -1 & 1 \\ 0 & 1 & 0 \end{vmatrix}$$

$$= 0 \cdot A_{31} + 1 \cdot A_{32} + 0 \cdot A_{33} = A_{32}$$

$$= (-1)^{3+2} M_{32} = - \begin{vmatrix} 7 & 2 \\ 6 & 1 \end{vmatrix} = 5.$$

上述过程是将第一行乘以 (-2)、2、(-3) 后,分别加到第二行、第三行、第四行上,使其第一列出现 3 个零元素,再按第一列展开,只要计算一个 3 阶行列式即可. 按同样方法,把这个 3 阶行列式第二列乘 2、1 后分别加到第一列与第三列上,使得第三行出现两个零元素,再按第三行展开即得.

写在等号上边的书写符号表示利用"行"的性质,等号下边的书写符号表示利用"列"的性质.

需要指出:利用行列式性质和展开的方法计算行列式灵活,且过程可以不

5.4 方阵的行列式

唯一,这要通过练习用心体会.

我们回到本节的主题,介绍方阵的行列式,下面的命题是常用的.

四、方阵乘积的行列式

定理 5.2 设 $A=(a_{ij}), B=(b_{ij})$ 是两个 n 阶矩阵,则
$$|A \cdot B|=|A| \cdot |B|. \qquad (5\text{-}4\text{-}8)$$

以 2 阶矩阵 A 与 B 来验证. 设
$$A=\begin{pmatrix} a_{11} & a_{12} \\ a_{21} & a_{22} \end{pmatrix}, \quad B=\begin{pmatrix} b_{11} & b_{12} \\ b_{21} & b_{22} \end{pmatrix}.$$

$\because \quad A \cdot B = \begin{pmatrix} a_{11}b_{11}+a_{12}b_{21} & a_{11}b_{12}+a_{12}b_{22} \\ a_{21}b_{11}+a_{22}b_{21} & a_{21}b_{12}+a_{22}b_{22} \end{pmatrix},$

$\therefore \quad |A \cdot B| = \begin{vmatrix} a_{11}b_{11}+a_{12}b_{21} & a_{11}b_{12}+a_{12}b_{22} \\ a_{21}b_{11}+a_{22}b_{21} & a_{21}b_{12}+a_{22}b_{22} \end{vmatrix}$

$\xrightarrow{\text{性质 4}} \begin{vmatrix} a_{11}b_{11} & a_{11}b_{12} \\ a_{21}b_{11} & a_{21}b_{12} \end{vmatrix} + \begin{vmatrix} a_{11}b_{11} & a_{12}b_{22} \\ a_{21}b_{11} & a_{22}b_{22} \end{vmatrix}$

$\qquad + \begin{vmatrix} a_{12}b_{21} & a_{11}b_{12} \\ a_{22}b_{21} & a_{21}b_{12} \end{vmatrix} + \begin{vmatrix} a_{12}b_{21} & a_{12}b_{22} \\ a_{22}b_{21} & a_{22}b_{22} \end{vmatrix}$

$\xrightarrow{\text{性质 3}} b_{11}b_{12} \cdot \begin{vmatrix} a_{11} & a_{11} \\ a_{21} & a_{21} \end{vmatrix} + b_{11}b_{22} \cdot \begin{vmatrix} a_{11} & a_{12} \\ a_{21} & a_{22} \end{vmatrix}$

$\qquad + b_{12}b_{21} \cdot \begin{vmatrix} a_{12} & a_{11} \\ a_{22} & a_{21} \end{vmatrix} + b_{21}b_{22} \cdot \begin{vmatrix} a_{12} & a_{12} \\ a_{22} & a_{22} \end{vmatrix}$

$= 0 + b_{11}b_{22} \cdot \begin{vmatrix} a_{11} & a_{12} \\ a_{21} & a_{22} \end{vmatrix} - b_{12}b_{21} \cdot \begin{vmatrix} a_{11} & a_{12} \\ a_{21} & a_{22} \end{vmatrix} + 0$

$= (b_{11}b_{22} - b_{12}b_{21}) \cdot \begin{vmatrix} a_{11} & a_{12} \\ a_{21} & a_{22} \end{vmatrix}$

$= \begin{vmatrix} b_{11} & b_{12} \\ b_{21} & b_{22} \end{vmatrix} \cdot \begin{vmatrix} a_{11} & a_{12} \\ a_{21} & a_{22} \end{vmatrix}$

$= |B| \cdot |A| = |A| \cdot |B|.$

当然,对一般的 n 阶矩阵,这种验证方法无法使用,这里不赘述了.

例 5 设矩阵
$$A=\begin{pmatrix} 1 & 2 \\ 3 & 4 \end{pmatrix}, \quad B=\begin{pmatrix} -4 & -3 \\ -2 & -1 \end{pmatrix}.$$

试验证 $|A \cdot B|=|A| \cdot |B|$.

解 $\because A \cdot B = \begin{pmatrix} 1 & 2 \\ 3 & 4 \end{pmatrix} \begin{pmatrix} -4 & -3 \\ -2 & -1 \end{pmatrix} = \begin{pmatrix} -8 & -5 \\ -20 & -13 \end{pmatrix}$,

$\therefore |AB| = \begin{vmatrix} -8 & -5 \\ -20 & -13 \end{vmatrix}$

$= (-8) \times (-13) - (-5) \times (-20) = 4.$

$|A| = \begin{vmatrix} 1 & 2 \\ 3 & 4 \end{vmatrix} = -2, \ |B| = \begin{vmatrix} -4 & -3 \\ -2 & -1 \end{vmatrix} = -2.$

于是 $|AB| = |A| \cdot |B| = 4.$

例 6 设 3 阶矩阵 A,求 $|KA|$,其中 K 为数,

$$A = \begin{pmatrix} a_{11} & a_{12} & a_{13} \\ a_{21} & a_{22} & a_{23} \\ a_{31} & a_{32} & a_{33} \end{pmatrix}.$$

解 $\because KA = \begin{pmatrix} Ka_{11} & Ka_{12} & Ka_{13} \\ Ka_{21} & Ka_{22} & Ka_{23} \\ Ka_{31} & Ka_{32} & Ka_{33} \end{pmatrix}$,

$\therefore |KA| = \begin{vmatrix} Ka_{11} & Ka_{12} & Ka_{13} \\ Ka_{21} & Ka_{22} & Ka_{23} \\ Ka_{31} & Ka_{32} & Ka_{33} \end{vmatrix}$

$= K^3 \cdot \begin{vmatrix} a_{11} & a_{12} & a_{13} \\ a_{21} & a_{22} & a_{23} \\ a_{31} & a_{32} & a_{33} \end{vmatrix} = K^3 |A|.$

一般地,对 n 阶矩阵 A 有 $|KA| = K^n |A|$.

练 习 5.4

(A)

(一)填空题

1. 行列式元素 a_{ij} 的余子式 M_{ij} 与代数余子式 A_{ij} 的关系是_____.

2. 有两行(或两列)成比例的行列式,其行列式值为_____.

3. 行列式各行(或各列)对应元素之和为零,其行列式值等于_____.

(二)选择题

1. 对 n 阶矩阵 A, B,若 $|A| = |B|$,则( )成立.

(A) $A=B$ (B) $A \neq B$ (C) $A=KB$ (D) A 不一定等于 B

2. 设 E 为 4 阶单位矩阵，则成立的是( ).
(A) $|2E|=2$ (B) $|2E|=4$ (C) $|2E|=8$ (D) $|2E|=16$

3. 设 n 阶矩阵行列式 $|A|=3, |B|=2$，则以下结果正确的是( ).
(A) $|A \cdot B^T| = \dfrac{3}{2}$ (B) $|AB^T| = 3 \times 2$
(C) $|AB^T| = 3 \times 3$ (D) $|AB^T| = 2^3$

4. 设 A 为三角矩阵，且 $|A|=0$，则主对角线上元素( ).
(A) 全为零元素 (B) 至少有一零元素
(C) 只有一个零元素 (D) 不可能有零元素

5. $\begin{vmatrix} K & 2 & 1 \\ 2 & K & 0 \\ 1 & -1 & 1 \end{vmatrix} = 0$ 的充要条件是( ).

(A) $K=2$ (B) $K=-2$ (C) $K=-2, 3$ (D) $K=3$

6. 设矩阵行列式：

$$|A| = \begin{vmatrix} a_{11} & a_{12} & a_{13} \\ a_{21} & a_{22} & a_{23} \\ a_{31} & a_{32} & a_{33} \end{vmatrix} = 1,\ |B| = \begin{vmatrix} 4 \cdot a_{11} & 2a_{11} - 3a_{12} & a_{13} \\ 4 \cdot a_{21} & 2a_{21} - 3a_{22} & a_{23} \\ 4 \cdot a_{31} & 2a_{31} - 3a_{32} & a_{33} \end{vmatrix}.$$

那么 $|B|=($).
(A) 8 (B) -12 (C) 24 (D) -24

7. 设 $A = (a_{ij})_{nn}, B = (b_{ij})_{nn}$，则以下结果正确的是( )：
(A) $|AB^T| = |A| \cdot |B^T|$ (B) $|AB^T| = |A| \cdot |B|$
(C) $|KAB^T| = K^m |AB^T|$ (D) $|AA^T BB^T| = |AA^T| \cdot |BB^T|$

(B)

1. 计算行列式 D 中元素 2 与 -2 的余子式与代数余子式，其中

$$D = \begin{vmatrix} -3 & 0 & 4 \\ 5 & 0 & 3 \\ 2 & -2 & 1 \end{vmatrix}.$$

2. 已知 4 阶行列式 D 中第三列元素依次为 $-1, 2, 0, 1$. 它们的余子式依次为 $5, 3, -7, 4$. 试求 D 值.

3. 计算下列行列式值：

(1) $\begin{vmatrix} 5 & -1 & 3 \\ 3 & 2 & 1 \\ 295 & 201 & 97 \end{vmatrix}$;

(2) $\begin{vmatrix} 1 & 3/2 & 0 \\ 3 & 1/2 & 2 \\ -1 & 2 & -3 \end{vmatrix}$;

(3) $\begin{vmatrix} -1 & -1 & 0 & 1 \\ -1 & -1 & 1 & 0 \\ 0 & 1 & -1 & -1 \\ 1 & 0 & -1 & -1 \end{vmatrix}$; (4) $\begin{vmatrix} 5 & -2 & 1 & 3 \\ 0 & 0 & 4 & 0 \\ -3 & -1 & 6 & 2 \\ 1 & 0 & 7 & 0 \end{vmatrix}$;

(5) $\begin{vmatrix} 1 & 2 & 3 & 4 \\ 2 & 3 & 4 & 1 \\ 3 & 4 & 1 & 2 \\ 4 & 1 & 2 & 3 \end{vmatrix}$; (6) $\begin{vmatrix} 1+x & 1 & 1 & 1 \\ 1 & 1-x & 1 & 1 \\ 1 & 1 & 1+y & 1 \\ 1 & 1 & 1 & 1-y \end{vmatrix}$.

§5.5 逆 矩 阵

矩阵运算除了代数运算外,还有与矩阵乘法运算相对应的逆矩阵运算.

我们在数的运算中知道,对于数 $a \neq 0$,它的倒数 $\frac{1}{a}$ 存在,并且满足关系:

$$a \cdot \frac{1}{a} = a \cdot a^{-1} = a^{-1} \cdot a = 1.$$

其中 a^{-1} 也称为 a 的逆数.

基于这种处理问题的方法,在矩阵运算中,对 n 阶矩阵 A,如果存在 n 阶矩阵 A^{-1} 也使得它们之间满足关系:

$$A \cdot A^{-1} = A^{-1} \cdot A = E,$$

则称 A^{-1} 为 A 的逆矩阵.这里,E 为 n 阶单位矩阵.因此,我们要引入逆矩阵概念.

本节讨论的矩阵皆为方阵.

一、逆矩阵概念

定义 5.15 设 A 为 n 阶矩阵,E 为 n 阶单位矩阵,如果存在一个 n 阶矩阵 A^{-1} 使得

$$A \cdot A^{-1} = A^{-1} \cdot A = E, \tag{5-5-1}$$

则称 A^{-1} 为 A 的逆矩阵,于是称 A 为可逆矩阵或简称 A 可逆.

注意:A^{-1} 读作"A 的逆矩阵"或"矩阵 A 的逆"$\left(\text{绝对不能写成} \frac{1}{A} !\right)$,例如对下面 2 阶矩阵

$$A = \begin{pmatrix} 3 & 1 \\ -2 & -2 \end{pmatrix}$$

存在一个 2 阶矩阵
$$B=\begin{pmatrix} \frac{1}{2} & \frac{1}{4} \\ -\frac{1}{2} & -\frac{3}{4} \end{pmatrix}$$
使得以下运算成立
$$A \cdot B = B \cdot A = E,$$
于是 B 为 A 的逆矩阵. 记作 $B=A^{-1}$.

由定义可验证, 单位矩阵 E 是可逆矩阵:
$$E \cdot E = E, \text{ 或 } E^{-1} = E.$$

一个方阵究竟具备什么条件才是可逆矩阵? 如何求出它的逆矩阵? 我们下面来解决这个问题.

二、逆矩阵求法——伴随矩阵法

定义 5.16 设 n 阶矩阵 $A=(a_{ij})$, 称

$$\begin{pmatrix} A_{11} & A_{21} & \cdots & A_{n1} \\ A_{12} & A_{22} & \cdots & a_{n2} \\ \vdots & \vdots & & \vdots \\ A_{1n} & A_{2n} & \cdots & A_{nn} \end{pmatrix} \qquad (5\text{-}5\text{-}2)$$

为 A 的转置伴随矩阵, 或简称 A 的伴随矩阵. 记作 A^*, 其中: A_{ij} 是矩阵 A 的行列式 $|A|$ 中元素 a_{ij} 的代数余子式.

例 1 求 3 阶矩阵
$$A=\begin{pmatrix} 1 & 2 & -1 \\ 3 & -2 & 1 \\ 1 & -1 & -1 \end{pmatrix}$$
的伴随矩阵 A^*.

解 由 A 的行列式元素 a_{ij} 的代数余子式概念可知:

$$A_{11}=(-1)^{1+1}M_{11}=\begin{vmatrix} -2 & 1 \\ -1 & -1 \end{vmatrix}=3,$$

$$A_{12}=(-1)^{1+2}M_{12}=-\begin{vmatrix} 3 & 1 \\ 1 & -1 \end{vmatrix}=4,$$

$$A_{13}=(-1)^{1+3}M_{13}=\begin{vmatrix} 3 & -2 \\ 1 & -1 \end{vmatrix}=-1,$$

$$A_{21}=(-1)^{2+1}M_{21}=-\begin{vmatrix} 2 & -1 \\ -1 & -1 \end{vmatrix}=3,$$

$$A_{22}=(-1)^{2+2}M_{22}=\begin{vmatrix}1 & -1\\ 1 & -1\end{vmatrix}=0,$$

$$A_{23}=(-1)^{2+3}M_{23}=-\begin{vmatrix}1 & 2\\ 1 & -1\end{vmatrix}=3,$$

$$A_{31}=(-1)^{3+1}M_{31}=\begin{vmatrix}2 & -1\\ -2 & 1\end{vmatrix}=0,$$

$$A_{32}=(-1)^{3+2}M_{32}=-\begin{vmatrix}1 & -1\\ 3 & 1\end{vmatrix}=-4,$$

$$A_{33}=(-1)^{3+3}M_{33}=\begin{vmatrix}1 & 2\\ 3 & -2\end{vmatrix}=-8,$$

$$A^*=\begin{pmatrix}A_{11} & A_{21} & A_{31}\\ A_{12} & A_{22} & A_{32}\\ A_{13} & A_{23} & A_{33}\end{pmatrix}=\begin{pmatrix}3 & 3 & 0\\ 4 & 0 & -4\\ -1 & 3 & -8\end{pmatrix}.$$

需要指出:A^* 的元素 A_{ij} 的排列次序,它是将 A_{ij} 替代 A 中 a_{ij} 后,再转置便得到.

定义 5.17 如果方阵 A 的行列式 $|A|\neq 0$,则称 A 为非奇异矩阵,否则称为奇异矩阵.

有了以上准备,可以解决可逆矩阵的判别,以及求出可逆矩阵的逆矩阵.

定理 5.3 n 阶矩阵 $A=(a_{ij})$ 可逆的充要条件是 A 为非奇异矩阵,并且当 A 可逆时其逆矩阵为

$$A^{-1}=\frac{1}{|A|}\cdot A^*. \qquad (5\text{-}5\text{-}3)$$

***证明** 必要性:设 A 可逆,则由定义可知

$$AA^{-1}=E,$$

于是

$$|AA^{-1}|=|E|,$$

即

$$|A|\cdot|A^{-1}|=1.$$

显然 $|A|\neq 0$,至于(5-5-3),可在充分性证明中看出.

充分性:设 A 为非奇异矩阵,那么 $|A|\neq 0$. 对矩阵 $\frac{1}{|A|}\cdot A^*$ 利用乘法运算和 §5.4 定理 5.1 及其结论,容易验证

$$A\cdot\frac{1}{|A|}A^*=\begin{pmatrix}a_{11} & a_{12} & \cdots & a_{1n}\\ a_{21} & a_{22} & \cdots & a_{2n}\\ \vdots & \vdots & & \vdots\\ a_{n1} & a_{n2} & \cdots & a_{nn}\end{pmatrix}\cdot\frac{1}{|A|}\cdot\begin{pmatrix}A_{11} & A_{21} & \cdots & A_{n1}\\ A_{12} & A_{22} & \cdots & A_{n2}\\ \vdots & \vdots & & \vdots\\ A_{1n} & A_{2n} & \cdots & A_{nn}\end{pmatrix}$$

5.5 逆矩阵

$$= \frac{1}{|A|} \cdot \begin{pmatrix} |A| & & & \\ & |A| & & \\ & & \ddots & \\ & & & |A| \end{pmatrix} = \begin{pmatrix} 1 & & & \\ & 1 & & \\ & & \ddots & \\ & & & 1 \end{pmatrix} = E.$$

同理可验证, $\frac{1}{|A|}A^* \cdot A = E$ 成立.

由逆矩阵定义可知 $A^{-1} = \frac{1}{|A|}A^*$, 既然求出 A^{-1}, 那么 A 当然是可逆矩阵. 定理 5.3 又称伴随矩阵法.

推论 若 A,B 为 n 阶矩阵, 并且 $A \cdot B = E$, 则 A 与 B 都是可逆矩阵, 并且 A 与 B 互为逆矩阵.

***证明** 由 $AB = E$, 得 $|AB| = |E|$, 即 $|A| \cdot |B| = 1$, 亦即 $|A| \neq 0, |B| \neq 0$, 由定理可知 A 与 B 都可逆, 于是 $A^{-1} = \frac{1}{|A|}A^*, B^{-1} = \frac{1}{|B|}B^*$, 使得 $AA^{-1} = A^{-1}A = E, BB^{-1} = B^{-1}B = E$. 因此, 在等式 $AB = E$ 两边左乘 A^{-1} 或右乘 B^{-1} 分别得到

$$B = A^{-1} \text{ 与 } A = B^{-1}.$$

上述定理不仅给出 A 可逆的充要条件, 而且给出求 A^{-1} 的伴随矩阵法, 以后还将介绍求 A^{-1} 的另一种常用方法. 而推论说明判断一个矩阵 B 是否为 A 的逆矩阵, 只需验证 $AB = E$ 或 $BA = E$ 的一个等式成立即可.

例 2 判断例 1 中矩阵 A 是否可逆. 若可逆, 求出它的逆矩阵.

解 $\because |A| = \begin{vmatrix} 1 & 2 & -1 \\ 3 & -2 & 1 \\ 1 & -1 & -1 \end{vmatrix} = 12 \neq 0,$

$\therefore A$ 为可逆矩阵.

利用例 1 的结果可知

$$A^{-1} = \frac{1}{|A|}A^* = \frac{1}{12} \cdot \begin{pmatrix} 3 & 3 & 0 \\ 4 & 0 & -4 \\ -1 & 3 & -8 \end{pmatrix} = \begin{pmatrix} \frac{1}{4} & \frac{1}{4} & 0 \\ \frac{1}{3} & 0 & -\frac{1}{3} \\ -\frac{1}{12} & \frac{1}{4} & -\frac{2}{3} \end{pmatrix}.$$

求逆矩阵运算易出错, 一般求出 A 的 A^{-1} 后, 应验证 $AA^{-1} = E$ 是否成立, 以保证结果无误.

例 3 解矩阵方程 $AX = B$, 其中

$$A = \begin{pmatrix} 0 & -1 & 1 \\ 1 & 0 & 0 \\ 1 & 0 & 2 \end{pmatrix}, \quad B = \begin{pmatrix} 0 & -1 \\ 2 & -5 \\ 0 & 1 \end{pmatrix}.$$

解 $|A|=2\neq 0$,

$$A^* = \begin{pmatrix} 0 & 2 & 0 \\ -2 & -1 & 1 \\ 0 & -1 & 1 \end{pmatrix},$$

$$A^{-1} = \frac{1}{|A|}A^* = \begin{pmatrix} 0 & 1 & 0 \\ -1 & -\frac{1}{2} & \frac{1}{2} \\ 0 & -\frac{1}{2} & \frac{1}{2} \end{pmatrix},$$

用 A^{-1} 左乘方程两边,得 $A^{-1}AX=A^{-1}B$,即

$$X = A^{-1}B$$
$$= \begin{pmatrix} 0 & 1 & 0 \\ -1 & -\frac{1}{2} & \frac{1}{2} \\ 0 & -\frac{1}{2} & \frac{1}{2} \end{pmatrix} \cdot \begin{pmatrix} 0 & -1 \\ 2 & -5 \\ 0 & 1 \end{pmatrix} = \begin{pmatrix} 2 & -5 \\ -1 & 4 \\ -1 & 3 \end{pmatrix}.$$

下面介绍逆矩阵性质.

三、逆矩阵性质

利用定义 5.15 容易验证以下逆矩阵性质成立.

性质 1 若方阵 A 可逆,则 A^{-1} 也可逆,并且 $(A^{-1})^{-1}=A$.

这个性质说明 A 与 A^{-1} 互为逆矩阵.

性质 2 若同阶方阵 A,B 可逆,则乘积矩阵 AB 也可逆,并且 $(AB)^{-1}=B^{-1}A^{-1}$.

性质 3 若方阵 A 可逆,则 A^T 可逆,并且 $(A^T)^{-1}=(A^{-1})^T$.

这个性质说明可逆矩阵的转置求逆与求逆再转置其结果一样.

性质 4 若方阵 A 可逆,则 $|A^{-1}|=|A|^{-1}$.

证明 由于 A 可逆,所以 $|A|\neq 0$,并且 $AA^{-1}=E$,于是 $|A|\cdot|A^{-1}|=1\neq 0$,即 $|A^{-1}|=\frac{1}{|A|}=|A|^{-1}$.

这说明 A 的行列式倒数等于 A 的逆矩阵行列式 $|A^{-1}|$ 值.

性质 5 若方阵 A 可逆,且数 $K\neq 0$,则 $(KA)^{-1}=\frac{1}{K}A^{-1}$.

例 4 试证 2 阶非奇异矩阵 A 的逆矩阵为

$$A^{-1} = \frac{1}{ad-bc} \cdot \begin{pmatrix} d & -b \\ -c & a \end{pmatrix}.$$

其中 $A = \begin{pmatrix} a & b \\ c & d \end{pmatrix}$.

证明 由于 A 非奇异,即 $|A|=ad-bc\neq 0$,所以 A 可逆.

∵
$$A_{11}=(-1)^{1+1}M_{11}=(-1)^2 \cdot d=d,$$
$$A_{12}=(-1)^{1+2}M_{12}=(-1)^3 \cdot c=-c,$$
$$A_{21}=(-1)^{2+1}M_{21}=(-1)^3 \cdot b=-b,$$
$$A_{22}=(-1)^{2+2}M_{22}=(-1)^4 \cdot a=a,$$

∴ $A^{-1}=\dfrac{1}{|A|}\cdot\begin{pmatrix} A_{11} & A_{21} \\ A_{12} & A_{22} \end{pmatrix}=\dfrac{1}{ad-bc}\cdot\begin{pmatrix} d & -b \\ -c & a \end{pmatrix}.$

这个公式对 2 阶矩阵求逆十分方便,要记住.

例 5 已知矩阵 A,B,验证 $(AB)^{-1}=B^{-1}A^{-1}$.

其中 $A=\begin{pmatrix} 1 & -2 \\ 4 & 3 \end{pmatrix}, \quad B=\begin{pmatrix} -3 & 4 \\ 1 & -1 \end{pmatrix}.$

证明 $AB=\begin{pmatrix} 1 & -2 \\ 4 & 3 \end{pmatrix}\begin{pmatrix} -3 & 4 \\ 1 & -1 \end{pmatrix}=\begin{pmatrix} -5 & 6 \\ -9 & 13 \end{pmatrix},$

$|AB|=\begin{vmatrix} -5 & 6 \\ -9 & 13 \end{vmatrix}=-11, |A|=11, |B|=-1,$

由例 4 公式可知:

$(AB)^{-1}=\dfrac{1}{|AB|}\cdot\begin{pmatrix} 13 & -6 \\ 9 & -5 \end{pmatrix}=\begin{pmatrix} -13/11 & 6/11 \\ -9/11 & 5/11 \end{pmatrix},$

$A^{-1}=\dfrac{1}{|A|}\begin{pmatrix} 3 & 2 \\ -4 & 1 \end{pmatrix}=\begin{pmatrix} 3/11 & 2/11 \\ -4/11 & 1/11 \end{pmatrix},$

$B^{-1}=\dfrac{1}{|B|}\begin{pmatrix} -1 & -4 \\ -1 & -3 \end{pmatrix}=\begin{pmatrix} 1 & 4 \\ 1 & 3 \end{pmatrix},$

$B^{-1}A^{-1}=\begin{pmatrix} 1 & 4 \\ 1 & 3 \end{pmatrix}\begin{pmatrix} 3/11 & 2/11 \\ -4/11 & 1/11 \end{pmatrix}=\begin{pmatrix} -13/11 & 6/11 \\ -9/11 & 5/11 \end{pmatrix},$

即 $(AB)^{-1}=B^{-1}A^{-1}.$

练 习 5.5

(A)

(一)填空题

1. 若 n 阶矩阵 A 可逆,则 K _____ 时 KA 可逆,$(KA)^{-1}=$ _____.
2. n 阶矩阵 A 可逆的充要条件是 _____.
3. 若 n 阶矩阵 A 可逆,则 $A^*=$ _____.

4. 矩阵 $A = \begin{pmatrix} 4 & 3 \\ 2 & 1 \end{pmatrix}$ 的 $A^* = $ _____.

(二)选择题

1. 若 n 阶矩阵 A 与 B 都可逆,则 $A+B$ ( ).
(A)可逆　　　(B)不可逆　　　(C)不一定可逆　　　(D)不存在

2. 方阵 A 可逆的充要条件是( ).
(A) $|A|=0$　　(B) $|A|\neq 0$　　(C) $|A|>0$　　(D) $|A|<0$

3. n 阶矩阵 A 与 B 的乘积 AB 可逆的充要条件是( ).
(A) $|AB|=0$　　　　　　(B) $|AB|>0$
(C) $|AB|<0$　　　　　　(D) $|AB|\neq 0$

4. 设 n 阶矩阵 A 可逆,则 $|A^*|=$ ( ).
(A) $|A|$　　　(B) 1　　　(C) $|A|\cdot E$　　　(D) $|A|^{n-1}$

5. 设 n 阶矩阵 A 可逆,则( )成立.
(A) $(2A)^{-1}=2A^{-1}$　　　　　(B) $[(A^{-1})^{-1}]^T=[(A^T)^{-1}]^{-1}$
(C) $(2A)^T=\frac{1}{2}A^T$　　　　　(D) $[(A^T)^T]^{-1}=[(A^{-1})^{-1}]^T$

6. 下列矩阵( )可逆:
(A) 对称矩阵　　　　　(B) 单位矩阵
(C) 对角矩阵　　　　　(D) 非奇异矩阵

7. 当方阵 A 为( )时,则 $A^T=A$.
(A) 对角矩阵　　　　　(B) 三角矩阵
(C) 对称矩阵　　　　　(D) 可逆矩阵

8. 以下结果正确的是( ):
(A) 若 A 与 B 不可逆,则 $A+B$ 也不可逆
(B) 若 $A\cdot B$ 可逆,则 A 与 B 都可逆
(C) 若 $A\cdot B$ 不可逆,则 A 与 B 都不可逆
(D) 若 A 可逆,$K\neq 0$,则 KA 可逆

(B)

1. 判定下列矩阵 A 是否可逆,如可逆,求出 A^{-1}:

(1) $\begin{pmatrix} 1 & 0 \\ 2 & 1 \end{pmatrix}$;　　(2) $\begin{pmatrix} 1 & -4 \\ -3 & 13 \end{pmatrix}$;　　(3) $\begin{pmatrix} 5 & 3 \\ 1 & 1 \end{pmatrix}$;

(4) $\begin{pmatrix} 6 & 1 \\ 13 & 2 \end{pmatrix}$;　　(5) $\begin{pmatrix} 3 & 1 \\ -2 & -2 \end{pmatrix}$;　　(6) $\begin{pmatrix} 2 & 3 \\ 1 & 0 \end{pmatrix}$;

5.5 逆矩阵

(7) $\begin{pmatrix} 3 & 1 \\ 2 & 4 \end{pmatrix}$;   (8) $\begin{pmatrix} 5 & 6 \\ 10 & 18 \end{pmatrix}$;   (9) $\begin{pmatrix} 3 & 1 \\ 6 & 2 \end{pmatrix}$.

2. 求以下矩阵的逆矩阵:

(1) $\begin{pmatrix} 1 & -2 & 0 \\ 4 & -2 & -1 \\ -3 & 1 & 2 \end{pmatrix}$;   (2) $\begin{pmatrix} 3 & -1 & 0 \\ -2 & 1 & 1 \\ 2 & -1 & 4 \end{pmatrix}$;

(3) $\begin{pmatrix} 2 & 1 & 3 \\ 4 & -1 & 2 \\ 1 & 2 & -1 \end{pmatrix}$;   (4) $\begin{pmatrix} 1 & 1 & -1 \\ 2 & 1 & 0 \\ 1 & -1 & 1 \end{pmatrix}$;

(5) $\begin{pmatrix} 2 & 2 & 3 \\ 1 & -1 & 0 \\ -1 & 2 & 1 \end{pmatrix}$;   (6) $\begin{pmatrix} 1 & 0 & 1 \\ 2 & 1 & 0 \\ -3 & 2 & -5 \end{pmatrix}$;

(7) $\begin{pmatrix} 1 & 0 & 0 \\ 1 & 2 & 0 \\ 1 & 2 & 3 \end{pmatrix}$;   (8) $\begin{pmatrix} 1 & 0 & 3 \\ 0 & 2 & 1 \\ 0 & 0 & 3 \end{pmatrix}$;

(9) $\begin{pmatrix} 1 & 0 & 0 \\ 0 & 2 & 0 \\ 0 & 0 & 3 \end{pmatrix}$.

3. 求下列矩阵的逆矩阵:

(1) $\begin{pmatrix} 4 & 1 & 0 & 0 \\ 2 & 3 & 0 & 0 \\ 0 & 0 & 5 & 6 \\ 0 & 0 & 6 & 7 \end{pmatrix}$;   (2) $\begin{pmatrix} 0 & 0 & 3 & 5 \\ 0 & 0 & 2 & 7 \\ 8 & 3 & 0 & 0 \\ 9 & 4 & 0 & 0 \end{pmatrix}$;

(3) $\begin{pmatrix} 1 & 1 & 1 & 1 \\ 1 & 1 & -1 & -1 \\ 1 & -1 & 1 & -1 \\ 1 & -1 & -1 & 1 \end{pmatrix}$;   (4) $\begin{pmatrix} 1 & 1 & 0 & 0 \\ 0 & 1 & 1 & 0 \\ 0 & 0 & 1 & 1 \\ 0 & 0 & 0 & 1 \end{pmatrix}$.

4. 利用逆矩阵解下列矩阵方程:

(1) $\begin{pmatrix} 2 & 5 \\ 1 & 3 \end{pmatrix} X = \begin{pmatrix} 1 & 1 \\ -1 & 0 \end{pmatrix}$;   (2) $\begin{pmatrix} 2 & 1 \\ 1 & 0 \end{pmatrix} X \begin{pmatrix} 1 & 0 \\ 2 & 4 \end{pmatrix} = \begin{pmatrix} 3 & 1 \\ 0 & 2 \end{pmatrix}$.

5. 解下列矩阵方程 $AX = B$.

(1) $A = \begin{pmatrix} 1 & 0 & -2 \\ -3 & 4 & -1 \\ 2 & 1 & 3 \end{pmatrix}$, $B = \begin{pmatrix} 5 & -1 \\ -2 & 3 \\ 1 & 4 \end{pmatrix}$;

(2) $A=\begin{pmatrix} 1 & -2 & 0 \\ 4 & -2 & -1 \\ -3 & 1 & 2 \end{pmatrix}$, $B=\begin{pmatrix} -1 & 4 \\ 2 & 5 \\ 1 & -3 \end{pmatrix}$;

(3) $A=\begin{pmatrix} 2 & 3 & -1 \\ 1 & 2 & 0 \\ -1 & 2 & -2 \end{pmatrix}$, $B=\begin{pmatrix} 2 & 1 \\ -1 & 0 \\ 3 & 1 \end{pmatrix}$.

6. 解下列矩阵方程 $XA=B$.

(1) $A=\begin{pmatrix} 3 & -1 & 2 \\ 1 & 0 & -1 \\ -2 & 1 & 4 \end{pmatrix}$, $B=\begin{pmatrix} 3 & 0 & -2 \\ -1 & 4 & 1 \end{pmatrix}$;

(2) $A=\begin{pmatrix} 1 & 1 & 1 \\ 0 & 1 & 1 \\ 0 & 0 & 1 \end{pmatrix}$, $B=\begin{pmatrix} 1 & -2 & 1 \\ 0 & 1 & -1 \end{pmatrix}$;

(3) $A=\begin{pmatrix} 1 & 0 & -2 \\ -3 & 4 & -1 \\ 2 & 1 & 3 \end{pmatrix}$, $B=\begin{pmatrix} -1 & 0 & 6 \\ 2 & 1 & 0 \end{pmatrix}$.

§5.6 矩阵的初等行变换

在§5.1例1中曾指出：一个线性方程组,以及每一消元过程都可用相应的矩阵表示出来,实际上求解的过程反复利用了以下三种变换：

(1) 将两个方程互换位置；

(2) 将方程两边乘一个非零数；

(3) 将一方程乘一个非零数加到另一个方程.

上述变换不改变方程组的解,称为线性方程组的初等变换,从矩阵的角度看,就可引出矩阵初等行变换概念. 它显然有实际意义.

一、矩阵初等行变换

定义 5.18 矩阵初等行变换是指对矩阵进行的以下三种变换：

(1) 互换两行的位置；

(2) 用一个非零数乘某一行；

(3) 把一行的倍数加到另一行上.

为了书写明确,规定：

5.6 矩阵的初等行变换

对(1),如互换第 i 行与第 j 行,用 (i,j) 表示;对(2),如第 i 行乘一非零数 K,用 $i \cdot K$ 表示;对(3),如第 j 行的 K 倍加到第 i 行上,用 $i+j \cdot K$ 表示.

显然,矩阵经过初等行变换后,矩阵的元素会发生变化,彼此是不相等的,而只具有等价关系. 因此,每作一次初等行变换,矩阵之间只能用箭头"→"表示.

矩阵初等行变换的意义,不仅对解线性方程组有直接作用,而且矩阵的许多特性保持不变.

定理 5.4 如果 n 阶矩阵 A 经过初等行变换化为矩阵 B,那么 $|A| \neq 0$ 必有 $|B| \neq 0$,反之亦然.

证明 利用初等行变换可知:

(1) 若 $A \xrightarrow{(i,j)} B$,则由 §5.4 性质 2 有 $|A|=-|B|$,即 $|A| \neq 0$ 等价于 $|B| \neq 0$.

(2) 若 $A \xrightarrow{j \cdot K} B$,则由 §5.4 性质 3 有 $|B|=K|A|$,即 $|A| \neq 0$ 等价于 $|B| \neq 0$.

(3) 若 $A \xrightarrow{i+j \cdot K} B$,则由 §5.4 性质 5 有 $|B|=|A|$,即 $|A| \neq 0$ 等价于 $|B| \neq 0$.

该定理说明无论进行那种初等行变换,都不改变方阵的奇异性.

例 1 判别 3 阶矩阵 A 的奇异性,其中

$$A=\begin{pmatrix} 2 & -1 & 3 \\ 4 & 2 & 5 \\ 2 & 0 & 2 \end{pmatrix}.$$

解
$$\begin{pmatrix} 2 & -1 & 3 \\ 4 & 2 & 5 \\ 2 & 0 & 2 \end{pmatrix} \xrightarrow[③+①\cdot(-1)]{②+①\cdot(-2)} \begin{pmatrix} 2 & -1 & 3 \\ 0 & 4 & -1 \\ 0 & 1 & -1 \end{pmatrix} \xrightarrow{(②,③)}$$

$$\begin{pmatrix} 2 & -1 & 3 \\ 0 & 1 & -1 \\ 0 & 4 & -1 \end{pmatrix} \xrightarrow{③+②\cdot(-4)} \begin{pmatrix} 2 & -1 & 3 \\ 0 & 1 & -1 \\ 0 & 0 & 3 \end{pmatrix}.$$

最后一个矩阵的行列式值等于 $2 \times 1 \times 3 = 6 \neq 0$,即最后这个矩阵为非奇异矩阵. 由于矩阵经初等行变换后不改变矩阵奇异性,因此 A 为非奇异矩阵,即 A 可逆.

进一步还可对最后一个矩阵化为单位矩阵:

$$\begin{pmatrix} 2 & -1 & 3 \\ 0 & 1 & -1 \\ 0 & 0 & 3 \end{pmatrix} \xrightarrow{③ \cdot \frac{1}{3}} \begin{pmatrix} 2 & -1 & 3 \\ 0 & 1 & -1 \\ 0 & 0 & 1 \end{pmatrix} \xrightarrow[②+③\cdot 1]{①+③\cdot(-3)}$$

$$\begin{pmatrix} 2 & -1 & 0 \\ 0 & 1 & 0 \\ 0 & 0 & 1 \end{pmatrix} \xrightarrow{①+②\cdot 1} \begin{pmatrix} 2 & 0 & 0 \\ 0 & 1 & 0 \\ 0 & 0 & 1 \end{pmatrix} \xrightarrow{①\cdot \frac{1}{2}} \begin{pmatrix} 1 & 0 & 0 \\ 0 & 1 & 0 \\ 0 & 0 & 1 \end{pmatrix}.$$

该例具有一般性,给出如下定理:

定理 5.5 任一非奇异矩阵 A(即 $|A|\neq 0$)经过初等行变换可化为单位矩阵.

为了进一步说明矩阵初等行变换的应用,以下给出 $m\times n$ 矩阵的两种特殊形式的矩阵概念.

二、阶梯形矩阵与行简化阶梯形矩阵

定义 5.19 在 $A=(a_{ij})_{mn}$ 中,如果它的非零行(元素不全是零的行)的首非零元(第一个不为零的元素)的列标随行标增加而严格增加,并且零行(元素全是零的行,如果有的话)在最下方,则称 A 为阶梯形矩阵.

例如,$A=(a_{ij})_{4\times 5}$:

$$A=\begin{pmatrix} 1 & 2 & -3 & 0 & -1 \\ 0 & 0 & 2 & 1 & 1 \\ 0 & 0 & 0 & -1 & 3 \\ 0 & 0 & 0 & 0 & 0 \end{pmatrix}$$

就是阶梯形矩阵.简单讲,就是每行开始的零元素逐行增多的矩阵,且任意两行首非零元不能位于同一列.

由定义,对角矩阵、数量矩阵、单位矩阵都是阶梯形矩阵.

定义 5.20 若阶梯形矩阵 A 每行的首非零元都是 1,并且首非零元所在列的其余元素全是零,则称 A 为行简化阶梯形矩阵.

例如,$A=(a_{ij})_{3\times 5}$:

$$A=\begin{pmatrix} 1 & 2 & 0 & 0 & 1 \\ 0 & 0 & 1 & 0 & 2 \\ 0 & 0 & 0 & 1 & 2 \end{pmatrix}$$

就是行简化阶梯形矩阵.

显然,单位矩阵是行简化阶梯形矩阵.

三、初等行变换的应用

矩阵初等行变换有广泛应用,这里先介绍它的三个应用.

1. 可化矩阵为阶梯形矩阵和行简化阶梯形矩阵

定理 5.6 任一矩阵 $A=(a_{ij})_{mn}$ 可以经过一系列初等行变换化为阶梯形,

并且还可进一步化为行简化阶梯形矩阵.
这由例 1 已经看出,下面再看一个例子.

例 2 把 A 化为阶梯形与行简化阶梯形矩阵,其中

$$A=\begin{pmatrix} 0 & 1 & 2 & 3 \\ 1 & -1 & 0 & 1 \\ 2 & 1 & 6 & 11 \end{pmatrix}.$$

解
$$\begin{pmatrix} 0 & 1 & 2 & 3 \\ 1 & -1 & 0 & 1 \\ 2 & 1 & 6 & 11 \end{pmatrix} \xrightarrow{(①,②)} \begin{pmatrix} 1 & -1 & 0 & 1 \\ 0 & 1 & 2 & 3 \\ 2 & 1 & 6 & 11 \end{pmatrix} \xrightarrow{③+① \cdot (-2)}$$

$$\begin{pmatrix} 1 & -1 & 0 & 1 \\ 0 & 1 & 2 & 3 \\ 0 & 3 & 6 & 9 \end{pmatrix} \xrightarrow{③+② \cdot (-3)} \begin{pmatrix} 1 & -1 & 0 & 1 \\ 0 & 1 & 2 & 3 \\ 0 & 0 & 0 & 0 \end{pmatrix},$$

此即为阶梯形矩阵.进一步,还可继续化为行简化阶梯形矩阵:

$$\begin{pmatrix} 1 & -1 & 0 & 1 \\ 0 & 1 & 2 & 3 \\ 0 & 0 & 0 & 0 \end{pmatrix} \xrightarrow{①+② \cdot 1} \begin{pmatrix} 1 & 0 & 2 & 4 \\ 0 & 1 & 2 & 3 \\ 0 & 0 & 0 & 0 \end{pmatrix}.$$

须知,化行简化阶梯形矩阵过程中,要从最末一个非零行开始,将其首非零元所在列的其余元素化为零;再从倒数第二个非零行,逐行往上进行,直至把首非零元所在列其余元素全化为零;最后,把首非零元全化为 1.

一般地说来,把矩阵化为阶梯形或者行简化阶梯形矩阵的过程可以不唯一,这与使用那一种初等行变换的先后是有关的.但是,无论使用那一种初等行变换所得到的阶梯形矩阵,阶梯形矩阵非零行的行数相同,这是矩阵的一个重要特性.下面我们引入矩阵的一个重要概念:矩阵的秩.

2. 求矩阵的秩

定义 5.21 矩阵 $A=(a_{ij})_{mn}$ 化为阶梯形矩阵 B,则阶梯形矩阵 B 的非零行的行数,称为 A 的秩.记作秩(A).

由定义,利用初等行变换将 A 化为 B 后,数一数 B 的非零行的行数就是秩(A).例如,例 2 中秩$(A)=2$.例 1 中秩$(A)=3$.

例 3 求矩阵 A 的秩(A),其中

$$A=\begin{pmatrix} 1 & -2 & 0 & 1 \\ 0 & 1 & 1 & 1 \\ 2 & -3 & 2 & 3 \end{pmatrix}.$$

解 利用矩阵初等行变换,有

$$\begin{pmatrix} 1 & -2 & 0 & 1 \\ 0 & 1 & 1 & 1 \\ 2 & -3 & 2 & 3 \end{pmatrix} \xrightarrow{③+①\cdot(-2)} \begin{pmatrix} 1 & -2 & 0 & 1 \\ 0 & 1 & 1 & 1 \\ 0 & 1 & 2 & 1 \end{pmatrix}$$

$$\xrightarrow{③+②\cdot(-1)} \begin{pmatrix} 1 & -2 & 0 & 1 \\ 0 & 1 & 1 & 1 \\ 0 & 0 & 1 & 0 \end{pmatrix}.$$

由于最后一个矩阵是阶梯形,它有 3 个非零行,所以秩$(A)=3$.

3. 计算方阵 A 的逆矩阵 A^{-1}——初等行变换法

我们在§5.5曾介绍求方阵 A 的逆矩阵 A^{-1} 的伴随矩阵法. 这里, 我们再介绍求逆矩阵的初等行变换法.

关于矩阵初等行变换,我们不加证明再给出一个定理:

定理 5.7 用一个可逆矩阵左乘一个方阵 A,相当于对方阵 A 进行若干次初等行变换.

例如,设 n 阶矩阵 A 可逆,考察 $n\times 2n$ 矩阵$(A\ \ E)$,其中 E 是与 A 同阶的 n 阶单位矩阵. 由于 A^{-1} 存在,所以可用 A^{-1} 左乘矩阵 $(A\ \ E)$:

$$A^{-1}(A\ \ E)=(A^{-1}A\ \ A^{-1}E)=(E\ \ A^{-1}).$$

这就相当于对 $(A\ \ E)$ 进行若干次初等行变换,当 A 化为 E 时,E 也就化为 A^{-1}. 这实际上给出求逆矩阵又一方法——初等行变换法.

实际计算中,对所给 n 阶矩阵 A,在 A 的右侧加上与它同阶的 n 阶单位矩阵 E,得到矩阵 $(A\ \ E)$ 后,再对它进行若干次初等行变换化为行简化阶梯形矩阵. 如果 $(A\ \ E)$ 左侧的 A 化为 E,那么右侧 E 已经化为 A^{-1}. 否则,左侧 A 不能化为 E,说明 A 的逆矩阵不存在. 这方法的优点是事先可不必判别 A 的奇异性.

例 4 求矩阵 A 的逆矩阵 A^{-1},其中

$$A=\begin{pmatrix} 1 & 2 & 1 \\ 0 & -1 & -1 \\ -1 & 1 & 0 \end{pmatrix}.$$

解 写出 $n\times 2n=3\times 6$ 矩阵 $(A\ \ E)$ 后,利用初等行变换法求 A^{-1}:

$$\begin{pmatrix} 1 & 2 & 1 & 1 & 0 & 0 \\ 0 & -1 & -1 & 0 & 1 & 0 \\ -1 & 1 & 0 & 0 & 0 & 1 \end{pmatrix}$$

$$\xrightarrow{③+①\cdot 1} \begin{pmatrix} 1 & 2 & 1 & 1 & 0 & 0 \\ 0 & -1 & -1 & 0 & 1 & 0 \\ 0 & 3 & 1 & 1 & 0 & 1 \end{pmatrix}$$

$$\xrightarrow{③+②\cdot 3} \begin{pmatrix} 1 & 2 & 1 & 1 & 0 & 0 \\ 0 & -1 & -1 & 0 & 1 & 0 \\ 0 & 0 & -2 & 1 & 3 & 1 \end{pmatrix}$$

$$\xrightarrow{③\cdot\left(-\frac{1}{2}\right)} \begin{pmatrix} 1 & 2 & 1 & 1 & 0 & 0 \\ 0 & -1 & -1 & 0 & 1 & 0 \\ 0 & 0 & 1 & -\frac{1}{2} & -\frac{3}{2} & -\frac{1}{2} \end{pmatrix}$$

$$\xrightarrow[②+③\cdot 1]{①+③\cdot(-1)} \begin{pmatrix} 1 & 2 & 0 & \frac{3}{2} & \frac{3}{2} & \frac{1}{2} \\ 0 & -1 & 0 & -\frac{1}{2} & -\frac{1}{2} & -\frac{1}{2} \\ 0 & 0 & 1 & -\frac{1}{2} & -\frac{3}{2} & -\frac{1}{2} \end{pmatrix}$$

$$\xrightarrow{①+②\cdot 2} \begin{pmatrix} 1 & 0 & 0 & \frac{1}{2} & \frac{1}{2} & -\frac{1}{2} \\ 0 & -1 & 0 & -\frac{1}{2} & -\frac{1}{2} & -\frac{1}{2} \\ 0 & 0 & 1 & -\frac{1}{2} & -\frac{3}{2} & -\frac{1}{2} \end{pmatrix}$$

$$\xrightarrow{②\cdot(-1)} \begin{pmatrix} 1 & 0 & 0 & \frac{1}{2} & \frac{1}{2} & -\frac{1}{2} \\ 0 & 1 & 0 & \frac{1}{2} & \frac{1}{2} & \frac{1}{2} \\ 0 & 0 & 1 & -\frac{1}{2} & -\frac{3}{2} & -\frac{1}{2} \end{pmatrix},$$

最后矩阵已化成行简化阶梯形矩阵,左侧为 E,右侧为 A^{-1}:

$$A^{-1} = \begin{pmatrix} \frac{1}{2} & \frac{1}{2} & -\frac{1}{2} \\ \frac{1}{2} & \frac{1}{2} & \frac{1}{2} \\ -\frac{1}{2} & -\frac{3}{2} & -\frac{1}{2} \end{pmatrix} = \frac{1}{2}\begin{pmatrix} 1 & 1 & -1 \\ 1 & 1 & 1 \\ -1 & -3 & -1 \end{pmatrix}.$$

例 5 解 §5.5 例 3 矩阵方程.

解 除了先求 A^{-1}(伴随矩阵法或初等行变换法)再做乘法解出 $X=A^{-1}B$ 外,这里再介绍求解矩阵方程一种简便方法.

设矩阵方程 $AX=B$,当方阵 A 可逆时,可作以下矩阵运算:

$$A^{-1}(A \quad B) = (A^{-1}A \quad A^{-1}B)$$
$$= (E \quad A^{-1}B),$$

即对矩阵 $(A \quad B)$ 左乘 A^{-1},相当于对它进行一系列初等行变换,当 A 化为 E 时, B 就成为 $A^{-1}B$,这就得到方程的解 $X=A^{-1}B$.

就该例讲,先作矩阵 $(A \quad B)$:

$$(A \quad B) = \begin{pmatrix} 0 & -1 & 1 & 0 & -1 \\ 1 & 0 & 0 & 2 & -5 \\ 1 & 0 & 2 & 0 & 1 \end{pmatrix},$$

对它进行一系列初等行变换,化为行简化阶梯形矩阵:

$$(A \quad B) \xrightarrow{(①,②)} \begin{pmatrix} 1 & 0 & 0 & 2 & -5 \\ 0 & -1 & 1 & 0 & -1 \\ 1 & 0 & 2 & 0 & 1 \end{pmatrix}$$

$$\xrightarrow{\text{③}+\text{①}\cdot(-1)} \begin{pmatrix} 1 & 0 & 0 & 2 & -5 \\ 0 & -1 & 1 & 0 & -1 \\ 0 & 0 & 2 & -2 & 6 \end{pmatrix}$$

$$\xrightarrow{\text{③}\cdot\frac{1}{2}} \begin{pmatrix} 1 & 0 & 0 & 2 & -5 \\ 0 & -1 & 1 & 0 & -1 \\ 0 & 0 & 1 & -1 & 3 \end{pmatrix}$$

$$\xrightarrow{\text{②}+\text{③}\cdot(-1)} \begin{pmatrix} 1 & 0 & 0 & 2 & -5 \\ 0 & -1 & 0 & 1 & -4 \\ 0 & 0 & 1 & -1 & 3 \end{pmatrix}$$

$$\xrightarrow{\text{②}\cdot(-1)} \begin{pmatrix} 1 & 0 & 0 & 2 & -5 \\ 0 & 1 & 0 & -1 & 4 \\ 0 & 0 & 1 & -1 & 3 \end{pmatrix}.$$

由于行简化阶梯形矩阵左侧已化为单位矩阵,所以方程的解为

$$X = A^{-1}B = \begin{pmatrix} 2 & -5 \\ -1 & 4 \\ -1 & 3 \end{pmatrix}.$$

如果矩阵方程形如 $XA=B$,那么当方阵 A 可逆时,要作以下矩阵运算:

$$\begin{pmatrix} A \\ B \end{pmatrix} \cdot A^{-1} = \begin{pmatrix} AA^{-1} \\ BA^{-1} \end{pmatrix} = \begin{pmatrix} E \\ BA^{-1} \end{pmatrix}.$$

值得注意:用 A^{-1} 右乘矩阵 $\begin{pmatrix} A \\ B \end{pmatrix}$,相当于对它进行一系列初等列变换,使 A 化为 E,B 就成为 $X=BA^{-1}$,本书不再赘述了。

练 习 5.6

(A)

(一)填空题

1. n 阶可逆矩阵 A 的秩 $(A)=$ _____.

2. 任一矩阵 A 的秩是 _____.

3. 行简化阶梯形矩阵的两个基本特征是 _____.

(二)选择题

1. 矩阵经过初等行变换后,其秩( ).

(A) 改变　　(B) 可能改变　　(C) 不改变　　(D) 为零

2. 设矩阵 $A = \begin{pmatrix} 1 & 2 & -1 \\ 3 & 4 & -2 \\ -3 & -6 & 3 \end{pmatrix}$,则秩$(A) = ($ $)$.

(A) 0　　　　　(B) 1　　　　　(C) 2　　　　　(D) 3

3. 以下说法正确的是(　　).

(A) 可逆矩阵经初等行变换化成的行简化阶梯形矩阵一定是单位矩阵

(B) 可逆矩阵 A 的行列式 $|A| \neq 0$

(C) 矩阵 A 的秩(A)等于它的非零行的行数

(D) 对任一矩阵 A,有秩$(A) = $ 秩(A^T)

4. 以下矩阵中(　　)为阶梯形矩阵.

(A) 非零矩阵　(B) 数量矩阵　　(C) 可逆矩阵　(D) 对角矩阵

（B）

1. 把下列矩阵化为阶梯形与行简化阶梯形矩阵：

(1) $\begin{pmatrix} 1 & 1 & 2 & 1 \\ 2 & -1 & 2 & 4 \\ 1 & -1 & 0 & 3 \\ 4 & 1 & 4 & 2 \end{pmatrix}$;

(2) $\begin{pmatrix} 1 & -2 & 3 & -4 & 4 \\ 0 & 1 & -1 & 1 & -3 \\ 1 & 3 & 0 & -3 & 1 \\ 0 & -7 & 3 & 1 & -3 \end{pmatrix}$.

2. 求出下列矩阵的秩：

(1) $\begin{pmatrix} 1 & 1 & 2 \\ 1 & 2 & 3 \\ 0 & 1 & 1 \end{pmatrix}$;

(2) $\begin{pmatrix} 1 & 2 & 3 \\ 2 & 2 & 1 \\ 3 & 4 & 3 \end{pmatrix}$;

(3) $\begin{pmatrix} 1 & 3 & -1 & -2 \\ 2 & -1 & 2 & 3 \\ 3 & 2 & 1 & 1 \\ 1 & -4 & 3 & 5 \end{pmatrix}$;

(4) $\begin{pmatrix} 0 & 1 & 1 & -1 & 2 \\ 0 & 2 & 2 & 2 & 0 \\ 0 & -1 & -1 & 1 & 1 \\ 1 & 1 & 0 & 0 & -1 \end{pmatrix}$.

3. 利用初等行变换法求下列矩阵 A 的 A^{-1}：

(1) $\begin{pmatrix} 1 & 2 \\ 3 & 4 \end{pmatrix}$;

(2) $\begin{pmatrix} 3 & 0 \\ 0 & 4 \end{pmatrix}$;

(3) $\begin{pmatrix} 0 & 1 \\ 2 & 0 \end{pmatrix}$;

(4) $\begin{pmatrix} 3 & 0 & 0 \\ 0 & 1 & 0 \\ 0 & 0 & 6 \end{pmatrix}$;

(5) $\begin{pmatrix} 1 & 1 & 2 \\ -1 & 2 & 0 \\ 1 & 1 & 3 \end{pmatrix}$;

(6) $\begin{pmatrix} 1 & 0 & 1 \\ -1 & 1 & 1 \\ 2 & -1 & 1 \end{pmatrix}$;

(7) $\begin{pmatrix} 3 & 2 & 0 & 0 \\ 4 & 5 & 0 & 0 \\ 0 & 0 & 4 & 1 \\ 0 & 0 & 6 & 2 \end{pmatrix}$; (8) $\begin{pmatrix} 1 & 1 & 1 & 1 \\ 0 & 1 & 1 & 1 \\ 0 & 0 & 1 & 1 \\ 0 & 0 & 0 & 1 \end{pmatrix}$.

4.利用简便方法解下列矩阵方程:

(1) $\begin{pmatrix} 2 & 5 \\ 1 & 3 \end{pmatrix} X = \begin{pmatrix} 4 & -6 \\ 2 & 1 \end{pmatrix}$; (2) $\begin{pmatrix} 2 & 1 \\ 1 & 2 \end{pmatrix} X = \begin{pmatrix} 1 & 2 \\ -1 & 4 \end{pmatrix}$;

(3) $\begin{pmatrix} 1 & 1 & -1 \\ -2 & 1 & 1 \\ 1 & 1 & 1 \end{pmatrix} X = \begin{pmatrix} 2 \\ 3 \\ 6 \end{pmatrix}$; (4) $\begin{pmatrix} 1 & 0 & -2 \\ -3 & 4 & -1 \\ 2 & 1 & 3 \end{pmatrix} X = \begin{pmatrix} 5 & -1 \\ -2 & 3 \\ 1 & 4 \end{pmatrix}$.

§5.7 n 元线性方程组

一、克莱姆法则

在 §5.4 中,对二元线性方程组:

$$\begin{cases} a_{11}x_1 + a_{12}x_2 = b_1, \\ a_{21}x_1 + a_{22}x_2 = b_2, \end{cases}$$

当未知量系数构成的 2 阶行列式 $D \neq 0$,即

$$D = \begin{vmatrix} a_{11} & a_{12} \\ a_{21} & a_{22} \end{vmatrix} \neq 0$$

时,方程组有唯一解:

$$x_1 = \frac{\begin{vmatrix} b_1 & a_{12} \\ b_2 & a_{22} \end{vmatrix}}{\begin{vmatrix} a_{11} & a_{12} \\ a_{21} & a_{22} \end{vmatrix}}, \quad x_2 = \frac{\begin{vmatrix} a_{11} & b_1 \\ a_{21} & b_2 \end{vmatrix}}{\begin{vmatrix} a_{11} & a_{12} \\ a_{21} & a_{22} \end{vmatrix}}.$$

这种利用行列式的解法,对解 n 元线性方程组具有一般性.

设 n 元线性方程组(n 个元、n 个一次方程):

$$\begin{cases} a_{11}x_1 + a_{12}x_2 + \cdots + a_{1n}x_n = b_1, \\ a_{21}x_1 + a_{22}x_2 + \cdots + a_{2n}x_n = b_2, \\ \cdots\cdots\cdots\cdots\cdots\cdots\cdots\cdots\cdots\cdots\cdots\cdots \\ a_{n1}x_1 + a_{n2}x_2 + \cdots + a_{nn}x_n = b_n, \end{cases} \quad (5\text{-}7\text{-}1)$$

若系数构成的行列式(简称系数行列式)$D \neq 0$,则有如下克莱姆法则:

5.7 n元线性方程组

定理 5.8 n元线性方程组(5-7-1)的系数行列式 $D \neq 0$,则方程组有唯一解:

$$x_1 = \frac{D_1}{D}, x_2 = \frac{D_2}{D}, \cdots, x_n = \frac{D_n}{D}. \tag{5-7-2}$$

其中 $D_j(j=1,2,\cdots,n)$ 是将 D 中第 j 列元素对应地换成常数项 $b_1, b_2, \cdots, b_n$ 后的行列式.

例1 解三元线性方程组:
$$\begin{cases} x_1 + 2x_2 - x_3 = -5, \\ 2x_1 - x_2 + x_3 = 6, \\ x_1 - x_2 - 3x_3 = -3. \end{cases}$$

解 系数行列式:

$$D = \begin{vmatrix} 1 & 2 & -1 \\ 2 & -1 & 1 \\ 1 & -1 & -3 \end{vmatrix} = 19 \neq 0,$$

$$D_1 = \begin{vmatrix} -5 & 2 & -1 \\ 6 & -1 & 1 \\ -3 & -1 & -3 \end{vmatrix} = 19,$$

$$D_2 = \begin{vmatrix} 1 & -5 & -1 \\ 2 & 6 & 1 \\ 1 & -3 & -3 \end{vmatrix} = -38,$$

$$D_3 = \begin{vmatrix} 1 & 2 & -5 \\ 2 & -1 & 6 \\ 1 & -1 & -3 \end{vmatrix} = 38.$$

$$x_1 = \frac{D_1}{D} = \frac{19}{19} = 1, \qquad x_2 = \frac{D_2}{D} = \frac{-38}{19} = -2,$$

$$x_3 = \frac{D_3}{D} = \frac{38}{19} = 2.$$

当 n 元线性方程组(5-7-1),常数项全为零时,称

$$\begin{cases} a_{11}x_1 + a_{12}x_2 + \cdots + a_{1n}x_n = 0, \\ a_{21}x_1 + a_{22}x_2 + \cdots + a_{2n}x_n = 0, \\ \cdots\cdots\cdots\cdots\cdots\cdots\cdots\cdots\cdots\cdots \\ a_{n1}x_1 + a_{n2}x_2 + \cdots + a_{nn}x_n = 0 \end{cases} \tag{5-7-3}$$

为 n 元齐次线性方程组. 而(5-7-1)又称为非齐次线性方程组.

任何一个齐次线性方程组总是有解的,因为它至少有零解. 在什么条件下有非零解呢?

定理 5.9 齐次线性方程组(5-7-3)有非零解的充要条件是系数行列式

$D=0$.

证明 必要性显然成立,如不然,若 $D \neq 0$,则由定理 5.8 有唯一解,即只有一个零解,这与题设矛盾,所以有 $D=0$.

充分性(略).

例 2 当 λ 取何值时,齐次线性方程组:
$$\begin{cases} (\lambda+3)x_1 + x_2 + 2x_3 = 0, \\ \lambda x_1 + (\lambda-1)x_2 + x_3 = 0, \\ 3(\lambda+1)x_1 + \lambda x_2 + (\lambda+3)x_3 = 0 \end{cases}$$
有非零解?

解 系数行列式:
$$D = \begin{vmatrix} \lambda+3 & 1 & 2 \\ \lambda & \lambda-1 & 1 \\ 3(\lambda+1) & \lambda & \lambda+3 \end{vmatrix} \xrightarrow[①+③\cdot(-1)]{①+②\cdot(-1)} \begin{vmatrix} \lambda & 1 & 2 \\ 0 & \lambda-1 & 1 \\ \lambda & \lambda & \lambda+3 \end{vmatrix} = \lambda^2(\lambda-1),$$

当 $D=0$ 即 $\lambda=0$,或 $\lambda=1$ 时方程组有非零解,而 $D \neq 0$ 时显然有唯一零解.

虽然用克莱姆法则求解 $D \neq 0$ 的 n 元非齐次线性方程组,需要计算 $n+1$ 个 n 阶行列式,计算工作量很大,但有重大理论价值.

二、逆矩阵解法

该方法适用于解 n 元线性方程组(5-7-1),为此要把方程组写成如下矩阵方程:
$$AX = B. \tag{5-7-4}$$

其中
$$A = \begin{pmatrix} a_{11} & a_{12} & \cdots & a_{1n} \\ a_{21} & a_{22} & \cdots & a_{2n} \\ \vdots & \vdots & & \vdots \\ a_{n1} & a_{n2} & \cdots & a_{nn} \end{pmatrix}, \quad X = \begin{pmatrix} x_1 \\ x_2 \\ \vdots \\ x_n \end{pmatrix}, \quad B = \begin{pmatrix} b_1 \\ b_2 \\ \vdots \\ b_n \end{pmatrix}.$$

同克莱姆法则一样,若系数矩阵 A 非奇异,则存在逆矩阵 A^{-1},于是可用 A^{-1} 左乘方程两边可得到方程组的解为
$$X = A^{-1}B.$$

例 3 用逆矩阵法解例 1.

解 设矩阵
$$A = \begin{pmatrix} 1 & 2 & -1 \\ 2 & -1 & 1 \\ 1 & -1 & -3 \end{pmatrix}, \quad X = \begin{pmatrix} x_1 \\ x_2 \\ x_3 \end{pmatrix}, \quad B = \begin{pmatrix} -5 \\ 6 \\ -3 \end{pmatrix},$$

则方程组的矩阵形式为 $AX = B$.

求出逆矩阵 A^{-1}：

$$A^{-1}=\frac{1}{19}\begin{pmatrix} 4 & 7 & 1 \\ 7 & -2 & -3 \\ -1 & 3 & -5 \end{pmatrix},$$

$$X=A^{-1}\cdot B=\frac{1}{19}\begin{pmatrix} 4 & 7 & 1 \\ 7 & -2 & -3 \\ -1 & 3 & -5 \end{pmatrix}\begin{pmatrix} -5 \\ 6 \\ -3 \end{pmatrix}$$

$$=\frac{1}{19}\begin{pmatrix} 19 \\ -38 \\ 38 \end{pmatrix}=\begin{pmatrix} 1 \\ -2 \\ 2 \end{pmatrix},$$

即 $x_1=1$，$x_2=-2$，$x_3=2$.

练 习 5.7

(A)

(一)填空题

1. n 元齐次线性方程组,当系数行列式 $D=0$ 时,有_____解.

2. n 元非齐次线性方程组,当系数行列式 D _____ 时有唯一解,解的表示式分母为_____.

(二)选择题

1. 设 $A=(a_{ij})_m$，则方程组 $AX=0$ 有非零解的充要条件是( ).
   (A) $|A|\neq 0$ (B) $|A|=0$ (C) $A\neq 0$ (D) $A=0$

2. n 元非齐次线性方程组,系数行列式 $D=0$,那么( )克莱姆法则.
   (A)可用   (B)只有用   (C)不可用   (D)不一定可用

3. 当 $K=($ $)$时,下述方程组只有零解：
$$\begin{cases} Kx_1+x_3=0, \\ 2x_1+Kx_2+x_3=0, \\ Kx_1-2x_2+x_3=0. \end{cases}$$
   (A) $K=0$ (B) $K\neq 2$ (C) $K=2$ (D) $K=-2$

4. 以下结论正确的是( )：
   (A) 方程组(5-7-1)当 $D=0$ 时有唯一零解
   (B) 方程组(5-7-1)当 $D=0$ 时无解
   (C) 方程组(5-7-1)当 $D=0$ 时不能用克莱姆法则
   (D) 方程组(5-7-1)当 $D=0$ 时不能用逆矩阵法

(B)

试分别用克莱姆法则、逆矩阵法解下列线性方程组：

(1) $\begin{cases} 2x_1 + 5x_2 = 1, \\ 3x_1 + 7x_2 = 2; \end{cases}$
(2) $\begin{cases} 6x_1 - 4x_2 = 10, \\ 5x_1 + 7x_2 = 29; \end{cases}$

(3) $\begin{cases} x_1 + x_2 - 2x_3 = -3, \\ 5x_1 - 2x_2 - 7x_3 = 22, \\ 2x_1 - 5x_2 + 4x_3 = 4; \end{cases}$
(4) $\begin{cases} x_1 + 2x_2 + 4x_3 = 31, \\ 5x_1 + x_2 + 2x_3 = 29, \\ 3x_1 - x_2 + x_3 = 10; \end{cases}$

(5) $\begin{cases} 2x_1 + x_2 - 5x_3 + x_4 = 8, \\ x_1 - 3x_2 - 6x_4 = 9, \\ x_1 + 4x_2 - 7x_3 + 6x_4 = 0, \\ 2x_2 - x_3 + 2x_4 = -5; \end{cases}$
(6) $\begin{cases} x_1 - x_2 + x_3 - 2x_4 = 2, \\ 2x_1 - x_3 + 4x_4 = 4, \\ 3x_1 + 2x_2 + x_3 = -1, \\ -x_1 + 2x_2 - x_3 + 2x_4 = -4. \end{cases}$

§5.8 高斯消元法

对于 n 元线性方程组，可用克莱姆法则或逆矩阵法求解，但要满足两个基本条件：一是方程的个数要与未知量个数相同；二是系数行列式不能等于零.这在实际问题中并不都能满足，即使能满足，计算量一般较大.因此，寻求一般解法是必要的，而且对一般线性方程组都要适用.我们下面来介绍高斯消元法.

设如下形式的线性方程组：

$$\begin{cases} a_{11}x_1 + a_{12}x_2 + \cdots + a_{1n}x_n = b_1, \\ a_{21}x_1 + a_{22}x_2 + \cdots + a_{2n}x_n = b_2, \\ \cdots\cdots\cdots\cdots\cdots\cdots\cdots\cdots\cdots\cdots \\ a_{m1}x_1 + a_{m2}x_2 + \cdots + a_{mn}x_n = b_m. \end{cases} \tag{5-8-1}$$

由于 $m=n, m>n, m<n$ 都有可能，所以(5-8-1)称为一般线性方程组.它的矩阵形式为

$$AX = B. \tag{5-8-2}$$

其中

$$A = \begin{pmatrix} a_{11} & a_{12} & \cdots & a_{1n} \\ a_{21} & a_{22} & \cdots & a_{2n} \\ \vdots & \vdots & & \vdots \\ a_{m1} & a_{m2} & \cdots & a_{mn} \end{pmatrix}, \quad X = \begin{pmatrix} x_1 \\ x_2 \\ \vdots \\ x_n \end{pmatrix}, \quad B = \begin{pmatrix} b_1 \\ b_2 \\ \vdots \\ b_m \end{pmatrix}.$$

这里，$A = (a_{ij})_{mn}$ 称为系数矩阵，$X = (x_1 \quad x_2 \quad \cdots \quad x_n)^T$ 称为未知量列矩阵，

$B=(b_1 \quad b_2 \quad \cdots \quad b_m)^T$ 称为常数项列矩阵.

常数项全为零的方程组称为齐次线性方程组,矩阵形式为
$$AX=0. \tag{5-8-3}$$
而(5-8-2)又称为非齐次线性方程组.

方程组(5-8-1)除了用矩阵方程表示外,还可用增广矩阵表示,即在系数矩阵 A 的右侧加上常数项列矩阵 B,构成的如下矩阵:

$$(A \quad B) = \begin{pmatrix} a_{11} & a_{12} & \cdots & a_{1n} & b_1 \\ a_{21} & a_{22} & \cdots & a_{2n} & b_2 \\ \vdots & \vdots & & \vdots & \vdots \\ a_{m1} & a_{m2} & \cdots & a_{mn} & b_m \end{pmatrix} \tag{5-8-4}$$

称为方程组的增广矩阵.记作 $\overline{A}$.

有了以上准备,对一般线性方程组怎样判断有没有解?如何求出它的解?以及解的情况有几种可能?可用高斯消元法.我们用例子来说明高斯消元法.

一、高斯消元法

高斯消元法是解一般线性方程组的基本方法,实质是通过消元变形,将方程组化成易于求解的同解方程组.§5.1 例1曾指出方程组及每一消元过程都可用矩阵表示出来,§5.6已经用消元法解三元线性方程组.在那里,消元过程可表示如下:

$$\overline{A} = \begin{pmatrix} 2 & -1 & 3 & 1 \\ 4 & 2 & 5 & 4 \\ 2 & 0 & 2 & 6 \end{pmatrix} \rightarrow \begin{pmatrix} 2 & -1 & 3 & 1 \\ 0 & 4 & -1 & 2 \\ 0 & 1 & -1 & 5 \end{pmatrix}$$

$$\rightarrow \begin{pmatrix} 2 & 0 & 2 & 6 \\ 0 & 1 & -1 & 5 \\ 0 & 0 & 3 & -18 \end{pmatrix} \rightarrow \begin{pmatrix} 1 & 0 & 0 & 9 \\ 0 & 1 & 0 & -1 \\ 0 & 0 & 1 & -6 \end{pmatrix}.$$

在最后一个矩阵里可直接"读出"其解.

上述过程是先写出方程组的增广矩阵 $\overline{A}$ 后,利用初等行变换把 $\overline{A}$ 化成阶梯形矩阵(也可写出阶梯形方程组,逐步回代求出其解).当进一步化成行简化阶梯形矩阵后,写出相应的行简化阶梯形方程组,便可直接"读出"方程组的解.

例1 解线性方程组
$$\begin{cases} x_1 + 3x_2 - 2x_3 - 4x_4 = 3, \\ -x_1 - x_2 + 5x_3 + 9x_4 = 14, \\ 2x_1 + 6x_2 - 7x_3 - 10x_4 = -2, \\ -3x_1 - 5x_2 + 15x_4 = -6. \end{cases}$$

解 $\overline{A} = \begin{pmatrix} 1 & 3 & -2 & -4 & 3 \\ -1 & -1 & 5 & 9 & 14 \\ 2 & 6 & -7 & -10 & -2 \\ -3 & -5 & 0 & 15 & -6 \end{pmatrix} \begin{matrix} ②+①\cdot 1 \\ ③+①\cdot(-2) \\ ④+①\cdot 3 \end{matrix} \longrightarrow$

$\begin{pmatrix} 1 & 3 & -2 & -4 & 3 \\ 0 & 2 & 3 & 5 & 17 \\ 0 & 0 & -3 & -2 & -8 \\ 0 & 4 & -6 & 3 & 3 \end{pmatrix} \xrightarrow{④+②\cdot(-2)}$

$\begin{pmatrix} 1 & 3 & -2 & -4 & 3 \\ 0 & 2 & 3 & 5 & 17 \\ 0 & 0 & -3 & -2 & -8 \\ 0 & 0 & -12 & -7 & -31 \end{pmatrix} \xrightarrow{④+③\cdot(-4)}$

$\begin{pmatrix} 1 & 3 & -2 & -4 & 3 \\ 0 & 2 & 3 & 5 & 17 \\ 0 & 0 & -3 & -2 & -8 \\ 0 & 0 & 0 & 1 & 1 \end{pmatrix} \begin{matrix} ①+④\cdot 4 \\ ②+④\cdot(-5) \\ ③+④\cdot 2 \end{matrix} \longrightarrow$

$\begin{pmatrix} 1 & 3 & -2 & 0 & 7 \\ 0 & 2 & 3 & 0 & 12 \\ 0 & 0 & -3 & 0 & -6 \\ 0 & 0 & 0 & 1 & 1 \end{pmatrix} \xrightarrow{③\cdot\left(-\frac{1}{3}\right)}$

$\begin{pmatrix} 1 & 3 & -2 & 0 & 7 \\ 0 & 2 & 3 & 0 & 12 \\ 0 & 0 & 1 & 0 & 2 \\ 0 & 0 & 0 & 1 & 1 \end{pmatrix} \begin{matrix} ①+③\cdot 2 \\ ②+③\cdot(-3) \end{matrix} \longrightarrow$

$\begin{pmatrix} 1 & 3 & 0 & 0 & 11 \\ 0 & 2 & 0 & 0 & 6 \\ 0 & 0 & 1 & 0 & 2 \\ 0 & 0 & 0 & 1 & 1 \end{pmatrix} \xrightarrow{②\cdot\frac{1}{2}}$

$\begin{pmatrix} 1 & 3 & 0 & 0 & 11 \\ 0 & 1 & 0 & 0 & 3 \\ 0 & 0 & 1 & 0 & 2 \\ 0 & 0 & 0 & 1 & 1 \end{pmatrix} \xrightarrow{①+②\cdot(-3)}$

$\begin{pmatrix} 1 & 0 & 0 & 0 & 2 \\ 0 & 1 & 0 & 0 & 3 \\ 0 & 0 & 1 & 0 & 2 \\ 0 & 0 & 0 & 1 & 1 \end{pmatrix}.$

不难写出相应的行简化阶梯形方程组,可"读出"方程组的唯一解为:
$$x_1=2, \quad x_2=3, \quad x_3=2, \quad x_4=1.$$

例 2 解线性方程组
$$\begin{cases} x_1-2x_2+3x_3-x_4+2x_5=2, \\ 3x_1-x_2+5x_3-3x_4-x_5=6, \\ 2x_1+x_2+2x_3-2x_4-3x_5=8. \end{cases}$$

解
$$\bar{A}=\begin{pmatrix} 1 & -2 & 3 & -1 & 2 & 2 \\ 3 & -1 & 5 & -3 & -1 & 6 \\ 2 & 1 & 2 & -2 & -3 & 8 \end{pmatrix} \xrightarrow[\text{③}+\text{①}\cdot(-2)]{\text{②}+\text{①}\cdot(-3)}$$

$$\begin{pmatrix} 1 & -2 & 3 & -1 & 2 & 2 \\ 0 & 5 & -4 & 0 & -7 & 0 \\ 0 & 5 & -4 & 0 & -7 & 4 \end{pmatrix} \xrightarrow{\text{③}+\text{②}\cdot(-1)}$$

$$\begin{pmatrix} 1 & -2 & 3 & -1 & 2 & 2 \\ 0 & 5 & -4 & 0 & -7 & 0 \\ 0 & 0 & 0 & 0 & 0 & 4 \end{pmatrix}.$$

显然,当写出对应的阶梯形方程组后第三个方程出现"0=4",无论哪一组数都不能使其变成恒等式.因此,出现这种情况可判定方程组无解.

例 3 解线性方程组
$$\begin{cases} x_1+2x_2-x_3+x_4=2, \\ 2x_1+5x_2-x_3+2x_4=3, \\ -x_1-2x_2+2x_3-2x_4=3. \end{cases}$$

解
$$\bar{A}=\begin{pmatrix} 1 & 2 & -1 & 1 & 2 \\ 2 & 5 & -1 & 2 & 3 \\ -1 & -2 & 2 & -2 & 3 \end{pmatrix} \xrightarrow[\text{③}+\text{①}\cdot 1]{\text{②}+\text{①}\cdot(-2)}$$

$$\begin{pmatrix} 1 & 2 & -1 & 1 & 2 \\ 0 & 1 & 1 & 0 & -1 \\ 0 & 0 & 1 & -1 & 5 \end{pmatrix} \xrightarrow[\text{②}+\text{③}\cdot(-1)]{\text{①}+\text{③}\cdot 1}$$

$$\begin{pmatrix} 1 & 2 & 0 & 0 & 7 \\ 0 & 1 & 0 & 1 & -6 \\ 0 & 0 & 1 & -1 & 5 \end{pmatrix} \xrightarrow{\text{①}+\text{②}\cdot(-2)}$$

$$\begin{pmatrix} 1 & 0 & 0 & -2 & 19 \\ 0 & 1 & 0 & 1 & -6 \\ 0 & 0 & 1 & -1 & 5 \end{pmatrix}.$$

写出行简化阶梯形方程组:

$$\begin{cases} x_1 - 2x_4 = 19, \\ x_2 + x_4 = -6, \\ x_3 - x_4 = 5. \end{cases}$$

方程组的解可以表示成以下形式(不唯一!):

$$\begin{cases} x_1 = 2x_4 + 19, \\ x_2 = -x_4 - 6, \\ x_3 = x_4 + 5. \end{cases}$$

任取 x_4 的一个值,就可确定 x_1, x_2, x_3 的值,它们是方程组的一组解.由于 x_4 的任意性,其解不唯一.称 x_4 为自由未知量,这种用自由未知量表达方程组的解称为一般解.实际上,方程组的一般解表示该方程组有无穷多组解.

上面例子说明:线性方程组的解出现三种情形:唯一解、无解、无穷多组解.数学上已证明解的情况只有这三种可能,这里不赘述了.

利用高斯消元法判定方程组的解的判定方法综述如下:

(1) 当化增广矩阵 $\overline{A}$ 为阶梯形矩阵后,若对应的阶梯形方程组出现"$0 = K$"($K \neq 0$),则判定无解.

(2) 若未出现"$0 = K$",则可判定有解.在有解时,若阶梯形方程组方程个数 r(即秩 r)= 未知量个数 n,则有唯一解;若 $r < n$,则有无穷多组解(即一般解).

例 4 当 a 为何值时,下述方程组有解?并求出它的解.

$$\begin{cases} x_1 - x_2 + x_3 + 5x_4 = -2, \\ x_2 - x_3 - x_4 = 1, \\ x_1 + x_2 - x_3 + 3x_4 = a. \end{cases}$$

解 用消元法将 $\overline{A}$ 化成阶梯形矩阵:

$$\overline{A} = \begin{pmatrix} 1 & -1 & 1 & 5 & -2 \\ 0 & 1 & -1 & -1 & 1 \\ 1 & 1 & -1 & 3 & a \end{pmatrix} \dashrightarrow$$

$$\begin{pmatrix} 1 & -1 & 1 & 5 & -2 \\ 0 & 1 & -1 & -1 & 1 \\ 0 & 0 & 0 & 0 & a \end{pmatrix}.$$

若 $a \neq 0$,则无解.仅当 $a = 0$ 时有解,于是再继续化成行简化阶梯形矩阵:

$$\begin{pmatrix} 1 & 0 & 0 & 4 & -1 \\ 0 & 1 & -1 & -1 & 1 \\ 0 & 0 & 0 & 0 & 0 \end{pmatrix}.$$

方程组的解为:

$$\begin{cases} x_1 = -4x_4 - 1, \\ x_2 = x_3 + x_4 + 1. \end{cases} \quad 其中 x_3, x_4 为自由未知量.$$

前已述，自由未知量的选取不是唯一的. 例如，也可将 x_2 作为一个自由未知量：

$$\begin{cases} x_1 = -4x_4 - 1, \\ x_3 = x_2 - x_4 - 1. \end{cases} \quad 其中 x_2, x_4 为自由未知量.$$

将高斯消元法的判定方法，用于齐次线性方程组，可以得到如下定理.

定理 5.10 如果齐次线性方程组 $AX=0$ 的方程个数 $m <$ 未知量个数 n，则必有非零解.

例 5 试问下述齐次线性方程组有无非零解？如有，求出它的非零解：

$$\begin{cases} x_1 + 2x_2 + 5x_3 = 0, \\ x_1 + 3x_2 - 2x_3 = 0, \\ 3x_1 + 7x_2 + 8x_3 = 0. \end{cases}$$

解 由于增广矩阵 $\overline{A}$ 最末一列全为零，所以对齐次线性方程组可对系数矩阵 A 进行初等行变换：

$$A = \begin{pmatrix} 1 & 2 & 5 \\ 1 & 3 & -2 \\ 3 & 7 & 8 \end{pmatrix} \dashrightarrow \begin{pmatrix} 1 & 0 & 19 \\ 0 & 1 & -7 \\ 0 & 0 & 0 \end{pmatrix}.$$

实际上只有两个方程独立，方程个数 $2 <$ 未知量个数 3，因此有非零解：

$$\begin{cases} x_1 = -19x_3, \\ x_2 = 7x_3. \end{cases}$$

其中，x_3 为自由未知量.

二、有解判别定理

除了利用高斯消元判定方法外，如果从矩阵秩的角度看，又可得到一个重要判定方法——有解判别定理：

定理 5.11（有解判别定理） 线性方程组 (5-8-1) 有解的充要条件是秩 $(A) = $ 秩 $(\overline{A})$.

该定理与消元判定方法是一致的. 利用消元判定方法，在不出现 "$0=K$" 即有解条件下，$\overline{A}$ 化成的阶梯形矩阵与去掉最末一列的阶梯形矩阵（可看成 A 化成的）的非零行的行数相同，即秩 $(A) = $ 秩 $(\overline{A})$.

读者不妨验证例 2，由于秩 $(A) \neq $ 秩 $(\overline{A})$，所以无解，而其他例子都是由于秩 $(A) = $ 秩 $(\overline{A})$ 才有解.

在有解条件下，至于解唯一还是不唯一，又有下述定理：

定理 5.12 线性方程组 (5-8-1) 有解时，若秩 $(A) = $ 秩 $(\overline{A}) = r$，则当 $r =$

n(未知量个数)时有唯一解;当 $r<n$ 时有无穷多个解.

读者不妨验证例 1、例 3、例 4,以加深对定理的理解和运用.

定理 5.13 齐次线性方程组 $AX=0$ 有非零解的充要条件是秩$(A)<n$.

实际上,定理 5.13 与定理 5.9 是一致的.

练 习 5.8

(A)

(一)填空题

1. 如果方程组 $AX=B$ 有解,那么当秩(A)_____时有唯一解;当秩$(\overline{A})$_____时有无穷多个解.

2. 方程组 $AX=B$ 有解的充要条件是_____.

3. 方程组 $AX=0$ 有非零解的充要条件是_____.

(二)选择题

1. 当 $\lambda=($ $)$ 时,方程组有无穷多组解:
$$\begin{cases} x_1+2x_2-x_3=\lambda-1, \\ 3x_2-x_3=\lambda-2, \\ \lambda x_2-x_3=(\lambda-3)(\lambda-4)+(\lambda-2). \end{cases}$$
(A) 1   (B) 2;   (C) 3   (D) 4.

2. 当 $\lambda\neq($ $)$ 时,方程组有唯一解:
$$\begin{cases} \lambda x_1+x_2+x_3=1, \\ x_1+\lambda x_2+x_3=\lambda, \\ x_1+x_2+\lambda x_3=\lambda^2. \end{cases}$$
(A) $\lambda=1,-2$ (B) $\lambda=1,\lambda\neq 2$ (C) $\lambda\neq 1,-2$ (D) $\lambda=-2,\lambda\neq 1$

3. 当 $\lambda=($ $)$ 时,方程组无解:
$$\begin{cases} x_1+2x_2-x_3=4, \\ x_2+2x_3=2, \\ (\lambda-1)(\lambda-2)x_3=(\lambda-3)(\lambda-4). \end{cases}$$
(A) 1   (B) 2   (C) 3   (D) 4

4. 当 $\lambda=($ $)$ 时,下列方程组无非零解:
$$\begin{cases} (\lambda-2)x_1+5x_2+2x_3=0 \\ -x_1+(\lambda-8)x_2-2x_3=0 \\ 2x_1+14x_2+(\lambda+3)x_3=0 \end{cases}$$
(A) $\lambda=1,2$ (B) $\lambda=1,3$ (C) $\lambda=2,3$ (D) $\lambda=-3,8$

(B)

1. 用消元法解下列线性方程组：

(1) $\begin{cases} x_1+3x_2+x_3+2x_4=4, \\ 3x_1+4x_2+2x_3-3x_4=6, \\ -x_1-5x_2+4x_3+x_4=11, \\ 2x_1+7x_2+x_3-6x_4=-5; \end{cases}$

(2) $\begin{cases} x_1+3x_2-13x_3=-6, \\ 2x_1-x_2+3x_3=3, \\ 3x_1+x_2-5x_3=0, \\ 4x_1-x_2+x_3=3; \end{cases}$

(3) $\begin{cases} x_1+x_2+x_3+x_4=-7, \\ x_1+3x_3-x_4=8, \\ x_1+2x_2-x_3+x_4=-2, \\ 3x_1+3x_2+3x_3+2x_4=-11, \\ 2x_1+2x_2+2x_3+x_4=-4; \end{cases}$

(4) $\begin{cases} x_1+x_2+2x_3=1, \\ 2x_1+2x_2+2x_3=6, \\ x_1+x_2-x_3=4, \\ 4x_1+4x_2+6x_3=6; \end{cases}$

(5) $\begin{cases} x_1+x_2-2x_3-x_4=1, \\ 3x_1-x_2+x_3+4x_4=4, \\ x_1+5x_2-x_3-x_4=0; \end{cases}$

(6) $\begin{cases} x_1+2x_2-x_3+x_4=0, \\ 2x_1+2x_2+x_3-3x_4=0, \\ -x_1-4x_2+3x_3-6x_4=0. \end{cases}$

2. 当 K 取何值时，方程组有解？若有解求出它的解：

$$\begin{cases} x_1+2x_2-x_3+4x_4=2, \\ 2x_1-x_2+x_3+x_4=1, \\ x_1+7x_2-4x_3+11x_4=K. \end{cases}$$

3. 判断下述方程组有无非零解：

$$\begin{cases} x_1+3x_2-4x_3+2x_4=0, \\ 3x_1-x_2+2x_3-x_4=0, \\ -2x_1+4x_2-x_3+3x_4=0, \\ 3x_1+9x_2-7x_3+6x_4=0. \end{cases}$$

§5.9 经济应用 V

线性代数在经济学中有极广泛应用. 本章作为矩阵与线性方程组的一个直接应用，仅对投入产出与线性规划这两个线性经济模型及其解法作一初步介绍.

一、投入产出数学模型

投入产出数学模型，是美国经济学家里昂节夫于 20 世纪 30 年代首先提出的一种经济均衡模型,是通过编制投入产出表和建立相应的线性方程组,对一经济系统乃至国民经济各部门间投入与产出相互依存关系,进行综合分析的一种数量方法.

1. 什么是投入产出

在一个经济系统乃至国民经济中,任何产业部门从事经济活动都要购进并消耗某些进货,它一方面要"投入":即指从其他产业部门购进中间产品(即原材料、半成品等)和资本设备,同时还要购买劳动力,这也就是在生产过程中消耗劳动对象、劳动资料和活劳动的数量;另一方面有"产出":指生产出来的产品除供本部门使用外,还要分配给别的产业部门用于生产消耗、以及提供最终产品(即积累、出口等)供社会使用,也就是指产品分配使用的方向和数量.

因此,每个产业部门既是生产产品(产出)的部门,又是消耗产品(投入)的部门.

2. 投入产出平衡表

把每一产业部门各项投入的来源和各项产出的去向,纵横交错地反映于一张棋盘式的表上,这张表称为投入产出平衡表.

为了具体和直观地说明投入产出平衡表,这里仅以价值型投入产出为例,假设一经济系统有甲、乙两个部门,投入与产出数量关系见表5.1.

表5.1是通过相互垂直的横双线与纵双线分成四个部分:左上、右上、左下、右下,分别称为Ⅰ、Ⅱ、Ⅲ、Ⅳ象限. 如下图所示:

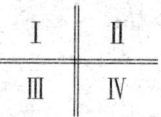

表5.1　　　　　　　　　　投入产出平衡表　　　　　　　　单位:亿元

投入＼产出		中间产品		最终产品 Y	总产出 X
		部门甲	部门乙		
中间投入	部门甲	10	20	70	100
	部门乙	30	10	10	50
原始投入	折旧 D	5	5		
	劳动 V	40	10		
	纯收入 M	15	5		
总投入 X		100	50		

从横行看（Ⅰ与Ⅱ象限连起来）：表示产出，反映各部门总产品分配使用方向和数量。如部门甲总产出 100 亿元分配给本部门产品 10 亿元，部门乙 20 亿元，并提供最终产品 70 亿元。同样，部门乙总产出 50 亿元分配给本部门 10 亿元，甲部门 30 亿元，提供最终产品 10 亿元。

从纵列看（Ⅰ与Ⅲ象限连起来）：表示投入，反映各部门消耗（投入）劳动对象、劳动资料、活劳动的数量。如部门甲消耗本部门产品 10 亿元，消耗部门乙 30 亿元，折旧 5 亿元，支付劳动 40 亿元，纯收入 15 亿元，共消耗 100 亿元。同样，部门乙除消耗本部门 10 亿元外，还消耗甲部门 20 亿元，折旧 5 亿元，支付劳动 10 亿元，纯收入 5 亿元，共消耗 50 亿元产品。

如果用数学符号表示表 5.1 具体数字，对 n 个部门可得表 5.2，这就有利于把多部门间数量依存关系用线性方程组表示出来。

表 5.2 代表 n 个部门，其中 $x_{ij}(i,j=1,2\cdots,n)$ 称为部门间产品流量。从横行看可得产品分配平衡方程组：

$$\begin{cases} x_{11}+x_{12}+\cdots+x_{1n}+Y_1=X_1, \\ x_{21}+x_{22}+\cdots+x_{2n}+Y_2=X_2, \\ \cdots\cdots\cdots\cdots\cdots\cdots\cdots\cdots\cdots\cdots\cdots\cdots \\ x_{n1}+x_{n2}+\cdots+x_{nn}+Y_n=X_n. \end{cases}$$

表 5.2　　　　　　用符号表示的投入产出平衡表

投入 \ 产出		中间产品				Y	X
		1	2	⋯	n		
中间投入	部门 1	x_{11}	x_{12}	⋯	x_{1n}	Y_1	X_1
	部门 2	x_{21}	x_{22}	⋯	x_{2n}	Y_2	X_2
	⋮	⋮	⋮		⋮	⋮	⋮
	部门 n	x_{n1}	x_{n2}	⋯	x_{nn}	Y_n	X_n
原始投入	D	D_1	D_2	⋯	D_n		
	V	V_1	V_2	⋯	V_n		
	M	M_1	M_2	⋯	M_n		
X		X_1	X_2	⋯	X_n		

从纵列看可得消耗平衡方程组：

$$\begin{cases} x_{11}+x_{21}\cdots+x_{n1}+D_1+V_1+M_1=X_1, \\ x_{12}+x_{22}\cdots+x_{n2}+D_2+V_2+M_2=X_2, \\ \cdots\cdots\cdots\cdots\cdots\cdots\cdots\cdots\cdots\cdots\cdots\cdots \\ x_{1n}+x_{2n}\cdots+x_{nn}+D_n+V_n+M_n=X_n. \end{cases}$$

由此，横行的和等于纵列的和.

以下，不妨就 $n=2$ 情形来具体看投入与产出的关系，并求平衡方程组的解.

如表 5.1，横行看，产品分配平衡方程组为：
$$\begin{cases} x_{11}+x_{12}+Y_1=X_1, \\ x_{21}+x_{22}+Y_2=X_2. \end{cases}$$

其经济意义是：中间产品＋最终产品＝总产品.

纵列看，消耗平衡方程组为：
$$\begin{cases} x_{11}+x_{21}+D_1+V_1+M_1=X_1, \\ x_{12}+x_{22}+D_2+V_2+M_2=X_2. \end{cases}$$

其经济意义是：中间投入＋原始投入＝总产品.

3. 分配平衡方程组的解

如表 5.1，为生产总产品 X_1 亿元，要消耗（投入）x_{11} 与 x_{21} 亿元产品量. 生产一个单位总产品 X_1，需直接消耗部门 1 与部门 2（即部门甲与乙）的产品量分别为：

$$a_{11}=\frac{x_{11}}{X_1}=\frac{10}{100}=0.1,$$

$$a_{21}=\frac{x_{21}}{X_1}=\frac{30}{100}=0.3.$$

同理，生产一个单位总产品 X_2，需直接消耗部门 1 与部门 2 的产品量分别为：

$$a_{12}=\frac{x_{12}}{X_2}=\frac{20}{50}=0.4,$$

$$a_{22}=\frac{x_{22}}{X_2}=\frac{10}{50}=0.2.$$

这里，$a_{11},a_{12},a_{21},a_{22}$ 称为直接消耗系数或技术系数.

把 $a_{ij}(i,j=1,2)$ 代入分配平衡方程组，得：
$$\begin{cases} a_{11}X_1+a_{12}X_2+Y_1=X_1, \\ a_{21}X_1+a_{22}X_2+Y_2=X_2. \end{cases}$$

若引入矩阵，令

$$A=\begin{pmatrix} a_{11} & a_{12} \\ a_{21} & a_{22} \end{pmatrix}, \quad X=\begin{pmatrix} X_1 \\ X_2 \end{pmatrix}, \quad Y=\begin{pmatrix} Y_1 \\ Y_2 \end{pmatrix}.$$

则分配平衡方程组的矩阵形式为： $AX+Y=X$

或 $$Y = X - AX = (E-A)X. \quad (5\text{-}9\text{-}1)$$

其中:E 为单位矩阵,A 为投入产出矩阵或直接消耗系数矩阵,Y 为最终产品列矩阵,X 为总产品列矩阵或流量矩阵,$(E-A)$ 称为里昂节夫矩阵.

其实,当一个经济系统有 n 个产业部门构成时,公式(5-9-1)仍成立. 这时 A 为 n 阶矩阵,Y 为 $n \times 1$ 列矩阵,X 为 $n \times 1$ 列矩阵,E 为 n 阶单位矩阵. 其中直接消耗系数为

$$a_{ij} = \frac{x_{ij}}{X_j} \quad (i,j = 1,2,\cdots,n). \quad (5\text{-}9\text{-}2)$$

它表示第 j 部门生产一个单位的总产品直接消耗第 i 部门产品量的直接消耗系数或技术系数.

一般地说,a_{ij} 可从计划期或报告期资料计算得到,在投入产出分析中当做已知的系数. 公式(5-9-1)的意义在于已知总产品量 X,可求出最终产品量 Y.

例 1 设某企业有两个生产部门,其投入与产出如表 5.3 所示.

表 5.3   单位:亿元

投入＼产出		中间产品 1	中间产品 2	最终产品 Y	总产出 X
中间投入	1	100	50	Y_1	X_1
	2	50	60	Y_2	X_2
原始投入	D	30	10		
	V	60	50		
	M	60	30		
总投入 X		X_1	X_2		

求:(1) 各部门总产品 X_1, X_2;

(2) 各部门最终产品 Y_1, Y_2;

(3) 直接消耗系数矩阵 A.

解 (1) 由消耗平衡方程组得:
$$X_1 = 100 + 50 + 30 + 60 + 60 = 300,$$
$$X_2 = 50 + 60 + 10 + 50 + 30 = 200.$$

(2) 由分配平衡方程组得:
$$Y_1 = 300 - 100 - 50 = 150,$$

$$Y_2 = 200 - 50 - 60 = 90.$$

（3）根据直接消耗系数计算公式有：

$$a_{11} = \frac{100}{300} = \frac{1}{3}, \quad a_{12} = \frac{50}{200} = 0.25,$$

$$a_{21} = \frac{50}{300} = \frac{1}{6}, \quad a_{22} = \frac{60}{200} = 0.30,$$

$$A = \begin{pmatrix} \frac{1}{3} & 0.25 \\ \frac{1}{6} & 0.30 \end{pmatrix}.$$

由本例，如果已知 A 与 X，那么可求出 Y，由(5-9-1)知

$$Y = (E-A)X = \begin{pmatrix} \frac{2}{3} & -0.25 \\ -\frac{1}{6} & 0.70 \end{pmatrix} \begin{pmatrix} 300 \\ 200 \end{pmatrix} = \begin{pmatrix} 150 \\ 90 \end{pmatrix}.$$

这与计算 Y_1, Y_2 的结果一致.

如果已知 A 与 Y，那么可求出 X：

$$X = (E-A)^{-1}Y = \frac{1}{51} \begin{pmatrix} 84 & 30 \\ 20 & 80 \end{pmatrix} \cdot \begin{pmatrix} 150 \\ 90 \end{pmatrix} = \begin{pmatrix} 300 \\ 200 \end{pmatrix}.$$

这与计算 X 的结果也一致.

需要说明，由于 $a_{ij} \geqslant 0$，如果 $\sum_{i=1}^{n} a_{ij} < 1$ $(i, j = 1, 2, \cdots, n)$，数学上可证明 $E - A$ 是非奇异矩阵，因此从最终产品 Y 求出总产品 X 的公式为

$$X = (E-A)^{-1}Y. \tag{5-9-3}$$

4. 消耗平衡方程组的解

将 $x_{ij} = a_{ij} \cdot X_j$ 代入消耗平衡方程组：

$$\begin{cases} a_{11}X_1 + a_{21}X_1 + (D_1 + V_1 + M_1) = X_1, \\ a_{12}X_2 + a_{22}X_2 + (D_2 + V_2 + M_2) = X_2. \end{cases}$$

或

$$\begin{cases} (a_{11} + a_{21})X_1 + (D_1 + V_1 + M_1) = X_1, \\ (a_{12} + a_{22})X_2 + (D_2 + V_2 + M_2) = X_2. \end{cases}$$

若引入矩阵，令

$$C = \begin{pmatrix} a_{11} + a_{21} & 0 \\ 0 & a_{12} + a_{22} \end{pmatrix}, \quad Z = \begin{pmatrix} Z_1 \\ Z_2 \end{pmatrix} = \begin{pmatrix} D_1 + V_1 + M_1 \\ D_2 + V_2 + M_2 \end{pmatrix},$$

则消耗平衡方程组的矩阵形式为

5.9 经济应用 V

$$X = CX + Z,$$

或

$$X = (E - C)^{-1} Z, \qquad (5\text{-}9\text{-}4)$$

$$Z = (E - C) X. \qquad (5\text{-}9\text{-}5)$$

需要指出:数学上可证明 $E - C$ 是非奇异矩阵,因此逆矩阵存在. C 称为中间投入系数矩阵, Z 称为原始投入矩阵.

例 2 已知某企业在一个周期内直接消耗系数矩阵为 A,总产品为 X,求原始投入 Z. 其中

$$A = \begin{pmatrix} 0.1 & 0.2 \\ 0.3 & 0.4 \end{pmatrix}, \quad X = \begin{pmatrix} 100 \\ 200 \end{pmatrix}.$$

解

$$C = \begin{pmatrix} 0.1 + 0.3 & 0 \\ 0 & 0.2 + 0.4 \end{pmatrix} = \begin{pmatrix} 0.4 & 0 \\ 0 & 0.6 \end{pmatrix},$$

$$E - C = \begin{pmatrix} 0.6 & 0 \\ 0 & 0.4 \end{pmatrix},$$

$$Z = (E - C) X = \begin{pmatrix} 0.6 & 0 \\ 0 & 0.4 \end{pmatrix} \begin{pmatrix} 100 \\ 200 \end{pmatrix} = \begin{pmatrix} 60 \\ 80 \end{pmatrix},$$

即 $Z_1 = 60, Z_2 = 80$.

反之,若已知 A 与 Z,则可求出 X:

$$X = (E - C)^{-1} Z = \frac{5}{3} \begin{pmatrix} 1 & 0 \\ 0 & \frac{3}{2} \end{pmatrix} \begin{pmatrix} 60 \\ 80 \end{pmatrix} = \begin{pmatrix} 100 \\ 200 \end{pmatrix},$$

即 $X_1 = 100, X_2 = 200$.

注意:对 n 个部门情形,中间投入系数矩阵 C 为

$$C = \begin{pmatrix} \sum_{i=1}^{n} a_{i1} & & & \\ & \sum_{i=1}^{n} a_{i2} & & \\ & & \ddots & \\ & & & \sum_{i=1}^{n} a_{in} \end{pmatrix}.$$

实际上,比如第 j 部门,它不仅直接消耗第 i 部门产品量,还要通过其他部门间接消耗第 i 部门产品量,直接与间接消耗的和就称为第 j 部门完全消耗第 i 部门的产品量. 有关完全消耗问题可参看有关书籍.

练 习 5.9(1)

（A）

(一)填空题

1. 部门间产品流量 x_{ij} 表示第____部门在生产过程中对第____部门产品的消耗量.

2. 投入产出表水平方向的平衡方程组是_____,垂直方向的平衡方程组是_____.

3. 已知 A 与 X,求 $Y=$ ____;已知 A 与 Y,求 $X=$ ____;已知 A 与 Z,则 $X=$ ____;已知 A 与 X,则 $Z=$ ____.

4. $a_{ij}=$ ____,表示_____.

(二)选择题

1. 中间产品表示( ).
   (A) 生产过程中消耗掉的产品
   (B) 在本时期内已加工完毕的产品
   (C) 供社会使用的产品
   (D) 在本时期内,尚须进一步加工的产品

2. 最终产品表示( ).
   (A) 对外出口的产品
   (B) 用于积累的产品
   (C) 本时期内,已加工完毕供社会消费使用的产品
   (D) 生产出来的成品

3. 直接消耗系数 $a_{ij}=$ ( ).
   (A) $\dfrac{x_{ij}}{X_j}$ (B) $\dfrac{x_{ij}}{Y_i}$ (C) $\dfrac{X_j}{x_{ij}}$ (D) $\dfrac{x_{ij}}{X_i}$

4. 在投入产出平衡表中,下列公式正确的是( ).
   (A) $\sum\limits_{j=1}^{n} x_{kj}=\sum\limits_{i=1}^{n} x_{ik}$ $(k=1,2,\cdots,n)$
   (B) $\sum\limits_{i=1}^{n} Y_i=\sum\limits_{i=1}^{n} Z_i$
   (C) $\sum\limits_{j=1}^{n} x_{kj}+Y_k=\sum\limits_{i=1}^{n} x_{ik}+Z_k$ $(k=1,2,\cdots,n)$
   (D) $\sum\limits_{j=1}^{n} x_j=\sum\limits_{i=1}^{n} X_i$

经济应用 V 5.9   311

(B)

1. 一经济系统在一个生产周期内,产品的投入与分配如表5.4所示(单位：万元).

表5.4

投入 \ 产出		中间产品			最终产品 Y	总产品 X
		1	2	3		
中间投入	1	100	25	30	Y_1	400
	2	80	50	30	Y_2	250
	3	40	25	60	Y_3	300

求：(1) 最终产品 Y_1, Y_2, Y_3；

(2) 直接消耗系数矩阵 A.

2. 一经济系统在一个生产周期内,直接消耗及最终产品如表5.5所示(单位：万元).

表5.5

投入 \ 产出	部门1	部门2	部门3	最终产品 Y	总产出 X
部门1	0.20	0.10	0.20	75	X_1
部门2	0.10	0.20	0.20	120	X_2
部门3	0.10	0.10	0.10	225	X_3

求：(1) 各部门总产品 X_1, X_2, X_3；

(2) 部门间流量矩阵 $X = (x_{ij})_{3 \times 3} (i, j = 1, 2, 3)$.

3. 设由三个企业组成的一经济系统,已知报告期直接消耗系数矩阵为

$$A = \begin{pmatrix} 0.10 & 0.25 & 0 \\ 0.20 & 0.30 & 0.40 \\ 0 & 0.10 & 0.20 \end{pmatrix}.$$

(1) 如果计划期最终产品产值为：

$$Y = (1\,200 \quad 2\,800 \quad 1\,000)^T,$$

求计划期三个企业的总产品产值 $X = (X_1, X_2, X_3)^T$；

(2) 如果计划期总产品产值为

$$X=(400 \quad 6\,000 \quad 2\,000)^{\mathrm{T}},$$
求计划期三个企业最终产品产值 $Y=(Y_1,Y_2,Y_3)^{\mathrm{T}}$.

*二、线性规划数学模型

线性规划起源于里昂节夫投入产出法,是运筹学中应用最广的一个分支.它是解决在一定约束条件下,求目标函数最大、最小值问题的一种数学方法.

应用线性规划,一般要把实际问题用适当数学形式表达出来,就是要先建立线性规划数学模型. 这里,先举出几个典型问题,旨在对经济分析中类似的线性规划问题如何建立数学模型,然后对它们的求解基本方法作一简介.

1. 线性规划问题数学模型

1° 运输问题

在国民经济中,地区间物资调运有个使运费最节省问题.

例 1 某地有两个工厂 A_1 与 A_2 生产一大型设备,年产量分别为 23 台与 27 台,销往三个地区 B_1,B_2,B_3,销地需求量分别为 17 台,18 台,15 台. 两工厂到三个销地单位运价如表 5.6 所示. 问如何组织调运使总运费最省.

表 5.6　　　　　　　　工厂到销地运价表　　　　　　单位:万元/台

工厂 \ 销地	B_1	B_2	B_3
A_1	1	1.5	2
A_2	2	4	2

解 表中,表示 A_1 运往销地 B_1 单位运价 1 万元,运往 B_2 单位为 1.5 万元,运往 B_3 单位为 2 万元,依此类推可知 A_2 到销地的单位运价.

如果用 x_{ij} 表示从工厂 A_i 到销地 B_j 的台数,作出产销平衡表,如表 5.7.

由题设,A_1 运往 B_1,B_2,B_3 的总台数应等于 A_1 的年产量 23 台,即
$$x_{11}+x_{12}+x_{13}=23.$$

表 5.7　　　　　　　　　产销平衡表　　　　　　　　单位:台

工厂 \ 销地	B_1	B_2	B_3	供应量
A_1	x_{11}	x_{12}	x_{13}	23
A_2	x_{21}	x_{22}	x_{23}	27
需求量	17	18	15	50

同样，A_2 运往 B_1,B_2,B_3 的总台数应等于 A_2 的年产量 27 台，即
$$x_{21}+x_{22}+x_{23}=27.$$
又，工厂 A_1 与 A_2 提供销地 B_1 的总台数应满足 B_1 的需求量，即
$$x_{11}+x_{21}=17.$$
提供销地 B_2 的总台数应满足 B_2 的需求量，即
$$x_{12}+x_{22}=18.$$
提供销地 B_3 的总台数应满足 B_3 的需求量，即
$$x_{13}+x_{23}=15.$$
于是总运费等于每个运量 x_{ij}（台数）与对应运价相乘后的和，即
$$S=1\cdot x_{11}+1.5\cdot x_{12}+2\cdot x_{13}+2\cdot x_{21}+4\cdot x_{22}+2\cdot x_{23}.$$
上述过程就可表示成以下数学模型：

求一组变量 $x_{ij}\geqslant 0(i=1,2;j=1,2,3)$ 使它满足约束条件：
$$\begin{cases} x_{11}+x_{12}+x_{13}=23,\\ x_{21}+x_{22}+x_{23}=27,\\ x_{11}+x_{21}=17,\\ x_{12}+x_{22}=18,\\ x_{13}+x_{23}=15,\end{cases}$$
并且使总运费（称为目标函数）最省，即要求
$$S=x_{11}+1.5x_{12}+2x_{13}+2x_{21}+4x_{22}+2x_{23}$$
取最小值．

这是产销平衡模型，还可推广到 m 个产地与 n 个销地情形．

2° 资源最优利用问题

一个地区乃至一个国家，都存在有限资源合理配置的问题．对一个企业来说，就是如何调配资源使企业获利最大或使成本最低．

例2 某厂生产割草机与自行车两产品，都经过三个工序：机械车间、冲压车间、装配车间．实际利润每台割草机为 120 元，自行车 80 元．在满足表5.8约束条件下，问应各生产多少台可获利最大？

表 5.8　　　　　　　　产品生产时间需要量　　　　　　　　单位：小时

产品 \ 车间	机械车间	冲压车间	装配车间
割草机	4	6	2.5
自行车	5	3	4
可利用小时	200	180	108

解 设生产割草机 x_1 台,自行车 x_2 辆,由题设,要在以下约束条件下:

$$\begin{cases} 4x_1+5x_2 \leqslant 200, \\ 6x_1+3x_2 \leqslant 180, \\ 2.5x_1+4x_2 \leqslant 108, \end{cases}$$

使利润(即目标函数)

$$L=120x_1+80x_2$$

取最大值.

3° 配料问题

如何合理地将不同成分的原料混合,制成一定规格的产品以使生产成本最低.这是在冶炼、化工、食品等行业中经常遇到的一个技术经济问题.

例3 一个农场生产每亩至少需施氮肥 500 公斤,磷肥 400 公斤.现有型号Ⅰ、Ⅱ两种肥料,含氮、磷成分如表 5.9 所示.问如何投放型号Ⅰ与Ⅱ的比例既能提供足量的氮、磷肥,又使成本最低?

表 5.9　　　　　　　　两种型号含量表　　　　　　　单位:公斤

成分	肥料类型		最小需要量
	型号Ⅰ(360 元/吨)	型号Ⅱ(320 元/吨)	
氮肥	60	20	500
磷肥	30	40	400

解 由表可知,型号Ⅰ售价 0.36 元/公斤,型号Ⅱ售价 0.32 元/公斤.设型号Ⅰ与Ⅱ各投放 x_1 与 x_2 公斤,则在如下约束条件下:

$$\begin{cases} 60x_1+20x_2 \geqslant 500, \\ 30x_1+40x_2 \geqslant 400, \\ x_1 \geqslant 0, x_2 \geqslant 0, \end{cases}$$

使生产成本(即目标函数)

$$S=0.36x_1+0.32x_2$$

取最低值.

除此之外,还有生产任务合理安排、投资最优分配、国民经济计划综合平衡等问题,都可建立线性规划问题数学模型.

2. 线性规划问题标准形式

线性规划问题数学模型,都是由变量(称为决策变量)、约束条件(线性等式或不等式)及目标函数(预定最大或最小)三部分构成.从这个意义上讲,线性规划是在一组线性约束条件下,如何求出决策变量值使线性目标函数取最优值的一种数学方法.

一般地,决策变量多于两个以上的线性规划数学模型只有转化为标准形式后容易求解.本书规定线性规划数学模型的标准形式如下:

目标函数:
$$S = C_1 x_1 + C_2 x_2 + \cdots + C_n x_n = 最大.$$

约束条件:
$$\begin{cases} a_{11}x_1 + a_{12}x_2 + \cdots + a_{1n}x_n = b_1, \\ a_{21}x_1 + a_{22}x_2 + \cdots + a_{2n}x_n = b_2, \\ \cdots\cdots\cdots\cdots\cdots\cdots\cdots\cdots \\ a_{m1}x_1 + a_{m2}x_2 + \cdots + a_{mn}x_n = b_m, \\ x_j \geq 0, b_i \geq 0 \quad (i=1,2,\cdots,m; j=1,2,\cdots,n). \end{cases}$$

如果引入矩阵,可简记为
$$\begin{cases} \max S = CX, \\ AX = b, \\ X \geq 0. \end{cases} \tag{5-9-6}$$

其中
$$A = (a_{ij})_{mn}, \quad b = (b_1 \ b_2 \ \cdots \ b_m)^T,$$
$$X = (x_1 \ x_2 \ \cdots \ x_n)^T, C = (C_1 \ C_2 \ \cdots \ C_n)^T.$$

上述标准形式有以下四个特征:

(1) 决策变量全大于或等于零;

(2) 约束条件全为线性等式;

(3) 约束条件右端常数项全为正数;

(4) 目标函数为最大值.

3. 化线性规划数学模型为标准形式

(1) 当约束条件中第 i 个方程出现
$$a_{i1}x_1 + a_{i2}x_2 + \cdots + a_{in}x_n \leq b_i,$$
则加一个"松弛变量"$x_{i+1} \geq 0$,使它成为等式:
$$a_{i1}x_1 + a_{i2}x_2 + \cdots + a_{in}x_n + x_{i+1} = b_i.$$

同样,当约束条件中第 i 个方程出现
$$a_{i1}x_1 + a_{i2}x_2 + \cdots + a_{in}x_n \geq b_i,$$
则减去一个"松弛变量"$x_{i+1} \geq 0$,使它成为等式:
$$a_{i1}x_1 + a_{i2}x_2 + \cdots + a_{in}x_n - x_{i+1} = b_i.$$

(2) 当决策变量 x_j 不满足 $x_j \geq 0$,则增加两个新的非负决策变量 $x_j' \geq 0$,$x_j'' \geq 0$,用 $x_j' - x_j''$ 替代 x_j,即令 $x_j = x_j' - x_j''$.

(3) 当约束条件中第 i 个方程右端常数项 $b_i < 0$,则在方程两边同乘以

(-1),得$-b_i \geq 0$.

(4) 当目标函数取最小值：$\min S = CX$,由于求 S 的最小值就是求 $-S$ 的最大值,所以可转化为 $\max(-S) = -CX$.

因此,任何一个线性规划数学模型都可转化为标准形式.

例 4 试将线性规划问题

$$\begin{cases} \min S = 2x_1 - x_2 - 3x_3, \\ x_1 + x_2 + x_3 \leq 7, \\ -x_1 + x_2 - x_3 \leq -2, \\ -3x_1 + x_2 + 2x_3 = 5, \\ x_1 \geq 0, x_2 \geq 0, x_3 \text{ 是自由变量}, \end{cases}$$

化成标准形式.

解 (1) 把常数项 b_i 化为非负. 这里用(-1)乘以第 2 个约束条件两边,使-2化为 2.

(2) 为使决策变量 x_3 非负,令 $x_3 = x_4 - x_5$（当然也可令 $x_3 = x_3' - x_3''$）,其中 $x_4 \geq 0, x_5 \geq 0$,代入目标函数和约束条件中：

$$\begin{cases} \min S = 2x_1 - x_2 - 3x_4 + 3x_5, \\ x_1 + x_2 + x_4 - x_5 \leq 7, \\ x_1 - x_2 + x_4 - x_5 \geq 2, \\ -3x_1 + x_2 + 2x_4 - 2x_5 = 5, \\ x_1, x_2, x_4, x_5 \geq 0. \end{cases}$$

(3) 再把约束条件化成等式. 这里,在第一个约束条件左边加松弛变量 $x_6 \geq 0$；在第二个约束条件左边减去松弛变量 $x_7 \geq 0$,得：

$$\begin{cases} \min S = 2x_1 - x_2 - 3x_4 + 3x_5, \\ x_1 + x_2 + x_4 - x_5 + x_6 = 7, \\ x_1 - x_2 + x_4 - x_5 - x_7 = 2, \\ -3x_1 + x_2 + 2x_4 - 2x_5 = 5, \\ x_j \geq 0, (j = 1, 2, \cdots, 7). \end{cases}$$

(4) 把目标函数取最大值,即把原实现最小值的目标函数乘以(-1),化为目标函数取最大值：

$$\begin{cases} \max(-S) = -2x_1 + x_2 + 3x_4 - 3x_5 + 0 \cdot x_6 + 0 \cdot x_7, \\ x_1 + x_2 + x_4 - x_5 + x_6 = 7, \\ x_1 - x_2 + x_4 - x_5 - x_7 = 2, \\ -3x_1 + x_2 + 2x_4 - 2x_5 = 5, \\ x_j \geq 0, (j = 1, 2, \cdots, 7). \end{cases}$$

至此,已转化为线性规划问题标准形式.由于 x_6, x_7 是松弛变量,所以它们在目标函数中的系数应为零.

练 习 5.9(2)

(A)

(一)填空题

1. $\max S = CX, AX = b, X \geqslant 0$ 中,A 是_____矩阵,b 是_____矩阵,X 是_____矩阵,C 是_____矩阵.

2. 线性规划问题标准形式,要求决策变量_____,右端常数项_____,约束条件要变成_____形式.

(二)选择题

1. 用 A, B 两种原料制成重 150 公斤的产品,至少需要含 B 种原料 14 个单位,含 A 种原料最多 20 个单位.每单位 A 种原料重 0.25 公斤,每单位 B 种原料重 5 公斤.已知单位成本 A 种原料为 2 元,B 种原料为 8 元.为使成本最低,则该产品中 A 与 B 原料 x_1, x_2 满足( ).

(A) $\begin{cases} \max S = 2x_1 + 8x_2 \\ 0.25x_1 + 5x_2 = 150 \\ x_1 \leqslant 20 \\ x_2 \geqslant 14 \\ x_1 \geqslant 0, x_2 \geqslant 0 \end{cases}$
(B) $\begin{cases} \max S = 2x_1 + 8x_2 \\ 0.25x_1 + 5x_2 = 150 \\ x_1 \geqslant 20 \\ x_2 \leqslant 14 \\ x_1 \geqslant 0, x_2 \geqslant 0 \end{cases}$

(C) $\begin{cases} \min S = 2x_1 + 8x_2 \\ 0.25x_1 + 5x_2 = 150 \\ x_1 \leqslant 20 \\ x_2 \geqslant 14 \\ x_1 \geqslant 0, x_2 \geqslant 0 \end{cases}$
(D) $\begin{cases} \max S = 2x_1 + 8x_2 \\ 0.25x_1 + 5x_2 = 150 \\ x_1 \leqslant 20 \\ x_2 \geqslant 14 \end{cases}$

2. $\begin{cases} \min S = -x_1 + 2x_2 + x_3, \\ 3x_1 - x_2 + 4x_3 \leqslant -8, \\ x_1 - x_3 = 2, \\ x_1 - x_2 \leqslant 4, \\ x_j \geqslant 0, (j = 1, 2, 3). \end{cases}$

的标准形式为:

(A) $\begin{cases} \min S = -x_1 + 2x_2 + x_3 + 0 \cdot x_4 + 0 \cdot x_5 \\ -3x_1 + x_2 - 4x_3 - x_4 = 8 \\ x_1 - x_3 = 2 \\ x_1 - x_2 + x_5 = 4 \\ x_j \geqslant 0 \quad (j = 1, 2, \cdots, 5) \end{cases}$

(B) $\begin{cases} \max(-S) = x_1 - 2x_2 - x_3 + 0 \cdot x_4 + 0 \cdot x_5 \\ -3x_1 + x_2 - 4x_3 - x_4 = 8 \\ x_1 - x_3 = 2 \\ x_1 - x_2 + x_5 = 4 \end{cases}$

(C) $\begin{cases} \max(-S) = x_1 - 2x_2 - x_3 + 0 \cdot x_4 + 0 \cdot x_5 \\ -3x_1 + x_2 - 4x_3 - x_4 = 8 \\ x_1 - x_3 = 2 \\ x_1 - x_2 + x_5 = 4 \\ x_j \geqslant 0 \quad (j = 1, 2, \cdots, 5) \end{cases}$

(D) $\begin{cases} \max(-S) = x_1 - 2x_2 - x_3 + 0 \cdot x_4 + 0 \cdot x_5 \\ 3x_1 - x_2 + 4x_3 + x_4 = -8 \\ x_1 - x_3 = 2 \\ x_1 - x_2 + x_5 = 4 \\ x_j \geqslant 0 \quad (j = 1, 2, \cdots, 5) \end{cases}$

(**B**)

1. 试建立下述问题线性规划数学模型.

(1) 某合资企业生产甲、乙两种产品,要用 A,B,C 三种原料.单位产品所需各种原料、获利及每种原料供应能力如表 5.10.

表 5.10

原料 \ 单位产品所需原料	产品		原料供应量(单位)
	甲	乙	
A	1	1	6
B	1	2	8
C	0	1	3
单位产品获利(元)	3	4	

试问如何安排生产,使获利最大?

(2) 某铸造厂生产铸件,至少需要 20 公斤铅,24 公斤铜,30 公斤铁.现有 4 种矿石可供筛选,它们每 10 公斤中含有成分及价格如表 5.11.

表 5.11

成分 (每 10 公斤)	矿石			
	A	B	C	D
铅(公斤)	1	2	1/2	1/4
铜(公斤)	3	1	2	1/2
铁(公斤)	3	1	2	4
每 10 公斤单价(元)	10	15	30	25

为使费用最省,试建立选矿的数学模型.

(3) 某公司生产三种产品 A,B,C 都需经过 Ⅰ、Ⅱ、Ⅲ 道工序加工.每件产品利润分别是:A 为 7 元,B 为 10 元,C 为 12 元.试根据表 5.12 所给出的数据决定生产 A,B,C 为多少使获利最大.

表 5.12

产品型号	使用机器时间(小时)			每件产品利润(元)
	Ⅰ	Ⅱ	Ⅲ	
A	3	3	1	7
B	2	1	2	10
C	2	3	3	12

表中,三道工序允许使用时间分别是 Ⅰ:420 小时,Ⅱ:300 小时,Ⅲ:366 小时.

2. 将下列问题化为标准形:

(1) $\begin{cases} \max S = 3x_1 + 4x_2, \\ x_1 + x_2 \leq 6, \\ x_1 + 2x_2 \leq 8, \\ x_2 \leq 3, \\ x_1 \geq 0, x_2 \geq 0; \end{cases}$

(2) $\begin{cases} \min S = -x_1 + 3x_2 + 4x_3, \\ x_1 + 2x_2 + x_3 \leq 4, \\ 2x_1 + 3x_2 + x_3 \geq 5, \\ x_2 \geq 3, \\ x_j \geq 0 \quad (j=1,2,3); \end{cases}$

(3) $\begin{cases} \max S = 10x_1 + 25x_2 + 30x_3, \\ x_1 + x_2 + x_3 \leqslant 12, \\ 2x_1 + 3x_2 \leqslant 20, \\ x_3 \leqslant 5, \\ x_j \geqslant 0 \quad (j=1,2,3); \end{cases}$

三、线性规划的解法

在学习了关于线性规划的预备知识及建立数学模型的方法之后,我们就要介绍线性规划的求解方法,这个问题是线性规划问题的主要内容.下面,我们就来介绍线性规划的两种基本求解方法:

1. 图解法

一个线性规划问题,如含有两个决策变量,则可直接在平面上用画图的方法——图解法来求解.图解法不仅是解线性规划的一种简单、直观的方法,而且对于我们理解线性规划的基本原理也是很有帮助的.

为了方便起见,先介绍一下后面将要用到的几个基本概念.

1° 可行解

满足全部约束条件的一个解称为可行解.例如,一线性规划问题的约束条件为

$$\begin{cases} 3x_1 + 4x_2 \leqslant 60, \\ -x_1 + 2x_2 \leqslant 10, \\ x_1 \geqslant 0, x_2 \geqslant 0. \end{cases}$$

容易验证 $x_1=2, x_2=3$ 满足约束条件,因而它是一组可行解.另外,$x_1=3, x_2=4$ 也满足约束条件,也是一组可行解.因此,可行解不是唯一的.

2° 可行域,全体可行解构成的集合称为可行域.

3° 最优解,使目标函数达到最优值的可行解称为最优解.

例1 某合资工厂生产甲、乙两种产品,所耗用的原料 A,B,单件利润值及库存原料数如表 5.13 所示,试确定甲、乙两种产品各生产多少件,才能使工厂获最大利润.

解 设生产甲产品 x_1 件,乙产品 x_2 件,总利润为 S.容易建立线性规划问题数学模型

$$\begin{cases} \max S = 6x_1 + 8x_2, \\ 5x_1 + 10x_2 \leqslant 60, \\ 4x_1 + 4x_2 \leqslant 40, \\ x_1 \geqslant 0, x_2 \geqslant 0. \end{cases}$$

表 5.13

原料\产品	单件产品耗用原料数		库存原料总数（公斤）
	甲	乙	
A	5	10	60
B	4	4	40
单件利润值（元/件）	6	8	

以下用图解法求解：

以 X_1 作横轴，X_2 作纵轴画出平面直角坐标系 OX_1X_2. 由于 $x_1 \geq 0, x_2 \geq 0$ 同时满足非负，所以指的是在第一象限.

第一个约束条件代表以直线 $5x_1 + 10x_2 = 60$ 为边界的左下方半平面；第二个约束条件代表以直线 $4x_1 + 4x_2 = 40$ 为边界的左下方半平面(图 5-1).

由所有约束条件交汇成的区域是 $OABC$. 该区域中每一点(含边界点)都满足约束条件，因而都是可行解，于是该区域就是可行域. 问题在于在可行域内寻找最优解.

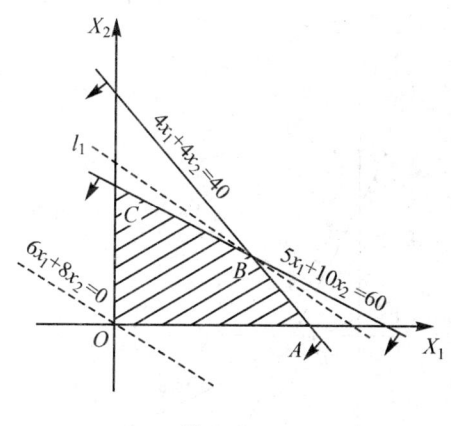

图 5-1

为此，我们对目标函数 $S = 6x_1 + 8x_2$ 进行分析. 令目标函数 $S = 6x_1 + 8x_2 = 0$，它过原点，斜率为 $-\frac{6}{8} = -\frac{3}{4}$. 作平行于该直线的等值线，即令 $S = 1, 2, \cdots$. 在这些直线簇(虚线)中确定一条直线，尽可能离原点最远，同时又不离开可行域. 由图 5-1 看到，当平移到 l_1 位置交于 B 点，在该点取最大值，该点坐标可由解如下方程组得到：

$$\begin{cases} 5x_1 + 10x_2 = 60, \\ 4x_1 + 4x_2 = 40. \end{cases}$$

最优点 $B(8,2)$ 相应的最优值(最大值)为 $\max S = 6 \times 8 + 8 \times 2 = 64$.

即生产甲产品 8 件，乙产品 2 件可获最大利润 64 元.

如果上述问题变为

$$\begin{cases} \min S = 6x_1 + 8x_2, \\ 5x_1 + 10x_2 \leqslant 60, \\ 4x_1 + 4x_2 \leqslant 40, \\ x_1 \geqslant 0, x_2 \geqslant 0, \end{cases}$$

则上述直线簇要尽可能移动到离原点最近. 显然过原点的直线 $6x_1 + 8x_2 = 0$ 满足要求, 当 $x_1 = x_2 = 0$ 时, 目标函数有最小值 $\min S = 0$. 由于没有进行生产, 利润自然为零.

例2 求解线性规划问题

$$\begin{cases} \max S = x_1 + 2x_2, \\ 2x_1 + x_2 \leqslant 8, \\ x_2 \leqslant 3.5, \\ x_1 + 2x_2 \leqslant 8, \\ x_1 \geqslant 0, x_2 \geqslant 0. \end{cases}$$

解 在 OX_1X_2 平面直角坐标系中, 由于 $x_1, x_2 \geqslant 0$, 所以指的是在第一象限.

画出直线 $2x_1 + x_2 = 8$, 定出第一个约束条件表示的区域. 为了找到 $2x_1 + x_2 < 8$ 的半平面, 只要在某个半平面上找一点 A, 把 A 的坐标代入不等式, 若满足不等式, 则 A 点所在半平面为所求, 否则为另一半平面 $2x_1 + x_2 > 8$.

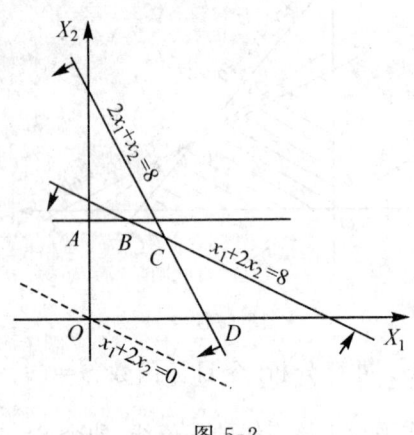

图 5-2

为了简单, 一般选取原点 $(0, 0)$ 代入不等式, 因把原点坐标代入满足不等式 $2 \times 0 + 0 < 8$, 所以原点所在半平面满足不等式, 于是第一个约束条件代表含原点的半平面及直线本身.

画出直线 $x_2 = 3.5$, 定出 $x_2 \leqslant 3.5$ 的平面. 由于原点满足不等式, 所以 $x_2 \leqslant 3.5$ 为含直线 $x_2 = 3.5$ 在内的下半平面.

画出直线 $x_1 + 2x_2 = 8$, 定出 $x_1 + 2x_2 \leqslant 8$ 的半平面, 由于原点满足该不等式, 所以 $x_1 + 2x_2 \leqslant 8$ 表示含原点在内的下半平面及直线本身.

满足全部约束条件的点 (称可行解) 构成的区域 (凸多边形) $OABCD$ 就是

可行域(图 5-2).

由于目标函数 $S=x_1+2x_2$ 与约束条件 $x_1+2x_2=8$ 的斜率都是 $-\frac{1}{2}$,所以与目标函数平行的线中,有一条 l 与可行域的边 BC 重合,既与可行域相交,又离原点最远,于是 BC 边上每一点都是最优解,因而有无数个最优解(不唯一).

因为有无数个最优解,所以还可以根据其他条件选一个合适的最优解. 点 B 是边 BC 上的点,坐标为 $(1,3.5)$,可把这个最优解代入目标函数中得最大值为 $1+2\times3.5=8$.

例 3 求解线性规划问题

$$\begin{cases} \max S=2x_1+2x_2, \\ x_1-x_2\geqslant 1, \\ -x_1+2x_2\leqslant 2, \\ x_1\geqslant 0, x_2\geqslant 0. \end{cases}$$

解 因为第一个约束条件表示含直线 $x_1-x_2=1$ 且不含原点的半平面;第二个约束条件表示含直线 $-x_1+2x_2=2$ 与原点的半平面;第三个约束条件表示只在第一象限.

将约束条件画在 OX_1X_2 平面直角坐标系中,如图 5-3,可行解域是无界区域.

由图 5-3,可行域无界,平行直线簇的直线可以无限远离原点,又与可行域相交,因此目标函数无上界,无最优解(无最大值).

例 4 求解线性规划问题

$$\begin{cases} \max S=2x_1+2x_2, \\ -x_1+x_2\geqslant 1, \\ x_1+x_2\leqslant -2, \\ x_1\geqslant 0, x_2\geqslant 0. \end{cases}$$

解 因为第一个约束条件表示包括直线 $-x_1+x_2=1$ 且不含原点的半平面;第二个约束条件表示包括直线 $x_1+x_2=-2$ 及不含原点的半平面;第三个约束条件表示在第一象限(图 5-4).

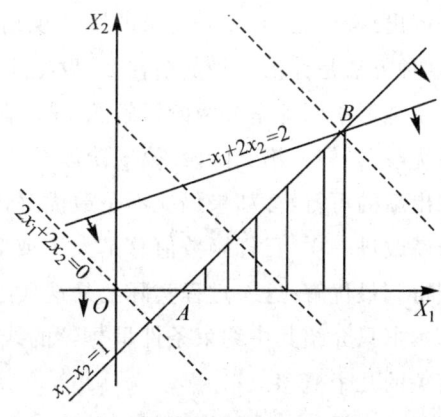

图 5-3

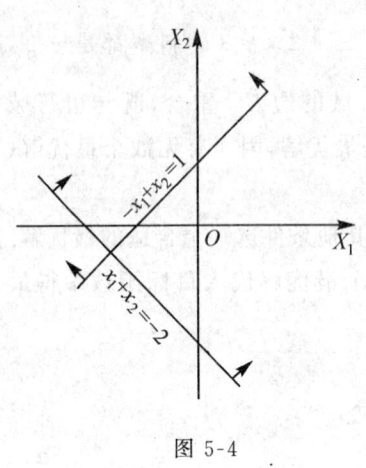

图 5-4

由图 5-4，同时满足约束条件的点不存在，即不存在可行域，没有可行解，当然没有最优解。

由上面几个例子看出，两个变量的线性规划问题的解，可能有以下四种情况：

(1) 有唯一最优解，并且一定是可行域上的一个顶点（例 1）；

(2) 有最优解，但不唯一，并且最优解一定是可行域上的一条边（例 2）；

(3) 有可行解，但无最优解，并且可行域上的点使目标函数趋向无穷大（例 3）；

(4) 没有可行解，不存在可行域，当然无最优解（例 4）。

这个结论对一般线性规划问题也是成立的。

2. 单纯形法

两个变量的线性规划问题可以用图解法求解，当变量达到三个以上且约束条件又多时，图解法显得无能为力，要用单纯形法等方法求解。

上一节讲到，对两个变量线性规划问题，最优解总是在可行域某个顶点上得到。一个顶点就是某个线性方程组的解，这些方程组可用增广矩阵按高斯消元法解出。推广之，对 n 个变量的线性规划问题，也可同样采用高斯消元法求解，这种方法是乔治·丹茨格在 20 世纪 40 年代后期提出，称为单纯形法。

单纯形法原理是分两阶段解题。第一阶段寻求一个可行解后，经检验若不是最优解，则转入第二阶段。第二阶段从所求出的可行解出发，通过变量的调整求出新的可行解。如果仍就不是最优解，则重复进行调整，每调整一次，目标函数就改进一次（目标函数值总是大于或等于前面得到的解的目标函数值），直到得到最优解。这一过程实际上是迭代过程。

本书只介绍其中约束条件呈"≤"的线性规划问题的单纯形法。下面再介绍有关的几个概念。

基础变量——在标准形每一个约束方程中选一个变量 x_j，它在该方程的系数为 1，在其他方程中系数为零，这个变量 x_j 就称为基础变量，或基变量。如有 m 个约束方程，就可得到 m 个基础变量，其余变量就称为非基变量。

基本可行解——非基变量为零的可行解。

基本最优解——满足目标函数的基本可行解,简称最优解.

为了说明单纯形方法的应用,我们用例子逐一阐述它的计算步骤.

例 5 求解线性规划问题

$$\begin{cases} \max S = 2x_1 + 5x_2, \\ x_1 \leqslant 4, \\ x_2 \leqslant 3, \\ x_1 + 2x_2 \leqslant 8, \\ x_1 \geqslant 0, x_2 \geqslant 0. \end{cases}$$

解 引入松弛变量 x_3, x_4, x_5 化为标准形:

$$\begin{cases} \max S = 2x_1 + 5x_2 + 0 \cdot x_3 + 0 \cdot x_4 + 0 \cdot x_5, \\ x_1 \quad\quad + x_3 \quad\quad\quad\quad = 4, \\ \quad\quad x_2 \quad\quad + x_4 \quad\quad = 3, \\ x_1 + x_2 \quad\quad\quad\quad + x_5 = 8, \\ x_j \geqslant 0 \quad (j = 1, 2, 3, 4, 5). \end{cases}$$

该标准形存在 3 阶单位矩阵 E,如 x_3 只在第一个方程中含有,系数为 1,而在其他方程中系数为零,说明 x_3 为基础变量.仿此,x_4, x_5 也为基础变量.于是 x_1, x_2 为非基变量.

令非基变量 $x_1 = x_2 = 0$ 可得一组基本可行解:

$$x_1 = 0, x_2 = 0, x_3 = 4, x_4 = 3, x_5 = 8.$$

这组解是否最优要进行检验.为着重说明其方法,以下直接在单纯形表上进行迭代运算.

1° 列出初始单纯形表(表 5.14),并在表中计算出检验数 λ_j.

表中计算说明:

(1) S_j 行的计算:用 C_j 列[①]中各数乘决策变量列相对应数后再相加.即

$$S_1 = 0 \times 1 + 0 \times 0 + 0 \times 1 = 0,$$
$$S_2 = 0 \times 0 + 0 \times 1 + 0 \times 2 = 0,$$
$$S_3 = 0 \times 1 + 0 \times 0 + 0 \times 0 = 0,$$
$$S_4 = 0 \times 0 + 0 \times 1 + 0 \times 0 = 0,$$
$$S_5 = 0 \times 0 + 0 \times 0 + 0 \times 1 = 0,$$
$$S = 0 \times 4 + 0 \times 3 + 0 \times 8 = 0.$$

[①] C_j 列指目标函数中基础变量的系数.

表 5.14　　　　　　　　　　　初始单纯形表一

	基变量	目标系数 决策变量	C_j	2	5	0	0	0	常数
				x_1	x_2	x_3	x_4	x_5	
上表	x_3		0	1	0	1	0	0	4
	x_4		0	0	〔1〕	0	1	0	3
	x_5		0	1	2	0	0	1	8
计算	S_j			0	0	0	0	0	$S=0$
	λ_j			2	5	0	0	0	

(2) λ_j 行的计算:$\lambda_j = C_j - S_j$,即用 C_j 行各数减去 S_j 行相对应数,称为检验数. 一般,$\lambda_j \leqslant 0$ 表示基本可行解达到最优,否则 λ_j 中有一正数就要继续进行迭代运算,向最优解逼近. 这里,$\lambda_1 = 2 - 0 = 2$,$\lambda_2 = 5 - 0 = 5$,$\lambda_3 = \lambda_4 = \lambda_5 = 0 - 0 = 0$,于是要继续迭代运算.

2°　确定主元列,选择换入变量

当检验数 λ_j 有正数,称检验数中最大正数所在列为主元列,主元列所对应的非基变量为换入变量.

由于表 5.14 检验数中最大正数为 5,所以第二列为主元列,所对应的非基变量 x_2 为换入变量.

3°　确定主元行,选择换出变量

按最小比值原则,即用常数列各数除以主元列相对应数的正商数,取其最小比值,该比值所在行为主元行,主元行与主元列交叉元素称为主元. 主元所对应的基础变量为换出变量.

由表 5.14,$\min\left\{\dfrac{3}{1}, \dfrac{8}{2}\right\} = 3$①,于是第二行为主元,主元为〔1〕,它对应的基础变量为 x_4,换出变量就是 x_4. 注意:基变量列 $(x_3\ x_4\ x_5)^\mathrm{T}$ 变为 $(x_3\ x_2\ x_5)^\mathrm{T}$,且 C_j 列 $(0\ 0\ 0)^\mathrm{T}$ 变为 $(0\ 5\ 0)^\mathrm{T}$,并置于表 5.15 中.

4°　对增广矩阵,用初等行变换将主元化为 1,主元所在列其余元素化为零.

---

① 主元列中零或负数不作比值比较.

表 5.15　　　　　　　　　改进单纯形表二

基变量	目标系数决策变量	C_j	2	5	0	0	0	常数
			x_1	x_2	x_3	x_4	x_5	
迭代一	x_3	0	1	0	1	0	0	4
	x_2	5	0	1	0	1	0	3
	x_5	0	[1]	0	0	-2	1	2
计算	S_j		0	5	0	5	0	$S=15$
	λ_j		2	0	0	-5	0	

由表 5.14，主元已为 1，只要将第二列其余元素化为零即可。然后根据上述步骤计算 S_j 与 λ_j 之后列入单纯形表 5.15 中。

由于表 5.15 检验数仍有正数 2，所以继续以下运算。

5° 重新按 2°—3° 步骤对表 5.15 确定主元列与主元行及主元，选择换入变量与换出变量

由表 5.15，主元列是第一列，换入变量为对应的非基变量 x_1，按最小比值原则 $\min\left\{\dfrac{4}{1}, \dfrac{2}{1}\right\} = 2$，于是主元行为第三行，主元为 [1]，换出变量为对应的基变量 x_5。

6° 对增广矩阵用初等行变换将 [1] 所在第一列其余元素化为零，然后计算 S_j 与 λ_j 得表 5.16。注意：基变量列应由 $(x_3\ x_2\ x_5)^T$ 变为 $(x_3\ x_2\ x_1)^T$；C_j 列应由 $(0\ 5\ 0)^T$ 变为 $(0\ 5\ 2)^T$。

表 5.16　　　　　　　　　改进单纯形表三

基变量	目标系数决策变量	C_j	2	5	0	0	0	常数
		0	x_1	x_2	x_3	x_4	x_5	
迭代二	x_3	0	0	0	1	2	-1	2
	x_2	5	0	1	0	1	0	3
	x_1	2	1	0	0	-2	1	2
计算	S_j		2	5	0	1	2	$S=19$
	λ_j		0	0	0	-1	-2	

由于表 5.16 中检验数都满足 $\lambda_j \leqslant 0$，所以最优解已经找到，迭代运算终止. 最优解为

$$x_1=2, x_2=3, x_3=2, x_4=0, x_5=0,$$

最优目标函数为 $S=19$.

当运算熟练后，可在同一表上进行迭代运算.

例 6 求解线性规划问题

$$\begin{cases} \max S = 4x_1 + 3x_2 + 7x_3, \\ x_1 + 2x_2 + 2x_3 \leqslant 100, \\ 3x_1 + x_2 + 3x_3 \leqslant 100, \\ x_1 \geqslant 0, x_2 \geqslant 0, x_3 \geqslant 0. \end{cases}$$

解 先化为标准形再用单纯形法.

$$\begin{cases} \max S = 4x_1 + 3x_2 + 7x_3 + 0 \cdot x_4 + 0 \cdot x_5, \\ x_1 + 2x_2 + 2x_3 + x_4 = 100, \\ 3x_1 + x_2 + 3x_3 + x_5 = 100, \\ x_j \geqslant 0 \quad (j=1,2,\cdots,5). \end{cases}$$

将求解的一系列单纯形表汇于表 5.17. 由该表可知：最优解为

表 5.17　　　　　　　　单纯形计算表

	基变量	目标系数 决策变量	C_j	4	3	7	0	0	常数
				x_1	x_2	x_3	x_4	x_5	
上表	x_4		0	1	2	2	1	0	100
	x_5		0	3	1	〔3〕	0	1	100
计算	S_j			0	0	0	0	0	$S=0$
	λ_j			4	3	7	0	0	
迭代一	x_4		0	-1	〔4/3〕	0	1	$-2/3$	100/3
	x_3		7	1	1/3	1	0	1/3	100/3
计算	S_j			7	7/3	7	0	7/3	700/3
	λ_j			-3	2/3	0	0	$-7/3$	
迭代二	x_2		3	$-3/4$	1	0	3/4	$-1/2$	25
	x_3		7	5/4	0	1	$-1/4$	1/2	25
计算	S_j			13/2	3	7	1/2	2	$S=250$
	λ_j			$-5/2$	0	0	$-1/2$	-2	

$$x_1=0, x_2=25, x_3=25, x_4=0, x_5=0,$$

最优目标函数值为 $S=250$. 根据以上例题,下面说明单纯形法主要求解步骤:

第一步:化标准形. 必存在单位矩阵,单位矩阵对应的决策变量必为基础变量.

第二步:上表并计算 S_j 行,与 λ_j 行,约束方程组的增广矩阵必在其表中,其中 S_j 与 λ_j 计算如前述. 若检验数 λ_j 中全为负数或零即 $\lambda_j \leq 0$,则停止计算,最优解已求出. 若检验数 λ_j 中有一正数,则选择最大正数所在列为主元列(若有两个相同正数,可任选一列为主元列). 主元列所对应的非基变量为换入变量.

需要指出:若主元列各数均为负数,则表示无可行解,终止计算.

第三步:用最小比值原则确定主元行,主元行所对应的基础变量为换出变量(如主元行有两个可任选一个).

第四步:主元行与主元列交叉元素为主元. 对增广矩阵用初等行变换将主元化为 1,主元所在列其余元素化为零(主元给以〔 〕号表示).

第五步:每一次迭代都要计算 S_j 与检验数 λ_j. 当 $\lambda_j \leq 0$ 可终止计算,表示最优解得到,否则就要继续迭代寻找最优解.

需要注意:在每一步迭代过程中,当选择换入变量与换出变量的同时,在表上都要将基变量列中基变量与目标系数列中系数作相应改变,不可疏忽.

练 习 5.9(3)

(A)

(一)填空题

1. 线性规划问题的可行解是指满足_____,全体可行解构成的集合称为_____,使目标函数达到_____称为最优解.

2. 线性规划问题的解的情况有_____种可能性,它们是_____,_____,_____,_____.

3. 单纯形表每一步迭代中,S_j 行的计算是将_____列中数乘以_____列相对应数后再相加得到.

(二)选择题

1. 图解法中,对下列目标函数作等值线,当等值线向上平移时,目标函数递减的是( ).

  (A) $S=-x_1+2x_2$ (B) $S=3x_1+5x_2$

  (C) $S=-x_1-5x_2$ (D) $S=x_1+10x_2$

2. 下列不等式所确定的半平面中,不包含坐标原点的是( ).
   (A) $-x_1+2x_2\leqslant -1$ (B) $-5x_1+x_2\geqslant 0$
   (C) $-5x_2\leqslant 1$ (D) $3x_1-7x_2\geqslant -4$

3. 画出线性规划问题
$$\begin{cases} \max S=3x_1+2x_2, \\ 2x_1-x_2\geqslant -2, \\ 3x_1+2x_2\leqslant 12, \\ x_1\leqslant 3, \\ x_1\geqslant 0, x_2\geqslant 0. \end{cases}$$

的可行域图,则该问题( ).
   (A) 无可行解   (B) 有唯一最优解
   (C) 无最优解   (D) 有无穷多最优解

4. 用单纯形法每迭代一次要使目标函数值( ).
   (A) 一定减少   (B) 一定增加
   (C) 可能减少   (D) 可能增加

5. 下述四个数学模型中,( )是线性规划问题数学模型:

(A) $\begin{cases} \max S=3x_1-3x_2x_3+2x_4^2, \\ x_1+x_2-x_3\geqslant 8 \\ 2x_1+3x_2+5x_4=15 \\ x_j\geqslant 0(j=1,2,3,4) \end{cases}$
(B) $\begin{cases} \min S=3x_1-x_2+4x_3 \\ x_1+2x_2+x_3\geqslant 5 \\ 3x_1+x_2-2x_3\leqslant 0 \\ x_j\geqslant 0(j=1,2,3) \end{cases}$

(C) $\begin{cases} \max S=40x_1+60x_2 \\ 3x_1+10x_2\leqslant 150 \\ 3x_1+2x_2\leqslant 54 \\ x_1\geqslant 0, x_2\geqslant 0 \end{cases}$
(D) $\begin{cases} \max S=-x_2+3x_3-2x_5 \\ x_1+3x_2-x_3+2x_5=7 \\ -2x_2+4x_3+x_4=12 \\ -4x_2+3x_3+8x_5+x_6=10 \\ x_j\geqslant 0 \quad (j=1,2,\cdots,6) \end{cases}$

6. 表 5.18(A)至表 5.18(D)经迭代后的单纯形表不存在最优解的是( ).

表 5.18   (A)

基变量	目标系数 决策变量	C_j	2	1	0	0	常数
			x_1	x_2	x_3	x_4	
x_1		2	1	0	-1	1	5
x_2		1	0	1	-2	1	2
S_j			2	1	-4	3	$S=12$
λ_j			0	0	4	-3	

表 5.18　　　　　　　　　　　　　　（B）

基变量 \ 目标系数 决策变量	C_j	2	1	0	0	常数
		x_1	x_2	x_3	x_4	
x_3	0	1	−1	1	0	3
x_4	0	2	−1	0	1	8
S_j		0	0	0	0	$S=0$
λ_j		2	1	0	0	

表 5.18　　　　　　　　　　　　　　（C）

基变量 \ 目标系数 决策变量	C_j	3	−1	0	0	常数
		x_1	x_2	x_3	x_4	
x_1	3	1	0	0	1	4
x_2	−1	0	1	−1	2	6
S_j		3	−1	1	1	$S=6$
λ_j		0	0	−1	−1	

表 5.18　　　　　　　　　　　　　　（D）

基变量 \ 目标系数 决策变量	C_j	4	−1	0	0	0	常数
		x_1	x_2	x_3	x_4	x_5	
x_3	0	0	$-\frac{1}{2}$	1	$\frac{1}{2}$	0	8
x_1	4	1	$-\frac{5}{2}$	0	$\frac{1}{2}$	0	3
x_5	0	0	$-\frac{1}{2}$	0	$-\frac{1}{2}$	1	1
S_j		4	−10	0	2	0	$S=12$
λ_j		0	9	0	−2	0	

（B）

1. 用图解法解下列线性规划问题：

(1) $\begin{cases} \min S = 2\,000 x_1 + 5\,000 x_2, \\ x_1 \geqslant 20, \\ x_2 \geqslant 10, \\ x_1 + x_2 \leqslant 50, \\ 2\,000 x_1 + 5\,000 x_2 \leqslant 120\,000; \end{cases}$

(2) $\begin{cases} \max S = -x_1 + x_2, \\ -2x_1 + x_2 \leqslant 2, \\ x_1 - 2x_2 \leqslant 2, \\ x_1 + x_2 \leqslant 5, \\ x_1 \geqslant 0, x_2 \geqslant 0; \end{cases}$

(3) $\begin{cases} \max S = -2x_1 + x_2, \\ x_1 + x_2 \geq 1, \\ x_1 - 3x_2 \geq -3, \\ x_1 \geq 0, x_2 \geq 0; \end{cases}$

(4) $\begin{cases} \min S = 3x_1 + x_2, \\ x_1 + x_2 \leq 5, \\ -x_1 + x_2 \leq 0, \\ 6x_1 + 2x_2 \leq 21, \\ x_1 \geq 0, x_2 \geq 0; \end{cases}$

(5) $\begin{cases} \min S = x_1 - x_2, \\ x_1 + x_2 \geq 1, \\ x_1 + 2x_2 \geq 1, \\ x_1 \leq 2, \\ x_1 \geq 0, x_2 \geq 0; \end{cases}$

(6) $\begin{cases} \max S = -x_1 + x_2, \\ -2x_1 + x_2 \leq 2, \\ x_1 + x_2 \leq 5, \\ x_1 \geq 5.5, \\ x_1 \geq 0, x_2 \geq 0; \end{cases}$

(7) $\begin{cases} \max S = -2x_1 + x_2, \\ x_1 + x_2 \geq 1, \\ x_1 - 3x_2 \geq -3, \\ x_1 \geq 0, x_2 \geq 0; \end{cases}$

(8) $\begin{cases} \max S = 3x_1 + x_2, \\ x_1 + x_2 \leq 4, \\ -x_1 + x_2 \leq 0, \\ 6x_1 + 2x_2 \leq 18, \\ x_1 \geq 0, x_2 \geq 0; \end{cases}$

(9) $\begin{cases} \max S = 30x_1 + 20x_2, \\ x_1 + x_2 \geq 1, \\ x_1 - x_2 \geq -1, \\ 3x_1 + 2x_2 \leq 6, \\ x_1 - 2x_2 \leq 1, \\ x_1 \geq 0, x_2 \geq 0. \end{cases}$

2. 用单纯形法解下列线性规划问题：

(1) $\begin{cases} \min S = 3x_1 + x_2 + x_3 + x_4, \\ -2x_1 + 2x_2 + x_3 = 4, \\ 3x_1 + x_2 + x_4 = 6, \\ x_j \geq 0 \quad (j = 1, 2, 3, 4); \end{cases}$

(2) $\begin{cases} \max S = x_1 + 3x_2, \\ x_1 + 2x_2 \leq 10, \\ x_1 \leq 5, \\ x_2 \leq 4, \\ x_1 \geq 0, x_2 \geq 0; \end{cases}$

(3) $\begin{cases} \max S = 3x_1 - x_2 \\ 2x_1 - x_2 \leq 2 \\ x_1 \leq 4 \\ x_1 \geq 0, x_2 \geq 0 \end{cases}$

(4) $\begin{cases} \max S = 10x_1 + 6x_2 + 4x_3 \\ x_1 + x_2 + x_3 \leq 100 \\ 10x_1 + 4x_2 + 5x_3 \leq 600 \\ 2x_1 + 2x_2 + 6x_3 \leq 300 \\ x_j \geq 0 (j = 1, 2, 3) \end{cases}$

(5) $\begin{cases} \max S = x_1 + 2x_2 + 3x_3 + 4x_4 \\ x_1 + 2x_2 + 2x_3 + 3x_4 \leqslant 20 \\ 2x_1 + x_2 + 3x_3 + 2x_4 \leqslant 20 \\ x_j \geqslant 0 (j=1,2,3,4) \end{cases}$

复习题五

1. 计算下列矩阵：

(1) $\begin{pmatrix} 4 & 3 & 1 \\ 1 & -2 & 3 \\ 5 & 7 & 0 \end{pmatrix} \begin{pmatrix} 7 & -1 \\ 2 & 1 \\ 1 & 0 \end{pmatrix}$;

(2) $\begin{pmatrix} 0 & 1 & 0 \\ 1 & 0 & 0 \\ 0 & 0 & 1 \end{pmatrix} \begin{pmatrix} 1 & 2 & 3 & 4 \\ 5 & 6 & 7 & 8 \\ 9 & 10 & 11 & 12 \end{pmatrix}$;

(3) $\begin{pmatrix} 1/3 & 2/3 & 2/3 \\ 2/3 & 1/3 & -2/3 \\ 2/3 & -2/3 & 1/3 \end{pmatrix} \begin{pmatrix} 1/3 & 2/3 & 2/3 \\ 2/3 & 1/3 & -2/3 \\ 2/3 & -2/3 & 1/3 \end{pmatrix}$;

(4) $\begin{pmatrix} 3 & -2 \\ 0 & 1 \\ 2 & 4 \\ -1 & 0 \end{pmatrix} \begin{pmatrix} 2 & 1 & -1 \\ 0 & -1 & 0 \end{pmatrix}$;

(5) $\begin{pmatrix} 1 & -1 & 2 \end{pmatrix} \begin{pmatrix} 2 & -1 & 0 \\ 1 & 1 & 3 \\ 4 & 2 & 1 \end{pmatrix}$.

2. 设 $f(x) = x^2 - 3x + 5$，并且

$$A = \begin{pmatrix} 3 & -2 \\ -1 & 4 \end{pmatrix}.$$

求 $f(A)$,（定义 $f(A) = 5E + A^2 - 3A$).

3. 设 $f(x) = x^2 + x + 1$，并且

$$A = \begin{pmatrix} 1 & -2 & 0 \\ 3 & 1 & 5 \\ -1 & 0 & 2 \end{pmatrix},$$

求 $f(A)$.

4. 求下列矩阵的逆矩阵：

(1) $\begin{pmatrix} 1 & 0 & 0 & 0 \\ 1 & 1 & 0 & 0 \\ 1 & 1 & 1 & 0 \\ 1 & 1 & 1 & 1 \end{pmatrix}$;   (2) $\begin{pmatrix} 1 & a & a^2 & a^3 \\ 0 & 1 & a & a^2 \\ 0 & 0 & 1 & a \\ 0 & 0 & 0 & 1 \end{pmatrix}$ $(a \neq 0)$;

5. 解矩阵方程:

$$\begin{pmatrix} 1 & -2 & 0 \\ 4 & -2 & -1 \\ -3 & 1 & 2 \end{pmatrix} X \begin{pmatrix} 3 & -1 & 2 \\ 1 & 0 & -1 \\ -2 & 1 & 4 \end{pmatrix} = \begin{pmatrix} 5 & 0 & -1 \\ 1 & -3 & 0 \\ -2 & 1 & 3 \end{pmatrix}.$$

6. 求下列矩阵的秩:

(1) $\begin{pmatrix} 1 & 1 & 0 & 1 & 0 & 0 & 1 \\ 1 & 1 & 1 & 0 & 1 & 1 & 0 \\ 2 & 2 & 1 & 1 & 0 & 1 & 1 \end{pmatrix}$;

(2) $\begin{pmatrix} 3 & 2 & -1 & -3 & -2 \\ 2 & -1 & 3 & 1 & -3 \\ 4 & 5 & -5 & -6 & 1 \end{pmatrix}$;

(3) $\begin{pmatrix} 1 & 0 & 0 \\ 0 & 1 & 0 \\ 1 & 0 & 1 \\ 0 & 1 & 1 \\ 1 & 1 & 0 \end{pmatrix}$;   (4) $\begin{pmatrix} 1 & 2 & 3 & 4 & 5 \\ 0 & 0 & -1 & -2 & -3 \\ 0 & 0 & 0 & 0 & 4 \\ 0 & 0 & 1 & 2 & -1 \end{pmatrix}$.

7. 求 K 值,使矩阵 A

$$A = \begin{pmatrix} 1 & 2 & 4 \\ 2 & K & 0 \\ 1 & 1 & 0 \end{pmatrix}$$

的秩 (A) 有最小值.

8. 设 A 为 n 阶矩阵, $|A|=2$, 求 $|A^*|$.

9. 若 A 为实对称矩阵, $A^2=0$, 证明 $A=0$.

10. 设 A 为 n 阶矩阵, $AA^T=E$, 证明 $|A|=1$ 或 -1.

11. 若 A 为 n 阶对称矩阵, B 为 n 阶反对称矩阵, 试证 $AB+BA$ 为 n 阶反对称矩阵.

12. 试求证:可逆对称矩阵 A 的逆矩阵 A^{-1} 也是对称矩阵.

13. 试求证:n 阶反对称矩阵可逆的必要条件是 n 为偶数.

14. 设矩阵

$$B^{-1} = \begin{pmatrix} 2 & 1 \\ 1 & 1 \end{pmatrix}, \quad C^{-1} = \begin{pmatrix} 3 & -1 \\ 2 & 5 \end{pmatrix},$$

且 A^T 满足 $B^{-1}(A^T-E)-(C-B^{-1})=0$,求 A^T 与 A^{-1}.

15. 求下列线性方程组的解：

(1) $\begin{cases} x_1+3x_2-5x_3+x_4=-3, \\ 5x_1-2x_2+7x_3-2x_4=4, \\ 2x_1+x_2-4x_3-x_4=-1, \\ -3x_1-4x_2+6x_3-3x_4=10; \end{cases}$

(2) $\begin{cases} 5x_1+6x_2=1, \\ x_1+5x_2+6x_3=-2, \\ x_2+5x_3+6x_4=2, \\ x_3+5x_4+6x_5=-2, \\ x_4+5x_5=-4; \end{cases}$

(3) $\begin{cases} x_1-5x_2+2x_3-3x_4=11, \\ -3x_1+x_2-4x_3+2x_4=-5, \\ -x_1-9x_2-4x_4=17, \\ 5x_1+3x_2+6x_3-x_4=-1; \end{cases}$

(4) $\begin{cases} 2x_1-3x_2+x_3-5x_4=1, \\ -5x_1-10x_2-2x_3+x_4=-21, \\ x_1+4x_2+3x_3+2x_4=1, \\ 2x_1-4x_2+9x_3-3x_4=-16; \end{cases}$

(5) $\begin{cases} x_1-3x_2+x_3-2x_4-x_5=0, \\ -3x_1+9x_2-3x_3+6x_4+3x_5=0, \\ 2x_1-6x_2+2x_3-4x_4-2x_5=0, \\ 5x_1-15x_2+5x_3-10x_4-5x_5=0. \end{cases}$

16. 当 λ 取何值时,方程组

$$\begin{cases} (\lambda+3)x_1+x_2+2x_3=\lambda, \\ \lambda x_1+(\lambda-1)x_2+x_3=\lambda, \\ 3(\lambda+1)x_1+\lambda x_2+(\lambda+3)x_3=3, \end{cases}$$

有唯一解？无穷多个解？无解？并求其解.

17. 已知线性方程组

$$\begin{cases} a_{11}x_1+a_{12}x_2+\cdots+a_{1n}x_n=b_1, \\ \cdots\cdots\cdots\cdots\cdots\cdots\cdots\cdots\cdots\cdots \\ a_{n1}x_1+a_{n2}x_2+\cdots+a_{nn}x_n=b_n, \end{cases} \quad (*)$$

的系数矩阵 A 的秩 (A) 等于矩阵

$$B=\begin{pmatrix} a_{11} & a_{12} & \cdots & a_{1n} & b_1 \\ \cdots\cdots\cdots\cdots\cdots\cdots\cdots\cdots \\ a_{n1} & a_{n2} & \cdots & a_{nn} & b_n \\ b_1 & b_2 & \cdots & b_n & 0 \end{pmatrix},$$

的秩(B),求证方程组$(*)$有解.

18. 设有一经济系统包括三个部门,在某一个生产周期内部门间的直接消耗系数及最终产品如表 5.19 所示.

表 5.19

a_{ij} 消耗部门 生产部门	1	2	3	最终产品 Y
1	0.25	0.10	0.10	245
2	0.20	0.20	0.10	90
3	0.10	0.10	0.20	175

求各部门总产品 X 及部门间流量 X_{ij}.

19. 某厂有三个车间,每个车间在生产中都消耗本车间及其他车间产品. 已知在一个生产周期内 a_{ij},固定资产折旧 d_j,新创造价值 Z_j 如表 5.20 所示,求总产值 X_i,最终产值 Y_i,部门间流量 $X_{ij}(i,j=1,2,3)$.

表 5.20

投入\产出		中间产品			Y	X
		1	2	3		
生产部门	1	0.50	0.20	0.20	Y_1	X_1
	2	0.10	0.10	0.10	Y_2	X_2
	3	0	0	0.10	Y_3	Y_3
d_j		300	100	100		
z_j		500	600	200		
总投入		x_1	x_2	x_3		

20. 用单纯形法解下列线性规划问题:

(1) $\begin{cases} \min S = 3x_1 + x_2 + x_3 + x_4 \\ -2x_1 + 2x_2 + x_3 = 4 \\ 3x_1 + x_2 + x_4 = 6 \\ x_j \geqslant 0 (j=1,2,3,4) \end{cases}$

(2) $\begin{cases} \max S = 3x_1 + x_2 + 2x_3, \\ 12x_1 + 3x_2 + 6x_3 + 3x_4 = 9, \\ 8x_1 + x_2 - 4x_3 + 2x_5 = 10, \\ 3x_1 - x_6 = 0, \\ x_j (j=1,2,\cdots,6). \end{cases}$

21. 应用单纯形法证明下述线性规划问题无最优解：
$$\begin{cases} \max S = x_1 + 2x_2, \\ -2x_1 + x_2 + x_3 \leqslant 2, \\ -x_1 + x_2 - x_3 \leqslant 1, \\ x_j \geqslant 0 \quad (j=1,2,3). \end{cases}$$

22. 某厂用 A_1, A_2 两种原料，生产 B_1, B_2, B_3 三种半成品。工厂现有原料数，每吨半成品需用原料数及每吨半成品可获利润数如表 5.21 所示。

表 5.21

原料\每吨半成品需原料	B_1	B_2	B_3	现有原料（吨）
A_1	2	1	0	30
A_2	0	2	4	50
每吨半成品获利（万元）	3	2	½	

试问如何组织生产，才能使该厂获利最大？

习题参考答案

第一章

练习 1.1(B)

1. (1) $[-\frac{1}{2},+\infty)$ (2) $(-\infty,3]$
   (3) $(-\infty,-1)\cup(1,+\infty)$ (4) $x\neq 1, x\neq 3$
   (5) $(-\infty,1)\cup(1,2)$ (6) $(-\infty,-2)\cup(-2,1]$

2. $-4,-2,23,2x^2-3x-4,2c^2+7c+1,\frac{2}{x^2}+\frac{3}{x}-4$

3. (1) 正确 (2) 正确

4. (1) 奇函数 (2) 非奇非偶函数 (3) 奇函数 (4) 奇函数

5. (1) 单调增加
   (2) $a>1$ 时,单调增加;$0<a<1$ 时,单调减少

练习 1.2(B)

1. (1) $y=\sin^2 x$ (2) $y=\sin x^2$
   (3) $y=\ln(\tan^2 x-1)$ (4) $y=e^{\left(\frac{x-1}{x+1}\right)^2}$

2. (1) $y=u^n, u=1+x$ (2) $y=\sin u, u=e^x$
   (3) $y=\tan u, u=\ln v, v=\sqrt{x}$ (4) $y=\sqrt{u}, u=\arctan v, v=x^2$

练习 1.3(B)

(1) $0,-\frac{1}{2},-\frac{2}{3},-\frac{3}{4},\cdots$ 极限为 -1

习题参考答案

(2) $\dfrac{1}{2}, \dfrac{4}{3}, \dfrac{9}{4}, \dfrac{16}{5}, \cdots$ 极限不存在

(3) $4, -4, 4, -4, \cdots$ 极限不存在

(4) $\dfrac{1}{3}, -\dfrac{2}{5}, \dfrac{3}{7}, -\dfrac{4}{9}, \cdots$ 极限不存在

练习 1.4(B)

1. (1)极限不存在 (2)0 (3)4 (4)极限不存在
2. (1)0 (2)0 (3)0 (4)0

练习 1.5(B)

1. (1)4 (2)5 (3)2 (4)∞
2. (1)6 (2)−3 (3)$\dfrac{1}{3}$ (4)0 (5)$\dfrac{1}{4}$ (6)$\dfrac{1}{4}$
   (7)0 (8)$\dfrac{3}{4}$ (9)$\dfrac{1}{2}$ (10)e^{-3} (11)e^{-1} (12)1

练习 1.6(B)

1. $a=1$
2. $a=e^{-1}$
3. (1)$x=2$ (2)$x=1$ (3)$x=1$
4. (1)0 (2)1 (3)1 (4)0 (5)1 (6)e^2

练习 1.7(B)

1. $Q=\dfrac{1}{3}(100-4P), P=\dfrac{1}{4}(100-3Q); 106.25, 21.25$
2. $2 \leqslant Q \leqslant 34; P \geqslant 22.5$
3. 需求函数:$0 \leqslant P \leqslant 8, 0 \leqslant Q \leqslant 16$;供给函数:$P \geqslant \dfrac{4}{3}, Q \geqslant 0$;均衡价格 $P=4$,均衡产量 $Q=8$

练习 1.8(B)

1. 20.812 9
2. 6.741 1; 8.333 3
3. 268.4
4. 1.118 2

5. 21.388 2

复习题一

1. (1) $(-\infty,3)$ (2) $(0,+\infty)$

4. (1) $y=e^{x+1}-2$ (2) $y=\dfrac{2(x+1)}{x-1}$

5. (1) $y=\sqrt{u},u=4-x^2$
   (2) $y=\cos u,u=\tan v,v=x^2$
   (3) $y=\ln u,u=\sqrt{v},v=1-x$
   (4) $y=\sqrt{u},u=e^v,v=\sin x$

6. 数列(1)、(3)有极限,极限都是 0

9. (1)、(2)无极限,(3)的极限是 0,(4)的极限是 1

10. (1) $\dfrac{2}{3}$ (2) $\dfrac{1}{2}$ (3) $-\dfrac{2}{3}$ (4) 1 (5) $\dfrac{2}{3}$ (6) 0 (7) 1 (8) $\dfrac{1}{2}$

11. (1) 3 (2) $\dfrac{3}{2}$ (3) -1 (4) $\dfrac{1}{2}$ (5) $\dfrac{1}{4}$ (6) 4 (7) 2 (8) $\dfrac{3\sqrt{2}}{4}$

12. (1) 3 (2) 0 (3) 0 (4) -2 (5) 0 (6) e^8 (7) e^{-8} (8) e^{-1}

13. $\lim\limits_{x\to 1}f(x)$ 存在,$f(x)$ 的间断点是 $x=1$,连续区间是 $[0,1)$ 及 $(1,2]$

14. $S=\dfrac{V_0}{h}+2\sqrt{\pi h V_0}$

15. 39 900,30

16. $P=35,Q=\dfrac{40}{3}$

17. 22.301 8,25

18. 134.976,96.073 3

第二章

练习 2.1(B)

1. $-2,-\dfrac{1}{4}$

2. (1) $4x,0,4$ (2) $-\dfrac{1}{2}x^{-\frac{3}{2}},-\dfrac{1}{2},-\dfrac{1}{16}$

3. $2(\Delta Q)^2+4Q_0\Delta Q+3\Delta Q, 2\Delta Q+4Q_0+3, 4Q_0+3; 45, 47, 53, 43+2\Delta Q; 43$

4. $4y-x-4=0$

5. $2y-2x-3\sqrt[3]{2}=0$

练习 2.3(B)

1. (1) $y'=2x+2\sin x$ (2) $y'=-3x^2\ln x-x^2+\dfrac{1}{x}$

   (3) $y'=\dfrac{x^2-2x-3}{(x^2+3)^2}$ (4) $y'=\dfrac{x\sin x+\sin x+\cos x-1}{(1+x)^2}$

2. (1) $y'=2x\cos x^2+\sin^2 x$ (2) $y'=\dfrac{1}{x\ln x}$

   (3) $y'=e^{\sin x}\cdot \cos x$ (4) $y'=-\sin x\sec^2\cos x$

   (5) $y'=\dfrac{\sin 2x}{\sqrt{3-\cos 2x}}$ (6) $y'=\dfrac{1}{\sqrt{x}(x+1)}$

4. $\dfrac{\sqrt{2}}{2}\left(1+\dfrac{\pi}{4}\right), -\dfrac{16}{9}$

5. $2+\sqrt{2}, 2-\sqrt{2}$

6. $y-15x-16=0, y-15x+16=0$

7. (1) $\dfrac{4}{\sqrt{4-x^2}}-\dfrac{x}{\sqrt{1-x^2}}$ (2) $\dfrac{1}{4}\sqrt[4]{\dfrac{1}{x^3(1-x)^5}}-2e^{2x}$ (3) $\dfrac{-2x}{1-x^4}$

8. $x_0 x+y_0 y=4$

9. $y-4=\dfrac{5}{2}(x-2)$

10. (1) $\dfrac{y^2}{e^y-2xy}$ (2) $\dfrac{2x\sin(x^2-y^2)}{2y\sin(x^2-y^2)-1}$

练习 2.4(B)

1. $14e^{-4}$

2. (1) $2a$ (2) $\dfrac{1}{x}$ (3) $-9\sin 3x$ (4) $(4x^2+8x+6)e^{2x}$

练习 2.5(B)

1. (1) $x=1, \Delta x=1$ 时,$\Delta y=9, dy=5$

   (2) $x=1, \Delta x=0.1$ 时,$\Delta y=0.531, dy=0.5$

   (3) $x=1, \Delta x=0.01$ 时,$\Delta y=0.0503, dy=0.05$

2. (1) $(9x^2-4)\mathrm{d}x$ (2) $(\sin x+x\cos x)\mathrm{d}x$

(3) $\dfrac{-4x}{(1+x^2)^2}\mathrm{d}x$ (4) $\sec^2\theta(\tan\theta+1)\mathrm{d}\theta$

(5) $\dfrac{1}{\sqrt{1-x^2}}e^{\arcsin x}\mathrm{d}x$ (6) $\dfrac{-\tan\sqrt{x}}{2\sqrt{x}}\mathrm{d}x$

3. (1) $\dfrac{2y-3x^2}{2y-2x}\mathrm{d}x,\dfrac{2y-3x^2}{2y-2x}$ (2) $\dfrac{y}{1+y}\mathrm{d}x,\dfrac{y}{1+y}$

练习 2.6(B)

1. (1) 罗尔定理不成立

(2) 罗尔定理成立,$\xi=0$

2. $\xi=0$

3. (1) $\dfrac{1}{3}$ (2) $\dfrac{3}{4}$ (3) 1 (4) 0 (5) $+\infty$ (6) 0 (7) 0 (8) $\dfrac{1}{2}$

练习 2.7(B)

1. (1) 单调增加区间是 $(-\infty,0)$ 单调减少区间是 $(0,+\infty)$

(2) 单调增加区间是 $\left(-\dfrac{1}{\sqrt{3}},\dfrac{1}{\sqrt{3}}\right)$,单调减少区间是 $\left(-\infty,-\dfrac{1}{\sqrt{3}}\right)\cup\left(\dfrac{1}{\sqrt{3}},+\infty\right)$

(3) 单调增加区间是 $\left(\dfrac{1}{2},+\infty\right)$,单调减少区间是 $\left(-\infty,\dfrac{1}{2}\right)$

(4) 单调减少区间是 $(-\infty,+\infty)$

3. (1) $x\in(-\infty,0)\cup(1,+\infty)$,曲线上凹;$x\in(0,1)$ 曲线下凹;拐点是 $(0,1),(1,0)$

(2) $x\in(-\infty,-1)\cup(0,+\infty)$,曲线上凹;$x\in(-1,0)$ 曲线下凹;拐点是 $(-1,0)$

(3) $x\in(2k\pi,(2k+1)\pi)$,曲线上凹;$x\in((2k+1)\pi,(2k+2)\pi)$,曲线下凹;拐点是 $(2k\pi,2k\pi),((2k+1)\pi,(2k+1)\pi)$

4. $x\in(-\infty,-1)\cup(1,+\infty)$,曲线单调减少,$x\in(-1,1)$,曲线单调增加;$x\in(-\infty,-\sqrt{3})\cup(0,\sqrt{3})$,曲线下凹,$x\in(-\sqrt{3},0)\cup(\sqrt{3},+\infty)$,曲线上凹;拐点是 $\left(-\sqrt{3},-\dfrac{\sqrt{3}}{4}\right),(0,0),\left(\sqrt{3},\dfrac{\sqrt{3}}{4}\right)$

习题参考答案

练习 2.8(B)

1. (1) $x=\dfrac{7}{2}$ 时,y 取极小值 $-\dfrac{25}{4}$

   (2) $x=1$ 时,y 取极小值 -1.

   (3) $x=\dfrac{\pi}{6}$ 时,y 取极大值 $\dfrac{\sqrt{3}}{2}+\dfrac{\pi}{12}$,$x=-\dfrac{11}{6}\pi$ 时,y 取极大值 $\dfrac{\sqrt{3}}{2}-\dfrac{11}{12}\pi$,

   $x=\dfrac{5}{6}\pi$ 时,y 取极小值 $-\dfrac{\sqrt{3}}{2}+\dfrac{5}{12}\pi$,$x=-\dfrac{7}{6}\pi$ 时,y 取极小值 $-\dfrac{\sqrt{3}}{2}-\dfrac{7}{12}\pi$

   (4) $x=\dfrac{1}{2}\ln\dfrac{1}{2}$ 时,y 取极小值 $2\sqrt{2}$

2. (1) y 的最大值是 142,最小值是 7

   (2) y 的最大值是 $\dfrac{3}{5}$,最小值是 -1

   (3) y 的最大值是 8,最小值是 0

3. D 点应选在离 A 点 15 公里处

4. 半圆半径为 $\dfrac{C_0}{4+\pi}$ 时,截面面积最大;半径为 $\sqrt{\dfrac{2S_0}{4+\pi}}$ 时,周长最小

练习 2.9(B)

1. (1) 2 200(元)　(2) 22(元)　(3) 9(元)　(4) 9.5(元)

2. 14,-10,经济意义:当产量为 8 吨时,再增加 1 吨产量,利润将增加 14(千元),当产量为 20 吨时,再增加 1 吨产量,利润将减少 10(千元)

3. -5,$-\dfrac{1}{5}$,经济意义:此商品价格上升(下降)一个单位,需求量将下降(上升)5 个单位,需求量上升(下降)一个单位,价格下降(上升)$\dfrac{1}{5}$ 个单位

4. (1) $\dfrac{P}{P-50}$,经济意义:价格为 P 时,价格再变化 1%,需求量将变化 $\dfrac{P}{50-P}$%

   (2) 价格为 25 时,弹性为单位弹性,价格在 25 至 50 之间变化时,需求富有弹性,价格在 0 至 25 之间变化时,需求缺乏弹性

5. 30,80

6.11(吨)

7.9(百台),32.5(万元)

8.4,44,112

9.(1)20,6700 (2)30,340

复习题二

1. Δx 可正可负, $\lim\limits_{\Delta x \to 0} \dfrac{\Delta y}{\Delta x}$ 存在的充要条件是: $\lim\limits_{\Delta x \to 0^+} \dfrac{\Delta y}{\Delta x}$ 和 $\lim\limits_{\Delta x \to 0^-} \dfrac{\Delta y}{\Delta x}$ 都存在且相等

2. $f'(x)$ 是导函数, $f'(x_0)$ 是导函数在 x_0 处的值; $f'(x_0)$ 是 $f(x)$ 在 x_0 处的导数, $[f(x_0)]'$ 是数值 $f(x_0)$ 的导数, 应为 0

3. $0, -\dfrac{2}{3}$

4. (1) 0,0

(2) $2x, \dfrac{1}{2}x^{-\frac{1}{2}}, -\dfrac{1}{2}x^{-\frac{3}{2}}, \dfrac{n}{m}x^{\frac{n}{m}-1}$

(3) $\dfrac{1}{x}\lg e, \dfrac{1}{x}\log_2 e, \dfrac{1}{x}\log_{0.5} e, \dfrac{1}{x}$

(4) $10^x \ln 10, 2^x \ln 2, \left(\dfrac{1}{2}\right)^x \ln\dfrac{1}{2}, e^x$

5. (1) $4x - \dfrac{3}{2}x^{-\frac{1}{2}} - \dfrac{4}{x}$ (2) $2^x \ln 2 - \dfrac{1}{2x}$

(3) $\dfrac{x^2 + 4x + 1}{(x+2)^2}$ (4) $\dfrac{x\cos x - \sin x}{x^2}$

(5) $(2x-1)(6x-5)$ (6) $\left(1 + \dfrac{\ln x}{2}\right)\dfrac{\sqrt{x}}{x}$

6. (1) $\dfrac{\sqrt{x}\, e^{\sqrt{x}}}{2x}$ (2) $e^x \cos e^x$

(3) $\dfrac{4(\ln x - 1)}{x(\ln x + 1)^3}$ (4) $\dfrac{6(x-1)^2}{(x+1)^4}$

(5) $\ln\sqrt{x^2-1} + \dfrac{x^2}{x^2-1}$ (6) $-\dfrac{\ln 10}{x^2} 10^{\sin\frac{1}{x}} \cos\dfrac{1}{x}$

(7) $\dfrac{\sec^2 \ln x}{x}$ (8) $\sqrt[3]{1-\sin x} - \dfrac{x\cos x}{3}(1-\sin x)^{-\frac{2}{3}}$

(9) $-\dfrac{2x}{1+x^4}$ (10) $\dfrac{1}{2\sqrt{x(1-x)}} e^{\arcsin\sqrt{x}}$

(11) $\dfrac{1}{\sqrt{1+x^2}}+\cos^2 x-x\sin 2x$

(12) $\dfrac{1}{2}\sqrt{(x-a)(x-b)(x-c)(x-d)}\left(\dfrac{1}{x-a}+\dfrac{1}{x-b}+\dfrac{1}{x-c}+\dfrac{1}{x-d}\right)$

7. (1) $\dfrac{x+y}{x-y}$ (2) -1

8. (1) $12x^2-30x$ (2) $-\dfrac{1}{(1+x)^2}$

  (3) $(x-2)e^{-x}$ (4) $\dfrac{-2}{(1+x)^3}$

9. (1) $\dfrac{1}{x^2}e^{\cos\frac{1}{x}}\sin\dfrac{1}{x}dx$ (2) $\dfrac{2}{1-x^2}dx$

  (3) $-e^x(\cos 2x+2\sin 2x)dx$ (4) $\dfrac{4x dx}{(1-x^2)^2}$

  (5) $-\dfrac{b^2 x}{a^2 y}dx$ (6) $\dfrac{-e^y}{2y+xe^y}dx$

10. $(2,0)$

11. (1) α (2) 2 (3) $-\dfrac{1}{8}$ (4) $-\infty$ (5) 0 (6) -1 (7) 1 (8) $-\dfrac{1}{2}$

12. (1) 在 $(-\infty,-1)$ 及 $(1,+\infty)$ 内单调增加，在 $(-1,1)$ 内单调减少

   (2) 在 $(-\infty,+\infty)$ 内单调增加

   (3) 在 $(0,1)$ 内单调增加，在 $(1,+\infty)$ 内单调减少

   (4) 在 $(-\infty,-1)$ 及 $(-1,+\infty)$ 内单调增加

   (5) 在 $(-\infty,+\infty)$ 内单调增加

   (6) 在 $(-\infty,-2)$ 及 $(0,+\infty)$ 内单调增加，在 $(-2,-1)$ 及 $(-1,0)$ 内单调减少

13. (1) 在 $\left(-\dfrac{1}{2},+\infty\right)$ 内上凹，在 $\left(-\infty,-\dfrac{1}{2}\right)$ 内下凹，拐点是 $\left(-\dfrac{1}{2},2\right)$

   (2) 在 $(-\infty,0)$ 及 $(2,+\infty)$ 内上凹，在 $(0,2)$ 内下凹，拐点是 $(0,16)$，$(2,0)$

14. $a=-3$，拐点是 $(1,-7)$；在 $(-\infty,-1)$ 及 $(3,+\infty)$ 内单调增加，在 $(-1,3)$ 内单调减少；在 $(1,+\infty)$ 内上凹，在 $(-\infty,1)$ 内下凹

15. (1) $x=0$ 时，取极大值 3；$x=-1$ 及 $x=1$ 时，取极小值 2

   (2) $x=-4$ 时，取极大值 92；$x=2$ 时，取极小值 -16

   (3) $x=-2\sqrt{3}$ 时，取极大值 $-\dfrac{4}{\sqrt{3}}$；$x=2\sqrt{3}$ 时，取极小值 $\dfrac{4}{\sqrt{3}}$

   (4) $x=2$ 时，取极小值 12

(5) $x=-1$ 时,取极大值 -1;$x=1$ 时,取极小值 3

(6) $x=1$ 时,取极大值 3;$x=-1$ 时,取极小值 -3

16.(1) $x=1$ 时,取最大值 2;$x=-1$ 时,取最小值 -10

(2) $x=1$ 时,取最大值 $\dfrac{1}{2}$;$x=0$ 时,取最小值 0

(3) $x=4$ 时,取最大值 6;$x=0$ 时,取最小值 0

(4) $x=-\dfrac{\pi}{2}$ 时,取最大值 $\dfrac{\pi}{2}$;$x=\dfrac{\pi}{2}$ 时,取最小值 $-\dfrac{\pi}{2}$

17. $a=-\dfrac{2}{3}, b=-\dfrac{1}{6}$,$f(x)$ 在 x_1 处取极小值,在 x_2 处取极大值

18. $S_{\triangle ABC}=\dfrac{(t^2+1)^2}{4t}$,$\dfrac{4\sqrt{3}}{9}$,$\left(\dfrac{1}{\sqrt{3}},-\dfrac{2}{3}\right)$

19. 长为 32,宽为 16 时,用料最省

20. 边际成本是 1,产量为 2,2.5,3 时的边际利润分别是 2,1,0;经济意义:产量每增加一个单位,成本增加 1(百元);产量为 22.5 时,再增加一个单位产量,利润分别增加 2(百元),1(百元),产量为 3 时,再增加一个单位产量,利润不发生变化

21. $P\ln\dfrac{1}{3}$

22. $1-2P\ln 2$

23. $250,425$

第三章

练习 3.1(B)

1.(1) x^6+c (2) $-\sin x+c$

(3) $\sqrt{t}+c$ (4) $4\arccos x+c$

2.(1) 因为 $\left(\dfrac{x^5}{5}\right)'=x^4$,故 $\dfrac{x^5}{5}+c$ 是 x^4 的所有原函数,由不定积分的定义,$\dfrac{x^5}{5}+c$ 是 x^4 的不定积分,即 $\int x^4 dx=\dfrac{x^5}{5}+C$.

(2)、(3)可类似(1)验证.

3.(1) $\dfrac{1}{\sqrt{1+x^2}}$ (2) $-\dfrac{x}{(1+x^2)^{3/2}}$

4. $y=-e^{-x}+2$.

习题参考答案

练习 3.2(B)

(1) $4x - \dfrac{4}{3}x^3 + \dfrac{1}{5}x^5 + C$

(2) $2x - \dfrac{5}{2}x^2 + x^3 + C$

(3) $\ln|x| - 2x + \dfrac{x^2}{2} + C$

(4) $\ln|x| - \dfrac{2}{x} + \dfrac{6}{x^2} + C$

(5) $\dfrac{2}{3}x^{\frac{3}{2}} - 2x^{\frac{1}{2}} + C$

(6) $\dfrac{4}{11}t^{\frac{11}{4}} + C$

(7) $-\dfrac{1}{x} - \arctan x + C$

(8) $x + \arctan x + C$

(9) $\arctan x + \ln|x| + C$

(10) $e^x + x + C$

(11) $-t - \cot t + C$

(12) $\dfrac{1}{2}(x + \sin x) + C$

(13) $2\sin x + C$

(14) $-2x - \cot x + C$

练习 3.3(B)

1. (1) $-\dfrac{2}{9}(2-3x)^{\frac{3}{2}} + C$

(2) $\dfrac{1}{3}\ln|3x+1| + C$

(3) $-\dfrac{1}{4}\cos(4x+1) + C$

(4) $-\dfrac{1}{4}\sin(1-4x) + C$

(5) $-\dfrac{1}{2}\cos x^2 + C$

(6) $-\dfrac{1}{4}(3-4x)^{\frac{1}{2}} + C$

(7) $\ln|x-2| + C$

(8) $2\sin\sqrt{x} + C$

(9) $\cos\dfrac{1}{x} + C$

(10) $-\dfrac{1}{2}\ln|1-2e^x| + C$

(11) $\dfrac{1}{2}\ln\left|\dfrac{1+e^x}{1-e^x}\right| + C$

(12) $-\dfrac{1}{3}\cos^3 x + C$

(13) $\dfrac{1}{1-\sin x} + C$

(14) $\dfrac{1}{12}\arctan\dfrac{4}{3}x + C$

(15) $-\dfrac{2}{3}\sqrt{2-x^3} + C$

(16) $\dfrac{1}{2}\ln|1+2\ln x| + C$

(17) $\dfrac{1}{3}\ln^3 x + C$

(18) $\dfrac{1}{3}(1+\tan x)^3 + C$

2. (1) $\sqrt{2x} - \ln(1+\sqrt{2x}) + C$

(2) $2\ln(1+\sqrt{x}) + C$

(3) $2e^{\sqrt{x}} + C$

(4) $\dfrac{5}{2}(x-6)^{\frac{5}{2}} + 4(x-6)^{\frac{3}{2}} + C$

(5) $2\arctan\sqrt{x-1} + C$

(6) $\dfrac{2}{27}(3x+1)^{\frac{3}{2}} + \dfrac{9}{4}(3x+1)^{\frac{1}{2}} + C$

3. (1) $-\dfrac{e^{-2x}}{2}\left(x+\dfrac{1}{2}\right)+C$ (2) $-xe^{-x}+C$

(3) $\dfrac{1}{9}\sin 3x-\dfrac{x}{3}\cos 3x+C$ (4) $\dfrac{x}{2}\sin 2x+\dfrac{\cos 2x}{4}+C$

(5) $\dfrac{x^2+1}{2}\arctan x-\dfrac{x}{2}+C$ (6) $x\arcsin x+\sqrt{1-x^2}+C$

(7) $\dfrac{x^2-1}{2}\ln(x-1)-\dfrac{x}{2}\left(1+\dfrac{x}{2}\right)+C$

(8) $-\dfrac{\ln x+1}{x}+C$

4. (1) $\dfrac{1}{3}\ln\left|\dfrac{x-1}{x+2}\right|+C$ (2) $\dfrac{1}{4}\ln\left|\dfrac{2x-1}{2x+1}\right|+C$

(3) $\ln\left|\dfrac{x+2}{x+3}\right|+C$ (4) $\ln|x^2-7x+10|-\dfrac{10}{3}\ln\left|\dfrac{x-2}{x-5}\right|+C$

(5) $\dfrac{1}{2}\ln|x^2-4x+3|+C$ (6) $\ln|x^3+x^2-1|+C$

(7) $\dfrac{1}{2}\arctan\dfrac{x+2}{2}+C$ (8) $\ln|x^2+4x+8|+\dfrac{1}{2}\arctan\dfrac{x+2}{2}+C$

练习 3.4(B)

1. (1) 1 (2) $\dfrac{3}{2}$

2. $\int_0^{\frac{\pi}{2}}\sin x\,dx$

3. (1) > (2) > (3) <

练习 3.5(B)

1. (1) 9 (2) $\dfrac{49}{3}$ (3) $24-\dfrac{32}{3}$ (4) $\dfrac{5}{6}$

(5) $e^2+2\ln 2-e$ (6) $\dfrac{\pi}{6}$ (7) 0 (8) $\dfrac{\pi}{4}-\dfrac{1}{2}$

2. (1) $\dfrac{2\sqrt{2}}{3}$ (2) $\dfrac{3}{8}$ (3) 0 (4) $\dfrac{\sqrt{3}}{2}$ (5) $\dfrac{1}{3}\arctan\dfrac{1}{3}$

(6) 1 (7) $\dfrac{3}{16}$ (8) $\dfrac{5}{2}$ (9) $2-\dfrac{\pi}{2}$ (10) $2(2-\arctan 2)$

3. (1) 1 (2) π (3) 0 (4) $2\ln 2-1$ (5) $\dfrac{1}{4}(1-3e^{-2})$ (6) $-\dfrac{1}{4}$

4. (1) $\dfrac{32}{3}$ (2) $\dfrac{8}{3}$ (3) $\dfrac{3}{2}-\ln 2$ (4) $\dfrac{3}{2}-\ln 2$ (5) 5

习题参考答案

练习 3.6

(1) 1 (2) 发散 (3) 1 (4) 发散 (5) 发散 (6) 1 (7) $\dfrac{\pi}{2}$

练习 3.7(B)

1. $C(Q) = 10e^{0.2Q} + 80$

2. $C(Q) = \dfrac{Q^3}{3} + 5Q^2 + 100Q + 200$

3. $C(Q) = 0.4Q^2 + 3.8Q + 38.4$

4. $R(Q) = 15Q - Q^2 \quad Q = f(P) = 15 - P$

5. $Q = f(P) = 20\ln|1+P| + 100 \quad R(P) = 20P\ln|1+P| + 100P$

6. $Q_0 = 20 \quad L(20) = 120$

7. 147.2(百元) 73.6(百元)

8. (1) $C(x) = 16x + 0.001x^2 + 200$

   (2) $L(x) = 4x - 0.002x^2 - 200$

   (3) $x_0 = 1\,000$

   (4) $L(1000) = 1\,800$(元)

9. 366.4

10. $5\,850 + 850e^{-5}$

11. $16\,960\sqrt{10}$

12. $P = 0.7$(万元) $F = 1.200\,8$(万元)

13. $1.213\,3$(万元)

复习题三

1. (1) $\dfrac{1}{12}(3x^2 - 4)^2 + C$ (2) $\dfrac{4}{3}x^3 - 4x - \dfrac{1}{x} + C$

   (3) $\ln(1+x^2) + C$ (4) $e^x - e^{-x} + 2x + C$

2. (1) $-\dfrac{3}{16}(1 - 2x^2)^{\frac{4}{3}} + C$ (2) $\dfrac{1}{3}(e^x - 2)^3 + C$

   (3) $-e^{\cos\theta} + C$ (4) $-\dfrac{1}{3}(1 - \ln 3)^3 + C$

   (5) $\text{arcsec}\, x + C$ (6) $\sqrt{x^2 - 4} - 2\arctan\dfrac{\sqrt{x^2-4}}{2} + C$

   (7) $2\ln|\sqrt{x} + 1| + C$ (8) $\dfrac{1}{3}(1 - x^2)^{\frac{3}{2}} - (1 - x)^{\frac{1}{2}} + C$

3. (1) $\dfrac{e^{-3x}}{3}\left(x-\dfrac{2}{3}\right)+C$ (2) $x\tan x+\ln|\cos x|+C$

(3) $2\sqrt{x}(\ln x-2)+C$ (4) $-x^2\cos x+2x\sin x+2\cos x+C$

(5) $-\dfrac{e^{-2x}}{2}\left(x^2+x+\dfrac{1}{2}\right)$ (6) $\dfrac{x}{2}(\cos\ln x+\sin\ln x)+C$

4. (1) $\dfrac{38}{15}$ (2) $\dfrac{32\sqrt{2}-25}{24}$ (3) $\dfrac{1}{3}\ln\dfrac{4}{3}$ (4) $\dfrac{2\sqrt{2}-1}{3}$

(5) $\dfrac{2}{3}$ (6) $\arctan e-\dfrac{\pi}{4}$ (7) $\dfrac{\pi}{4}$ (8) $2\sqrt{3}-\dfrac{2\pi}{3}$

(9) $2\ln 2-1$ (10) $\dfrac{\pi}{4}-\dfrac{1}{2}$

5. (1) $C(x)=0.2x^2-12x+120$

$L(x)=32x-0.2x^2-120$

(2) $x_0=80$ $L(80)=2\ 312$

6. $Q_0=68$ $L(68)=4\ 444$

7. $Q_0=68$ $L(68)=2\ 824$ $P=106$

8. 租金流量总值的现值 $P=53\ 096$(元),购进机床合算

购进机床10年末的未来值 $F_1=108\ 731$(元)

年租金10年末的未来值 $F_2=144\ 335$(元),购进机床合算.

第四章

练习 4.1(B)

1. (1) $\{(x,y)\mid x^2+y^2\leqslant 16\ \text{且}\ x^2-y^2\geqslant 4\}$

(2) $\{(x,y)\mid x\geqslant 0\ \text{且}\ y\leqslant 1\}$

(3) $\{(x,y)\mid x+y<0\}$

(4) $\{(x,y)\mid x\neq 0\ \text{且}\ y\neq 0\}$

(5) $\{(x,y)\mid |x|\leqslant |y|\}$

2. (1) 过点$(0,0,-2)$且平行于Oxy平面的平面

(2) 过点$(0,4,0)$且平行于Oxz平面的平面

(3) 过点$(1,0,0)$且平行于Oyz平面的平面

(4) 圆柱面

练习 4.2(B)

1. (1) $\dfrac{\partial z}{\partial x}\bigg|_{(2,1)} = 28$ $\dfrac{\partial z}{\partial y}\bigg|_{(2,1)} = -14$

   (2) $\dfrac{\partial z}{\partial x}\bigg|_{(1,1)} = \dfrac{3}{4}$ $\dfrac{\partial z}{\partial y}\bigg|_{(1,1)} = \dfrac{1}{2}$

   (3) $\dfrac{\partial z}{\partial x}\bigg|_{(1,1)} = 1$ $\dfrac{\partial z}{\partial y}\bigg|_{(1,1)} = 1$

   (4) $\dfrac{\partial z}{\partial x}\bigg|_{(3,1)} = \dfrac{2}{5}$ $\dfrac{\partial z}{\partial y}\bigg|_{(1,2)} = \dfrac{5-2\sqrt{5}}{5}$

2. (1) $\dfrac{\partial^2 z}{\partial x^2} = 6xy$ $\dfrac{\partial^2 z}{\partial y^2} = 0$ $\dfrac{\partial^2 z}{\partial x \partial y} = \dfrac{\partial^2 z}{\partial y \partial x} = 3x^2 - 1$

   (2) $\dfrac{\partial^2 z}{\partial x^2} = 2e^x \cos(x+y)$ $\dfrac{\partial^2 z}{\partial y^2} = -e^x \sin(x+y)$

   $\dfrac{\partial^2 z}{\partial x \partial y} = \dfrac{\partial^2 z}{\partial y \partial x} = e^x[\cos(x+y) - \sin(x+y)]$

   (3) $\dfrac{\partial^2 z}{\partial x^2} = \dfrac{x+2y}{(x+y)^2}$ $\dfrac{\partial^2 z}{\partial y^2} = \dfrac{x}{(x+y)^2}$

   $\dfrac{\partial^2 z}{\partial x \partial y} = \dfrac{\partial^2 z}{\partial y \partial x} = \dfrac{y}{(x+y)^2}$

   (4) $\dfrac{\partial^2 z}{\partial x^2} = ye^x$ $\dfrac{\partial^2 z}{\partial y^2} = 0$ $\dfrac{\partial^2 z}{\partial x \partial y} = \dfrac{\partial^2 z}{\partial y \partial x} = e^x$

3. (1) $dz = e^x(\sin y\, dx + \cos y\, dy)$

   (2) $dz = \dfrac{\sqrt{xy}}{2y}\left(\dfrac{dx}{x} - \dfrac{dy}{y}\right)$

   (3) $dz = e^{xy}(y\,dx + x\,dy)$

   (4) $dz = y^x(yx^{y-1} + x^y \ln y)dx + x^y(y^x \ln x + xy^{x-1})dy$

练习 4.3(B)

1. (1) $\dfrac{\partial z}{\partial x} = \dfrac{2x^3}{\sqrt{x^4 - y^4}}$ $\dfrac{\partial z}{\partial y} = -\dfrac{2y^3}{\sqrt{x^4 - y^4}}$

   (2) $\dfrac{\partial z}{\partial x} = e^{x \sin y - 2y\cos x}(\sin y + 2y \cdot \sin x)$

   (3) $\dfrac{\partial z}{\partial x} = \dfrac{4x^3 \cdot \arcsin\sqrt{1-x^2-y^2}}{x^4 + y^4} - \dfrac{x \ln(x^4 + y^4)}{\sqrt{(x^2+y^2)(1-x^2-y^2)}}$

   $\dfrac{\partial z}{\partial y} = \dfrac{4y^3 \cdot \arcsin\sqrt{1-x^2-y^2}}{x^4 + y^4} - \dfrac{y \ln(x^4 + y^4)}{\sqrt{(x^2+y^2)(1-x^2-y^2)}}$

$(4) \dfrac{\partial z}{\partial x} = \dfrac{9y-2x}{(2x+y)^3}$ $\dfrac{\partial z}{\partial y} = \dfrac{2(y-3x)}{(2x+y)^3}$

$(5) \dfrac{\partial z}{\partial x} = \dfrac{x}{y^2}\left[2\ln(3x-2y) + \dfrac{3x}{3x-2y} \right]$

$\dfrac{\partial z}{\partial y} = -\dfrac{x^2}{y^2}\left[\dfrac{2\ln(3x-2y)}{y} + \dfrac{2}{3x-2y} \right]$

2. $(1) \dfrac{\mathrm{d}z}{\mathrm{d}t} = -\mathrm{e}^{-t}$

$(2) \dfrac{\mathrm{d}z}{\mathrm{d}t} = \ln(\sin t \cdot \cos t) \cdot \cos t - \tan t \cdot \sin t$

$(3) \dfrac{\mathrm{d}z}{\mathrm{d}t} = \dfrac{2t(\mathrm{e}^{t^2} - \mathrm{e}^{1-t^2})}{\mathrm{e}^{t^2} + \mathrm{e}^{1-t^2}}$

3. $(1) \dfrac{\partial z}{\partial x} = -\dfrac{2\sqrt{xyz}-yz}{2\sqrt{xyz}-xy}$ $\dfrac{\partial z}{\partial y} = -\dfrac{2\sqrt{xyz}-xz}{2\sqrt{xyz}-xy}$

$(2) \dfrac{\partial z}{\partial x} = \dfrac{1}{\mathrm{e}^z - 1} = \dfrac{\partial z}{\partial y}$

$(3) \dfrac{\partial z}{\partial x} = \dfrac{yz-1}{1-xy}$ $\dfrac{\partial z}{\partial y} = \dfrac{xz-1}{1-xy}$

$(4) \dfrac{\partial z}{\partial x} = -1 = \dfrac{\partial z}{\partial y}$

$(5) \dfrac{\partial z}{\partial x} = \dfrac{2x+y\mathrm{e}^{xy}}{2(2-z)}$ $\dfrac{\partial z}{\partial y} = \dfrac{2y+x\mathrm{e}^{xy}}{2(2-z)}$

$(6) \dfrac{\partial z}{\partial x} = \dfrac{z}{x+z}$ $\dfrac{\partial z}{\partial y} = \dfrac{z^2}{y(x+z)}$

$(7) \dfrac{\partial z}{\partial x} = -\dfrac{c^2 x}{a^2 z}$ $\dfrac{\partial z}{\partial y} = -\dfrac{c^2 y}{b^2 z}$

4. $(1) \dfrac{\mathrm{d}y}{\mathrm{d}x} = \dfrac{y^2}{1-xy}$

$(2) \dfrac{\mathrm{d}y}{\mathrm{d}x} = \dfrac{y\mathrm{e}^{xy} - y\mathrm{e}^x - \mathrm{e}^y}{x\mathrm{e}^y - x\mathrm{e}^{xy} + \mathrm{e}^x}$

$(3) \dfrac{\mathrm{d}y}{\mathrm{d}x} = \dfrac{y^2 - \mathrm{e}^x \sin y}{\mathrm{e}^x \cos y - 2xy}$

$(4) \dfrac{\mathrm{d}y}{\mathrm{d}x} = -\dfrac{2xy + 2y + y^2}{2xy + 2x + x^2}$

练习 4.4(B)

1. (1)极小值 $f(1,1) = -1$

(2)无极值

(3) 极小值 $f(-1,3)=-6$

(4) 极小值 $f(5,2)=30$

(5) 无极值

(6) 极大值 $f\left(\dfrac{1}{3},\dfrac{1}{3}\right)=\dfrac{1}{27}$

2. 最大值 $S\left(\dfrac{a}{4},\dfrac{a}{4}\right)=\dfrac{a^2}{16}$

3. 长 = 宽 = 高 = $\sqrt[3]{2}$

4. $y=6.086x+29.467$

练习 4.5(B)

1. (1) 极小值 $f\left(-\dfrac{\sqrt{2}}{2},-\dfrac{\sqrt{2}}{2}\right)=-\sqrt{2}$

   极大值 $f\left(\dfrac{\sqrt{2}}{2},\dfrac{\sqrt{2}}{2}\right)=\sqrt{2}$

   (2) 极小值 $f(2a,2a)=4a^2$

   (3) 极小值 $f\left(-\dfrac{1}{3},\dfrac{2}{3},-\dfrac{2}{3}\right)=-3$

   极大值 $f\left(\dfrac{1}{3},-\dfrac{2}{3},\dfrac{2}{3}\right)=3$

   (4) 最小值 $f(\sqrt[3]{a},\sqrt[3]{a},\sqrt[3]{a})=3\sqrt[3]{a}$

2. 半径 $R=\dfrac{\sqrt{3}}{3}$, 高 $h=\dfrac{2\sqrt{3}}{3}$

练习 4.6(B)

1. (1) $18L^{-\frac{1}{2}}K^{\frac{1}{2}}$ (2) $18L^{\frac{1}{2}}K^{-\frac{1}{2}}$ (3) $-\dfrac{K}{L}$ (4) 1

2. $E_{11}=-\dfrac{4}{5}$ $E_1=2$ $E_{12}=-\dfrac{2}{5}$

3. $E_{11}=-\dfrac{3}{8}$ $E_1=\dfrac{5}{2}$ $E_{12}=-\dfrac{1}{4}$

4. $L(2,4)=48$

5. $L=180$ $K=315$

6. $L\left(\dfrac{10}{3},4\right)=100$ $P_1=\dfrac{52}{3}$ $P_2=\dfrac{74}{3}$

7. $L\left(8,\dfrac{23}{3}\right)=488.3$ $P_1=\dfrac{118}{3}$ $P_2=\dfrac{140}{3}$

8. $C(4.72, 17.12) = 753.24$

9. $x = 6$ $y = 4$

10. $L(50, 23) = 15\ 308$ $P_1 = 318$ $P_2 = 64$
    $|\varepsilon(P_1)| = 1.06$ $|\varepsilon(P_2)| = 1.22$

11. $C(4, 6) = 10$

12. $Q_1 = 1250$ $Q_2 = 2812.5$

复习题四

1. $\left\{(x, y) \,\middle|\, \dfrac{y^2}{4} \leqslant x \leqslant \sqrt{4 - y^2}\right\}$

2. 提示：$\dfrac{\partial z}{\partial x} = \dfrac{1}{2\sqrt{x}(\sqrt{x} + \sqrt{y})}$ $\dfrac{\partial z}{\partial y} = \dfrac{1}{2\sqrt{y}(\sqrt{x} + \sqrt{y})}$

3. $\dfrac{\partial z}{\partial y} = (2x + y)^{3x-y} \cdot \left[\dfrac{3x - y}{2x + y} - \ln(2x + y)\right]$

   $\dfrac{\partial z}{\partial x} = (2x + y)^{3x-y} \cdot \left[3\ln(2x + y) + \dfrac{6x - 2y}{2x + y}\right]$

4. 设 $u = 2x, v = x\ln x, \dfrac{dz}{dx} = 2f_u + (1 + \ln x)f_v$

5. 设 $u = x + y, v = x - y, dz = (f_u + f_v)dx + (f_u - f_v)dy$

6. 设 $u = xz, v = z - y, dz = (zf_u dx - f_v dg)/(1 - xf_u - f_v)$

7. 设 $u = x + y, v = y + z, w = z + x$，则：
   $\dfrac{\partial z}{\partial x} = -\dfrac{f_u + f_w}{f_v + f_w}$ $\dfrac{\partial z}{\partial y} = -\dfrac{f_u + f_v}{f_v + f_w}$

8. $x = y = \dfrac{\pi}{2}, U\left(\dfrac{\pi}{2}, \dfrac{\pi}{2}\right) = 2$

9. $x = y = z = \dfrac{2p}{3}$

10. $(1, 2)$

11. $Q_1 = 9$ $Q_2 = 4$ $P_1 = 35$ $P_2 = 47$

12. $Y = 1.53X - 0.0397, X = 100\ 000$ 时 $Y = 152\ 999.97$

第五章

练习 5.1 (B)

1. $a = 0$ $b = 1$ $c = -3$ $d = 0$

2. $A^T = \begin{pmatrix} 1 & -1 & 3 \\ 0 & 1 & -1 \\ -1 & 2 & 0 \\ 2 & -1 & 2 \end{pmatrix}$ $-A = \begin{pmatrix} -1 & 0 & 1 & -2 \\ 1 & -1 & -2 & 1 \\ -3 & 1 & 0 & -2 \end{pmatrix}$

练习 5.2(B)

1. $\begin{pmatrix} 5 & -3 & 32 \\ -1 & 2 & 9 \end{pmatrix}$ $\begin{pmatrix} 5 & -18 & -4 \\ 9 & 5 & 20 \end{pmatrix}$

2. (1) $\begin{pmatrix} 3 & 6 & 9 \\ 2 & 4 & 6 \\ 1 & 2 & 3 \end{pmatrix}$ (2) $[10]$ (3) $\begin{pmatrix} 4 & 4 & 0 & 8 \\ -1 & -1 & 0 & -2 \\ 2 & 2 & 0 & 4 \\ 1 & 1 & 0 & 2 \end{pmatrix}$

(4) $[5]$ (5) $[10 \ \ 25]$ (6) $\begin{pmatrix} 40 & 48 & 56 \\ 10 & 12 & 14 \\ 5 & 6 & 7 \end{pmatrix}$ (7) $\begin{pmatrix} 4 & 17 \\ 9 & 30 \\ 17 & 73 \end{pmatrix}$

(8) $\begin{pmatrix} 3c & 0 & 0 \\ 0 & -b & 0 \\ 0 & 0 & 2a \end{pmatrix}$ (9) $\begin{pmatrix} -16 & 13 & 10 \\ -22 & 12 & 20 \end{pmatrix}$ (10) $\begin{pmatrix} -6 & 22 & -2 \\ 17 & -18 & -16 \\ -6 & 20 & 8 \end{pmatrix}$

3. $A \cdot B = \begin{pmatrix} 6 & 1 \\ 0 & -1 \\ 5 & 0 \end{pmatrix}$ $A^T \cdot B = \begin{pmatrix} 1 & -3 \\ 3 & -1 \\ 4 & 0 \end{pmatrix}$ $B^T \cdot A = \begin{pmatrix} 1 & 3 & 4 \\ -3 & -1 & 0 \end{pmatrix}$

4. $X = \begin{pmatrix} 2 & -3 & -2 & 2 \\ 2 & -2 & 1 & -1 \\ \frac{1}{2} & -1 & -\frac{7}{2} & -1 \end{pmatrix}$

练习 5.4(B)

1. $A_{31} = 0$ $A_{32} = 29$

2. $D = -15$

3. (1) 0   (2) 5   (3) -3 (4) 4   (5) 160   (6) $x^2 y^2$

练习 5.5(B)

1. (1) $A^{-1} = \begin{pmatrix} 1 & 0 \\ -2 & 1 \end{pmatrix}$ (2) $A^{-1} = \begin{pmatrix} 13 & 4 \\ 3 & 1 \end{pmatrix}$

$(3) A^{-1}=\begin{pmatrix} \frac{1}{2} & -\frac{3}{2} \\ -\frac{1}{2} & \frac{5}{2} \end{pmatrix}$ $(4) A^{-1}=\begin{pmatrix} -2 & 1 \\ 13 & -6 \end{pmatrix}$

$(5) A^{-1}=\begin{pmatrix} \frac{1}{2} & \frac{1}{4} \\ -\frac{1}{2} & -\frac{3}{4} \end{pmatrix}$ $(6) A^{-1}=\begin{pmatrix} 0 & 1 \\ \frac{1}{3} & -\frac{2}{3} \end{pmatrix}$

$(7) A^{-1}=\begin{pmatrix} \frac{2}{5} & -\frac{1}{10} \\ -\frac{1}{5} & \frac{3}{10} \end{pmatrix}$ $(8) A^{-1}=\begin{pmatrix} \frac{3}{5} & -\frac{1}{5} \\ -\frac{1}{3} & \frac{1}{6} \end{pmatrix}$

(9)不可逆

2. $(1) \frac{1}{7}\begin{pmatrix} -3 & 4 & 2 \\ -5 & 2 & 1 \\ -2 & 5 & 6 \end{pmatrix}$ $(2) \frac{1}{5}\begin{pmatrix} 5 & 4 & -1 \\ 10 & 12 & -3 \\ 0 & 1 & 1 \end{pmatrix}$

$(3) \frac{1}{27}\begin{pmatrix} -3 & 7 & 5 \\ 6 & -5 & 8 \\ 9 & -3 & -6 \end{pmatrix}$ $(4) \frac{1}{2}\begin{pmatrix} 1 & 0 & 1 \\ -2 & 2 & -2 \\ -3 & 2 & -1 \end{pmatrix}$

$(5) \begin{pmatrix} 1 & -4 & -3 \\ 1 & -5 & -3 \\ -1 & 6 & 4 \end{pmatrix}$ $(6) \frac{1}{2}\begin{pmatrix} -5 & 2 & -1 \\ 10 & -2 & 2 \\ 7 & -2 & 1 \end{pmatrix}$

$(7) \frac{1}{6}\begin{pmatrix} 6 & 0 & 0 \\ -3 & 3 & 0 \\ 0 & -2 & 2 \end{pmatrix}$ $(8) \frac{1}{6}\begin{pmatrix} 6 & 0 & -6 \\ 0 & 3 & -1 \\ 0 & 0 & 2 \end{pmatrix}$ $(9) \begin{pmatrix} 1 & 0 & 0 \\ 0 & \frac{1}{2} & 0 \\ 0 & 0 & \frac{1}{3} \end{pmatrix}$

3. $(1) \frac{1}{10}\begin{pmatrix} 3 & -1 & 0 & 0 \\ -2 & 4 & 0 & 0 \\ 0 & 0 & -70 & 60 \\ 0 & 0 & 60 & -50 \end{pmatrix}$ $(2) 55\begin{pmatrix} 0 & 0 & 44 & -33 \\ 0 & 0 & -99 & 88 \\ 35 & -25 & 0 & 0 \\ -10 & 15 & 0 & 0 \end{pmatrix}$

$(3) \frac{1}{4}\begin{pmatrix} 1 & 1 & 1 & 1 \\ 1 & 1 & -1 & -1 \\ 1 & -1 & 1 & -1 \\ 1 & -1 & -1 & 1 \end{pmatrix}$ $(4) \begin{pmatrix} 1 & -1 & 1 & -1 \\ 0 & 1 & -1 & 1 \\ 0 & 0 & 1 & -1 \\ 0 & 0 & 0 & 1 \end{pmatrix}$

4. $(1) X=\begin{pmatrix} 8 & 3 \\ -3 & -1 \end{pmatrix}$ $(2) X=\frac{1}{4}\begin{pmatrix} -4 & 2 \\ 18 & -3 \end{pmatrix}$

5. (1) $X=\dfrac{1}{35}\begin{pmatrix} 77 & 13 \\ 28 & 42 \\ -49 & 24 \end{pmatrix}$ (2) $X=\dfrac{1}{7}\begin{pmatrix} 13 & 2 \\ 10 & -13 \\ 18 & -1 \end{pmatrix}$

(3) $X=\dfrac{1}{6}\begin{pmatrix} 6 & 2 \\ -6 & -1 \\ -18 & -5 \end{pmatrix}$

6. (1) $X=\dfrac{1}{7}\begin{pmatrix} 1 & 20 & 1 \\ -8 & 57 & 20 \end{pmatrix}$ (2) $X=\begin{pmatrix} 1 & -3 & 3 \\ 0 & 1 & -2 \end{pmatrix}$

(3) $X=\dfrac{1}{35}\begin{pmatrix} -79 & -4 & 16 \\ 33 & 3 & 23 \end{pmatrix}$

练习 5.6(B)

1. (1) $\begin{pmatrix} 1 & 1 & 2 & 1 \\ 0 & 1 & 1 & -1 \\ 0 & 0 & 1 & -1 \\ 0 & 0 & 0 & -6 \end{pmatrix}$ $\begin{pmatrix} 1 & 0 & 0 & 0 \\ 0 & 1 & 0 & 0 \\ 0 & 0 & 1 & 0 \\ 0 & 0 & 0 & 1 \end{pmatrix}$

(2) $\begin{pmatrix} 1 & -2 & 3 & -4 & 4 \\ 0 & 1 & -1 & 1 & -3 \\ 0 & 0 & 2 & -4 & 12 \\ 0 & 0 & 0 & 0 & 0 \end{pmatrix}$ $\begin{pmatrix} 1 & 0 & 0 & 0 & -8 \\ 0 & 1 & 0 & -1 & 3 \\ 0 & 0 & 1 & -2 & 6 \\ 0 & 0 & 0 & 0 & 0 \end{pmatrix}$

2. (1) 2 (2) 3 (3) 2 (4) 4

3. (1) $\dfrac{1}{2}\begin{pmatrix} -4 & 2 \\ 3 & -1 \end{pmatrix}$ (2) $\dfrac{1}{12}\begin{pmatrix} 4 & 0 \\ 0 & 3 \end{pmatrix}$ (3) $\dfrac{1}{2}\begin{pmatrix} 2 & 1 \\ 2 & 0 \end{pmatrix}$

(4) $\dfrac{1}{6}\begin{pmatrix} 2 & 0 & 0 \\ 0 & 6 & 0 \\ 0 & 0 & 1 \end{pmatrix}$ (5) $\dfrac{1}{3}\begin{pmatrix} 6 & -1 & -4 \\ 3 & 1 & -2 \\ -3 & 0 & 3 \end{pmatrix}$ (6) $\begin{pmatrix} 2 & -1 & -1 \\ 3 & -1 & -2 \\ -1 & 1 & 1 \end{pmatrix}$

(7) $\dfrac{1}{14}\begin{pmatrix} 10 & -4 & 0 & 0 \\ -8 & 6 & 0 & 0 \\ 0 & 0 & 14 & -7 \\ 0 & 0 & -42 & 28 \end{pmatrix}$ (8) $\begin{pmatrix} 1 & -1 & 0 & 0 \\ 0 & 1 & -1 & 0 \\ 0 & 0 & 1 & -1 \\ 0 & 0 & 0 & 1 \end{pmatrix}$

4. (1) $X=\begin{pmatrix} 2 & -23 \\ 0 & 8 \end{pmatrix}$ (2) $X=\begin{pmatrix} 1 & 0 \\ -1 & 2 \end{pmatrix}$

(3) $X=\begin{pmatrix} 1 \\ 3 \\ 2 \end{pmatrix}$ (4) $X=\dfrac{1}{35}\begin{pmatrix} 77 & 13 \\ 28 & 42 \\ -49 & 24 \end{pmatrix}$

练习 5.7(B)

(1) $x_1=3$ $x_2=-1$

(2) $x_1=\dfrac{186}{62}$ $x_2=-\dfrac{124}{62}$

(3) $x_1=-\dfrac{31}{5}$ $x_2=-\dfrac{38}{5}$ $x_3=-\dfrac{27}{5}$

(4) $x_1=3$ $x_2=4$ $x_3=5$

(5) $x_1=3$ $x_2=-4$ $x_3=-1$ $x_4=1$

(6) $x_1=1$ $x_2=-2$ $x_3=0$ $x_4=\dfrac{1}{2}$

练习 5.8(B)

1. (1) $x_1=3$ $x_2=-1$ $x_3=2$ $x_4=1$

(2) $x_1=1$ $x_2=2$ $x_3=1$

(3) $\begin{cases} x_1=-3x_3-2 \\ x_2=2x_3+5 \\ x_4=-10 \end{cases}$,其中 x_3 为自由未知量　　(4) 无解

(5) $\begin{cases} x_1=\dfrac{5}{4}-\dfrac{31}{32}x_4 \\ x_2=-\dfrac{1}{4}+\dfrac{7}{32}x_4 \\ x_3=-\dfrac{7}{8}x_4 \end{cases}$,其中 x_4 为自由未知量

(6) $\begin{cases} x_1=4x_4 \\ x_2=-\dfrac{5}{2}x_4 \\ x_3=0 \end{cases}$,其中 x_4 为自由未知量

2. $k=5$ 有解:$\begin{cases} x_1=\dfrac{4}{5}-\dfrac{1}{5}x_3-\dfrac{6}{5}x_4 \\ x_2=\dfrac{3}{5}+\dfrac{3}{5}x_3-\dfrac{7}{5}x_4 \end{cases}$,其中 x_3,x_4 为自由未知量

3. 有非零解

练习 5.9(1)(B)

1. (1) $Y_1=245$ $Y_2=90$ $Y_3=175$

$(2) A = \begin{pmatrix} 0.25 & 0.10 & 0.10 \\ 0.20 & 0.20 & 0.10 \\ 0.10 & 0.10 & 0.20 \end{pmatrix}$

2. $(1) X_1 = 200 \quad X_2 = 250 \quad X_3 = 300$

$(2) X = \begin{pmatrix} 40 & 25 & 60 \\ 20 & 50 & 60 \\ 20 & 25 & 30 \end{pmatrix}$

3. $(1) [X_1 \quad X_2 \quad X_3]^T = [3\,000 \quad 6\,000 \quad 2\,000]^T$

$(2) [Y_1 \quad Y_2 \quad Y_3]^T = [2\,100 \quad 2\,600 \quad 1\,000]^T$

练习 5.9(2)(B)

1. (1) 设生产甲乙两产品量分别为 x_1, x_2, 利润为 $S(元)$. 其模型为：

$$\begin{cases} \max S = 3x_1 + 4x_2 \\ x_1 + x_2 \leqslant 6 \\ x_1 + 2x_2 \leqslant 8 \\ x_2 \leqslant 3 \\ x_1 \geqslant 0, x_2 \geqslant 0 \end{cases}$$

(2) 设矿石 A, B, C, D 数量分别为 x_1, x_2, x_3, x_4 (单位:10 公斤), 总费用为 $S(元)$. 其数学模型如下：

$$\begin{cases} \min S = 10x_1 + 15x_2 + 30x_3 + 25x_4 \\ x_1 + 2x_2 + \dfrac{1}{2}x_3 + \dfrac{1}{4}x_4 \geqslant 20 \\ 3x_1 + x_2 + 2x_3 + \dfrac{1}{2}x_4 \geqslant 24 \\ 3x_1 + x_2 + 2x_3 + 4x_4 \geqslant 30 \\ x_j \geqslant 0 \, (j = 1, 2, 3, 4) \end{cases}$$

(3) 设生产 A, B, C 产品量分别为 x_1, x_2, x_3. 利润为 $L(元)$. 数字模型如下：

$$\begin{cases} \max L = 7x_1 + 10x_2 + 12x_3 \\ 3x_1 + 2x_2 + 2x_3 \leqslant 420 \\ 3x_1 + x_2 + 2x_3 \leqslant 300 \\ x_1 + 2x_2 + 3x_3 \leqslant 366 \\ x_j \geqslant 0 \quad (j = 1, 2, 3) \end{cases}$$

2.(1) $\begin{cases} \max S = 3x_1 + 4x_2 + 0 \cdot x_3 + 0 \cdot x_4 + 0 \cdot x_5 \\ x_1 + x_2 + x_3 = 6 \\ x_1 + 2x_2 + x_4 = 8 \\ x_2 + x_5 = 3 \\ x_j \geq 0 \quad (j=1,2,3,4,5) \end{cases}$

(2) $\begin{cases} \max(-S) = x_1 - 3x_2 - 4x_3 + 0 \cdot x_4 + 0 \cdot x_5 + 0 \cdot x_6 \\ x_1 + 2x_2 + x_3 + x_4 = 4 \\ 2x_1 + 3x_2 + x_3 - x_5 = 5 \\ x_2 - x_6 = 3 \\ x_j \geq 0 \quad (j=1,2,\cdots,6) \end{cases}$

(3) $\begin{cases} \max S = 10x_1 + 25x_2 + 30x_3 + 0 \cdot x_4 + 0 \cdot x_5 + 0 \cdot x_6 \\ x_1 + x_2 + x_3 + x_4 = 12 \\ 2x_1 + 3x_2 + x_5 = 20 \\ x_3 + x_6 = 5 \\ x_j \geq 0 \quad (j=1,2,\cdots,6) \end{cases}$

练习 5.9(3)(B)

1.(1) $x_1 = 20, x_2 = 10$,最优值 $S = 90\,000$

(2) $x_1 = 1, x_2 = 4$,最优值 $S = 3$

(3) $x_1 = 0, x_2 = 1$,最优值 $S = 1$

(4) $x_1 = 0, x_2 = 0$,最优值 $S = 0$

(5) $x_1 = 0, x_2 = 2$,最优值 $S = -2$

(6) 无可行域,无解

(7) $x_1 = 0, x_2 = 1$,最优值 $S = 1$

(8) 线段 AB 上的点都使目标函数取最优值 $S = 9$. 其中点 $A(3,0)$, $B\left(\dfrac{5}{2}, \dfrac{3}{2}\right)$

(9) 线段 BC 上的点都使目标函数取最优值 $S = 60$,其中点 $B\left(\dfrac{7}{4}, \dfrac{3}{8}\right)$, $C\left(\dfrac{4}{5}, \dfrac{9}{5}\right)$

2.(1) 最优解 $X = (0,2,0,4)^T$ 或 $(1,3,0,0)^T$, $\min S = 6$

(2) 最优解 $X = (2,4,3,0,0)^T$, $\max S = 14$

(3) 最优解 $X = (4,6,0,0)^T$, $\max S = 6$

(4) 最优解 $X=\left(\dfrac{100}{3}, \dfrac{200}{3}, 0, 0, 0, 100\right)^T, \max S=\dfrac{2\,200}{3}$

(5) 最优解 $X=(0,0,4,4,0,0)^T, \max S=28$

复习题五

1. (1) $\begin{pmatrix} 35 & -1 \\ 6 & -3 \\ 49 & 2 \end{pmatrix}$ (2) $\begin{pmatrix} 5 & 6 & 7 & 8 \\ 1 & 2 & 3 & 4 \\ 9 & 10 & 11 & 12 \end{pmatrix}$ (3) $\begin{pmatrix} 1 & 0 & 0 \\ 0 & 1 & 0 \\ 0 & 0 & 1 \end{pmatrix}$

(4) $\begin{pmatrix} 6 & 5 & -3 \\ 0 & -1 & 0 \\ 4 & -2 & -2 \\ -2 & -1 & 1 \end{pmatrix}$ (5) $\begin{bmatrix} 9 & 2 & -1 \end{bmatrix}$

2. $\begin{pmatrix} 7 & -8 \\ -4 & 11 \end{pmatrix}$

3. $\begin{pmatrix} -3 & -6 & -10 \\ 4 & -3 & 20 \\ -4 & 2 & 7 \end{pmatrix}$

4. (1) $\begin{pmatrix} 1 & 0 & 0 & 0 \\ -1 & 1 & 0 & 0 \\ 0 & -1 & 1 & 0 \\ 0 & 0 & -1 & 1 \end{pmatrix}$ (2) $\begin{pmatrix} 1 & -a & 0 & 0 \\ 0 & 1 & -a & 0 \\ 0 & 0 & 1 & -a \\ 0 & 0 & 0 & 1 \end{pmatrix}$

5. $\dfrac{1}{49}\begin{pmatrix} 14 & -259 & -56 \\ -7 & -238 & -42 \\ 21 & -266 & -42 \end{pmatrix}$

6. (1) 3 (2) 3 (3) 3 (4) 3

7. $K=2$ 时,最小秩$(A)=2$

8. 2^{n-1}

14. $A^T=\dfrac{1}{17}\begin{pmatrix} 7 & -2 \\ -9 & 5 \end{pmatrix}$ $A^{-1}=\begin{pmatrix} 5 & 9 \\ 2 & 7 \end{pmatrix}$

15. (1) $x_1=-1, x_2=2, x_3=1, x_4=-3$

(2) $x_1=-1, x_2=1, x_3=-1, x_4=1, x_5=-1$

(3) $\begin{cases} x_1=1-\dfrac{9}{7}x_3+\dfrac{1}{2}x_4 \\ x_2=-2+\dfrac{1}{7}x_3-\dfrac{1}{2}x_4 \end{cases}$,其中 x_3, x_4 为自由未知量

(4) $\begin{cases} x_1 = \dfrac{155}{93}x_4 + 3 \\ x_2 = -\dfrac{62}{93}x_4 + 1 \end{cases}$,其中 x_4 为自由未知量

(5) $x_1 = 3x_2 - x_3 + 2x_4 + x_5$,其中 x_2, x_3, x_4, x_5 为自由未知量

16. $\lambda \neq 0$ 且 $\lambda \neq 1$,方程组有唯一解:

$$x_1 = \frac{\lambda^2 + 3\lambda - 9}{\lambda^2}, x_2 = \frac{9}{\lambda^2}, x_3 = \frac{9 - 3\lambda^2}{\lambda^2}$$

$\lambda = 1$;方程组有无穷多组解:

$\begin{cases} x_1 = 1 - x_3 \\ x_2 = -3 + 2x_3 \end{cases}$,其中 x_3 为自由未知量

$\lambda = 0$,方程组无解

18. $[X_1 \quad X_2 \quad X_3]^T = [400 \quad 250 \quad 300]^T$

$[X_{ij}] = \begin{pmatrix} 100 & 25 & 30 \\ 80 & 50 & 30 \\ 40 & 25 & 60 \end{pmatrix}$

19. $X_1 = 2000, X_2 = 1000, X_3 = 500$

$Y_1 = 700, Y_2 = 650, Y_3 = 450$

$[X_{ij}] = \begin{pmatrix} 1000 & 200 & 100 \\ 200 & 100 & 50 \\ 0 & 0 & 50 \end{pmatrix}$

20. (1) 最优解 $X = (0, 2, 0, 4)^T$ 或 $X = (1, 3, 0, 0)^T$. $\min S = 6$

(2) 最优解 $X = \left(0, 0, \dfrac{3}{2}, 0, 8, 0\right)^T$, $\max S = 3$

22. 最优解 $X = (25, 2.5, 0, 0, 0)^T$, $\max S = 57.5$